U0737910

精品课
EXCELLENT COURSE

高等院校精品课程系列教材

浙江省普通高校“十三五”新形态教材

市场营销学

MARKETING

主编 张启明 杨龙志
副主编 常晓东 龚军姣 倪婧

机械工业出版社
China Machine Press

图书在版编目（CIP）数据

市场营销学 / 张启明，杨龙志主编．—北京：机械工业出版社，2020.3（2024.11 重印）
（高等院校精品课程系列教材）

ISBN 978-7-111-64821-5

I. 市…　II. ①张…　②杨…　III. 市场营销学 – 高等学校 – 教材　IV. F713.50

中国版本图书馆 CIP 数据核字（2020）第 032581 号

中国已进入以“互联网”“大数据”与“国际化”为特征的新时代，本书遵循菲利普·科特勒《营销管理》的“营销观念＋营销策略”经典框架，精选营销理论与实践领域的最新成果，凸显“互联网＋”思维与“国际化”视野，将改革开放以来尤其是十八大以来的中国企业观念创新、营销创新，以及国家层面“一带一路”倡议、创新驱动发展战略等内容融入其中；在经典框架之后，以“新思维、新观点、新探索”模块呈现系列营销新专题，以拓展学生的营销视野。

本书适合作为高等院校经济管理类各专业本专科学生的教材，也可以作为企业相关工作人员的参考用书。

出版发行：机械工业出版社（北京市西城区百万庄大街 22 号　邮政编码：100037）

责任编辑：杜　霜	责任校对：殷　虹
印　　刷：固安县铭成印刷有限公司	版　　次：2024 年 11 月第 1 版第 8 次印刷
开　　本：185mm×260mm　1/16	印　　张：17.75
书　　号：ISBN 978-7-111-64821-5	定　　价：45.00 元

客服电话：（010）88361066　68326294

版权所有·侵权必究
封底无防伪标均为盗版

前 言

PREFACE

一、新时代

“这是一个最好的时代。”因为，各种新技术、新政策、新社群等不断涌现，新机遇无处不在，新市场遍地黄金。

（1）“人际互联”+“万物互联”。互联网新技术正开拓全新的时代。互联网让每个人轻松互通，物联网使万物轻易互联。有关报告指出，2019 年全球网民数量突破 38 亿人，渗透率超过 50%，中国网民数量占全球网民数量的 21.82%，达到 8.29 亿人，渗透率接近 60%。虚拟网络构成了一个比现实世界更神奇的社会——互联网社会。互联网赋予每一个人无限的可能，赋予每一个企业无穷的机会。市场营销以消费者为中心，消费者在哪里，市场营销的触角就延伸到哪里。自然，互联网为市场营销带来了全新的发展机遇：从线下空间延伸到线上空间。

（2）“海量数据”+“人工智能”。与“人际互联”+“万物互联”伴随而来的，是海量、高速、多样与真实的低密度价值大数据（big data）。有报告指出，我国海量数据年均增长超过 50%，预计 2020 年我国海量数据在全球占比将达到 20%，我国将成为海量数据资源最丰富的国家之一。我国人工智能的市场规模在 2018 年虽只有 400 亿元，但增速达到 84%，呈现井喷式爆发。在大数据与人工智能领域，百度、阿里、腾讯与京东（BATJ）成为我国四大主力。Daxue Consulting 的专家指出，大数据让我们洞悉用户行为习惯与客户细分，发现用户消费奥秘，实行精准营销与交叉销售。大数据与人工智能的结合将让市场营销如虎添翼。

（3）“陆上丝路”+“海上丝路”。2013 年，习近平主席的“一带一路”倡议成为我国企业国际化的重要风口。截至 2018 年年底，“一带一路”覆盖全球 122 个国家 / 国际组织，关联到国内 18 个省市区。2018 年，中国与“一带一路”沿线国家的进出口额占我国总进出口额的 1/3，增长 16.3%，高于同期中国外贸增速（3.4%）。因此，“一带一路”沿线国家市场开发成为我国企业国际化的一个新的政策风口。

（4）“自媒体”+“新媒体”。电视、广播、报纸与杂志等传统媒体在互联网时代呈现出逐渐衰败的颓势。微博之后，微视频、微信、知乎、今日头条、喜马拉雅、荔枝、抖音与快手等新的媒体形式不断涌现，泛媒体成为营销传播的主要途径。

（5）“网红”+“KOL”。在自媒体盛行的时代，从“十年寒窗无人问”到“一举成名天下知”可能就在一夜之间。于是，社会化媒体打造出泛娱乐的网红，如 papi 酱、办公室小野等，也有各垂直领域的关键意见领袖（key opinion leader，KOL），如服饰领域的雪梨和张大奕，美妆领域的李佳琦、作妖小队长等，美食领域的解馋日记、商商 sunny 等，旅行摄影领域的我的旅行小马甲、林初寒等。KOL 的“种草”已经成为一股影响粉丝购物的不可忽视的力量。

（6）“Z 世代”+“二次元”。由“95 后”与“00 后”构成的“Z 世代”已登上社会舞台，占全球人口的 25%，是当今社会一个新的消费群体。“‘Z 世代’花钱真的不眨眼”，到 2020 年，他们将占总体消费力的 40%；他们是网络时代的原住民，伴随着各种动漫长大，具有典型的“二次元”特征，动漫是他们的一种社交语言，B 站是他们活跃的主阵地，网购是他们购物的主要形式，熟人“种草”是影响他们选择的无形力量。因此，“Z 世代”是企业营销一个重要而独具特色的细分群体。

二、新问题

“这也是一个最坏的时代。”因为在新技术、新政策与新社群面前，传统的营销经验或许已落伍，曾经的成功模式或许已经失效。虽然经典的市场营销理论为中国营销奠定了基础，但在新时代，营销实践可能存在以下几个新问题。

1. 市场营销如何融入大数据与互联网思维

市场营销是以目标消费者及其需求为中心的。以往对目标消费者及其需求的洞察是以市场调查手段来实现的。由于费用与资源限制，数据样本只能是抽样出的小样本，存在低效、失真的缺陷。同时，非互联网时代主要以市场头部需求为中心，对市场长尾的营销非常困难，只能采取选择性忽视。在互联网、大数据与人工智能时代，全样本数据的获取已不成问题，如何挖掘大数据中的用户信息，是市场研究的新问题；互联网时代新思维的颠覆，目标市场、营销策略的新变化，也是企业营销的新问题。

2. 如何利用社交媒体与“Z 世代”群体沟通

尽管“Z 世代”群体是一个富有潜力的市场“金矿”，但要挖掘这个“金矿”需要认识到，这是与以“60 后”“70 后”为主体的“X 世代”和以“80 后”“90 后”为主体的“Y 世代”迥异的细分市场。“Z 世代”的特征是“宅”“懒”“软”“萌”，生活在

“二次元”世界，消费“任性”且“敢花”，愿意为颜值买单，“悦己至上”。以往企业营销的目标群体主要是“X世代”与“Y世代”，传统媒体的沟通比较有效。但传统媒体遭到“Z世代”的冷落，“Z世代”热衷于社交媒体。因此，如何利用自媒体与新媒体实现与“Z世代”的心灵沟通，对于习惯于传统媒体营销的企业而言，是一个新挑战。

3. 营销如何借力“一带一路”政策风口

目前欧美发达国家经济更加内卷化，贸易保护主义抬头，将减少对中国这样的发展中国家经济的关注与溢出。对习惯以欧美为目标市场的企业而言，可能不得不面临营销战略的调整。而“一带一路”沿线国家市场无疑是重要的潜在选择。在发达国家，中国企业的营销几乎全部利用低成本优势，采用完全模仿的竞争战略。在“一带一路”沿线国家市场，中国企业的机会是什么？竞争优势是什么？扮演什么竞争角色？这是中国企业借力“一带一路”政策风口必须考量的重大战略问题。

三、新教材

如何把“最坏的时代”变成“最好的时代”？这就需要对未来的营销理念具有准确的把握。未来的新营销理念是什么？面对新问题、新挑战，时代呼唤新教材。本书在市场营销学经典框架与主体内容的基础上，增加了“互联网+”新思维，涉及了“大数据”赋能新视角，丰富了“新媒体”运营新手段，还考虑了“一带一路”沿线国家市场的战略选择等。在编写本书时，由于有些新思维、新观点尚处于探索之中，编入正式教材可能稍欠严谨，因此，我们在市场营销学经典框架之后，以“新思维、新观点与新探索”模块设计了系列市场营销新专题，列举若干如下。

（1）大数据视角下的全域营销（uni marketing）。这是阿里巴巴提出的一个全新的营销理念，是基于互联网、大数据、人工智能与消费者全链路等提出的。全域营销把市场细分、目标市场选择、定位与精准营销真正落地。

（2）KOL“种草”营销与KOL矩阵设计。相对于相关群体理论，KOL及其“种草”营销更加形象，也更符合“Z世代”的“三观”。

（3）“一带一路”中国企业的SO/ST战略。“一带一路”是新时代营销国际化最具代表性的风口，如何抓住这个风口、避免威胁，是企业营销最关心的战略问题。

（4）“一带一路”中国企业市场角色二重性。在“一带一路”市场风口，中国企业的竞争角色是双重的：既是中高端市场的追随者，又是中低端市场的领导者。

（5）大数据研究报告阅读与大数据库利用。大数据是营销的关键资源，查阅一手大数据，研读二手大数据研究报告，是营销专业学生必须掌握的技能。

（6）网络爬虫与Web数据可视化。这是大数据分析的两个入门技能，也是营销专业学生不得不了解的领域。

（7）消费群体画像与竞争者群体画像。在大数据与人工智能的技术帮助下，对消费者群体及竞争者群体的画像变得可行，这是营销决策的根基。

（8）互联网时代三大竞争优势战略演变。波特的竞争优势理论，在移动互联网时代逐渐发生变化，我们要分享更多更新的研究观点。

（9）产品策略大数据与互联网思维。产品的互联网思维是最丰富的，如爆品思维、简约与极致思维、产品设计的众创思维等，都是对非互联网时代产品思维的突破。

（10）“Z 世代”、泛娱乐与品牌 IP 化。“Z 世代”的“悦己”“人设”“二次元”等特征，呼唤品牌的人格化。于是，品牌 IP 化应时而生，成为与“Z 世代”心灵沟通的新语言。

（11）互联网时代的免费与比价模式。现实的货比三家催生出网络比价。同时，互联网流量思维催生出免费的电商模式。

（12）创业营销独特性与分销渠道设计。在“大众创业、万众创新”的新时代，创业营销有何特殊性？宾夕法尼亚大学沃顿商学院教授伦纳德·洛迪什（Leonard Lodish）的观点或许有所启发。

（13）渠道流程的信息化与全渠道转型。在移动互联网时代，除物流外，其余所有流程都可信息化，所有信息触点都是渠道，渠道信息化与多元化。如何设计全渠道，传统企业如何实现全渠道转型，是渠道策略部分的一个重要专题。

（14）“Z 世代”、社群化与社会化媒体营销。“Z 世代”是一个强社交群体，活跃在互联网各个社群部落中。深入研究社会化媒体，掌握“Z 世代”的独特话语体系，是新时代促销的新密钥。

（15）电商造节：从空间经济向时点经济转变。传统营销强调地理位置的优越与通道以聚集客流，即空间经济。这个关键特征在互联网时代不复存在。网络时代聚集客流的新方式就是造节，独特的时点被赋予新的含义，即时点经济。

由于编者视野的局限，本书的“新思维、新观点与新探索”可能并没有包括全部的营销新趋势。但努力把本书编写成一部有些新意的新形态教材，是我们全体编者的心愿与目标。

四、本书编写分工

按章节顺序，本书编写分工如下：张启明编写第 1 章；张启明、杨龙志编写第 2 章；张启明、陈王伟编写第 3 章；张启明、刘观兵编写第 4 章；龚军姣、徐庆乐编写第 5 章；倪婧编写第 6 章；杨龙志编写第 7 章、第 8 章和第 11 章；张弛、张启明编写第 9 章；夏曾玉编写第 10 章；龚军姣编写第 12 章。本教材由张启明、杨龙志、常晓东负责最后审校。

市场营销 2017 级学生郑威、吴嘉伟、周晓倩、刘慧新四名同学为本书搜集了大量营销案例；市场营销2018级学生杨伊行同学为本书制作了配套课件；人民电器集团产品部经理包启鄂、浙江十足商贸有限公司总经理祝春武为本书的编写提供了大量有价值的建议。在编写过程中，我们借鉴了国内外营销学者的多项研究成果，在此向学界前辈、师友同行以及为本教材的出版给予大力支持的朋友们表示真诚的谢意。

由于编者水平有限，本书肯定存在不足之处，敬请读者朋友批评指正。

编者

2020年2月29日

教学建议

SUGGESTION

“市场营销学”是普通高校经济管理类各专业的基础课，随着社会对复合型人才的需求越来越大，很多理工类专业也在开设市场营销和管理类的课程。本书考虑到不同专业的学生对营销知识有不同的需求，因而在编写中遵循营销学经典框架结构，既有基本概念、基本原理、基本方法的普及性知识介绍，也吸收了互联网背景下最新的营销实践和理论研究进展的成果，各章最后增加的“新思维、新观点与新探索”可供师生进行拓展性深入学习和讨论交流之用。

教学方法建议

本书为浙江省普通高校“十三五”新形态教材，配套有大量的多媒体网络数字资源。建议教师除了传统的理论教学（课堂教学），还应该积极引导学生充分利用这些网络资源，通过浏览网页和扫描二维码阅读并思考各章案例及推荐的阅读材料，参与思考题及实践题的解答，同时建议学生下载课件并观看有关视频，从而实现教材、课堂、教学资源三者融合以提升学习效果。

学时分配与学习内容建议

本书的内容适用于48学时的教学计划，其中讲授40学时，实践实训8学时。带*的相关章节为选讲内容或要求学生自学的内容，精简这些内容对课程体系及内容完整性没有影响。

章	教学内容	学习要点	学时
第1章	市场营销学导论	市场与市场营销	2
		市场营销学的产生与发展	
第2章	市场营销哲学与市场营销理论新进展	市场营销哲学及演进	4
		以顾客满意为中心的全方位营销	
		市场营销理论新进展	
		*营销哲学领域的新思维、新观点与新探索	

（续）

章	教学内容	学习要点	学时
第 3 章	战略规划与营销管理	企业战略概述	4
		企业总体战略规划	
		经营战略规划	
		战略规划与营销管理	
		* 战略规划领域的新思维、新观点与新探索	
第 4 章	市场营销环境分析	市场营销环境概述	4
		微观营销环境分析（ISPICC）	
		宏观营销环境分析（PESTLE）	
		*SWOT 分析与营销对策	
		* 营销环境分析领域的新思维、新观点与新探索	
第 5 章	营销信息搜集与市场研究	市场专题调研内容及方法	4
		大数据时代的信息搜集与市场研究	
		市场研究报告的获取与研读	
		* 市场研究领域的新思维、新观点与新探索	
第 6 章	市场购买行为分析	消费者市场与购买行为分析	4
		* 组织市场与购买行为分析	
		* 消费者研究领域的新思维、新观点与新探索	
第 7 章	战略营销与 STP 理论	STP 战略营销理论概述	4
		市场细分	
		目标市场选择	
		市场定位	
		*STP 领域的新思维、新观点与新探索	
第 8 章	市场营销中的竞争战略	业务导向与竞争对手识别	3
		竞争者战略群组分析与大数据下的竞争者画像	
		企业市场地位与竞争战略选择	
		* 竞争战略领域的新思维、新观点与新探索	
第 9 章	产品策略	产品与产品整体概念	3
		产品组合分析与决策	
		* 产品生命周期与营销策略	
		* 新产品开发策略	
		品牌与包装策略	
		产品质量保证与售后服务策略	
		* 产品策略领域的新思维、新观点与新探索	
第 10 章	价格策略	价格策略概述	3
		影响企业定价的因素	
		定价方法	
		定价策略	
		* 价格变动与企业对策	
		* 价格策略领域的新思维、新观点与新探索	
第 11 章	分销渠道策略	分销渠道策略概述	3
		渠道结构安排	
		渠道成员管理	
		* 渠道策略领域的新思维、新观点与新探索	

（续）

章	教学内容	学习要点	学时
第 12 章	促销策略	沟通与促销组合	2
		* 人员推销	
		* 广告	
		* 销售促进	
		* 公共关系	
		* 促销策略领域的新思维、新观点与新探索	
合计			40

目 录

CONTENTS

第1章
CHAPTER1

市场营销学导论

§ 学习目标

1. 从不同角度领会市场的含义
2. 正确理解市场营销的内涵
3. 了解市场营销学的研究对象、发展历程与研究方法

§ 引导案例　　解决出行痛点，打造高端服务品牌

中国已成为世界上高铁里程最长、运输密度最大、成网运营场景最复杂的国家，中国高铁因其舒适快捷而成为国人出行的首选。然而，我国人口基数庞大，尽管高铁线路每年都在不断延伸，但在节假日尤其是"春运"期间，除了乘客出行一票难求外，仍有高铁站偏远、安检排长队、候车上车拥挤、高铁餐贵且难吃等诸多痛点。

从这些痛点中，你发现市场机会了吗？

当然，对外出求学的大学生来说，能够买到一张高铁车票按期返校或顺利回家，已是心满意足。但是，对一个总部在上海的大公司的高管来说，刚到杭州参加一个互联网论坛，马上又要到北京参加一个国际性行业研讨会，其间还要花时间处理公司文件、准备发言提纲，午饭还没吃，连续熬夜没时间休息，他多么希望安检不要排队，候车时间可以办公或休息一会儿，到达目的地以后专车直接把他送到会场……

早在2009年，悦途公司就洞悉了高铁贵宾服务这一潜在的细分市场需求，开始专注研究高价值客户生活形态、消费行为及价值趋势，建立了高价值客户数据库，并基于对高端商旅人群核心需求痛点、生活方式、消费体验的深入洞察，与各铁路局、航空公司官方建立长期战略合作，联合开展全国高铁、航空贵宾服务运营，并创建了国内首个专注高端商旅人群的高铁、航空贵宾服务品牌——悦途，旨在为高端商旅客人提供高品质、标准化的贵宾服务。通过打通订票、礼宾车、安检、候车等各个环节，悦途现已成为高端人群服务行业起步最早、洞察最深、联合资源最丰富的业内第一品牌。

请思考：从悦途专注高端商旅人群，成就高铁贵宾服务第一品牌的案例中，你是否找到了一点市场营销的感觉？你还认为市场营销就是推销吗？

§ **本章逻辑导图**

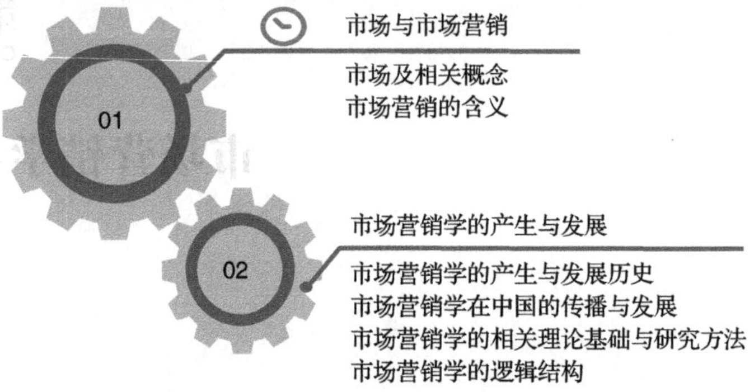

市场与市场营销
市场及相关概念
市场营销的含义
01
市场营销学的产生与发展
市场营销学的产生与发展历史
市场营销学在中国的传播与发展
市场营销学的相关理论基础与研究方法
市场营销学的逻辑结构
02

市场营销是什么？市场营销学走过了怎样辉煌的120年？市场营销研究领域有哪些大师？……这可能是你翻开本书时在脑海里涌现出的一系列疑问。

市场营销的真谛绝不是“简单的推销”，而是“把推销变成不必要”。其背后隐藏着一个神秘的知识领域，如市场营销学拥有120年风云变幻的经历，出现了杰罗姆·麦卡锡（Jerome McCarthy）、西奥多·莱维特（Theodore Levitt）、菲利普·科特勒（Philip Kotler）、克里斯廷·格罗鲁斯（Christian Grönroos）等国际性的营销大师，经历了三次营销革命等。就从本章起，开始你开心的营销旅程吧！

1.1 市场与市场营销

中文的“市场营销”是由英文“marketing”翻译而来的；marketing则是market+ing形式，英文的“market”作为名词，对应中文的“市场”；作为动词，对应中文的“市场销售”。因此，“市场”是市场营销的基础，要掌握“市场营销”的内涵，必须先领会“市场”的概念。

1.1.1 市场及相关概念

市场是什么？第一种含义是：**市场是买卖的场所**，如农贸市场、超市、批发市场等。市场是随着社会分工发展、便于剩余产品交换而出现的一种相对固定的交易场所。

随着生产力的进一步发展与货币的出现，社会交换的产品种类与数量增加，地理空间扩大，交易的形式日益多样复杂，市场已不仅是指交换的场所，而是反映交换双方之间的各种关系的总和。如政府对金融市场的监管、对房地产市场的调控，并非指对交易场所的管理，而是运用宏观经济政策对供求关系进行监管。因此，第二种含义是：**市场是商品买卖双方交换关系的总和，是通过交换反映人与人之间的关系。**

对于企业而言，市场是什么？在“大众创业、万众创新”的时代，如某个女生善于文创，用绍兴珍珠设计出很多精美饰品，准备自己创业，就要明确自己的目标市场。在她的创业项目中，市场是什么？这时的市场则是指珍珠饰品的所有现实购买者和潜在购买者所组成的群体。这是市场的第三种含义，也是市场营销学普遍采用的由菲利普·科特勒提出的定义：**市场是由一切具有特定欲望和需求，并且愿意和能够以交换来满足这些需求的潜在顾客构成的。**

营销学家认为，市场由三个要素构成：购买者、购买力与购买欲望，可用公式表达为：

市场 = 购买者 × 购买力 × 购买欲望

购买者是构成市场的基本要素，因为有人的地方就有需求，人是构成市场的主体。人类所有的社会经济活动都是为了满足人的需求，购买者的多少是决定市场大小的前提。**购买力**是指人们支付货币购买商品或服务的能力。购买者收入的多少决定了其购买力的高低。**购买欲望**是指顾客购买商品或服务的愿望和要求。它是顾客把潜在的购买愿望变为现实购买行为的重要条件，因而也是构成市场的基本要素。

三个要素同时具备则为现实市场，如果有购买欲望但没有货币支付能力，或者有支付能力但没有购买欲望，则称为潜在顾客或潜在市场。

【资料 1-1】 菲利普·科特勒生于 1931 年，是现代营销集大成者，被誉为“现代营销学之父”，现任西北大学凯洛格商学院终身教授，拥有麻省理工学院博士、哈佛大学博士后及苏黎世大学等其他 8 所大学的荣誉博士学位。菲利普·科特勒的著作众多，其中，《营销管理：分析、计划、执行与控制》（*Marketing Management: Analysis, Planning, Implementation and Control*）一书更是不断再版，是世界范围内使用最广泛的营销学教科书，是现代营销学的奠基之作，被选为全球最佳的 50 本商业图书之一，许多海外学者均把该书誉为市场营销学的“圣经”。

资料来源：MBA 智库百科，http://wiki.mbalib.com。作者有删改。

1.1.2　市场营销的含义

人们对市场营销的理解随着市场环境的变化而有所不同。在 20 世纪初的欧美国家，人们普遍认为市场营销就是销售。1929 年全球性经济危机后，人们认为市场营销就是销售和推销。显然，早期对市场营销的理解是狭义的、不完善的。

美国市场营销协会（American Marketing Association，AMA）定义委员会曾提出：“市场营销是引导货物或劳务从生产者流向消费者或用户所进行的企业商务活动。”该定义将市场营销局限于企业把产品（或服务）生产出来以后出售给顾客所进行的市场活动，包括定价、宣传与销售等，即始于产品或服务生产之后，终于售出之时。显然，该定义所阐述的营销活动范围已经不符合买方市场环境下企业营销活动的实际情况了。营销学者和实际工作者一致认为，市场营销其实在生产之前就已开始，企业必须对市场环境进行分析，了解消费需求及竞争状况，结合企业自身的资源优势，选择合适的目标顾客，再决定生产什么、生产多少及如何生产等问题。而且，售出以后，营销活动并未结束，企业还必须以产品或服务为媒介与用户建立持久联系，及时解决顾客在使用或消费过程中的各种问题，进一步收集顾客的意见和了解顾客的要求，从而为改进创新提供依据。营销的主体也不再局限于营利性企业，还包括各类非营利性的组织机构，营销的对象也不仅是产品和服务，还包括能给对方带来价值的观念、思想、人员、组织、地点与产权等。市场营销已经渗透到社会政治、经济与文化等各个领域。

综上所述，完善的市场营销定义可以从广义与狭义两个方面来界定。

广义定义：**市场营销是个人或组织通过创造并同他人交换产品和价值，以满足需求或欲望的一种社会管理的过程。**

狭义定义：**市场营销是为顾客创造价值，建立牢固的顾客关系，从而获得回报的过程。**

广义定义虽然简洁，但内涵丰富，涵盖了营销目标及营销过程的主要环节。

（1）**营销目标：满足顾客的需求或欲望**。在买方市场条件下，企业只有更好地满足顾客的需求，才能建立持久牢固的顾客关系，在此基础上实现企业自身追求盈利与发展的目标。

（2）**核心环节：企业与顾客的价值交换**。交换是以提供某种价值作为回报而与他人换取所需价值的行为，交换必须遵循“平等、自愿、互利”的原则。营销成功与否，体现为交换能否顺利进行，交换规模能否增长，交换关系持续的时间能否长久。

（3）**营销过程：一种社会管理的过程**。菲利普·科特勒在《市场营销原理》中提出的市场营销过程为：理解市场，分析顾客的需求和欲望→设计顾客导向的营销战略→构建传递卓越价值的整合营销计划和方案→通过交换创造顾客愉悦→企业从顾客处获得价值和利润回报。因此，营销管理水平的高低表现在两个方面：一是顾客需求的满足程度，二是营销成本的高低。

例如，本章引导案例中的悦途公司就是对乘坐高铁、飞机出行的顾客进行分析，发现高端商旅人群乘坐高铁、飞机的频率高，但他们的时间宝贵，经常需要在出行途中与业务伙伴进行沟通交流，拟定会议发言稿，构思单位或部门新的业务计划，他们对在打车、安检和无法办公的漫长等待中浪费时间感到非常痛苦。因此，他们有节省时间、利用出行时间处理公务的强烈需求，同时也有较强的支付能力。正是看到这个市场需求，悦途公司与中国国家铁路集团有限公司、各大航空公司、高铁站、机场、专车服务公司、酒店等部门合作，专门为高端商旅人群提供出行过程中的系列化服务。在满足目标顾客需求的基础上，悦途已发展成为高端人群服务行业起步最早、洞察最深、联合资源最丰富的业内第一品牌。

如果将悦途公司与旅客之间的营销过程用简单的市场营销系统示意图表示（见图 1-1），

可分为四个过程：①对高铁、航空出行顾客进行调研，分析顾客在出行过程中存在的痛点；②结合企业资源和目标，制订为高端商旅顾客提供出行过程中的订票、专车接送、场站贵宾候机（车）、快速安检、提前进站、中途订餐、联系酒店（景点）等全程服务方案；③通过顾客出行数据对顾客进行筛选，针对高端商旅顾客精准推送服务信息；④高端商旅顾客购买悦途公司各类贵宾卡享受出行全程服务。

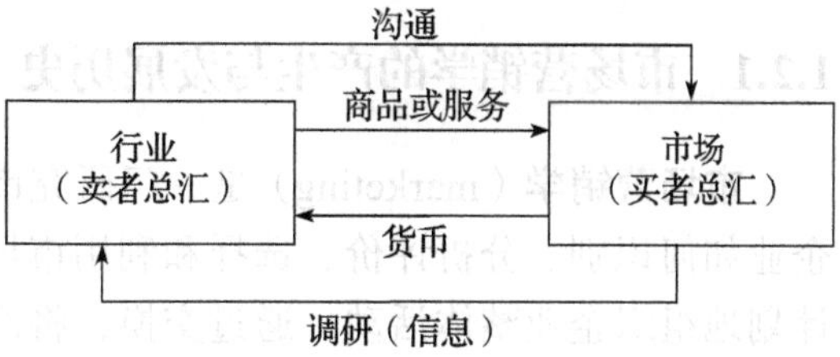

图 1-1　简单的市场营销系统

如果从宏观的角度来描述现代经济中的市场交换过程，则会看到更多的参与者和更复杂的营销体系，包括资源市场、制造商市场、中间商市场、消费者市场和政府市场等 5 个市场，并形成了相应的商品交换关系及交换流程（见图 1-2）。

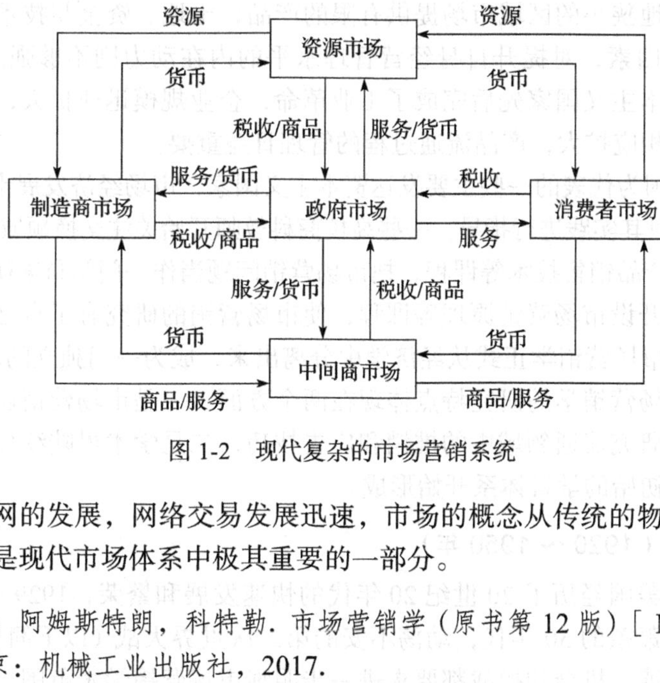

图 1-2　现代复杂的市场营销系统

随着互联网的发展，网络交易发展迅速，市场的概念从传统的物理概念转变为数字概念，这也是现代市场体系中极其重要的一部分。

阅读推荐：阿姆斯特朗，科特勒. 市场营销学（原书第 12 版）[M]. 赵占波，王紫薇，译. 北京：机械工业出版社，2017.

【资料 1-2】差的、好的和伟大的营销之间的差异

菲利普·科特勒在接受《世界经理人》的采访时说："在差的、好的和伟大的营销之间存在不同。"他认为，"差营销"公司是产品驱动型的，它们立足自身条件，埋头于做自己的产品以及如何把产品做好，看不到顾客有变化的需求，它们是"近视的"。"好营销"公司则认真观察市场，是顾客驱动型的，它们在生产产品之前，会先深入研究市场情况和顾客需求，选择最具营利性的市场去服务。"伟大的营销"公司则是市场驱动型的，它们尽力为顾客想象新的利益，能够为顾客创造出超越想象、超过预期的利益和价值。

资料来源：《世界经理人》，2018-03-01，有删改。

1.2 市场营销学的产生与发展

1.2.1 市场营销学的产生与发展历史

市场营销学（marketing）是一门研究市场营销活动及其规律的新兴学科，它研究企业如何识别、分析评价、选择和利用市场机会，从满足目标市场顾客需求出发，有计划地组织企业整体活动，通过交换，将产品从生产者手中转向消费者手中，以实现企业的营销目标。

关于市场营销学的发展历史，中国人民大学商学院教授郭国庆的观点被广泛认同。他认为市场营销学萌芽于20世纪初，到目前大体经过了四个阶段。

1. 萌芽时期（1900～1920年）

人类自从有了分工和商品交换，市场经营活动就一直存在，并且积累了丰富的市场经验和管理智慧。但在工业革命之前，由于世界生产力发展水平低下，作坊式的企业组织只能为本地狭小的区域市场提供有限的产品，土地、资金与技术等资源是制约企业发展的主要因素，对提升自身经营管理水平的内在动力则不够强。直到19世纪末，世界主要资本主义国家先后完成了工业革命，企业规模迅速扩大，产品增加，必然要求市场范围相应扩大，产品流通过程的管理日益重要。

其中，以美国为代表的一些主要发达资本主义国家，市场经济发展十分迅速，更加需要相应的理论对其实践进行指导，一些高校商科教师开始关注交换领域的定价、分销、广告和某些具体产品销售技术等课程，把市场营销问题当作一门学科来研究。此后，高等财经院校开始开设市场营销原理等课程，使市场营销的研究有了自己独立的理论体系和框架结构，市场营销学正式从经济学中分离出来，成为一门独立的新兴边缘学科。

这一阶段市场营销学的研究特点体现在两个方面：一是市场营销还是以经济学理论为基础，着重研究流通领域中的推销和广告技巧；二是学术界陆续提出一些关于本学科的新概念，初始的学科体系开始形成。

2. 规范时期（1920～1950年）

这一时期，美国经历了20世纪20年代的快速发展和繁荣，1929～1933年的严重经济危机，大萧条的30年代，动荡不安的第二次世界大战（以下简称“二战”）以及战后的和平复苏。机会和挑战都要求进一步明晰市场营销学术范围，使其成为一个规范的研究领域，市场营销学的理论体系逐步建立。美国的高等院校和工商企业建立各种合作关系，有力地推动了市场营销学的普及和研究。

这一阶段市场营销学的研究特点体现在三个方面：一是仍然以产品销售环节中的问题为主要研究对象；二是为保证产品的快速销售，开始注重市场调查、需求预测与消费行为等方面的深入研究；三是各种专业性研究性团体开始成立，市场营销理论研究开始走向社会与服务企业。1930年，美国企业界人士发起成立美国市场营销协会，1933年，美国学者又成立了美国市场营销学教师协会。1937年，两个协会合并组成美国市场营销协会（AMA）。

3. 迅速发展期（1950 ～ 1980 年）

二战结束后，买方市场成为常态，市场竞争日趋激烈，原有的市场营销学理论和实务，已不能指导企业适应全新的营销环境。于是，在市场营销理论研究实现了一些重大突破，其中最为突出的就是“以顾客为中心”的现代营销观念的提出并被企业界广泛认可。

这一阶段市场营销学的研究特点体现在四个方面：一是从管理角度研究营销问题，提出许多有重要意义的概念。例如，1956 年，温德尔 · R. 史密斯（Wendell R. Smith）提出市场细分；1960 年，杰罗姆 · 麦卡锡将企业可控制的各种因素归纳总结为 4P；20 世纪 70 年代，艾 · 里斯（Al Ries）和杰克 · 特劳特（Jack Trout）提出定位概念；1984 年，菲利普 · 科特勒提出“大市场营销”理论等。二是规范吸收哲学、行为科学、数学等相关学科的概念、原理和方法，注重市场营销决策研究和定量研究。三是强调营销管理既要适应消费需求的变化，也要遵循管理的一般原理。1967 年，菲利普 · 科特勒的《营销管理：分析、计划、执行与控制》出版，该书综合了当时营销领域最新的理论研究成果与企业营销管理实践，将营销管理过程分为五个阶段：分析市场营销环境→制定市场营销战略→研究和选择目标市场→制定市场营销策略→组织、执行与控制营销计划。该书出版后不断再版，成为欧美及其他国家财经管理类高校最受欢迎的教材。目前，国内外大多市场营销学教材的框架结构基本上都遵循和延续了这本经典教材的体系。四是市场营销学在这一时期开始重视企业营销活动的社会责任、社会义务和商业道德的研究，促进了企业在追求商业利益的同时兼顾社会福利和社会事业。

4. 重构时期（1980 年至今）

1980 年以来，和平与发展成为世界的主题，随着经济全球化以及科学技术的快速发展，跨国公司大量出现并成为经济全球化的重要推动者，这些变化促进了营销学的分支——国际市场营销学的产生，推动了营销理论在国际上的迅速传播和应用。在全球营销领域，营销的标准化与本地化成为激烈争论的焦点；同时，关系营销的提出，以及关系营销与交易营销之间长达 10 余年的论争成为这个时期的重要事件。

随着信息技术的发展，营销学术界开始高度重视高新技术对市场营销的影响和渗透，使得数据库营销、口碑营销、体验营销、大数据营销、社交媒体营销等新的营销理论和方法不断涌现，极大地丰富了市场营销学的内容。

市场营销学产生与发展阶段的比较，如表 1-1 所示。

表 1-1 市场营销学产生与发展阶段的比较

阶段划分	环境特征	标志性事件
萌芽时期 （1900 ～ 1920 年）	市场经济国家完成工业革命，企业生产效率大幅提高，产品销售和分销问题突出	拉尔夫 · 斯达 · 巴特勒（Ralph Starr Butler）的《市场营销方法》出版，标志着市场营销学的学科体系开始形成
规范时期 （1920 ～ 1950 年）	经历萧条、复苏以及战争、和平的复杂时期，市场需求对企业生存发展的制约作用加强	1931 年宝洁推出品牌经理制 1937 年美国市场营销协会（AMA）成立

（续）

阶段划分	环境特征	标志性事件
迅速发展期（1950～1980年）	科技发展和应用，生产力提高，买方市场形成，顾客占据主导地位	市场营销观念与营销近视症的提出 4P的提出与《营销管理：分析、计划、执行与控制》的出版 营销管理导向学派成为主流
重构时期（1980年至今）	经济全球化、技术现代化和网络信息技术普及化对战略管理、营销管理、顾客关系管理等提出全新挑战	STP战略营销理论与大市场营销理论的提出 营销标准化与本地化之间的论争 关系营销与交易营销之间的论争

1.2.2 市场营销学在中国的传播与发展

市场营销学最早进入中国可追溯到20世纪30年代。当时国内的高校已经有一些欧美留学归来的学者开设市场营销的课程，但随着抗日战争及解放战争的爆发，市场营销的理论研究和应用在国内基本停滞。从中华人民共和国成立到改革开放之前的几十年中，因为实行高度集中的计划经济管理体制，所以市场营销理论在中国缺乏应用的土壤。

市场营销学的重新引入，已是党的十一届三中全会以后。中国开始以经济建设为中心，实施改革开放政策，逐步重视市场在社会资源配置中的作用，鼓励多种所有制形式的企业发展，在传统的高度集中的计划经济体制中逐渐引入市场经济体制。以研究满足市场需求、追求顾客满意为中心的营销理论和方法，开始被走向市场、在市场竞争中谋生的各类所有制形式的中国企业和各级经济主管部门关注。西安交通大学教授、博士生导师庄贵军将营销理论在中国的传播与应用分为以下三个时期。

1. 启蒙和传播时期（1979～1990年）

1979年前后，市场营销学再次被引入中国内地并得到传播：①北京、上海与广州等地的学者通过教材翻译与教材编著，到我国香港地区或国外考察交流，邀请专家学者来国内讲学培训等方式，介绍国外营销理论研究成果及应用现状，国内部分高校的财经管理类专业开始开设营销学课程；② 1984年1月，全国高等财经院校、综合性大学市场学教学研究会成立（1987年改名为中国高等院校市场学研究会），每年定期交流研讨；③ 1986年国内财经院校开设市场营销专业，1990年市场营销专业正式列入教育部本科招生专业目录中。

2. 应用时期（1990～2000年）

随着改革开放的深入，中国把建立社会主义市场经济体制作为改革目标，营销管理的基本原理、方法和观念被更多的企业所接受，现代营销理论在企业实践中得到广泛应用并取得初步成效：① 1991年3月，由官产学研等多方参与的中国市场学会在北京成立，标志着营销管理理论在中国得到普遍认同；②营销学术界采用“请进来、派出去”的方法加强与国际学术界的交流，举办国际性学术会议，将国际同行最新的营销理念与方法介绍给中国企业，营销理论研究和应用水平与国际先进水平的差距日渐缩小。

3. 理论研究与国际接轨时期（2000 年至今）

进入世纪之交，中国社会主义市场经济体制日趋完善、成熟，市场成为资源配置的基本手段。营销理论在企业的广泛应用和显著效果，使社会产生了对营销专业人才的强烈需求，由此带动了各种学历、非学历的营销管理教育的发展，市场营销专业的本科、硕士、博士教育形成递进体系。随着国际学术交流的频繁以及有海外学习经历的人员充实到营销学者队伍，中国的营销学术研究日益与国际接轨：①研究范式更加科学，注重实验与实证的定量分析；②以项目为基础的专业细分领域研究的高水平团队越来越多；③营销领域的不少研究成果已经达到国际水平，被国外同行认可，发表在国际上有影响的营销学学术期刊上。

1.2.3　市场营销学的相关理论基础与研究方法

1. 市场营销学的相关理论基础

市场营销学是一门综合性学科，在其发展的进程中，充分吸收了相关学科的理论和方法。1986 年，菲利普 · 科特勒在世界市场营销学会上形象地指出，市场营销学的父亲是经济学，母亲是行为科学，祖父是数学，祖母是哲学。这些不同学科杂交孕育而成的交叉学科必然有着强劲的生命力。市场营销学的发展史，就是一部不断吸收借鉴相关学科理论研究成果为己所用、不断成长的历史。

市场营销学脱胎于经济学，经济学为市场营销学的发展所提供的概念与分析方法，比其他任何一门社会学科都多。例如，用竞争结构中完全竞争、垄断竞争、寡头竞争和完全垄断分析企业定价自主权及营销策略；用恩格尔定律分析市场消费结构，解释顾客行为；用规模经济、范围经济解释企业发展中专业化与多元化战略选择；用创新获取垄断利润解释定价决策、产品和服务决策、品牌决策与广告决策等的差异化理论，把“效用”“机会成本”“主观价值和客观价值”及“理性主义”作为研究市场营销新领域的工具。

心理学是研究人的心理活动过程、心理特征以及它们各自的机制与相互间关系的一门学科。市场营销学吸收了心理学的一些理论与研究方法，来分析研究顾客的购买动机和购买行为，进行市场调查和市场预测。市场营销学通过观察和分析顾客的心理变化找出消费心理活动的规律性，从而创造顾客购买和消费的氛围和条件。

管理学是一门和市场营销学一样年轻的新兴学科，它的科学管理和职能化管理，简单化、标准化与多样化的概念被引进市场营销学，有效地提高了企业的生产效率，减少了浪费，提高了经济效益。随着管理导向的发展，市场营销学将更多地运用管理学的理论与方法。

除了以上学科外，市场营销学还吸收了社会学、数学、美学、运筹学、会计学、审计学和商品学等学科的理论，这使得市场营销学成为一门具有边缘性的应用学科。

2. 市场营销学的研究方法

根据郭国庆（2009）的研究观点，市场营销学有 3 个大学派（古典学派、管理学派与行为学派）与 12 个小学派，每个学派均有自己独特的研究方法。归纳起来，市场营销学的主要研究方法有以下几种。

（1）传统研究法。传统研究法主要包括三种研究方法：一是产品研究法，这是商品学派常用的研究方法，即按产品（如农产品、机电产品、纺织品等）分门别类研究的方法。其优点是具体实用，针对性强。二是机构研究法，这是机构学派常用的研究方法，即对分销系统的各个机构（如生产者、代理商、批发商与零售商等中间机构）进行分别研究的方法，形成批发学、零售学与连锁经营等学科，侧重分析研究流通过程的这些环节或层次的市场营销问题。三是职能研究法，这是职能学派常用的研究方法，即研究市场营销的各类职能以及在执行这些职能中所遇到的问题及其解决方法。例如，将营销职能划分为交换职能、供给职能和便利职能三大类，并将其细分为购、销、运、存与信息等内容，专门和综合进行研究，形成商品采购管理、分销管理、物流管理与信息管理等。

（2）历史研究法。历史研究法是从企业营销实践发展变化过程来分析阐述市场营销问题的研究方法，例如分析市场营销的含义及其变化、工商企业 100 多年来营销哲学的演变过程、零售机构的生命周期现象等，从中找出其发展变化的原因和规律性。市场营销学学者一般都重视研究历史演变过程，但也不把其作为唯一的研究方法。

（3）管理研究法。从管理决策角度研究市场营销问题，是管理学派的主要研究方法。其研究框架是将企业营销决策分为目标市场和营销组合两大部分，研究企业如何根据其“不可控变数”即市场环境因素的要求，结合自身资源条件（企业可控因素），进行合理的目标市场决策和市场营销组合决策。管理研究法广泛采用了现代决策理论，将市场营销决策与管理问题具体化与科学化，对营销学科的发展和企业营销管理水平的提高起了重要作用。

（4）系统研究法。系统研究法将现代系统理论与方法运用于市场营销学研究。企业市场营销管理是一个复杂的系统，在这个系统中包含了许多相互影响与相互作用的因素，如上游企业（供应商）、渠道伙伴（中间商）、目标顾客（买主）、竞争者、社会公众与宏观环境力量等。一个真正面向市场的企业，必须对整个系统进行协调和整合，使企业外部系统和企业内部系统步调一致，密切配合，达到系统优化，从而产生增效作用，提高经济效益。

1.2.4 市场营销学的逻辑结构

目前我国高校市场营销学教材大多沿用以菲利普·科特勒经典著作为代表的西方国家经典营销学教材的框架结构，即按照市场营销管理过程来设计（营销哲学 + 营销环境 + 营销战略 + 营销策略 + 营销控制），内容编排大多按以下部分展开：导论（包括营销概念、营销哲学与企业战略规划），分析营销环境（包括总体环境、消费者市场、组织市场与市场分析方法），制定营销战略（包括 STP 与竞争战略），制订营销组合方案（以 4P 策略为主），组织、执行与控制营销方案，营销创新。例如，在国内高校使用量很大的，由吴健安等多位知名学者编著的，高等教育出版社出版的《市场营销学》已经出到第 6 版，但框架结构与科特勒的《市场营销原理》基本保持一致。

这种理论架构得到国内外专家学者的普遍认同。本书的框架体系设计依然遵循科特勒《市场营销原理》的框架（见图1-3），在此框架内，本书内容分为6个模块：营销导论模块、营销分析模块、用户研究模块、营销战略模块、营销策略模块与营销控制模块。

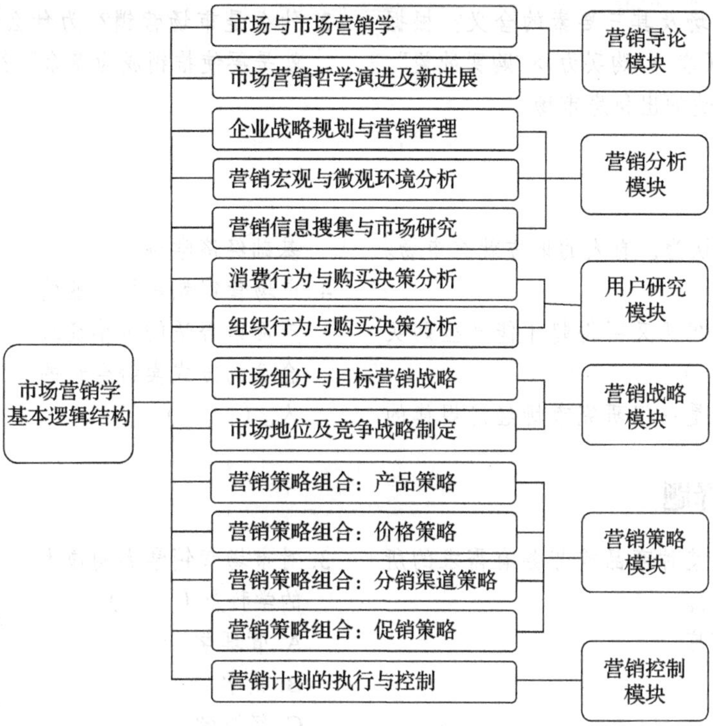

图1-3　市场营销学基本逻辑框架

鉴于“市场营销学”课程大多安排在第二或第三学期，学生已经学习了前导课程“管理学原理”，本书最后一部分“营销计划的执行与控制”与管理学中的“控制”部分内容有较多重复之处（如营销组织及其类型），而某些控制的方法（如营销审计）涉及会计、财务管理等专业课的内容，学生又没有触及，因此，本书将最后一部分内容略去，特此说明。

重点提示

市场的概念可从不同的角度进行界定，市场营销学中的市场是指某种产品的所有现实购买者与潜在购买者所组成的群体。市场是由购买者、购买力和购买欲望三个要素构成的，购买者是市场存在的前提，购买力和购买欲望是现实市场存在的必要条件。

市场营销是个人或组织通过创造、交换产品与价值从而满足需求或欲望的社会管理过程，其核心环节是交换。

市场营销学是一门研究市场营销活动及其规律的新兴学科，它研究企业如何识别、分析评价、选择和利用市场机会，从满足目标市场顾客需求出发，有计划地组织企业整体活动，通过交换，将产品从生产者手中转向消费者手中，以实现企业营销目标。作为一门独立的学科，市场营销学产生于市场经济发达的美国，其研究内容、研究方法、理论体系随着社会经济环境的变化而不断完善。

思考题

1. 如何理解市场及其三要素的含义？根据“市场 = 购买者 × 购买力 × 购买欲望”，分析高校周边的出租房市场。
2. 什么是市场营销？为什么说“市场营销就是要使推销成为多余”？

判断题

1. 市场营销学认为，有人的地方就有市场。（　　）
2. 顾客只有既想买又买得起才能产生购买行为。（　　）
3. 市场营销学是一门研究市场经济规律的基础经济学科。（　　）
4. 市场营销就是将企业的产品以合适的价格通过合适的方式卖给合适的人。（　　）

判断题答案

单项选择题

1. 市场是指对某种商品或劳务有需求的所有的（　　）。
   A. 个人和家庭
   B. 生产者
   C. 中间商
   D. 现实与潜在购买者
2. 市场营销的核心环节是（　　）。
   A. 市场　B. 营销管理
   C. 交换　D. 需求
3. 对市场营销学影响最大的学科是（　　）。
   A. 管理学
   B. 数学
   C. 经济学
   D. 心理学
4. 市场营销学作为一门独立的管理学科诞生于 20 世纪初的（　　）。
   A. 欧洲　B. 美国
   C. 日本　D. 中国

单项选择题答案

案例分析：一家免费公厕如何年赚 3 000 万欧元

一家德国服务公司承包了城市的所有公共厕所，不但向市民免费提供公厕，而且这些设施的维护和清洁工作也由其全盘包揽，居然还年赚 3 000 万欧元，还做到了全球连锁！它是如何做到的？读者如果有兴趣，可以自行到 https://www.sohu.com/a/197833543_162890 上了解、学习。

第2章
CHAPTER2

市场营销哲学与市场营销理论新进展

§ 学习目标

1. 准确理解市场营销哲学及其演变规律
2. 了解20世纪90年代以来以顾客满意为中心而出现的新的营销理论与方法
3. 作为普通顾客，认识到自己的“钱包”决定了企业生死存亡的道理
4. 培养用“以顾客为中心”的营销理念来分析具体营销问题的专业素养

§ 引导案例　　快消品巨头为何跌落神坛

在中国市场，提到宝洁公司旗下的产品和品牌，你肯定再熟悉不过了。起床后刷牙用佳洁士；男士剃须用吉列、博朗；洗澡用舒肤佳；洗发用潘婷、飘柔、海飞丝、沙宣；梳洗完毕后用OLAY、SK-II来润肤；小宝宝睡觉前换上一片帮宝适纸尿裤；然后用汰渍、碧浪洗衣……

总部位于美国的宝洁，从一家制作蜡烛的小作坊发展为如今的全球快消品巨擘。在中国市场，宝洁正是凭借众多品牌、明星广告的优势走进万千家庭，成为快消领域的王者。

然而，随着消费的不断升级，这家拥有182年历史的快消品巨头逐步跌落神坛。

2018年4月，宝洁公司发布了第三季度财报，数据显示，在截至2018年3月31日的9个月内，宝洁净利润同比下降40%。更加糟糕的是，自2012年以来，宝洁的销售额就维持在800亿美元左右，增长几乎停滞。2017财年宝洁的销售额仅为651亿美元。

为了挽救业绩上的颓势，宝洁给自己想的办法就是“减减减”。2017年8月，宝洁宣布将继续缩减品牌总数，从超过200个减少到65个左右。可以说，如今的宝洁不是在卖品牌，就是在卖品牌的路上！

曾经的快消领域王者宝洁公司为何陷入增长停滞的陷阱？读者如果有兴趣，可以自行到http://www.sohu.com/a/2927c2935_275750上了解、学习。

§ **本章逻辑导图**

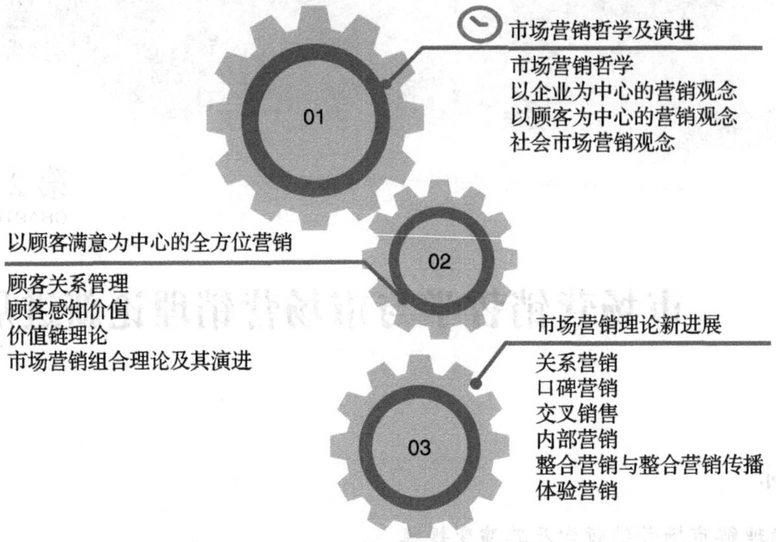

观念决定态度，态度决定行为，行为决定结果，这是人类行为的规律。企业作为人的集体，其各种营销行为总是在管理者尤其是企业家的特定观念指导下进行的。营销观念不同，营销活动的内容和重点便不同，给企业、顾客、社会所带来的影响也不同。

2.1　市场营销哲学及演进

2.1.1　市场营销哲学

所谓**市场营销哲学**，也就是在企业开展市场营销管理的过程中，指导企业如何处理企业、顾客、社会及其他相关者的利益所持的态度、思想和观念，又称为营销观念或营销理念。

企业营销哲学在一定的经济社会环境中产生和形成，并随着社会经济的发展和市场供求关系的变化而发展变化。了解市场营销哲学的演变，对于企业更新观念、加强市场营销管理具有重要意义。企业的营销观念演进主要经历了以下三个阶段（见图 2-1）。

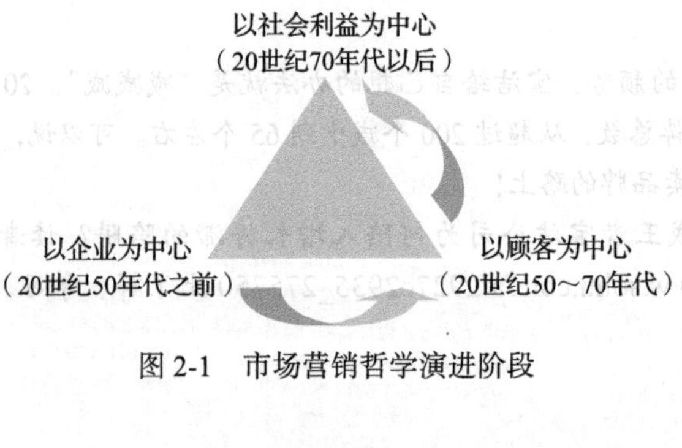

图 2-1　市场营销哲学演进阶段

2.1.2　以企业为中心的营销观念

以企业为中心的营销观念，又称为旧的市场营销观念。它是以企业利益为根本取向来处理营销管理问题的观念，是在 19 世纪末 20 世纪初至 20 世纪 50 年代这一阶段占主导地位的营销观念，包括生产观念、产品观念和推销观念。

1. 生产观念

生产观念（production concept）是指导企业营销行为的最古老的观念之一，产生于 20 世纪 20 年代之前。当时，生产的发展不能满足需求的增长，多数商品都处于供不应求的状态，在这种卖方市场条件下，只要有商品，商品质量过关、价格合理、有足够的销售网点，就不愁市场销路，正所谓“皇帝的女儿不愁嫁”。在此经济社会背景下，企业利润的多少取决于生产规模的大小，在规模既定的条件下，其利润取决于生产效率。因此，企业为追求利润最大化，必然竭尽全力获取生产要素，通过扩大产能、降低成本、提高生产效率来获取更多利润，在企业的经营管理中具体表现为“能生产多少就生产多少”“能生产什么就销售什么”。

当时美国福特汽车公司为获得高额利润，通过流水线加工的方式提升汽车生产装配效率，同时，为降低生产过程中的管理成本，公司不考虑顾客对小轿车颜色、款式的兴趣和偏好，只生产一种黑色的“T 型车”。效率高、成本低导致福特汽车价格不断降低，既为汽车进入寻常百姓家庭做出了贡献，也使福特汽车公司自身获得了丰厚的利润。

生产观念及营销活动具有三个特点：①生产观念是在卖方市场的态势下产生的，产品供不应求；②生产环节的管理（提高产量、降低成本）是企业生产经营的中心；③以企业为中心，能生产什么就销售什么。

2. 产品观念

产品观念（product concept）产生于 20 世纪 30 年代以前，几乎与生产观念并行。在西方国家的某个时期或某个局部市场，部分产品相对过剩，顾客有条件对产品的价格、质量与性能进行比较再择优购买。这时，产品观念应运而生。产品观念认为，顾客除了需要买得起的低价产品，还喜欢那些质量高、功能多和有特色的产品。企业除了要提高产量、降低成本，还应致力于生产高质量、多功能、有特色的产品，并不断加以改进。

“酒香不怕巷子深”是这种观念的形象说明。持这种观念的企业将注意力集中在现有产品上，集中主要资源进行大规模生产和对现有产品进行改进。产品观念及营销活动具有两个特点：①总体市场仍属于卖方市场，但局部市场已经出现一定程度的竞争；②企业在提高生产效率的同时开始重视产品质量，但经营管理仍以生产环节为中心，不重视顾客的需求。

产品观念与生产观念一样，属于典型的“以产定销”，企业仅站在自己的角度按照企业的质量标准来生产产品，而不考虑这种产品是不是顾客所需的，最终导致“营销短视症”。

3. 推销观念

推销观念（或销售观念）（selling concept）出现在20世纪20年代末与20世纪50年代间，这一时期为资本主义国家由“卖方市场”向“买方市场”的过渡阶段，其特点表现为“企业生产什么就努力推销什么”。这种观念认为，如果缺乏必要的推销和促销刺激，再好的产品也会面临“养在深闺人未识”的境遇。

这种观念虽然比前两种观念进步了一些，开始重视广告及推销技巧，但从根本上来说，由于推销导向型企业只是努力将自己生产的产品推销出去，而不考虑这些产品是否满足顾客的需求以及出售以后顾客的意见，因此并不关心顾客的真正需求，关注的是一次性交易而不是与顾客的长期关系。在自我保护意识和能力较弱的情况下，顾客容易上当。推销观念仍属于以产定销的企业经营哲学。

推销观念具有三个特点：①产品开始供过于求；②促销宣传、推销技巧是产品顺利销售的条件；③营销工作的中心思想是“把生产出来的产品想方设法卖出去”。

这种观念在今天的中国市场中仍广泛存在，如各大团购网站、共享单车的烧钱大战以及现在被社会所反感的针对老年人的各种保健品促销等。

§ **电视剧推荐　　　　　　《温州一家人》**

电视剧《温州一家人》，通过草根创业者周万顺的创业史，艺术化地再现了在改革开放初期我国市场供给短缺的环境下，温州普通人家先后在生产观念、产品观念的指导下敢于冒险而取得成功，也有经营战略偏离营销环境导致的各种坎坷奋斗历程。

2.1.3　以顾客为中心的营销观念

以顾客为中心的营销观念又称为**市场营销观念**（marketing concept）。

二战结束后，整体和平的大环境促进了科学技术的发展及扩散，发达国家的生产力水平得到迅速提升，市场供给状况出现质的飞跃，买方市场成为市场常态，传统的以企业为中心的营销观念已经不能适应新的市场环境。1957年，通用电气公司的约翰·麦克金特立克提出了市场营销观念，“顾客至上”“以需定产”“以销定产”“哪里有顾客的需求，哪里就有我们的机会”等一系列口号被提了出来。1960年，西奥多·莱维特提出“营销短视症”概念并引起轰动，“以顾客为中心”开始真正成为企业经营管理的指导思想。市场营销观念的基本内容是：顾客或用户需要什么产品，企业就应该生产、销售什么产品。

市场营销学家认为，以顾客为中心的市场营销观念，与旧的以生产为中心和以推销为中心的营销观念相比，是市场营销哲学的质变，被誉为市场营销发展史上的一场“革命”。在顾客导向型营销观念中，企业有三个关键点：一是要为顾客创造价值；二是要比竞争者更有效率地满足顾客需求，使顾客满意；三是为企业带来忠诚顾客，与顾客建立长期关系。

通过对顾客导向型的市场营销观念与传统的企业导向型营销观念的比较，我们发现，两者在营销活动的出发点、诉求中心、营销手段和营销目的等方面均有显著区别（见表 2-1）。

表 2-1　市场营销观念与传统观念的比较

营销观念	出发点	诉求中心	营销手段	营销目的
传统观念	企业	现有产品	大量生产、推销、促销	通过大量生产和销售获利
市场营销观念	目标市场	顾客需求	整体营销	通过顾客满意获得利润

市场营销观念以目标顾客及其需求、欲望为中心，通过协调影响顾客满意程度的营销活动，来赢得顾客满意并保持长久关系。市场营销观念及营销活动有四个支撑点：一是**目标顾客**。企业资源有限性与顾客需求多样性之间的矛盾，要求企业根据市场需求和自身资源条件，选择要进入的市场和要服务的目标顾客，做到集中资源，有的放矢。二是**顾客满意**。在买方市场条件下，顾客是企业生死存亡的决定因素，企业只有在信息提供、购买、支付、消费或使用、售后服务等环节上比竞争者更好地满足顾客需求，使顾客满意，顾客与企业的关系才能长期维持。三是**整体营销**。顾客满意是企业获取利润从而实现长期发展的前提条件，因此，企业的营销活动应以顾客满意为目标。企业的所有部门（研发、采购、生产、销售、服务）和成员都要围绕"顾客满意"，彼此协同、相互配合，营销并不仅仅是营销部门的任务，也是其他部门的职责。四是**盈利回报**。顾客满意是顾客购买一定产品后实际感受到的产品价值超过自己预期所产生的一种心理愉悦状态，追求顾客满意必然导致企业成本上升，利润减少。因此，企业必须在追求顾客满意程度与自身盈利水平之间进行平衡兼顾。

2.1.4　社会市场营销观念

20 世纪 70 年代，由于第四次中东战争爆发，西方国家出现能源短缺，通货膨胀，失业率增加；企业在生产经营过程中，若满足顾客目前的需求，就可能既损害顾客的长远利益，又严重污染环境。各种经济、社会问题引发了人们对传统经济增长方式和营销手段的质疑。例如，汽车的普及满足了人们出行便捷的需求，扩大了人们的生活空间，提高了生产效率，但也带来了更多的交通事故，令很多家庭家破人亡，还引发了交通拥堵，造成了严重的空气污染，废弃的轮胎、旧车堆积如山，既浪费资源又破坏环境；快餐食品的兴起，满足了顾客节省时间的需求，但长期食用快餐会令顾客营养失衡，腰围增加，发病率上升，而且一次性包装既浪费资源又污染环境。为了保护顾客的利益，美国等一些国家陆续成立了消费者联盟，兴起了消费者权益保护运动，人们也对市场营销观念进行了反思，即企业在生产经营过程中，如何兼顾企业、顾客和社会三者的利益。

社会市场营销观念（social marketing concept）是1971年由杰拉尔德·泽尔曼（Gerald Zalman）和菲利普·科特勒提出的。它是指企业在做出市场营销管理决策时，在满足顾客的欲望和需求的前提下，既要使企业获得理想的利润，又要符合顾客和社会的长远利益。

社会市场营销观念是对市场营销观念的修正和补充，它要求企业在做出营销决策时权衡三方面的利益，即企业利润的实现、顾客需求的满足和社会利益的保证，如图2-2所示。实践证明，协调好三者之间的关系，不仅能使企业发挥特长，还能在满足顾客需求的基础上获取经济效益，符合整个社会的利益，从而得到社会大众包括企业家的广泛认同。

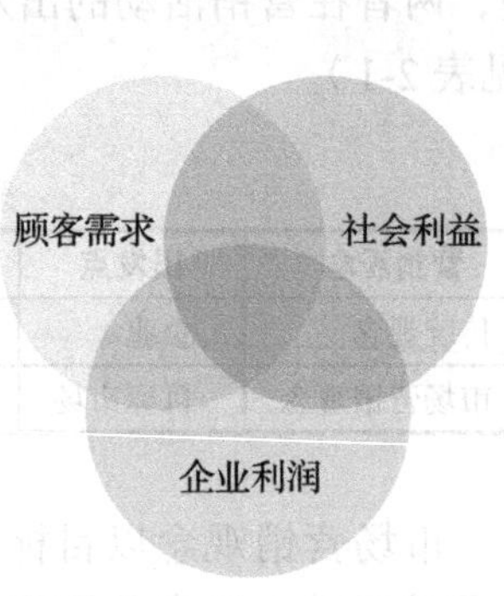

图2-2 社会市场营销观念下企业权衡三方利益示意图

【资料2-1】党的十九大报告强调，加快生态文明体制改革，建设美丽中国。人与自然是生命共同体，人类必须尊重自然、顺应自然、保护自然。人类只有遵循自然规律才能有效防止在开发利用自然上走弯路，人类对大自然的伤害最终会伤及人类自身，这是无法抗拒的规律。我们要建设的现代化是人与自然和谐共生的现代化，既要创造更多物质财富和精神财富以满足人民日益增长的美好生活需要，也要提供优质生态产品以满足人民日益增长的优美生态环境需要。必须坚持以节约优先、保护优先、自然恢复为主的方针，形成节约资源和保护环境的空间格局、产业结构、生产方式、生活方式，还自然以宁静、和谐、美丽。

党的十九大报告同时强调，必须树立和践行绿水青山就是金山银山的理念，坚持节约资源和保护环境的基本国策，像对待生命一样对待生态环境，统筹山水林田湖草系统治理，实行最严格的生态环境保护制度，形成绿色发展方式和生活方式，坚定走生产发展、生活富裕、生态良好的文明发展道路，建设美丽中国，为人民创造良好的生产生活环境，为全球生态安全做出贡献。

资料来源：2017年10月18日新华网。作者有删改。

互联网金融是传统金融机构与互联网企业利用互联网技术和信息通信技术实现资金融通、支付、投资和信息中介服务的新型金融业务模式。P2P信贷（peer-to-peer lending）即点对点信贷，是互联网金融业务模式之一。这种新型金融服务模式却成为人人喊打的“过街老鼠”。是什么造成了这种局面？如何改变互联网金融的形象？读者如果有兴趣，可以自行到https://new.qq.com/omn/20190316/20190316AoJT3Y.html?pc上了解、学习。

2.2 以顾客满意为中心的全方位营销

在市场营销观念的指导下，企业的营销活动必须以顾客需求为出发点，通过制定与实施顾客导向型的营销战略与策略，最终建立和管理可盈利的顾客关系。尽管市场环境在变，顾客需求在变，企业满足顾客的产品、技术、营销手段在变，但以顾客为中心、追求顾客满意的现代营销理念始终不变。20 世纪 80 年代以后，在营销领域虽然有很多学术机构和专家学者不断提出新的观念、原理和方法，但都是围绕继承并强化“顾客满意”这个中心而展开的。其中，影响较大的具有代表性的理论有以下几种。

2.2.1　顾客关系管理

顾客关系管理（customer relationship management，CRM）被认为是现代营销学中最重要的概念之一，最初由美国咨询公司加德纳集团在 1993 年提出。但对于顾客关系管理的准确定义，理论界和企业界众说纷纭，他们从不同的角度对顾客关系管理做出解释。菲利普·科特勒认为，广义的**顾客关系管理是指通过给顾客提供较高的价值和满意度，建立和保持可盈利的顾客关系的整个过程**。它涉及**开发、维护和发展顾客**的所有营销管理活动。

1. 顾客关系管理理论提出的背景

（1）顾客主导地位的确立和稳固。在供大于求的市场上，顾客是企业生存和发展的基础，一个企业不管有多好的产品、技术、品牌和机制，如果没有顾客及顾客的忠诚，企业的一切付出都只是成本而不是利润。

（2）网络信息技术的推动。自 20 世纪 80 年代开始，企业为降低成本、提高效率，开始对业务流程进行优化再造，采用企业资源计划（ERP）系统；20 世纪 90 年代，以美国为代表的发达国家相继开发和使用了销售自动化（SFA）系统、顾客服务系统（CSS），不少软件公司及时推出顾客关系管理软件，企业普遍建立并维护顾客关系管理系统；20 世纪 90 年代末，由于信息技术的普及与应用，顾客关系管理的信息化、自动化、智能化水平逐步提高，并且出现了以大数据、云计算为基础，以智能化为特征的顾客关系管理系统。

2. 顾客满意

顾客满意（customer satisfaction）是**顾客需求被满足后形成的愉悦感或状态，是顾客的一种主观心理感受**，或是顾客对产品或服务本身满足自己需求程度的一种判断，看其是否达到自己所期望的水平。如果产品效用超出期望，顾客就会感到满意并产生愉悦感。

成功的企业大多竭尽全力保证关键顾客的满意。研究表明，**更高的顾客满意度会带来更高的顾客忠诚**，而忠诚顾客又为企业发展提供了有利条件。忠诚顾客不仅自己会重复购买、增量购买和交叉购买，还会通过自己的口碑宣传带来新的顾客（忠诚顾客是“播种机”与“宣传队”），降低交易成本。在数字营销和社会营销时代，忠诚顾客对企业营销活动的深层参与，可为企业提供各种信息，而这些信息是企业进一步发展或改进产品的依据。

顾客忠诚不仅来源于优质产品和服务，也来源于能很好地传递其价值文化并帮助顾客解决各种难题的企业本身。企业必须在追求顾客满意和自身盈利之间找到平衡，因为提高顾客满意度的途径主要是提高产品服务质量或降低价格，但这会增加成本或减少利润，所以营销人员必须能够持续不断地创造顾客价值和实现顾客满意，不能“亏本”。

3. 顾客满意度的衡量指标

（1）美誉度。美誉度即顾客对企业或品牌和服务过程的褒扬程度。例如，顾客持褒扬态度，愿意向他人推荐，则是满意的。

（2）指名率。指名率即顾客指名消费或购买某企业或品牌产品和服务的程度。顾客指名购买、非此不买，则表明满意。

（3）重购率。重购率即顾客购买或消费以后，愿意再次购买的次数。在一定时期内，顾客重复购买的次数越多，表明满意程度越高。

（4）投诉率。投诉率即一定数量的顾客在购买消费某企业产品或服务后投诉的比例。投诉率越高，表明顾客不满意程度越高。但投诉率低，不表明顾客满意程度高，因为很多不满意顾客不愿投诉，只是不愿再次购买而已。

（5）购买额。购买额越高，表明满意程度越高。

（6）对价格的敏感程度。产品或服务价格提高，顾客购买没有受影响，则表明满意程度高。

“八项规定”的出台给高端餐饮业带来巨大冲击，北京宴如何及时转变思路，实现逆市崛起？读者如果有兴趣，可以自行到 http://www.linkshop.com.cn/web/archieves/2014/292455.shtml 上了解、学习（从一个普通的服务场景案例，看北京宴的顾客关系管理）。

2.2.2 顾客感知价值

菲利普·科特勒在 1994 年出版的《营销管理：分析、计划、执行与控制》中，首次提出“**顾客让渡价值**”（customer delivered value，CDV）的概念，在第 14 版中又将其改为“**顾客感知价值**”（customer perceived value，CPV）。尽管概念的表述改变了，但概念的内涵没有变化。因为顾客满意是一种心理状态，类似于效用，难以定量分析与比较，所以菲利普·科特勒借鉴经济学中的“消费者剩余”概念和效用定量分析方法，提出这个概念，希望借此把顾客满意这种抽象的心理状态进行量化分析，能为企业营销管理改进提供可量化的方法论指导。

1. 顾客感知价值

所谓顾客感知价值（CPV），**是指企业传递给顾客，且能让顾客感受到的实际价值。它表现为顾客购买总价值与顾客购买总成本之差**，如图 2-3 所示。**顾客购买总价值**是指顾客购买某一产品或服务所期望获得的一系列利益或价值，包括产品价值、服务价值、人员价值和形象价值。**顾客购买总成本**是指顾客为购买和使用某一产品或服务所产生的一系列成本支出，包括货币成本、时间成本、精神成本和体力成本等。

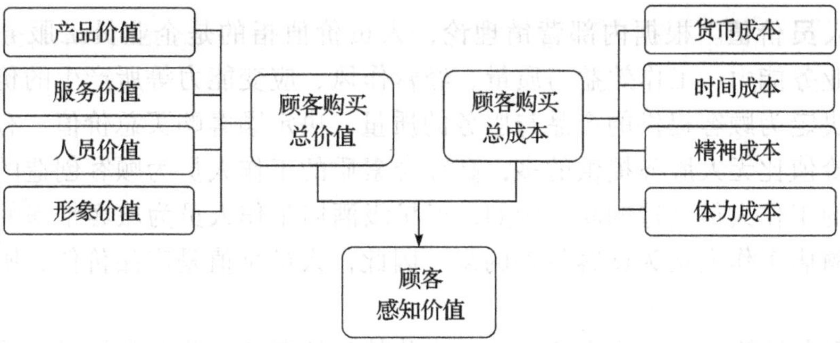

图 2-3　顾客感知价值构成

顾客购物时，总希望尽可能把货币、时间、精神和体力等成本降低，同时又希望从中获得很多实际利益，以使自己的需求得到最大限度的满足。为此，顾客往往从价值与成本两个方面进行权衡，从中选择出价值最高、成本最低，即顾客感知价值最大的产品或服务。

企业要战胜竞争对手，吸引更多潜在顾客，就必须向顾客提供比竞争对手更多的顾客感知价值，获得更高的顾客满意度。为此，企业可以从两个方面改进自己的工作：一是通过改进技术和管理，提升产品、服务、人员与形象，进而提高顾客购买总价值；二是通过降低生产成本和提升服务效率，减少顾客购物的货币支出以及时间、精神与体力等方面的耗费，从而降低购买总成本。

2. 顾客购买总价值

顾客购买总价值由产品价值、服务价值、人员价值和形象价值构成，其中每一项价值因素的变化均对总价值产生影响。

（1）**产品价值**。产品价值指的是由产品的功能、特性、品质、品种与式样等所产生的价值。由于它是顾客需求的中心内容，也是顾客购物的首要考虑因素，因此它也是决定顾客购买总价值的关键因素。在经济发展的不同时期，顾客需求不同，产品价值的构成要素及其相对重要程度也有差异。即使在经济发展的同一时期，不同的顾客对产品价值也会有不同的要求，在购买行为上显示出极强的个性特点和明显的需求差异。企业必须认真分析不同经济发展时期顾客需求的共同特点，以及同一发展时期不同类型顾客需求的个性特征，并据此进行产品的开发与设计，增强产品的适应性，为顾客创造更大的产品价值。

（2）**服务价值**。服务价值指的是伴随产品实体的出售，企业向顾客提供的各种附加服务，包括产品介绍、送货、安装、调试、维修、技术培训与产品保证等产生的价值。服务价值是构成顾客购买总价值的重要因素之一，在现代市场营销实践中，随着收入水平的提高和消费观念的变化，顾客在选购产品时，不仅注重产品本身价值的大小，而且注重产品附加值的大小，特别是在同类产品质量与性质大体相同或类似的情况下，企业向顾客提供的附加服务越完备，产品的附加价值越大，顾客从中获得的实际利益就越大，从而购买的总价值也越多。因此，服务价值已成为现代企业市场竞争的新焦点。

（3）**人员价值**。根据内部营销理论，人员价值指的是企业员工服务理念、知识水平、业务能力、工作效益与质量、经营作风、应变能力等所产生的价值。企业员工直接决定为顾客提供的产品与服务的质量，决定顾客购买总价值。有人服务提供的感知价值比无人服务提供的多，高综合素质的工作人员为顾客创造的价值比低综合素质的工作人员创造的高。例如，五星级酒店工作人员为旅客带来的感知价值比经济型酒店工作人员为旅客带来的多。因此，人员价值是产品价值、服务价值的基础。

（4）**形象价值**。形象价值指的是企业及其产品在社会公众中形成的总体形象所产生的价值，包括企业的产品、技术、质量、包装、商标、工作场所等所构成的有形形象所产生的价值，公司及其员工的职业道德、经营行为、服务态度、工作作风等行为形象所产生的价值，以及价值观念、管理哲学等理念形象所产生的价值等。形象价值与产品价值、服务价值、人员价值密切相关，是上述各方面价值综合作用的反映和结果。形象对于企业来说是宝贵的无形资产，良好的形象会对企业的产品产生巨大的支持作用，赋予产品较高的价值，带给顾客精神上和心理上的安全感、满意感、信任感，使顾客更高层次的精神需求得到满足，从而增加顾客的购买总价值。企业应高度重视自身形象的塑造，为企业进而为顾客带来更大的价值。

3. 顾客购买总成本

顾客购买总成本不仅包括货币成本，还包括时间成本、精神成本与体力成本（精神成本与体力成本合称为“精力成本”）。一般情况下，顾客购买产品时首先考虑购买和使用产品的价格，即货币成本（如购买汽车的货币成本即汽车的购买价格加上各种税费、保险费、油费、维护保养费等），这是影响顾客购买总成本高低的主要因素，在货币成本接近的情况下，顾客再比较时间成本和精力成本的高低。这里我们主要考察时间成本和精力成本。

（1）**时间成本**。在顾客购买总价值与其他成本一定的情况下，时间成本越低，顾客购买的总成本越高，从而顾客感知价值越大。以服务行业为例，顾客在餐馆、酒店和银行等地时，可能需要先等候一段时间，尤其在营业高峰期更是如此。在服务质量相同的情况下，顾客等候时间越长，时间成本越高，购买的总成本就会越高。同时，等候时间越长，越容易引起顾客的不满，中途放弃购买的可能性就会增大。因此，努力提高工作效率，在保证产品与服务质量的前提下，尽可能降低顾客的时间成本，是增强市场竞争能力的重要途径。

（2）**精力成本**。精力成本是指顾客购买产品时在精神与体力方面的消耗。购买和消费过程越便利，情景体验越愉悦，精神与体力消耗越少，精力成本就越低。在购买过程的各阶段，均需消耗一定精力。特别是在特殊品的购买过程中，顾客精力消耗更多。在高档酒店消费、奢侈品购买中，企业会设计巅峰的情景体验，主动提供详尽的信息，意在降低顾客的精神成本与体力成本。

4. 顾客感知价值的意义

顾客感知价值与顾客满意的理论，对企业加强市场营销管理、提高企业竞争能力有十分重要的意义。

（1）顾客感知价值大小受顾客购买总价值与顾客购买总成本两方面因素的影响，顾客购买总价值与顾客购买总成本的各个构成因素不是各自独立的，而是相互作用、相互影响的。顾客购买总成本中某一因素的变化不仅影响顾客购买总成本的高低，还影响顾客购买总价值的变动，进而影响顾客感知价值的大小。企业在做出各项市场营销决策时，应综合考虑构成顾客购买总价值与顾客购买总成本的各项因素之间的相关关系，从而用较低的生产与市场营销费用为顾客提供具有更高顾客感知价值的产品。

（2）不同的顾客对总价值的期望与对各项成本的重视程度是不同的。企业应根据不同顾客群体的需求特点，有针对性地设计和增加顾客购买总价值，降低顾客购买总成本，以提高顾客感知价值。例如，低收入群体在购买汽车时，首要考虑的因素是汽车的购买价格和后期使用成本，在有能力支付货币成本的条件下，他们寻求尽可能高的包括产品价值在内的购买总价值。对于工作繁忙的顾客而言，时间成本是其最为看重的，企业应尽量缩短顾客寻求产品信息和购买的时间，提供方便和快捷的销售服务，最大限度地满足和适应顾客求快、求便利的心理要求。总之，企业应根据不同细分市场中顾客的不同需求，努力为顾客提供实用价值高的产品和服务，使顾客获得最大限度的满足。

（3）对顾客感知价值的追求，应以能够实现企业的经营目标为主要原则。有的企业为了争取顾客、战胜竞争对手，往往采取顾客购买总价值最大化策略，但长期不适当地追求顾客购买价值最大化可能会使企业成本增加过快，从而导致利润减少甚至发生亏损。因此，在市场营销实践中，企业应掌握一个合理的度，以确保实行顾客感知价值最大化所带来的利益超过增加的成本费用。

什么是好的用户体验

“在互联网时代，产品是否成功取决于用户体验的好坏，用户体验越来越重要。用户买了你的产品，并非与你结束了交易，恰恰相反，当用户拿起你的产品，使用你的产品的时候，用户体验之旅才真正开始，而用户的体验之旅是否愉快，将直接影响到你的口碑，影响到你的销售。”什么是好的用户体验？如何提升顾客感知价值？读者如果有兴趣，可以自行到 http://blog.sina.com.cn/s/blog_49f9228d01015jw.html 上了解、学习。

2.2.3　价值链理论

企业要追求顾客满意，实现顾客忠诚，必须为顾客创造更高的感知价值，为此，企业除了贯彻以顾客为中心的营销理念，还应系统协调创造、传播和交换价值的各个环节的工作，使不同环节的工作以顾客满意为目标，相互协调、彼此配合，实现企业利益与顾客利益的兼顾。

1. 价值链的含义

所谓**价值链**（value chain），**是指企业为顾客创造价值也为自己创造利润的互不相同但又相互关联的经济活动的集合**。其中，各个环节的活动内容不同，但又彼此相关、环环相扣，共同驱动企业价值创造与价值实现。

1985 年，哈佛商学院的大学教授迈克尔·波特首次将企业价值创造过程用价值链的简洁模型进行概括。波特认为："每一个企业都是在设计、生产、销售、发送和辅助其产品的过程中进行种种活动的集合体。所有这些活动可以用一个价值链来表明。"这些互不相同但又相互关联的生产经营活动，构成了一个创造价值的动态过程，即企业价值链（见图 2-4）。

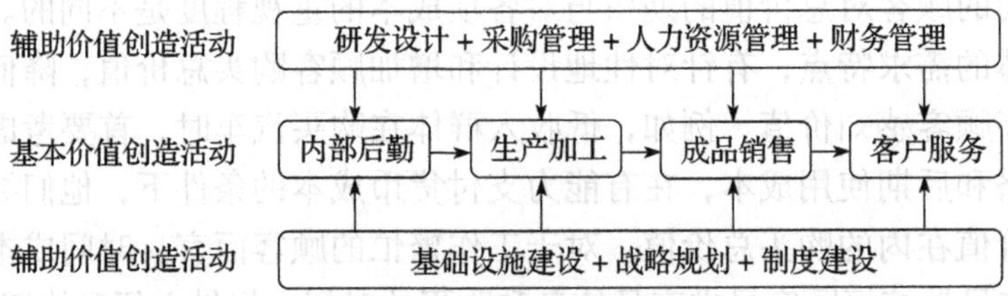

图 2-4　企业价值链构成

从图 2-4 可以看出，企业的价值创造活动可分为基本价值创造活动和辅助价值创造活动两类。**基本价值创造活动**即生产经营环节，包括内部后勤、生产加工、成品销售、客户服务等；而**辅助价值创造活动**则包括研发设计、采购管理、人力资源管理和财务管理等，它服务于基础价值创造活动的所有环节。

生产经营环节又分为价值链的**上游环节**（主要由原材料采购、研发设计、生产制造构成）和**下游环节**（主要由市场营销和售后服务环节构成）。

【资料 2-2】 迈克尔·波特（Michael Porter），1947 年生，哈佛商学院的大学教授（校级教授是哈佛大学给予学校教员的最高荣誉，迈克尔·波特教授是该校历史上第四位获得此项殊荣的教授）。迈克尔·波特在世界管理思想界被誉为"活着的传奇"，是当今全球第一战略权威、管理学界公认的"竞争战略之父"。他的著作《竞争优势》《竞争战略》《国家竞争优势》被称为波特的"竞争三部曲"。在 2005 年世界管理思想家 50 强排行榜上，他位居第一。

资料来源：MBA 智库百科。作者有删改。

阅读推荐：

①波特. 竞争优势［M］. 陈小悦，译. 北京：华夏出版社，2005.

②波特. 竞争战略［M］. 陈小悦，译. 北京：华夏出版社，2005.

2. 价值链的战略环节

在价值链中，并非所有的环节都创造相同的价值。在企业的实际生产经营活动中，大部分的价值创造和价值实现往往集中于小部分的关键环节，某些环节虽然必不可少，但消耗的资源很多，创造的价值很低。如果企业在价值链的某些环节上处于行业领先地位，能有效阻止竞争者的进入，则该企业就占据了价值链的战略环节。竞争战略理论认为，由于技术扩散的加快和市场竞争的加剧，价值链的上游研发环节和下游市场营销环节是企业价值链的战略环节，研发水平的高低决定价值创造的能级大小，市场营销决定价值实现程度。而原材料采购、生产制造、产品储运等环节一方面占用资源多，另一方面技术含量不高，导致充分竞争甚至过度竞争，至多获得社会平均利润。

如果企业在产品研发、市场营销这两个关键环节占据优势地位，该企业在行业中则占据价值链的高端环节，能够获得超额利润。该企业的价值链为“哑铃型”。如果企业在研发、市场营销这两个环节不具优势，其资源主要集中在生产制造、产品储运环节，该企业在行业中则只能占据价值链的低端环节，获得微薄的利润。该企业的价值链为“橄榄型”。

宏碁集团创办人施振荣先生，在 1992 年为“再造宏碁”提出了有名的“**微笑曲线**”(smiling curve）理论（见图 2-5），以作为宏碁的策略方向。“微笑曲线”对价值链及价值链战略环节给出了直观解释。

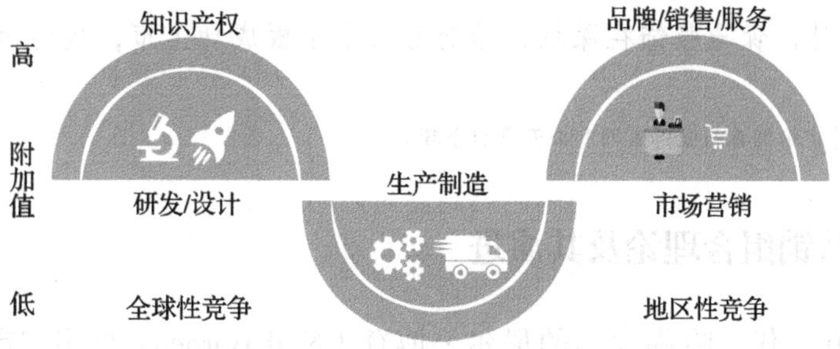

图 2-5　微笑曲线

迈克尔 · 波特的“价值链”理论揭示，企业与企业之间的竞争不只是某个环节的竞争，也是整个价值链的竞争，而整个价值链的综合竞争力决定了企业的竞争力。企业的竞争力强弱，在很大程度上取决于企业能否将价值链的战略环节控制在自己的手中。有眼光的企业家总是将有限资源投入到战略环节，而将非战略性环节通过合作方式外包给其他企业。

【资料 2-3】 森马服饰的“短板”外包、“长板”微笑

浙江森马服饰股份有限公司（以下简称“森马服饰”）是一家以系列成人休闲服饰和儿童服饰为主导产品的品牌服饰企业。公司旗下目前拥有“森马”和“巴拉巴拉”等多个服饰品牌。其中，“森马”品牌定位为年轻、时尚、活力、高性价比的大众休闲服饰，面向 16 ～ 30 岁的青少年学生群体以及刚踏入社会的年轻群体。“巴拉巴拉”品牌定位为专业、时尚童装，主要面向 0 ～ 14 岁中产阶级及小康家庭的童装消费群体。

森马服饰自企业创办以来，就采用了虚拟经营模式并在实践中不断加以创新，将服装生产外包，专注于产品设计、品牌传播、供应链管理及渠道拓展。在温州森马总部园区中，看不见一条生产流水线，但它是一个集品牌管理、信息服务、产品研发于一体的多功能集成中枢。董事长邱光和说，森马服饰推行"短板"外包、"长板"微笑的经营模式，实行生产和销售"两头在外"，而作为"微笑曲线"两头的产品研发和品牌营销，则留在温州总部。

因发展模式创新，森马服饰被浙江省列为转型升级的"营销革新"浙商样本。森马服饰的创新之举：一是实行"借鸡生蛋"的生产外包策略，将生产的事交给分布在珠三角、长三角的200多家加工企业来做，节约生产基地投资和设备的购置费用；二是通过"借网捕鱼"的销售外包策略，以特许连锁经营的方式，在全国发展加盟店（截至2018年6月30日，森马服饰在全国有8 864家线下门店，其中直营店只有766家，加盟店多达8 098家；同时，公司在淘宝、天猫、唯品会等国内知名电子商务平台建立了线上销售渠道）。

把中间生产加工部分交给别人之后，森马服饰集中资金和精力投入到产品设计和品牌经营中，让"微笑曲线"的两头高高翘起。在这家传统制造业企业的园区里，有一道独特的风景线令人耳目一新：这里没有生产业务，没有蓝领工人，有的是1 000多名从事研发和管理的"白领"和"金领"。

2011年3月，森马服饰在深圳证券交易所中小板成功上市，成为市值领先的服饰类上市公司。

资料来源：作者根据森马服饰官网和公开资料整理。

2.2.4 市场营销组合理论及其演进

20世纪50年代，哈佛大学的尼尔·博登（Neil Borden）提出"**市场营销组合**"（marketing mix）概念，意指市场需求或多或少地在某种程度上受到所谓"营销变量"或"营销要素"的影响。为了寻求一定的市场反应，满足市场需求，获得最大利润，企业要对这些要素进行有效组合和协调应用。1960年，杰罗姆·麦卡锡在其《基础营销学》（*Basic Marketing*）一书中将企业可控制的因素归结为四类：**产品**（product）、**价格**（price）、**渠道**（place）和**促销**（promotion），即著名的"4P"组合理论。1967年，菲利普·科特勒在《营销管理：分析、计划、执行与控制》一书中进一步确认了以"4P"为核心的营销组合并给出明确的定义，即**市场营销组合就是企业在选定的目标市场上，综合考虑环境、能力、竞争状况等因素，对企业自身可以控制的因素（4P）进行最佳组合和运用，以完成企业的目标与任务**。4P组合具有以下几个特点：

（1）**层次性**。4P是一个大组合，其中每一个P又包括若干层次的要素。这样，企业在确定营销组合时，不仅更具体和实用，而且相当灵活；企业不但可以选择四个要素之间的最佳组合，而且可以恰当安排每个要素内部的组合（见图2-6）。

（2）**可控性**。4P是可控要素，企业具有充分的自主决策权，可根据市场环境灵活组合。

（3）**协同性**。市场营销组合的作用，绝不是产品、价格、分销、促销四个营销要素的简单相加，而是使它们产生一种整体协同作用。

（4）**动态性**。4P 的每一种组合对应一种特定的营销环境和营销目标，随着环境或营销目标的变化，4P 要素及其内部子因素组合也要动态调整。

图 2-6　营销组合构成

4P 组合理论的提出奠定了现代营销学的基础理论框架。该理论以单个企业作为分析单位，认为影响企业营销活动效果的因素有两种：一种是企业不能够控制的，如政治、法律、经济、人文、地理等环境因素，称为不可控因素，也是企业所面临的外部环境；另一种是企业可以自主控制的，如生产、定价、分销、促销等营销因素，称为可控因素。企业营销活动的实质就是利用内部可控因素适应外部环境的过程，即通过对产品、价格、分销、促销的计划和实施，对外部不可控因素做出积极动态的反应，从而促成交易的实现和满足个人与组织的目标。市场营销活动的核心就在于制定并实施有效的市场营销组合。

阅读推荐：MBA 智库百科，营销组合的 4P、6P、7P、10P、11P。

2.3　市场营销理论新进展

2.3.1　关系营销

1. 理论发展历程

关系营销（relationship marketing）最初于 20 世纪 80 年代提出，兴盛于 20 世纪 90 年代。随着市场竞争的白热化，顾客转换成本急剧升高，寻找新顾客成本是维系老顾客成本的数倍。因此，留住老顾客成为营销的重要目标。

1983 年，美国学者伦纳德 · L. 贝瑞（Leonard L. Berry）在一份研究报告中就提出了关系营销概念；1985 年，巴巴拉 · 本德 · 杰克逊（Barbara Bund Jackson）也提出了类似的概念。他们认为，关系营销是吸引、维持并增强同顾客的关系。

1994 年，芬兰学者克里斯廷 · 格罗鲁斯对关系营销概念进行了完善，他认为关系营销是为了实现企业与利益相关者的目标进行的顾客识别，以及建立、促进、维持与适时终止关系的全过程。20 世纪 90 年代，六大市场模型是关系营销研究的重要拓展（Christopher，Payne，Ballantyne，1991）。

2. 理论相关领域

关系营销理论的相关领域如图 2-7 所示。

图 2-7　关系营销理论的相关领域

（1）关系营销的本质。**关系营销**是把营销看成一种关系而不是交易，即企业与顾客、供应商、分销商、政府、社会公众等利益相关者，甚至竞争者发生互动作用的过程，核心是同他们建立长期稳定的良好关系。因此，关系营销就是营销关系，营销的核心概念从交换转变为关系。

关系营销包括 6 个子市场：顾客市场、推荐市场、供应商市场、分销商市场、影响市场与雇员市场（Christopher，Payne，Ballantyne，1991）。企业与这些市场的关系构建和维系都是关系营销的范围。

（2）关系营销和交易营销的比较。关系营销是相对于交易营销出现的，关系营销与交易营销的本质有所不同，如表 2-2 所示。

表 2-2　关系营销和交易营销的比较

标准	关系营销	交易营销
营销目标	关系的建立	单一的交易
营销视角	动态	静态
长期与短期	长期	短期
相互依赖程度	高	低
接触的密度	高	低
质量指标	所有人的责任	生产部门的责任
内部营销作用	具有充分战略重要性	没有或有限重要性
决策过程重点	售后决策	售前活动
基本战略	维护现有顾客关系	争取新的顾客
生产重点	大规模个性化	大规模生产
雇员重要性	高	低

（3）关系营销战略。企业是否采用关系营销，在战略上取决于顾客转换成本的高低。如果一些行业或企业的顾客转换成本很低，吸引新顾客比较容易，或维系老顾客没有很大的价值，那么，采用交易营销也是合理的。对于顾客转换成本很高的行业或企业，顾客的维系费用就是一种投资，采用关系营销战略是有意义的，也是必需的。对于同一个企业的不同顾客，也可以根据顾客转换成本的高低予以分别对待，如对大顾客采用关系营销战略，而对零散顾客可能采用交易营销战略。因此，企业关系营销战略是权变的（郭国庆，2009）。

（4）关系营销策略。根据庄贵军（2002）的研究，中国文化与关系营销有天然的结合点。企业一般可以采用以下 5 种关系营销策略：①予法，即给予与付出，以施惠来构建关系特别有效；②借法，即借用相关资源建立关系；③化法，即将相克关系转化为相容关系；④合法，即建立命运共同体；⑤信法，即取信于人，建立长期合作伙伴。

有学者认为，艾略特·艾登伯格（Elliott Ettenberg）与唐·E. 舒尔茨（Don E. Schultz）提出的 4R 营销理论是关系营销策略的真正落地。4R 组合就是关系营销策略组合。4R 分别是：①关联（relevancy），即寻找企业与顾客在需求与业务等方面的紧密关联，形成命运共同体；②反应（respond），即企业对顾客做出快速反应；③关系（relation），即抢占市场的关键是与顾客建立长期稳定的互动关系；④回报（return），即回报是关系营销的必要条件与动力。

（5）顾客关系管理。莱尼特·莱斯（Lynette Ryals）和阿德里安·佩恩（Adrian Payne）认为，顾客关系管理（CRM）是一种“信息技术基础上的关系营销”。从狭义上看，顾客关系管理是一种基于数据库或大数据的技术方案；从广义上来看，顾客关系管理是在数据库与大数据技术方案基础上进行的顾客识别，以及建立、维持、增进与适时终止关系的管理过程。

2.3.2　口碑营销

1. 理论发展过程

口碑营销（word-of-mouth marketing）最初由阿恩特（1967）提出，兴盛于 20 世纪 90 年代，在 20 世纪七八十年代仅有一些考察口碑营销对新产品扩散影响的文献，但在 90 年代，较多考察口碑对顾客关系管理与顾客忠诚影响的文献开始出现。

2. 理论相关领域

口碑营销理论的相关领域如图 2-8 所示。

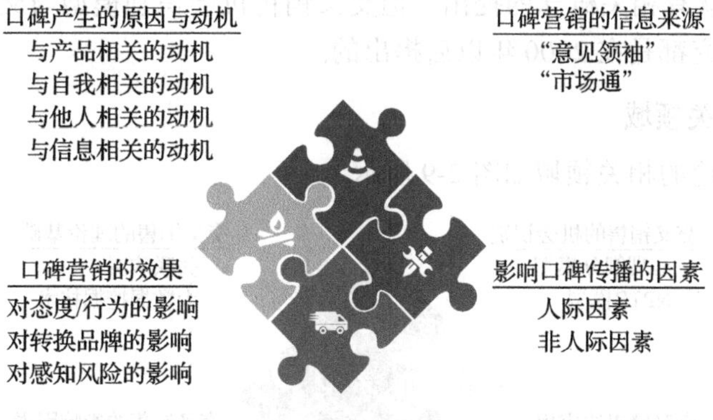

图 2-8　口碑营销理论的相关领域

（1）口碑营销的内涵。**口碑营销**是企业有意识或无意识地生成、制作、发布口碑题材，并借助一定渠道进行口碑传播，以满足顾客需求、实现商品交易、赢得顾客满意与忠诚、提高企业和品牌形象为目的而开展的计划、组织、执行和控制的过程（郭国庆，2009）。

（2）口碑产生的原因与动机。顾客为什么要进行口碑传播？现有研究发现有四种主要动机：①与产品相关的动机，即通过向他人推荐可以释放自身使用产品的紧张感；②与自我相关的动机，即获得一种帮助他人后情感上的满足或成就感；③与他人相关的动机，即情感表达，分享快乐，表示关心与爱等；④与信息相关的动机，表示自己拥有信息优势。

（3）口碑营销的信息来源。信息来源最多的是“**意见领袖**”或“**舆论领袖**”。该群体创新意识强，接触新产品多，有庞大的粉丝群。一些学者提出“市场通”，即掌握丰富产品或市场信息的人群。其实，两者本质上相似。在移动互联网时代，“网红”就是“市场通”或“意见领袖”。企业通过“市场通”或“意见领袖”的口碑间接影响顾客的二级传播模式比直接传播的效果更好。

（4）影响口碑传播的因素。口碑传播与人际网络有关。人际网络是影响口碑传播的重要因素，如人际网络大小、关系强度等。非人际因素（如信息技术）的影响作用也很大。在移动互联网时代，“网红”的人际网络与信息技术结合起来，在网络社群中“种草”成为口碑传播的新形式。

（5）口碑营销的效果。口碑营销的影响力包括三个方面：一是影响他人的购物态度；二是影响他人的品牌选择；三是减少他人的购物风险感知。相关研究表明，口碑对消费态度的影响力是广告影响力的七倍，是人员推销的四倍。

2.3.3 交叉销售

1. 理论发展过程

交叉销售（cross selling）最初于 20 世纪 90 年代提出，兴盛于 21 世纪。

交叉销售开始散见于关系营销、数据库营销与顾客关系管理等理论中，因此，在 20 世纪 90 年代就有相关概念的提出。但交叉销售机会识别模型与交叉销售的影响因素模型等重要研究都是在 2000 年以后提出的。

2. 理论的相关领域

交叉销售理论的相关领域如图 2-9 所示。

图 2-9　交叉销售理论的相关领域

（1）交叉销售的内涵。**交叉销售**，即借助顾客关系管理（CRM）与大数据挖掘技术以发现顾客的多种需求，并为满足顾客需求而推荐多种产品或服务，从而增加顾客消费同一公司产品或服务的数量。

（2）交叉销售的理论基础。顾客的需求可能多元，还彼此关联。通过顾客已有商品或服务购买信息与大数据挖掘技术，能比较精确地推测顾客的关联商品或关联服务的购买需求。传统的交叉销售仅凭经验与直觉进行推荐，而大数据技术下的交叉销售可以达到非常精准的程度。

（3）交叉销售的机会识别。交叉销售机会识别的主要任务是根据用户现有产品的购买数据、背景信息等来判别或预测这些用户购买其他产品的概率。交叉销售识别模型包括心理细分模型与 NPTB 模型（Knott，Hayes & Neslin，2002）等。若购买其他产品的概率高，则可能存在交叉销售机会；若概率低，则可能不存在交叉销售机会。目前，网络平台或互联网企业都掌握了十分丰富的顾客大数据，可以根据相关交叉销售识别模型很精准地判断出顾客的诸多潜在需求，从而进行关联推荐。如在网店购物时，总是出现一些"你可能喜欢"的推荐商品，就是交叉销售行为。

（4）交叉销售的影响因素。Verhoef、Franses 和 Hoekstra（2001）提出了影响交叉销售的一个模型，发现影响交叉销售的因素包括：①对现有供应商的满意程度；②关系维持时间（年数）；③顾客对竞争对手的评价；④企业营销手段（如组合定价策略）等。

（5）交叉销售的应用。交叉销售在零售业、服务业等领域已经得到较多的应用。如实体零售业的购物篮分析与卖场关联陈列，就是为创造交叉销售而设计的。在网络零售中的精准推荐也是交叉销售的相关应用。在电信、银行与保险业中，交叉销售也比较流行。有经验数据表明，沃尔玛在零售卖场的关联陈列能提高几倍到十几倍的销量。

2.3.4　内部营销

1. 理论发展过程

内部营销（internal marketing）理论是从关系营销理论衍生发展出来的，早在 20 世纪 80 年代就有学者提出了"内部营销"一词，但大规模研究是在 21 世纪。

内部营销理论的两位开拓者是伦纳德·贝瑞与克里斯廷·格罗鲁斯。格罗鲁斯在 1981 年发表了关于内部营销的论文；贝瑞在 1985 年开始使用"内部营销"概念，即把雇员当作顾客，把工作当作产品，在满足内部顾客需要的同时实现组织目标。

2. 理论相关领域

内部营销理论的相关领域如图 2-10 所示。

图 2-10 内部营销理论的相关领域

（1）内部营销的内涵。**内部营销**是通过满足雇员需求来吸引、发展、刺激与保留优秀雇员的。内部营销是一种把雇员当成“顾客”，取悦雇员的管理哲学。

（2）内部营销的动机。雇员满意目标：内部营销的目的是把雇员当作内部“顾客”，向雇员营销企业文化、企业产品与服务，使雇员认同与满意，从而吸引并留住优秀雇员，激发雇员营销服务的工作热情。科层式的管理则难以让雇员满意。顾客满意目标：内部营销意在培养雇员的“顾客导向理念”，激发雇员主动为顾客服务的营销意识，从而提高顾客满意度。雇员满意是顾客满意的前提与基础。

（3）内部营销的策略工具。有学者在 4P 框架下也开发出类似的工具，也有学者在服务营销 7P 框架下开发出一套工具。例如，4P 框架下的工具是：产品（product）在内部营销中可能是一种工作、一种服务或一种理念等；价格（price）是内部营销获得的效用与支付成本之差；渠道（place）是传递内部服务的地点（如会议、培训）；促销（promotion）与外部促销一致，包括面对面交流、物质激励与宣传等手段。

（4）内部营销的构成。内部营销包括两个部分：一是企业对雇员的营销，即企业把每一个雇员当作“顾客”；二是一个部门对另一个部门的营销，即一个部门把其他部门当作“顾客”。海尔集团的内部市场链即“下道工序就是顾客”，实质上就是内部营销。

（5）内部营销的效果。诸多研究表明，内部营销的效果有三个方面：一是鼓舞雇员士气，使雇员满意；二是协调内部关系，包括雇员之间的关系与部门之间的关系；三是为顾客创造更大的价值。内部营销理论认为，满意的雇员能为外部顾客带来更好的营销服务。

2.3.5 整合营销与整合营销传播

1. 理论发展过程

整合营销（integrated marketing）与**整合营销传播**（integrated marketing communication，IMC）都是在 20 世纪 90 年代提出并得到迅速发展的。

罗伯特 · F. 劳特朋（Robert F. Lauterborn）是整合营销理论的奠基人之一。1990 年，他在《4P 退休 4C 登场》中提出整合营销的 4C 理论。唐 · E. 舒尔茨是整合营销传播之父，他于 1992 年与劳特朋等在《整合营销传播》中提出了整合营销传播观念

（integrated marketing communications，IMC），并在 4C 基础上提出了 4R。

2. 理论相关领域

整合营销理论的相关领域如图 2-11 所示。

图 2-11　整合营销理论的相关领域

（1）整合营销 4C。**整合营销**强调以顾客为中心，综合利用企业所有资源，实现高度一体化的营销，其核心内涵是 4C 理论：**顾客需求**（customer needs and wants），即从对产品的关注转向对顾客需求的重视；**购买成本**（cost），即从传统定价转向顾客的购买成本；**购买便利**（convenience），即为顾客提供便利的购买渠道；**双向沟通**（communication），即用沟通代替单向促销。在 4C 中，一切都是以顾客需求为中心的。

（2）整合营销传播（IMC）。美国西北大学梅迪尔新闻学院对整合营销传播的定义是：**整合营销传播**是把品牌等与企业的所有接触点作为信息传达渠道，以直接影响顾客的购买行为为目标，是从顾客出发，运用所有手段进行有力传播的过程。

整合营销传播的实质是“用一个声音说话”（speak with one voice），即用多样化的传播途径，向顾客提供统一的诉求、USP 或定位点。整合营销传播认为，营销的每个策略都具有传播的功能，企业与顾客的每个接触点都是传播点。整合营销传播要求各个营销策略、每个与顾客的接触点所传达的诉求都高度一致。

唐·E. 舒尔茨进一步把 4R 理论作为整合营销传播的基础。4R 比 4C 更加突出顾客的核心地位，更强调营销的核心从交易走向关系。

（3）整合营销传播的优势。整合营销传播与传统营销传播相比具有三个方面的优势：一是更好地满足顾客需求，顾客核心地位更加突出；二是优化资源配置，消除传播不一致导致的内耗；三是提升品牌价值。整合营销传播更容易产生品牌忠诚。

（4）互联网时代的 SIVA。在互联网与大数据时代，信息技术改变了整个市场，顾客从被动接收信息到主动搜寻信息。传播主体必须要以顾客为中心，从商家控制变成用户响应，从说服顾客购买转变为让顾客加深对产品的理解。为此，唐·E. 舒尔茨在 2013 年新提出了以顾客需求为中心的 SIVA 范式，强调顾客购买产品或服务的四个关键要素 S，I，V，A：solution——提供解决方案；information——提供方案信息；value——衡量方案价值；access——提供解决问题的入口。

2.3.6 体验营销

1. 理论发展过程

“体验”一词最早在哲学领域提出。**体验营销**（experiential marketing）理论到20世纪90年代末才被提出，并得到大量研究。

伯恩德·H. 施密特（Bernd H. Schmitt）在1999年第一个提出了体验营销概念。在同一时期，体验营销战略、战术与策略组合得到了比较详尽的研究。

2. 理论相关领域

体验营销理论的相关领域如图2-12所示。

图2-12 体验营销理论的相关领域

（1）体验营销的内涵。**体验营销**是指企业通过采用让目标顾客观摩、聆听、尝试与试用等方式，使其亲身体验企业提供的产品或服务，让顾客实际感知产品或服务的品质或性能，从而促使顾客认知、喜好并购买的一种营销方式。体验营销以满足顾客的体验需求为目标，以顾客参与为前提，及时回应顾客的感情诉求，通过顾客主动参与产品的设计、创造和再加工，来体现独特的个性和价值，使顾客获得更大的满足和成就感，加深对品牌的忠诚度和黏着度。

（2）体验营销的战略。体验营销的战略，就是要解决提供何种类型体验以及怎样提供体验（即体验媒介）的问题。施密特的体验矩阵（见表2-3）提供了可供参考的战略工具。其中关联体验是与理想自我、他人或文化产生联想的体验。体验矩阵表明，不同体验媒介给顾客带来的体验不同。

表2-3 施密特的体验矩阵

战略体验	体验媒介						
	沟通	视觉与语言识别	产品	联合品牌塑造	空间环境	电子媒体与网站	人员
感官体验	√	√	√				√
情感体验	√						√
思考体验				√		√	
行动体验	√		√	√	√	√	√
关联体验				√	√	√	

（3）体验营销的理论模型。在体验营销的理论模型中，派恩和吉尔摩（1999）提出了两个模型：角色扮演模型与表演模型。在角色扮演模型中，所有活动的进行者都在体验营销中扮演独特的角色，而提供物则是企业从剧作、剧本到表演过程的产物。在表演模型中，全体雇员必须承担某种角色，通过引人入胜的表现形式形成有凝聚力的整体，用令人难忘的方式来吸引顾客。表演模型是把人员置于中心地位后的角色扮演模型。营销就是表演，顾客可能是演员，也可能是观众。

（4）体验营销的策略组合。体验营销的策略组合包括：体验、价格、情景、互动与口碑。体验就是“产品”，就是前述感官体验、情感体验、思考体验、行动体验和关联体验；价格就是顾客为体验所支付的费用；情景为顾客为体验而搭建的表演参与舞台；互动是参与、交流，顾客可能扮演观众，也可能扮成演员，和其他人共同完成表演，互动是体验营销最独特的部分；口碑是让顾客成为演员或导演，把信息传达给更多的顾客。

（5）体验营销实施的路径。体验营销实施的路径包括七步：探测体验需求（smell）→设计体验产品（supply）→营造体验场景（structure）→开展体验活动（smart）→获得体验感受（sense）→实现体验销售（sale）→售后体验延展（stretch）。体验营销包括两大关键要素：体验主题（subject）与体验传播（spread）。体验需求既是体验营销的起点，又是体验营销的终点。上述实施路径构成了七步循环 9S 模型。

营销哲学领域的新思维、新观点与新探索

1. 营销新实践：阿里巴巴的全域营销

2016 年年底，阿里巴巴提出了全新的数据赋能的营销方法论——**全域营销**（uni marketing）。

全域营销指的是在新零售体系下，以顾客运营为核心，以数据为能源，实现全链路、全媒体、全数据、全渠道的营销方法论。

该方法论利用阿里“统一身份”（uni identity）的数据基础设施重新定义了经典的消费者链路（AIPL）概念，将“认知”（aware）、“兴趣”（interest）、“购买”（purchase）以及“忠诚”（loyalty）的顾客链路变成可视化、可运营的顾客资产管理过程。全域营销的产品组合包括“品牌数据银行”（brand databank）、“全域广告投放工作台”（uni desk）、“品牌号”（brand hub）以及“全域策略”（uni strategy）。全域营销的本质虽然还是营销，但是基于数据赋能，营销的应用不再断层。它变得可视化、可量化、可优化，这就是全域营销之于营销方式的核心突破和最大变革。

阿里巴巴提出的“全域营销”，究竟是玩概念游戏，还是实打实地赋能品牌？读者如果有兴趣，可以自行到 http://www.sohu.com/a/195374795_296480 上了解、学习。

阅读推荐：

①一文讲透“全域营销”，营销不再是花销，是投资［EB/OL］. http://www.sohu.com/a/256130137_618348.

②田巧云. 全域营销，找的就是你［J］. 企业家信息，2017（12）：54-59.

2. 营销新革命：营销进入 4.0 时代

2013 年，在日本工商业企业家和跨国公司领导者举办的关于市场营销战略的讨论会上，菲利普・科特勒又提出营销革命 4.0。营销 1.0 是工业化时代以产品为中

心的营销；营销2.0是以顾客为导向的营销；营销3.0是以价值观驱动的营销，是以人为本的营销；营销4.0则是以大数据、社群、价值观营销为基础的营销，企业将营销的中心转移到与顾客积极互动、尊重顾客，让顾客更多地参与到营销价值的创造中来。在数字时代，洞察与满足这些连接点所代表的需求，帮助顾客实现自我价值，就是营销革命4.0所需要面对和解决的问题，其以价值观、连接、大数据、社区、新一代分析技术为基础。

阅读推荐：科特勒，卡塔加雅，塞蒂亚万. 营销革命4.0：从传统到数字［M］. 王赛，译. 北京：机械工业出版社，2018.

3. 营销新观点：顾客边界决定组织边界

北京大学国家发展研究院BiMBA商学院院长陈春花教授在多种场合提到“顾客在哪里，你的组织边界就在哪里”。

在传统观念中，顾客是企业提供产品的被动需求目标。顾客和企业之间有如猎手和猎物的关系。这样的关系让顾客和企业站在了对立的立场上，企业无法持续生存，顾客也厌倦了产品和企业。

改变这样的被动关系，就需要打破企业和顾客之间的边界，让顾客融入企业的所有价值链环节，从产品设计开始就由顾客来决定，一直到制造、渠道选择、产品交付和服务实现。当顾客可以全程参与价值链所有环节的时候，顾客和企业之间就形成了相互依存的关系。通过和顾客之间的共同创造，企业可以更充分地理解顾客及消费趋势的变化，顾客能够根据自己的观点和需求，来指导企业为他们创造价值，从而达成资源的合理、有效利用。

阅读推荐：陈春花. 影响企业持续成功的是“顾客价值”［J］. 销售与管理，2017（10）.

4. 营销新模式：新互联时代的4D模式

北京大学赵占波教授在《北大商业评论》2014年第9期发文，提出移动互联网时代下的营销4D模型，即demand（需求）、data（数据）、deliver（传递）与dynamic（动态），认为在移动互联网时代，企业必须以用户需求及痛点为核心，基于产品载体，提供超越用户预期的感知价值。

赵占波教授在论文中指出，在互联经济时代，社交化、本地化和移动化的互联网催生了全天候、多渠道和个性化的消费群体，企业必须以用户需求（demand）为中心，只有准确了解用户的需要，才能提供针对用户需要的产品和服务；对用户需要的准确把握和测量，需要有数据（data）作为决策基础，企业应充分利用现代信息技术条件，挖掘分析顾客的网络痕迹、行为数据、交易数据，给顾客准确画像并预测消费行为；根据新型顾客的产品认知流程，以符合顾客购买特点的渠道方式向其传递（deliver）各项价值；在此过程中，企业必须与用户建立一对多、多对多、立体化、全天候的动态（dynamic）沟通机制，及时关注用户反馈，按需调整营销策略，实现企业盈利与顾客满意的正向循环。

阅读推荐：赵占波. 4D模型：新互联时代的营销模式［J］. 北大商业评论，2014（9）：56-65.

重点提示

市场营销哲学是指企业在开展市场营销管理的过程中，在处理企业内部的生产、销售等任务，以及外部的企业、社会和顾客三者利益方面所持的指导思想、态度和方法，是企业的商业哲学，属于上层建筑。市场营销观念随着企业生产经营环境的不断变迁而进化，经历了以企业为中心的生产观念、产品观念、推销观念，以顾客为中心的市场营销观念，以社会整体利益为中心的社会市场营销观念三个阶段。

随着市场环境、技术条件等的变化，营销学者还从不同的角度阐述新营销理念和方法，但都是“以顾客为中心”来展开的。

思考题

1. 什么是市场营销哲学？
2. 市场营销观念与传统观念有哪些差异？
3. 顾客感知价值对企业营销管理有何意义？
4. 结合某行业的典型企业，总结其顾客关系管理的经验。
5. 收集小米等互联网公司运营模式的资料，分析这些公司价值链管理特色。

讨论题

以顾客为中心的营销理念已经深入人心，但有些管理学家提出，为顾客提供服务并保证顾客满意是由企业高素质员工来完成的，应该把员工放在第一位，只有员工满意才会带来顾客满意。

将学生分成两组进行辩论。辩论主题为：顾客第一 vs 员工第一。

判断题

1. 现代市场营销观念最大的特点是企业以顾客为中心。(　　)
2. 市场营销观念根据“消费者主权论”，将过去“一切从企业出发”的旧观念转变为“一切从顾客出发”的新观念。(　　)
3. 顾客感知价值是指顾客购买某一种产品或服务时所期望获得的一组利益。(　　)
4. 社会营销观念有利于实现社会经济与环境的可持续发展。(　　)

判断题答案

单项选择题

单项选择题答案

1. 最容易导致企业出现“营销短视症”的营销观念是(　　)。
   A. 生产观念　　B. 产品观念
   C. 推销观念　　D. 市场营销观念
2. 以企业为中心的营销观念，其产生的市场条件是(　　)。
   A. 买方市场
   B. 卖方市场
   C. 产品更新换代快
   D. 企业形象良好
3. 市场营销观念的突出特征是(　　)。
   A. 以优质产品为中心
   B. 以价格低廉为中心
   C. 以顾客为中心
   D. 以社会利益最大化为中心
4. “酒香不怕巷子深”，这种观念属于(　　)。
   A. 生产观念　　B. 产品观念
   C. 推销观念　　D. 市场营销观念
5. 顾客购买总价值与顾客购买总成本之间

的差额就是（   ）。

A. 企业收入　　B. 企业利润

C. 顾客感知价值　D. 顾客利润

6. 社会营销观念强调的利益是（   ）。

A. 企业利益

B. 顾客利益

C. 社会利益

D. 企业利益、顾客利益与社会利益的兼顾

案例分析："彩生活"开启"免费"服务模式

在我们传统的认知中，物业管理一直是个烫手山芋。一方面，物业公司在不断攀升的物业管理成本与日渐微弱的盈利中挣扎；另一方面，住户的满意度始终在低水平徘徊，物业服务不到位、不及时，以及沟通方面的诸多问题，导致住户普遍认为自己交纳的物业费与享受到的服务不成正比。物业管理成为食之无味、弃之可惜的"鸡肋"。

如果有一家物业公司向业主承诺：本小区物业在为业主提供高品质服务的同时，业主不需要交物业费、停车费，你会相信吗？读者如果有兴趣，可以自行到 http://www.cet.com.cn/xwsd/2249761.shtml 上了解、学习。

第 3 章
CHAPTER3

战略规划与营销管理

§ 学习目标

1. 掌握企业总体战略的基本构成
2. 熟悉经营战略规划的两个模型工具
3. 具备绘制波士顿矩阵、GE 矩阵、安索夫市场 / 产品扩张矩阵的能力
4. 知晓营销战略、营销管理与公司战略之间的关系

§ 引导案例　沃尔玛兵败德国，奥乐齐却在美国市场攻城略地

2006 年 7 月，沃尔玛宣布将出售其在德国的所有门店，退出德国市场。全球最大的零售企业兵败德国的原因，见仁见智，众说纷纭，不过更重要的原因在于其低估了在德国市场可能遇见的困难和对手的实力，而这个最主要的对手就是奥乐齐（ALDI）。沃尔玛在全球大杀四方的核心武器是“天天低价”，但是到了德国却发现奥乐齐在这方面显然做得更好。

沃尔玛兵败德国，而奥乐齐却在沃尔玛的老家——美国市场攻城略地，它目前在美国的门店数量已经有 1 600 多家，计划在 2022 年之前增开 900 家门店。据外媒报道，奥乐齐已经连续三年在一项关于美国消费者最喜欢的超市排名中位居前三，远远超过了沃尔玛。在英国、澳大利亚、法国、爱尔兰等地，奥乐齐同样一如在美国般强势，不断侵蚀着本土零售商的市场份额。

根据德勤发布的《全球零售力量》，奥乐齐近几年一直是排名前十的全球性零售企业。它的两位创始人阿尔布莱希特两兄弟和比尔·盖茨、巴菲特等人一样富有。只不过它是一家异常低调的公司，你可能都没有听过它的名字。ALDI（奥乐齐）来源于 Albrecht Discount，意思是阿尔布莱希特廉价店。这个名字的含义真正融入了奥乐齐的血液，奥乐齐通过几十年的努力将之演绎到了极致。

奥乐齐在零售市场上取得如此成功，其经营战略和策略有何独到之处？读者如果有兴趣，可以自行到 http://www.sohu.com/a/64744427_130072 和 https://www.sohu.com/a/258535872_482466 上了解、学习。

§ **本章逻辑导图**

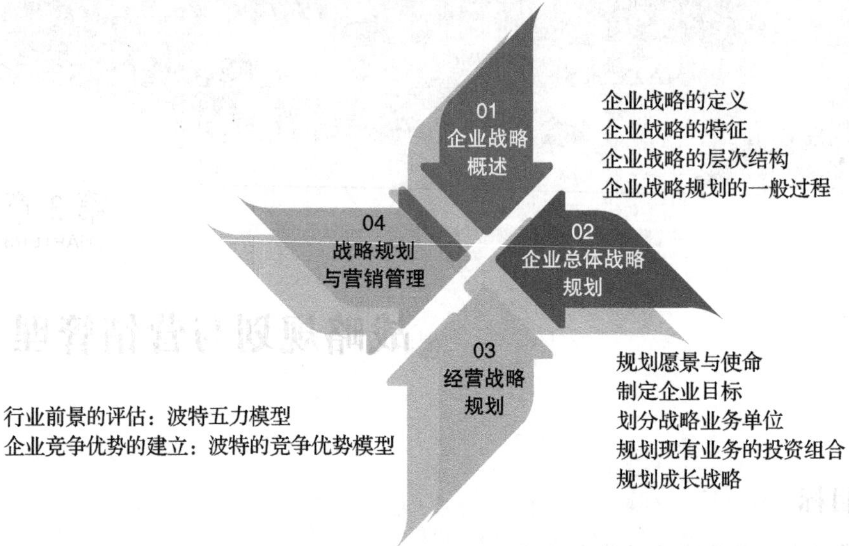

营销是企业的火车头，是企业运营的中心。战略是企业长远的总体规划，是经营决策的中心。那么，营销与企业战略是否存在关联？它们之间的关系如何？更重要的是，如何制定企业的总体战略与经营战略？如何采用波士顿矩阵、GE矩阵、安索夫市场/产品扩张矩阵等工具来进行战略诊断与咨询？这是本章要回答的主要问题。

3.1 企业战略概述

3.1.1 企业战略的定义

战略本是军事学术语，将“战略”一词引入政治、经济领域，泛指统领性、全局性、左右胜败的谋略、方案和对策。将“战略”首次引入企业管理领域的是H. 伊戈尔·安索夫（H. Igor Ansoff），他认为，企业战略的核心就是：**弄清你所处的位置，界定你的目标，明确为实现这些目标而必须采取的行动**。**企业战略**就是为实现企业的任务和目标，根据外部环境和内部资源条件所制订的长远总体行动规划。

【资料3-1】H. 伊戈尔·安索夫（1918—2002）：战略管理的鼻祖

1965年，安索夫出版他的成名之作《公司战略》；1972年，在论文《战略管理思想》中，安索夫正式提出“战略管理”（strategic management）的概念，他的开创性研究终于使他成为这门学科的一代宗师。作为战略管理的开创者，他首次提出公司战略概念、战略管理概念、战略规划的系统理论、企业竞争优势概念以及把战略管理与混乱环境联系起来的权变理论。因此，管理学界把安索夫尊称为“战略管理的鼻祖”。著名管理学评论家罗伯特·海勒（Robert Heller）把安索夫誉为“战略规划之父”。

读者如果有兴趣，可以自行到http://blog.sina.com.cn/s/blog_66b5d4170100sk2f.html上了解、学习。

资料来源：MBA智库百科。作者有删改。

3.1.2　企业战略的特征

企业战略具有以下几个特征：

（1）指导性。企业战略界定了企业的使命，明确了企业的经营方针和行动指南，筹划了实现目标的路径和方案，在企业经营管理活动中起着引领性作用，既有高度的原则性，又有适度的灵活性。

（2）竞争性和创新性。战略的形式是企业的总体发展规划，企业战略的核心内容则是如何比竞争者更有效地满足顾客的需求，因为顾客是决定企业生死存亡的决定性因素。在顾客资源一定且顾客需求不断变化的条件下，必然要求企业在制订和实施战略方案过程中，必须以持续满足顾客需求、获得稳定且持续扩大的忠诚顾客为目标，且实现目标的总体方案规划相对于竞争者而言具有明显的相对优势，即具有创新性。

（3）全局性和全程性。全局性从企业整体角度出发，企业的愿景、宗旨、目标、原则方针等一旦确定，所有的部门和员工必须在战略的统领下，协同共进，朝共同的目标努力；全程性从时间维度出发，企业从创立之时开始到企业使命完成之际，都沿着战略所确定的方向和航线运行。"不谋万世者，不足谋一时；不谋全局者，不足谋一域"，即从时间、空间的角度阐释战略的价值。

正因为如此，企业应能够清醒认识自身优劣势，准确预测环境发展趋势，以确保远景目标客观，各战略阶段人、财、物等资源调配得当，战略形态选择科学。战略若出现失误，大多是"致命性"的。

【资料 3-2】 战略的作用

管理学者认为，战略之于企业，其作用体现在以下几个方面。

战略是地图：它标注"我们在哪里""我们要到哪里""到达目的地的路径有几条"。

战略是罗盘：方向锁定行动，战略保证组织沿着确定的方向接近目标。

战略是黏合剂：战略通过愿景、目标、行动纲领把组织的所有部门和员工聚合成一个整体。

因此，没有战略的组织如同没有舵的船，只能随波漂流。

3.1.3　企业战略的层次结构

企业通过其组织结构，形成不同的管理层次，与此相对应，企业战略也有不同的层次。典型的企业战略可以划分为企业总体战略、业务单位战略和职能战略等三个层次（见图 3-1）。

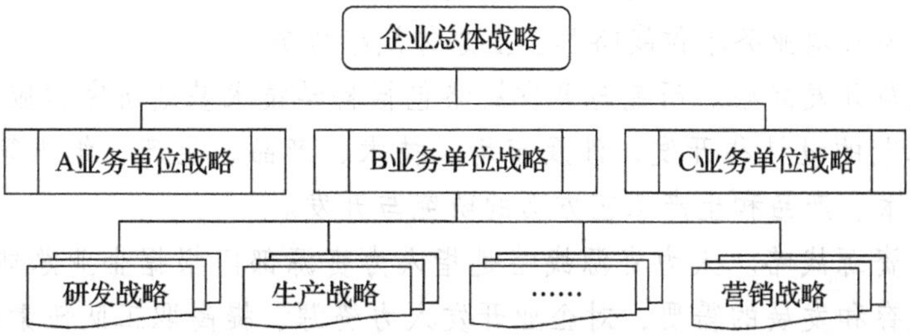

图 3-1　企业战略的层次结构

1. 企业总体战略

企业总体战略是指为实现企业总体目标，对企业未来发展方向做出的长期规划设计。它是统筹各项分战略的全局性指导纲领，是企业最高管理层指导和控制企业行为的指南。公司总体战略一般由企业最高管理层制定，它规定了企业使命和目标、企业宗旨及发展计划、总体的产品或市场决策以及其他重大决策。

2. 业务单位战略

规模较大的企业或实行多种经营的企业，通常在组织形态上，把一些具有共同战略因素的二级单位，如事业部、子公司或其中的某个部分，区分为不同的战略业务单位。**业务单位战略**是指各战略业务单位在企业总体战略指导下，根据本业务单位所在行业特点、竞争优势、资源条件等因素，制定符合本业务单位特点的经营发展战略，也称为**竞争战略**。

3. 职能战略

职能战略是指企业中的各职能部门制定的、指导职能活动的战略，描述了在执行企业总体战略和业务单位战略的过程中，企业中的每一职能部门所采用的方法和手段。职能战略的制定者是职能部门管理层，职能战略是企业总体战略和业务单位战略落地实施的基础条件。

图 3-1 显示，营销战略是企业的职能战略，要服从业务单位战略，更要服从企业总体战略。所以，营销部门首先要仔细研究业务单位战略与企业总体战略，同时还要考察竞争对手的营销战略，在此基础上才能制定合适的营销战略。

【资料 3-3】 企业职能战略的类型

企业职能战略一般可分为营销战略、财务战略、生产战略、研究与开发战略、人力资源战略等五种战略类型。

（1）营销战略。营销战略是涉及市场营销活动过程整体（市场调研、预测、分析市场需求、确定目标市场、制定营销战略、实施和控制具体营销战略）的方案或谋划，它决定市场营销的主要活动和主要方向。

（2）财务战略。财务战略是财务部门根据公司战略、竞争战略和其他职能战略的要求，对企业资金进行筹集、运用、分配以取得最大经济效益的方案。

（3）生产战略。生产战略就是企业在生产过程中的成本控制、质量流程等方面建立和发展相对竞争优势的基本途径，它规定了企业在生产制造和生产要素采购等环节的流程规范，为实现业务单位战略和企业总体战略服务。

（4）研究与开发战略。研究与开发战略包括科学技术基础研究和应用研究，以及新产品、新工艺的设计和开发，涉及市场、技术、产品、生产、组织等各方面工作，其中主要是技术、产品和生产工艺方面的研究与开发。

（5）人力资源战略。人力资源战略是指人力资源部门根据企业总体战略的要求，为适应企业生存和发展的需要，对企业开发人力资源、提高职工队伍素质、发现和培养优秀人才所进行的长远性的谋划。

3.1.4　企业战略规划的一般过程

企业战略规划是企业依据外部环境和自身条件的状况及变化来制定战略目标和实施方案，并根据对实施过程与结果的评价和反馈来调整、制定新战略的过程（见图 3-2）。

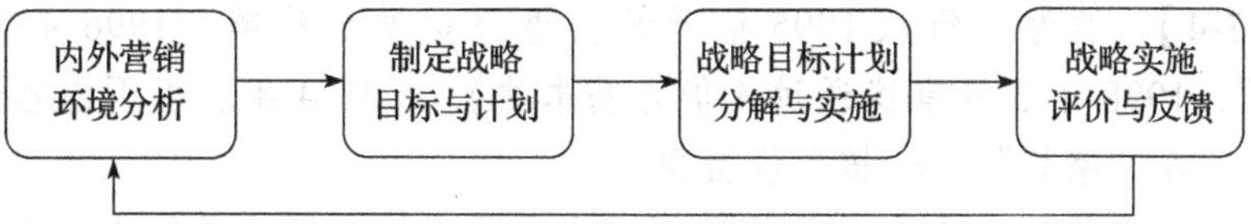

图 3-2　战略规划的步骤

根据战略规划的思路，企业首先要分析外部环境，识别出市场机会与威胁；其次，要结合自身条件的优劣势，制定企业战略目标与计划；再次，根据战略目标与计划的要求，进行任务分解，保证战略计划落实并达成目标；最后，对整个战略的实施过程和结果进行评价与反馈，确认是否达到预期的效果，并为下一步制定新的战略提供经验借鉴。

3.2　企业总体战略规划

企业总体战略规划过程从定义公司目标和使命开始，根据使命发展成详细的支持性目标来指导整个企业的发展；其次，高层管理者要决定采用何种业务或产品组合来实现企业使命、目标，以及为它们提供何种支持；最后，每一项业务和产品都要提供科学详细的营销计划或其他部门性计划来支持企业整体规划。

3.2.1　规划愿景与使命

企业使命（mission）是指企业存在的理由与追求的价值，它解释了企业创立和存在的根本目的、发展的基本任务以及完成任务的基本行为规范和原则。要形成合理的使命陈述，应回答以下几个问题：我们的业务是什么？我们的顾客是谁？我们的顾客关注什么？我们的业务应该是什么？这些问题看似简单，但要完整、详细地回答清楚却不容易。

为了使企业的使命能够清楚、明确地传达给组织内外的相关人士，企业使命往往通过企业的使命陈述（企业任务书）或经营宗旨表示出来。菲利普·科特勒建议，好的使命陈述应该以市场为导向并从满足顾客基本需要的角度定义，因为产品和技术总会过时更替，但基本的市场需求则会持续存在。表 3-1 列举了有关产品导向与市场导向的企业使命的对比。

表 3-1 产品导向与市场导向的企业使命的对比

公司	产品导向的定义	市场导向的定义
Facebook	我们是一个在线社交网络平台	连接世界，帮助各地人们分享生活中的重要时刻
沃尔玛	我们经营折扣店	我们天天低价，“省钱，让生活更美好”
海尔	我们生产家电	打造智慧家庭，为全球用户定制美好生活
奥康	研发、生产、分销皮鞋及皮具	绚丽人生，从奥康起步，为人类进步而服务
阿里巴巴	我们是电子商务公司	让天下没有难做的生意

【资料 3-4】 华为公司从 1995 年开始构思公司发展战略，1996 年正式定位为“管理大纲”，1998 年 3 月审议通过《华为基本法》，历时 4 年。以下内容选自《华为基本法》的开篇“宗旨”——核心价值观。

第一条 华为的追求是在电子信息领域实现顾客的梦想，并依靠点点滴滴、锲而不舍的艰苦追求，使我们成为世界级领先企业。

第二条 认真负责和管理有效的员工是华为最大的财富。尊重知识、尊重个性、集体奋斗和不迁就有功的员工，是我们事业可持续成长的内在要求。

第三条 广泛吸收世界电子信息领域的最新研究成果，虚心向国内外优秀企业学习，在独立自主的基础上，开放合作地发展领先的核心技术体系，用我们卓越的产品自立于世界通信列强之林。

第四条 爱祖国、爱人民、爱事业和爱生活是我们凝聚力的源泉。责任意识、创新精神、敬业精神与团结合作精神是我们企业文化的精髓。实事求是是我们行为的准则。

第五条 华为主张在顾客、员工与合作者之间结成利益共同体。努力探索按生产要素分配的内部动力机制。我们决不让雷锋吃亏，奉献者定当得到合理的回报。

第六条 资源是会枯竭的，唯有文化才会生生不息。一切工业产品都是人类智慧创造的。我们坚持以精神文明促进物质文明的方针。

第七条 华为以产业报国和科教兴国为己任，以公司的发展为所在社区做出贡献。为伟大祖国的繁荣昌盛，为中华民族的振兴，为自己和家人的幸福而不懈努力。

资料来源：1998 年 3 月《华为基本法》。作者有删改。

阅读推荐：《华为基本法》。

课后搜索知名企业（如华为、海尔、腾讯等）网站，了解这些公司的“愿景、使命、战略”。

3.2.2 制定企业目标

使命表达的是企业的一种追求或存在的意义，虽然鼓舞人心，但相对比较宽泛、抽象。因此，企业还需要将使命细化为包括企业总目标和营销目标在内的一系列分层次的目标：企业长期发展目标与阶段性目标、市场开发目标、产品销售和利润目标、研发目标、社会贡献目标等。企业对为实现使命所开展的各方面工作都必须制定相应的目标，它是各个部门及每一个员工为履行企业宗旨而做出的“行动承诺”，它必须符合以下几个要求。

（1）使命导向：目标必须有利于企业使命的实现，符合企业的内外价值观、社会道德标准。

（2）可衡量：各种目标必须是用数量来表示，便于管理与考核。

（3）可实现：目标应是切实可行的。

（4）协调性：企业的各种目标应是彼此协调、相互促进的。

例如，《华为基本法》在“基本目标”中列举了以下内容。

（1）质量目标：以优异的产品、可靠的质量、优越的终生效能费用比和有效的服务，满足顾客日益增长的需要。质量是我们的自尊心。

（2）人力资本目标：我们强调人力资本不断增值的目标优先于财务资本增值的目标。

（3）核心技术目标：发展拥有自主知识产权的世界领先的电子和信息技术支撑体系。

（4）利润目标：我们将按照我们的事业可持续成长的要求，设立每个时期的合理的利润率和利润目标，而不单纯追求利润的最大化。

3.2.3 划分战略业务单位

企业要实现自己的使命，其经营业务有可能涉及多个行业或领域。在实践中，有一定规模的企业大多数同时经营多种业务，要为每项业务合理配置资源，就要了解自己的经营范围由哪些业务、领域组成。**战略业务单位**（strategic business units，SBU）**是企业必须为其专门制定经营战略的最小业务管理单位，在企业中以独立业务形式运作的、有较大自主决策权的业务单位，拥有自己的使命、业务目标、资源、管理者和竞争对手**。有时候一个战略业务单位就是企业的一个部门或一个部门中的某类产品，甚至某种产品；有时候，又可能包括几个部门、几类产品。

进入海尔官网可以发现，海尔集团的“个人与家用产品”分为冰箱冷柜、冰吧酒柜、洗衣机、空调、热水器、电视、厨房电器、电脑等 12 个部门，每个部门就是一个战略业务单位。

一个理想的战略业务单位应该具备以下几个特征。

（1）有独立的业务：它是一项独立业务或相关业务的集合体，但在计划工作中能与公司其他业务分开而单独作业。

（2）有不同的任务：它有区别于其他业务单位的具体任务，大目标相同，但从不同的方向去努力，避免不同单位以类似产品争夺相同顾客而形成内耗。

（3）有自己的竞争者：在各自的领域都有现实的或潜在的对手。

（4）有权责统一的管理团队：它有一位经理掌握公司分配的资源的控制权，负责战略计划、利润业绩，控制影响利润的大多数因素；有相对独立的决策权，可以扩展相关业务或新的业务；能按贡献得到应有的利润和其他好处。

【资料 3-5】 阿米巴经营模式是日本“经营之圣”稻盛和夫独创的经营模式。稻盛和夫创建了两家世界500强企业——京瓷公司和KDDI电信公司。正是阿米巴经营模式让这两家企业茁壮成长、长盛不衰。京瓷公司更是创造了神话般的业绩——50余年从不亏损，越是经济危机越是大发展。阿米巴经营模式与京瓷会计学，被称为稻盛和夫经营哲学的两大支柱。学者们研究京瓷公司发现，其经营方式与“阿米巴虫”的群体行为方式非常类似，于是其经营方式为“阿米巴经营”。

“阿米巴”（amoeba）在拉丁语中指单个原生体，属原生动物变形虫科，虫体赤裸而柔软，其身体可以向各个方向伸出伪足，使形体变化不定，故而得名“变形虫”。其最大的特性是能够随外界环境的变化而变化，不断地进行自我调整来适应所面临的生存环境。这种生物凭借其极强的适应能力，在地球上存在了几十亿年，是地球上最古老、最具生命力和延续性的生物体。

阿米巴经营是指将组织分成小的集团即战略业务单位，通过与市场直接联系的独立核算制进行运营，培养具有管理意识的领导，让全体员工参与经营管理，从而实现“全员参与”，提高员工参与经营的积极性。在阿米巴经营模式下，企业组织也可以随着外部环境变化而不断“变形”，调整到最佳状态，是能适应市场变化的灵活组织。

资料来源：阿米巴模式的四大特点，https://www.sohu.com/a/248606871_100235948。

阅读推荐：三矢裕，谷武幸，加护野忠男. 创造高收益的阿米巴模式［M］. 刘建英，译. 北京：东方出版社，2010.

3.2.4 规划现有业务的投资组合

1. 波士顿矩阵分析法（BCG 法）

（1）BCG法结构。各种战略业务单位的历史、现状和前景往往不一。因此，企业需要对各业务单位进行评估、分类，确认它们的前景和潜力，并据此合理分配企业有限的资源，以形成总体上的竞争优势。对各业务单位前景和潜力进行评价和分类的常用方法是波士顿矩阵分析法。

波士顿矩阵（Boston Consulting Group Matrix），又称市场增长率－相对市场份额矩阵，是由美国著名的管理学家、波士顿咨询公司创始人布鲁斯·亨德森（Bruce Henderson）于1970年首创的一种用来分析和规划企业产品组合的方法（见图3-3）。

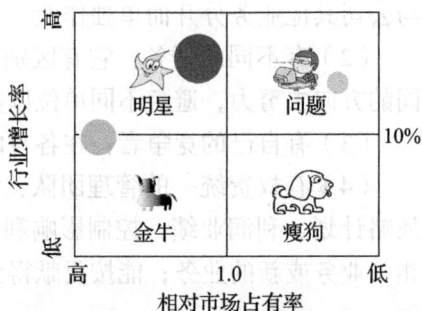

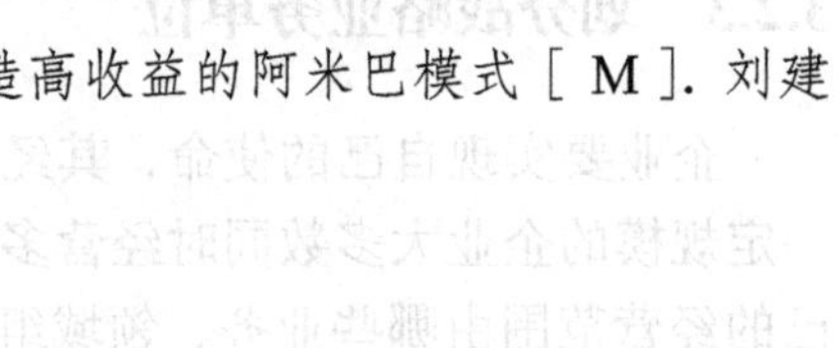

图 3-3 波士顿矩阵

在波士顿矩阵中，市场增长率是指战略业务单位所在市场或行业在一定时期内销售增长的百分比。市场增长率高于10%，表明业务单位所在行业有很好的发展前景，机会多多。市场占有率是企业在该市场总销量中所占份额，相对市场占有率则是本业务单位市场占有率与最大竞争对手市场占有率之比。若相对市场占有率大于 1，则表明本业务单位是行业中的老大，竞争力最强。

在波士顿矩阵中，纵坐标代表市场增长率，以年为单位。横坐标为相对市场占有率，表示各业务与其最大竞争者在市场份额方面的相对差异。矩阵中圆圈代表企业所有战略业务单位，圆心位置表示各单位市场增长率及相对市场占有率的位置，圆圈面积表示各单位销售额的大小。

该矩阵有四个象限，企业所有战略业务单位相应分为四种类型。各类型的业务特征与投资战略如表 3-2 所示。

表 3-2　业务特征与投资战略

类型	行业前景	业务实力	现金流	业务数量	投资战略
明星类	好	强	缺	越多越好	发展战略
金牛类	成熟	强	丰裕	越多越好	保持战略
问题类	好	弱	缺	少量	收割战略
瘦狗类	衰退	弱	—	最好没有	放弃战略

企业对所有的战略业务单位加以分类和评价之后，就应采取适当的战略：将资源配置给机会而不是问题。企业可以选择的战略有以下四种：

1）发展战略。企业以提高战略经营业务单位的相对市场占有率为目标，甚至不惜放弃短期收益，加大投资，使“问题类”业务尽快成为“明星类”。

2）保持战略。企业投资维持现状，目标是保持战略业务单位现有的市场份额，企业对于较大的“金牛类”业务可以此为目标，以使它们产生更多的收益。

3）收割战略。这种战略主要是为了获得短期收益，企业目标是在短期内尽可能地得到最大限度的现金收入。对处境不佳的“金牛类”业务、没有发展前途的“问题类”业务和“瘦狗类”业务，应视具体情况采取这种战略。

4）放弃战略。企业目标在于清理和撤销某些业务，减轻负担，以便将有限的资源用于效益较高的业务。这种目标适用于无利可图的“瘦狗类”和“问题类”业务。企业必须对其业务加以调整，以使其投资组合趋于合理。

（2）波士顿矩阵中各业务之间的资金流动关系。“金牛类”业务由于行业成熟，故而不再需要大量投入，但其实力强，会产生大量净现金流。而“问题类”与“明星类”业务则处于高增长阶段，需要大量资金投入，但本身收入并不多，需要大量净现金流入。因此，在只有内部融资的情况下，各业务之间资金流动关系如图 3-4 所示。

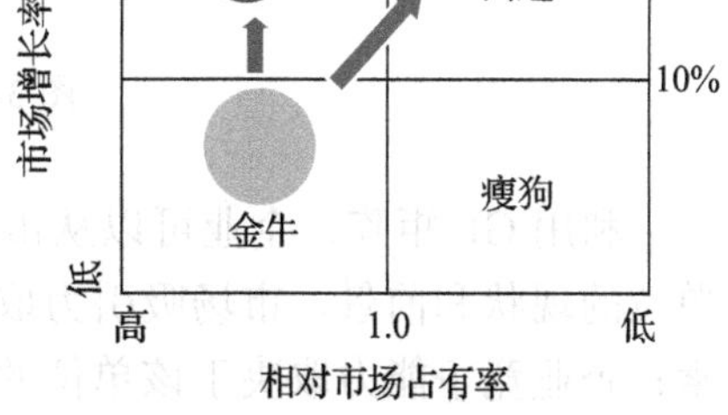

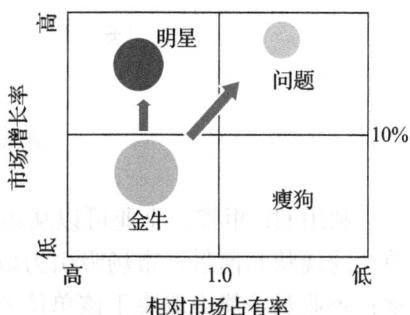

图 3-4　业务间现金流动路径

（3）波士顿矩阵中企业各业务数量的分布。对于一个企业而言，“明星类”与“金牛类”业务越多越好；“问题类”业务有少量以备将来发展成“明星类”业务即可；但“问题类”业务太多会造成资金投入负担太重；“瘦狗类”业务最好没有，但总会有一些。因此，一个企业的正常业务布局是“瘦狗类”业务很少，“问题类”业务较少，而“明星类”与“金牛类”业务很多，如图 3-5 所示。

（4）波士顿矩阵方法的缺陷。波士顿矩阵仅采用两个标准把业务划分成四种类型，简洁明了。但波士顿矩阵也存在较大的局限性：①评价指标太少，相对而言准确性不高，这也是 GE 矩阵诞生的重要原因；②波士顿矩阵暗含业务之间是独立的假设，即可以独立地淘汰“瘦狗类”业务而不影响其他业务，事实上，很多业务是相互关联的，上述假设并不现实；③波士顿矩阵强调市场占有率，暗含规模是形成竞争优势的充分条件。因此，当企业采取成本领先战略时，波士顿矩阵是合适的；当采取差异化战略时，波士顿矩阵并不合适。

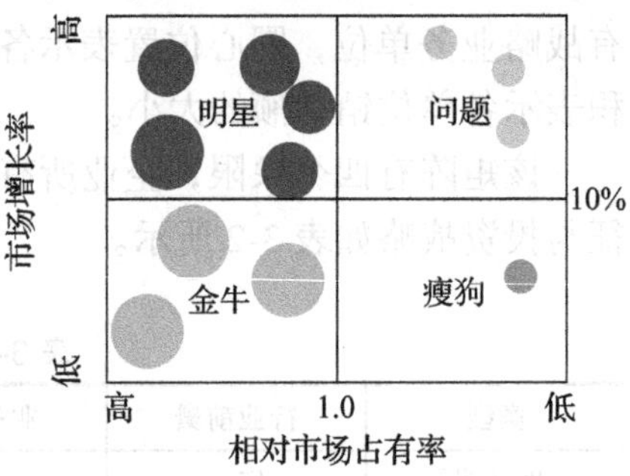

图 3-5 企业的正常业务布局

2. 通用电气公司分析法（GE 法）

通用电气公司矩阵（General Electric Company Matrix），简称 GE 矩阵或麦肯锡矩阵，又称多因素投资组合矩阵或九盒矩阵，是企业根据战略业务单位在市场上的竞争能力和所在市场的吸引力，对这些战略业务单位进行分类和评估的一种方法（见图 3-6）。

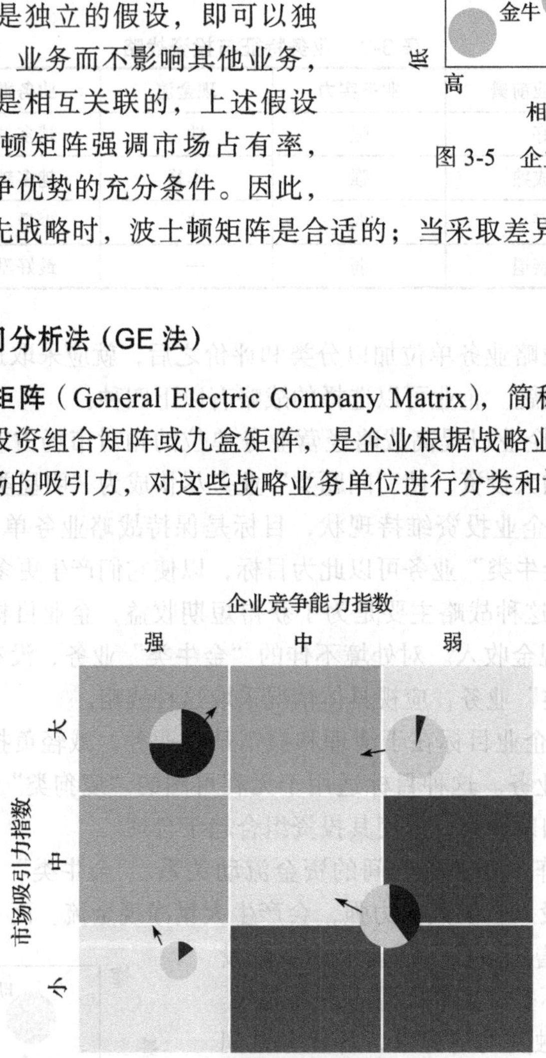

图 3-6 GE 矩阵（九盒矩阵）

利用 GE 矩阵，企业可以从市场吸引力和竞争能力两个方面来评估每个战略业务单位的现状和前景。市场吸引力取决于市场大小、年市场增长率、历史利润等多种因素；企业竞争能力取决于该单位的市场占有率、产品质量和分销能力等多种因素。对每个因素分别评分（最低分为 1 分，最高分为 5 分），并依据其权数计算加权值，加权累计得出该单位的市场吸引力和竞争能力的总分。矩阵图中的四个圆圈代表企业的四个战略业务单位。

圆心坐标：代表每个战略业务单位的“企业竞争能力指数”与“市场吸引力指数”大小。

圆圈面积：圆圈面积与行业规模成正比，每个圆圈表示其行业总量规模。

扇形面积：圆圈中深颜色的扇形面积表示本业务单位在行业中的市场份额或占有率。

箭头方向：说明该战略业务单位的变化趋势或业务下一步的努力方向。

根据市场吸引力的大、中、小，有关战略业务单位竞争能力的强、中、弱，GE 矩阵可分为九个区域，组成了三个大区域或地带。

“绿色地带”：由大强、大中、中强三个区域组成。这个地带的市场吸引力和竞争能力最为有利，采取增加投入、促其发展的战略。

“黄色地带”：由小强、中中、大弱三个区域组成。这个地带的市场吸引力和业务实力中等，维持原有投入水平，等形势进一步明朗再做决策。

“红色地带”：由小中、中弱和小弱三个区域组成。这个地带的市场吸引力偏小，竞争能力较弱，因此多采用收割或放弃战略。

3.2.5 规划成长战略

企业在对现有的战略业务单位进行科学评估后，对某些没有市场前景和竞争力的业务单位将采取收缩、放弃战略，将其资源投入到有发展前景并有很强竞争潜力的业务单位中以促进其发展。企业发展新业务的战略通常为先将现有业务做大做强，然后再整合与现有业务有关的业务，最后进入与现有业务有关联或无关联的其他行业或市场，发展全新的业务战略（见图 3-7）。

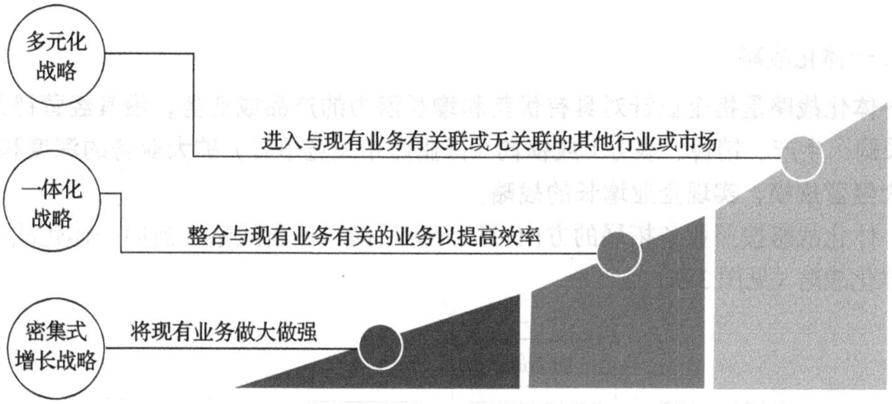

图 3-7 企业成长战略

1. 密集式增长战略

密集式增长战略是指企业在原有业务范围内，充分利用在产品和市场方面的潜力来谋求发展的一种战略。战略规划之父安索夫以产品和市场作为两大基本变量，区别出四种**产品 / 市场组合**（product market expansion grid）和相对应的营销策略的安索夫矩阵，是指导企业规划成长战略的应用最广泛的营销分析工具之一（见图 3-8）。

（1）**市场渗透战略**。市场渗透战略是由企业现有产品和现有市场组合而产生的战略。它是企业在现有市场上通过增加顾客购买频率、数量，吸引新顾客和争夺竞争者的顾客来扩大销量的战略。

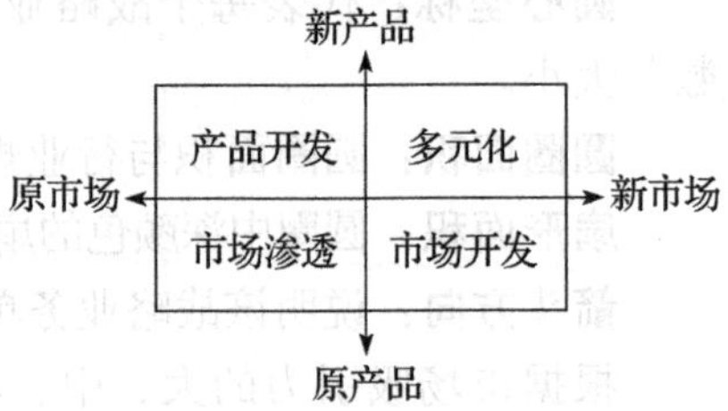

图 3-8 安索夫矩阵

（2）**市场开发战略**。市场开发战略是由现有产品和新市场组合而产生的战略。它是发展现有产品的新顾客群或进入新的地域市场从而扩大产品销量的战略。

（3）**产品开发战略**。产品开发战略是由企业向现有市场提供新产品或改进产品，以满足现有市场不同需求的战略。这一战略是密集式增长战略的核心，因为不论是吸引现有顾客增加购买（市场渗透），还是吸引新的顾客（市场开发），都要求企业的产品质量、功能、款式、服务等属性能够做到因需而变，与竞争产品相比有显著优势。

（4）**多元化战略**。详见后文介绍。

创立于 2006 年的深圳市大疆创新科技有限公司，以“未来无所不能”为主旨理念，坚守“激极尽志，求真品诚”的企业精神，通过不断革新技术和产品，开启了全球“天地一体”影像新时代，在无人机系统、手持影像系统与机器人教育领域成为业内领先的品牌，以一流的技术产品重新定义了“中国制造”的创新内涵。

对于美国来说，大疆是比华为还要让人恐惧的对手，针对大疆无人机的封杀，美国从来没有停止过。但是美国越封杀，大疆越强大。读者如果有兴趣，可以自行到 http://www.sohu.com/a/325914197_115958 上了解、学习。

2. 一体化战略

一体化战略是指企业针对具有优势和增长潜力的产品或业务，沿其经营链条的纵向（采购、生产、销售、服务）**或横向**（行业内相关竞争者）**扩大业务的深度和广度，以扩大经营规模，实现企业增长的战略。**

一体化战略按照业务拓展的方向可以分为后向一体化战略、前向一体化战略和水平一体化战略（见图 3-9）。

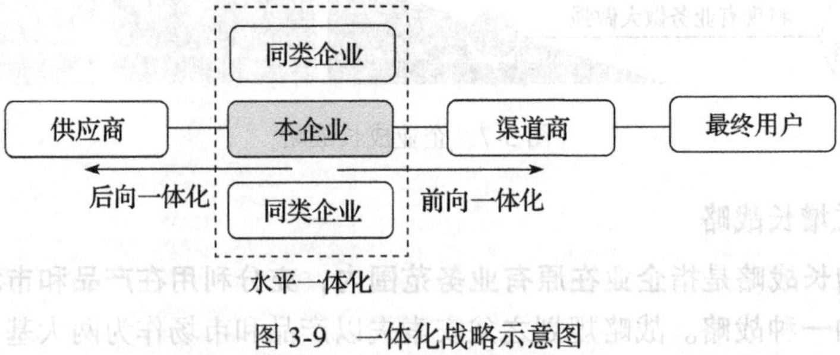

图 3-9 一体化战略示意图

（1）**后向一体化战略**。后向一体化战略是指企业利用自身的优势，收购或兼并原材料供应商，把原来属于外购的原材料或零件改为自行生产的战略，实现供产一体化。如果供应盈利高或机会更好，后向一体化可以争取更多的收益，还可避免原材料短缺、成本受制于供应商，甚至通过掌握原材料供应来控制竞争者，如国内奶制品企业通过自建奶牛基地控制奶源、保证质量。

（2）**前向一体化战略**。前向一体化战略是指企业根据市场需求和生产技术的可能条件，利用自身的优势收购、兼并相关的下游企业、批发商、零售商或自设销售网点，实现产销一体化。典型的有制造商将其业务范围向前延伸，或兼并批发商、零售商，自办销售渠道，如开始以生产汽车电池见长的比亚迪，通过收购汽车制造厂来生产更具发展前景的电动汽车；格力集团与各地空调经销商合资建立空调销售公司。

（3）**水平一体化战略**。水平一体化战略是指与处于相同行业、生产同类产品或工艺相近的企业实现联合的战略，“化干戈为玉帛”，目的是转竞争对手为合作伙伴，实现扩大规模、降低成本、合作共赢。例如，温州锁业八强企业联合组成“强强集团”，集中各自优势资源进行制锁技术研发，原材料集中采购，销售渠道共建；多年劲敌，德国两大豪华车企宝马和奔驰，在 2018 年 3 月宣布成立共享出行合资公司，在智能汽车领域合作；中国一汽和东风汽车合资设立国汽（北京）智能网联汽车研究院有限公司，定位为国家智能网联汽车创新中心，实现未来公司在智能驾驶和车联网领域的布局。

3. 多元化战略

多元化战略，又称多角化战略，是指企业现有产品或业务缺乏增长潜力，或者为了避免业务单一风险而进入其他产业的战略。多元化战略有三种基本类型。

（1）**同心多元化**。这里的“心”是指企业的核心技术。同心多元化是企业开发的新产品与原产品在技术、生产经验、生产资源等方面有较大相关性，以现有核心技术为圆心不断扩大产品种类和业务经营范围。原产品与新产品的用途不同，但有着较强的技术关联性。国内家电企业开始都利用冰箱压缩机制冷技术开发生产空调，福特汽车公司利用汽车制造技术优势生产拖拉机，成为世界知名农用设备供应商。

（2）**水平多元化**。水平多元化即企业利用原有市场的顾客、渠道、销售经验、品牌等市场资源，采用不同的技术来开发新的产品。现有产品与新产品的用途不同，但存在较强的市场关联性。例如，海尔、美的、格兰仕等家电企业，徐州重工、三一重工等工程设备制造企业，都是利用原有的顾客资源、分销资源、品牌资源，采用不同技术为顾客提供不同产品。

（3）**集团多元化**。集团多元化又称混合多元化，是指企业参股、收购、兼并其他行业的企业，投资的新产品、新业务与企业现有产品的技术、市场毫无关系。由于新业务与现有业务的关联性低，需要另起炉灶，从头学习，风险很大，因此它是实力雄厚的大企业集团采用的一种经营战略，中小型企业要慎重采用。

【资料 3-6】“卖油郎”中国石化进军服装界要在淘宝开店

《证券日报》记者从中国石化了解到，近日，在中国国际纺织纱线展览会上，中国石化仪征化纤有限责任公司的"力纶"品牌产品入选"中国纤维流行趋势"。力纶可用在防弹衣、防砍服、冰凉被等防弹、防切割领域。除了力纶，还有仪纶，号称"超仿棉"，兼具天然纤维与传统合成纤维的优越特性。

"卖油郎"中国石化开始进军服装纺织界卖衣服了。

众所周知，中国石化从2014年开始混合所有制改革以后，在巩固和扩大传统油气业务优势的基础上，大力发展新兴业务，积极向综合服务商转型。尤其2015年以来油价"跌跌不休"，在低油价时代，中国石化更是不断发力转型。

2015年年初，中国石化千亿元民资到账后，布局非油业务的步伐也开始加速。据记者了解，中国石化不仅在全国多家加油站开设了"易捷汽服店"，还在各地分公司加油站尝试卖菜、卖水果、卖快餐以及卖彩票等新兴业务，可谓五花八门。

资料来源：李春莲."卖油郎"中石化开始在淘宝开店卖衣服[N].证券日报，2016-03-23.

问题思考：中国石化的以上举措属于何种发展战略？

3.3 经营战略规划

经营战略也就是竞争战略，是指各个战略业务单位根据企业总体战略的要求，重点考虑应该怎样开展业务，如何应对竞争和建立相对竞争优势。根据波士顿矩阵与GE矩阵，公司的良好发展取决于两个方面：一是进入一个好行业，二是在好行业中形成自己独特的竞争优势。什么样的行业是好行业？波特五力模型提供了一个成熟的分析工具。如何在好行业中建立竞争优势？波特的竞争优势模型又给了我们明确的答案。

3.3.1 行业前景的评估：波特五力模型

迈克尔·波特发现，有五种竞争的力量影响和决定着行业、市场的吸引力（见图3-10），并首次提出**"波特五力模型"**，该模型为企业尤其是相关的战略业务单位选择目标市场和经营战略提供了简便、有效的分析思路。

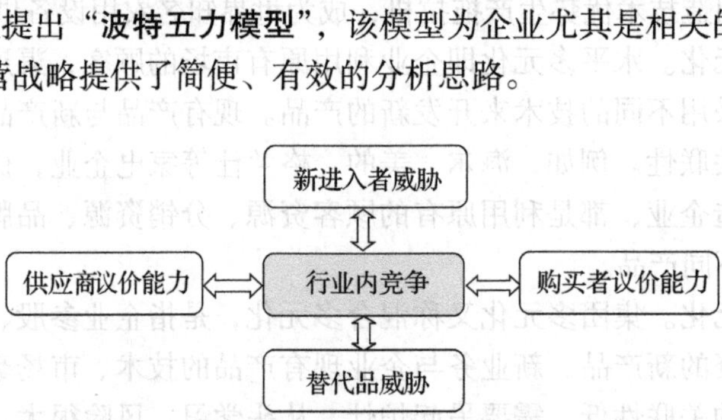

图3-10 影响行业吸引力的五种力量

企业经营的目的是在满足顾客需求的基础上获得满意的利润。假设总利润为*TR*，总收入为*TS*，总成本为*TC*，销售量为*Q*，单价为*P*，平均成本为*AC*，行业市场规模

为 TQ，本企业市场份额为 k，则：

$$TR = TS - TC$$
$$= Q \cdot P - Q \cdot AC = Q \cdot (P - AC)$$
$$= k \cdot TQ \cdot (P - AC)$$

由此，在行业市场规模（TQ）一定的条件下，业务单位的获利（TR）能力取决于市场占有率 k、定价能力 P、成本控制能力 AC 三个要素。迈克尔·波特认为，现有的行业内竞争、新进入者威胁、替代品威胁影响业务单位的市场占有率高低；购买者议价能力制约企业的定价能力；供应商议价能力影响企业以成本、质量为核心的产品的竞争能力。

1. 行业内竞争

在行业市场规模及其增长有限的情况下，行业内的竞争者越多，每家企业所瓜分的市场份额就越小，竞争越激烈。一般来说，如出现下述情况将激化行业内现有企业之间的竞争：行业进入障碍较低；市场趋于成熟，产品需求增长缓慢；竞争者企图采用降价等手段促销；业内企业提供的产品或服务同质化程度高，用户转换成本很低；退出障碍较高，即退出竞争要比继续参与竞争代价更高。退出障碍主要包括资产的专用性、退出的固定费用、战略上的相互牵制、情绪上的难以接受、政府和社会的各种限制等。

2. 新进入者威胁

新进入者又称新竞争者，新进入者在给行业带来新生产能力、新资源的同时，也要求在现有的市场中赢得一席之地，这就会对行业内的现有企业产生冲击，最终导致行业中现有企业盈利水平降低，甚至有可能危及现有企业的生存。新进入者威胁的大小，取决于行业现有市场规模大小、行业利润率高低、进入障碍和退出障碍的高低。新企业进入一个行业的可能性大小，取决于新进入者对进入后所获得的潜在利益、所需花费的代价与所要承担的风险这三者大小的主观估计。

3. 替代品威胁

两个处于同行业或不同行业中的企业，可能会由于所生产的产品互为替代品，从而在它们之间产生相互竞争行为。替代品价格越低、质量越好、用户转换成本越低，其带来的竞争压力就强；而这种来自替代品生产者的竞争压力的强度，可以通过考察替代品销售增长率、替代品厂家生产能力与盈利扩张情况来加以分析。

4. 购买者议价能力

购买者位于行业的下游，主要通过压价与要求提供较高的产品或服务质量等方式，进而影响行业中现有企业的盈利能力。一般来说，在这些情况下，购买者可能具有较强的议价能力：①购买者的总数较少，而每个购买者的购买量较大，占了卖方销售量的很大比例；②卖方行业是由大量规模较小的企业所组成；③购买者所购买的基本上是一种标准化产品，品牌转换成本很低；④购买者有能力实现后向一体化，而卖主不可能前向一体化。因此，企业要设法找出议价能力更弱或转换成本最高的购买者，最好的办法是向购买者提供其心目中独一无二的优秀产品。

5. 供应商议价能力

供应商可以通过提高投入要素价格与降低质量，来影响行业中现有企业的盈利能力与产品竞争力。当供应商所提供的投入要素价值构成了买主产品总成本的较大比例、对买主产品生产过程非常重要或者严重影响买主产品的质量时，供应商对于买主的议价能力就强，行业内的企业成本控制能力、产品竞争能力就受制于供应商。

3.3.2 企业竞争优势的建立：波特的竞争优势模型

根据迈克尔·波特的观点，竞争优势来源于三个方面：低成本、差异化与集中化。

1. 成本领先战略

成本领先战略即一个企业力争使其总成本降到行业最低水平，并以此作为战胜竞争对手的基本前提。采用这种战略，核心是争取最大的市场份额，形成规模优势，使单位产品成本最低，从而以较低售价形成竞争优势。

实现成本领先的目标，要求企业具有良好、畅通的融资渠道，能够保证资本持续不断投入；产品便于制造，工艺过程精简；拥有低成本的分销渠道；实施谨慎、高效的劳动管理。这样，企业依靠成本低廉的差别化形成相应的特色，争取有利的价格地位，从而在与竞争对手的抗争中也能够占据优势。

2. 差异化战略

实施差异化战略的竞争优势，主要依托于产品及设计、工艺、品牌、特征、款式和服务等各个方面或几个方面，在与竞争者相比时能有独到之处。由于不同企业的产品各有特色，顾客难以直接比较产品的“优劣”，故而可以有效降低顾客对价格的敏感程度。一旦消费者对企业或者品牌建立了较高的信任度，就为竞争者设置了较高的进入障碍。

企业要实施差异化战略，必须在基础研究、新产品开发和市场营销等职能方面进行长期投入，拥有大批高技能的员工、专家和其他创造性人才，并且营造有助于创新的激励机制和企业文化。

3. 集中化战略

一般来说，成本领先战略和差异化战略多着眼于整个市场、整个行业，从大范围内谋求竞争优势。集中化战略则把目标放在某个特定的、相对狭小的领域内，在局部市场争取成本领先或差异化，以建立竞争优势，这通常是中小企业采用的战略。虽然在整个市场上，企业没有低成本和差别化的绝对优势，但在一个狭小的领域中能取得这方面的相对优势。这种战略的风险在于，一旦局部市场的需求变化，或强大的竞争者执意进入，现在的企业就有可能面临重大灾难。

3.4　战略规划与营销管理

企业总体战略定义了企业的使命和目标，每个业务单位在企业总体战略指导下确定自己的业务活动范围和竞争战略，企业总体战略和业务单位战略都是以争夺顾客为中心内容。而营销战略是企业总体战略的职能战略，因此营销战略必须服从企业总体战略与经营战略，为顾客创造价值，并且建立可盈利的顾客关系。为此，营销部门要启动战略营销计划过程，菲利普·科特勒将营销计划过程分为战略性营销计划和策略性营销计划两个部分。战略性营销计划就是 STP 战略，包括市场细分、目标市场选择、市场定位等；策略性营销计划就是营销策略组合 4P，包括产品策略、价格策略、分销策略与促销策略等（见图 3-11）。

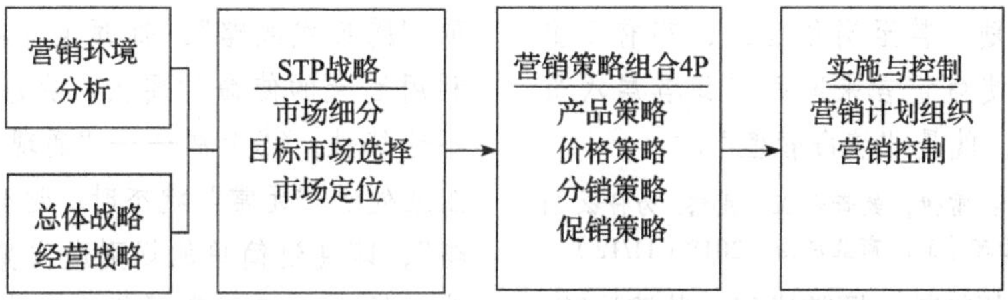

图 3-11　营销战略规划过程

从图 3-11 可以看出，营销战略规划过程与本书的框架结构一致（见第 1 章），各阶段的内容将在后面章节做详细介绍，在此暂不赘述。

战略规划领域的新思维、新观点与新探索

1. 管理新思维：牛顿式管理思维→量子管理思维

被《金融时报》誉为“当今世界最伟大的管理思想家”的丹娜·左哈尔（Danah Zohar），将量子物理学引入人类意识、心理学和组织领域。她认为，从牛顿物理时代到量子物理时代，人类正在经历一次认知方式上的重大改变。未来充满未知、复杂性和不确定性。牛顿式思维重视定律、法则和控制，强调“静态”。量子思维重视不确定性、潜力和机会，强调“动态”。在新时代若沿用牛顿式思维来管理，强调集权与服从，将陷入困境。企业需要量子管理思维，将每个员工看作特殊的能量球，放手让员工集体发挥创意，“由下而上”地为企业注入源源不绝的动力。丹娜·左哈尔教授融合东西方智慧，深入剖析了为什么传统商业系统如今不再奏效，对比了牛顿式管理和量子管理模式的优劣，提出了量子领导者引入量子变革、构建量子管理系统的九条法则。

资料来源：左哈尔. 量子领导者：商业思维和实践的革命［M］. 杨壮，施诺，译. 北京：机械工业出版社，2016.

2. 管理新探索：目标管理→使命管理

要推动公司向一个共同目标迈进，最好的方法是给员工设立清晰可衡量的目标，并定期评估完成情况。彼得·德鲁克提出目标管理以来，目标管理便在公司管理中大行其道。实证研究表明，目标管理对绩效和计划完成确有积极作用，但研究同时发现，员工一般不会给自己设定远大目标，而管理者有时又会用目标给团队成员施压，

造成管理者与被管理者的对立。

为应对目标管理的缺陷，德鲁克建议，管理者在制定目标的同时应发布使命宣言，将目标管理与使命管理结合。如果目标来自某种宏大使命，员工就可能设立与崇高使命一致的个人远大目标，完成效果也更好。在目标管理中引入使命管理，就像给船装上两个马达。

如今大多数公司都有使命宣言，将高度浓缩的公司使命由上到下层层传达。有了使命，公司从每个部门、每个分支到单个项目和计划，甚至岗位描述，都有了重心。这种用使命宣言来激励组织各层次员工的新实践，就是“使命管理”。

资料来源：雷伊，钦奇利亚，皮塔. 为什么21世纪需要使命管理［J］. 商业评论，2018（11/12）.

3. 战略新趋势：恒常战略→共演战略

商业世界风云变幻，营商环境纷繁复杂，越来越多的企业“并没有做错什么”，但依然快速地衰落。在不确定和不连续的环境中，如何选择战略？北京大学光华管理学院路江涌教授认为，只关注独立静态要素，不能反映企业间的竞争差异；只关注重要资源的作用，就不能适应复杂多变的外部环境。复杂＝不确定性×不连续性，包括发展方向的不确定性和发展路径的不连续性。企业面对四种复杂情景：恒常（低不确定性和低不连续性）、无常（高不确定性和低不连续性）、动荡（低不确定性和高不连续性）、混沌（高不确定性和高不连续性）。对大部分企业而言，“恒常”不是常态，“无常”“动荡”“混沌”成为新常态，企业应从自身情况出发，采取不同的应对战略：①动荡——“愿景式战略”，当内外环境处于“动荡”状态时，企业家可采取“愿景式战略”，带领企业朝目标进发，利用远大的使命和愿景，克服发展路上的不连续性；②无常——“涌现式战略”，当企业处于“无常”状态时，适合“涌现式战略”，即通过简单的规则激发复杂的集体行为，发挥组织的学习能力和自下而上的活力，从而适应不确定性的外部环境；③混沌——“适应式战略”，当企业处于“混沌”状态时，应采取“适应式战略”，即适应环境变化，不断调整发展方向和做事方式。

资料来源：路江涌. 共演战略：重新定义企业生命周期［M］. 北京：机械工业出版社，2018；谢丹丹. 环境多变，企业苦练内功就够了吗?［J］. 中外管理，2018（6）：130-132.

重点提示

企业战略就是为实现企业的总任务和目标，根据外部环境和内部资源条件所制定的长远总体规划，具有指导性、全局性与全程性、竞争性和创新性的特征。企业战略包括企业总体战略、业务单位战略和职能战略三个层次，营销战略是企业重要的职能战略之一。

规划总体战略包括以下阶段：定义市场导向的企业使命、确定企业的目标、划分战略业务单位、规划投资组合和规划成长战略。经营战略重点考虑战略业务单位应当怎样开展经营和应对竞争。一个行业的吸引力和市场前景，受到行业内竞争、新进入者威胁、替代品威胁、购买者议价能力和供应商议价能力这五种力量的影响。企业或战略业务单位形成竞争优势，有成本领先战略、差异化战略和集中化战略等三种一般性战略可供选择。营销部门根据企业总体战略和经营战略要求，分析和评价机会，选择目标市场和定位，制定、优化营销组合，形成营销计划，管理营销活动。

总之，做企业要有宏大的愿景、明确的目标、科学的顶层设计；同时要立足现有资源和能力，通过实现阶段性、局部性目标达到全局目标和长远目标。

思考题

1. 企业总体战略、业务单位战略与职能战略是什么关系？
2. 企业总体战略规划过程由几个阶段构成？
3. 如何科学地界定一个企业的使命？
4. 企业如何区分不同的战略业务单位？
5. 怎样规划投资组合战略？
6. 什么是“波士顿矩阵”？如何利用“波士顿矩阵”来决定和调整企业的业务战略计划？
7. 如何规划成长战略？
8. “波特五力模型”中的五个因素是如何影响业务单位的收益的？

判断题

1. 企业战略不仅是事关企业全局的大政方针，也是企业进行营销管理的基本依据。(　　)
2. 根据波士顿矩阵分析法，对于金牛类的经营单位或业务应采用增加投资、促其发展的战略。(　　)
3. 实行多元化经营的企业，其产品组合中各条产品线在最终用途、生产条件、分销渠道或其他方面相互关联的程度高。(　　)
4. “飞鹤”奶粉为保证婴幼儿奶粉质量，在北纬 47 度线附近建立自己的奶牛原生态牧场，自己控制奶源，这种战略属于前向一体化战略。(　　)

判断题答案

5. 某业务单位所在行业的市场增长率高，但业务单位的相对市场占有率低，此业务单位的业务属于问号类业务。(　　)
6. 在密集式增长战略中，市场渗透策略是基础。(　　)

单项选择题

1. 具有高增长率和高市场占有率的业务单位是(　　)业务。
   A. 问题类　　B. 明星类
   C. 金牛类　　D. 瘦狗类
2. 大企业收购、兼并其他行业的企业，或者在其他行业投资，把业务扩展到其他行业中去，新产品、新业务与企业的现有产品、技术、市场毫无关系的增长战略是(　　)战略。
   A. 同心多元化　　B. 水平多元化
   C. 集团多元化　　D. 密集增长
3. 生产农用化肥、农药的企业，引入新技术生产农用车和拖拉机，这种是(　　)战略。
   A. 同心多元化　　B. 水平多元化
   C. 综合多角化
   D. 市场多角化

单项选择题答案

4. 宝洁公司通过广告宣传等方式向消费者传递口腔护理的科学知识：除了起床后刷牙，餐后五分钟刷牙更有利于清洁口腔、保护牙齿，这样，每人每天至少要刷牙四次。这种鼓励消费者增加产品使用频率的策略是(　　)。
   A. 市场渗透　　B. 市场开发
   C. 产品开发　　D. 同心多元化
5. 2016 年 7 月，海尔出资 55.8 亿美元并购通用电气（GE）家电公司，海尔的并购战略属于(　　)战略。
   A. 前向一体化　　B. 后向一体化
   C. 水平一体化　　D. 同心多元化

6. 饮料巨头娃哈哈宣布进入白酒行业，推出酱香型白酒“领酱国酒”，这种战略属于（ ）战略。

A. 同心多元化 B. 水平多元化

C. 集团多元化 D. 水平一体化

案例分析：沃集鲜在生鲜红海中的发展战略

2016年，沃集鲜（Marketside）作为零售巨头沃尔玛自有品牌之一，首次进入中国市场，其品类主要包括熟食、烘焙类商品；2018年年中，沃集鲜增加了蔬菜品类；2019年沃尔玛还在华南部分门店推出了沃集鲜的可溯源鲜肉，包括牛肉、猪肉和禽肉。

沃尔玛创建生鲜品牌沃集鲜引起了国内零售企业、电商企业、媒体、资本的讨论与关注：在人力成本、原材料价格上涨的大背景下，零售商面临巨大的经营成本的压力；另外随着“80后”“90后”中产阶级群体时代的到来，网购已经成为这个群体的习惯，尤其是生鲜品类的网购比重逐步增加。根据企业破产数据网站BankruptcyData.com的数据，因受电商冲击，仅2017年已有超过300家实体零售商申请破产或倒闭。

在生鲜市场的红海中，沃尔玛的生鲜品牌沃集鲜能突出重围吗？读者如果有兴趣，可以自行到http://www.sohu.com/a/326456406_379553上了解、学习。

第 4 章
CHAPTER4

市场营销环境分析

§ 学习目标

1. 了解市场营销环境的含义、特征及市场营销环境分析的内容
2. 熟悉收集营销环境资料的渠道与营销环境分析 ISPICC 与 PESTLE 框架
3. 能运用 SWOT 分析法对具体企业内外环境进行分析并提出可行的营销对策
4. 了解大数据、物联网等新技术发展对营销决策的影响
5. 培养职业营销人员的信息意识

§ 引导案例　　星巴克为何偏爱中国故事

1999 年，星巴克在北京国贸开设中国大陆的第一家门店。2000 年，星巴克和统一集团合资进入江浙沪市场，但也只出资 5%，远低于当时对外企控股不超过 50% 的限制。

2004 年，按照中国加入 WTO 的承诺，中国零售业全面开放，不再对外资做地域、数量与股权比例的限制。此后，星巴克逐步将中国大陆市场由授权、合作变为直营。2005 年年底，星巴克在上海成立支持中心，负责中国市场的经营管理。2006 年，星巴克买回华北公司股权，开始独资经营。2017 年，星巴克又以 13 亿美元从统一集团手中收回华东地区剩余的 50% 股份，全面接管了华东市场，将中国大陆变为 100% 直营的市场。

星巴克在 2016 年曾公布了一个五年发展计划，未来五年星巴克会以每年 500 家新门店的速度继续扩张，五年之后星巴克在中国市场的门店数量将扩张至 5 000 家。2017 年，星巴克咖啡公司 CEO 凯文·约翰森又一次强调“要实现到 2021 年将门店数从目前的 2 800 家发展至 5 000 家的目标”。这也意味着，四年半的时间星巴克将要在中国再开 2 200 家门店，即每 15 个小时要开设一家新门店。

资料来源：作者根据新浪财经《星巴克为何偏爱中国故事：未来五年每天再开店 1.33 家》等公开资料整理。

问题思考：

1. 星巴克在中国市场为何经历了授权经营、合资经营到完全独资经营三个阶段？
2. 中国的文化与政府政策等环境如何影响了星巴克在中国市场开店的扩展战略？

§ **本章逻辑导图**

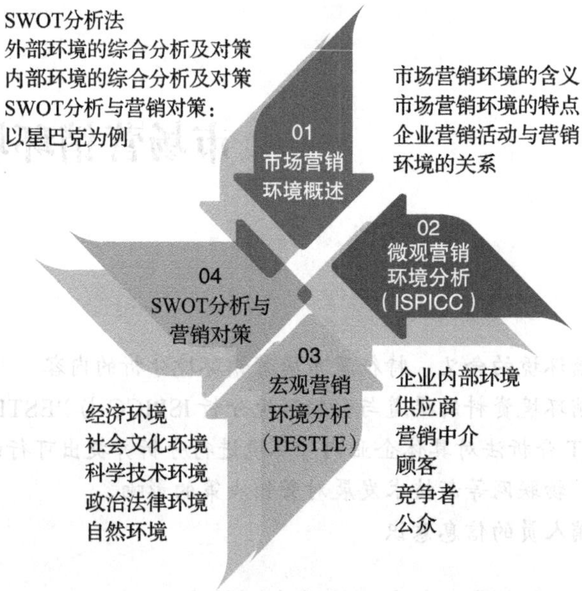

企业外部环境对企业营销活动或决策有影响吗？企业外部环境因素变化是机会还是威胁？更进一步，营销决策环境的分析框架是什么？这是本章要回答的几个基本问题。

本章将为你提供：两个分析框架，即营销的微观环境（ISPICC）与宏观环境（PESTLE）；一个战略分析工具（SWOT 分析法）。

4.1 市场营销环境概述

4.1.1 市场营销环境的含义

企业的营销决策会受到诸多因素的影响，其中部分因素是企业可以控制的，但大部分因素是企业不可控制的。可以控制的因素称为营销策略，而不可控制的因素称为营销环境。**市场营销环境（marketing environment）是指直接或间接影响组织营销投入产出活动的外部力量，是企业营销职能外部的不可控制的因素和力量。**菲利普·科特勒将营销环境定义为“由营销以外的那些能够影响与目标顾客建立和维持成功关系的营销管理能力的参与者和各种力量所组成。营销环境同时提供机会和威胁”。

营销环境的内容比较广泛，可以根据营销环境对企业经营活动影响程度将营销环境分为**微观环境**（micro-environment）和**宏观环境**（macro-environment）。微观环境与宏观环境之间不是并列关系，而是主从关系，微观环境直接作用于企业营销活动并受制于宏观环境影响，宏观环境通过影响微观环境而对企业经营活动产生影响，如图 4-1 所示。

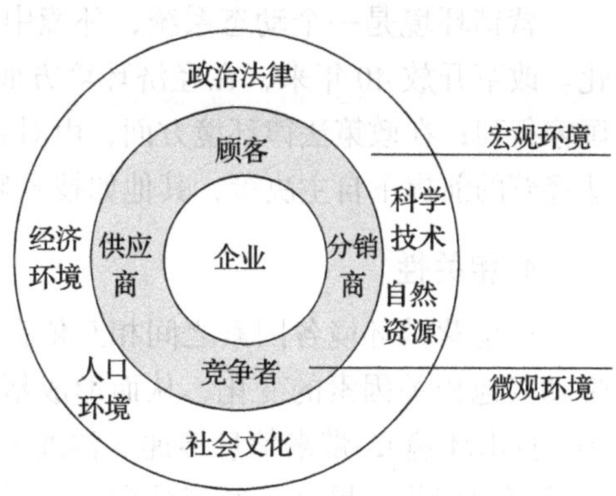

图 4-1 企业与营销环境的关系

微观环境，又称直接营销环境，是直接影响企业市场营销活动的各种因素，由企业内部环境、供应商、营销中介、顾客、竞争者及公众等构成。宏观环境，又称间接营销环境，是指间接影响企业市场营销活动的各种社会力量，由人口环境、经济环境、社会文化环境、政治法律环境、科学技术环境及自然资源环境等构成。

【资料 4-1】 环境扫描主要指宏观环境要素分析。例如，PESTLE 分析，分别指政治（political）、经济（economic）、社会与文化（social and cultural）、科学技术（technological）、法律（legal）、自然环境（environmental）分析。2010 年后扩展为 PESTLEED，增加了教育（education）与人口统计（demographics）。

按照对企业营销活动不同的影响方向，营销环境也可分为不利环境与有利环境，即形成威胁的环境与带来机会的环境。前者是指对企业市场营销不利的各项因素的总和；后者是指对企业市场营销有利的各项因素的总和。按照营销环境对企业营销活动影响时间的长短，还可以分为长期环境与短期环境。前者持续时间较长或相当长，后者对企业市场营销的影响比较短暂。

4.1.2 市场营销环境的特点

1. 客观性

营销环境中各个构成要素是客观存在的，有自己的运行规律和特点；营销环境对企业营销活动的影响也是客观存在的，不以某个营销组织或个人的意志为转移，企业只能在认识、分析环境的基础上，主动地适应和利用客观环境。

2. 差异性

不同国家或地区的宏观环境存在着广泛的差异，企业所处的行业与地域不同，微观环境也千差万别。企业为适应不同的环境及其变化，必须采用各有特点和针对性的营销策略。环境的差异性也表现为同一环境的变化对不同企业的影响不同。例如，中国快速进入老龄化阶段，人口红利优势衰减，劳动力成本上升，给劳动密集型企业带来的不利影响远大于给技术密集型、知识密集型企业带来的影响。

3. 动态性

营销环境是一个动态系统，环境中的各构成要素会随着经济社会的发展而不断变化。改革开放40年来，在经济环境方面，我国由贫穷落后的低收入国家跨入中等收入国家行列；在政策法律环境方面，由对企业经营活动的高度集中的计划管制转变为在依法经营的前提下自主决策，其他如技术环境、人口环境等营销环境均已发生重大变化。

4. 相关性

市场营销环境各因素之间相互依存、相互作用、相互制约。某一因素的变化，会带动其他相关因素的变化，从而形成新的营销环境。例如，网络信息技术的发展与应用（技术环境），带来信息传递、沟通方式、企业管理、营销方式、支付手段等各个方面的深刻变化，提高了经济社会的运行效率，但产生了诸如个人信息泄露、网络诈骗等各种社会问题（经济、社会环境），必然要求政府出台一系列关于支持和规范网络信息技术的法律法规（政治法律环境）。

4.1.3 企业营销活动与营销环境的关系

企业不是孤立存在的，企业生产经营所需的土地、原材料等来自上游供应商，企业的产品需借助物流、中间商配送销售到市场各地的顾客手中，因此，企业与外部环境必须保持畅通的物质、能量与信息的交流，才能保持最佳运行状态。企业作为社会经济生态系统的子系统，在处理与外部环境的关系时，应坚持以下几个原则。

1. 企业的各种营销活动在总体上要适应市场营销环境

这既是营销环境客观性的要求，也是企业营销观念的要求。现代营销观念以顾客需求为出发点，以满足顾客需求、追求顾客满意为中心，而影响需求的环境（如人口、经济、技术、法规等）因素每时每刻都在变化，这决定了顾客需求的规模、满足需求的方式都在不断变化，因此，对企业来说，唯有适应消费需求的变动并及时调整营销战略，持续创新，才能在变化的环境中生存和发展。

2. 企业要主动适应营销环境

主动适应环境体现在以下两个方面。

（1）企业可以主动选择有利的营销环境。环境及其构成要素是客观存在的，但也是有差异的、动态变化的，这为企业寻找与选择有利于自身发展的环境提供了必要性和可能性。中国市场因规模庞大、基础设施完善、营商环境理想，吸引了世界500强等外国企业来投资兴业，就是企业主动选择环境的结果。引导案例中的星巴克加大在中国市场的拓展力度，正是主动适应中国市场咖啡饮料需求持续上升所做出的理性决策。

（2）企业可以发挥主观能动性，部分地改变营销环境尤其是政策法规环境。我国的民营企业在改革开放过程中，数量在增加，规模在扩大，对国民经济发展的贡献在提高，但在市场准入、融资、税收、用地方面没有享受到与国有企业同等的待遇，在媒体、公众以及民营企业家的长期呼吁下，这些不公平、不合理的政策法规正在改变。正如 2018 年 11 月，习近平总书记在主持召开民营企业座谈会时所说："要推进产业政策由差异化、选择性向普惠化、功能性转变，清理违反公平、开放、透明市场规则的政策文件，推进反垄断、反不正当竞争执法。"

【资料 4-2】 做一个有眼光的商人

温州人眼光非常独特。温州商人总是坚持看 CCTV-1 的新闻联播，并将这种习惯当作生活必然的规律。《新闻联播》是经商人士最重要的晴雨表，它可以帮助你把握经济命脉，关注未来经济发展的趋势。温州有家报纸曾经做过一项专门的调查，结果表明：91% 的温州商人非常关心政治，60% 的经营者"会因为国家出台某项政策而对某项投资更加有信心或是放弃投资"。这表明，经常关注政治与时事，对温州商人发现商机有很大的帮助，眼光也会比其他地方的人更加广阔。

2002 年 1 月 1 日，欧元在欧盟各个国家开始流通，中国报纸上面刊登了一张欧元的照片。从这张普普通通的照片的介绍中，温州人发现了极大的商机：新版欧元比以前西欧国家的货币要大一些，这就意味着，原来的钱包肯定不能装新货币。于是，温州人马上生产出了一大批适合装新币的皮夹，并且从温州出口到欧洲，非常热销。

红顶商人胡雪岩曾经说过："如果你拥有一县的眼光，那你可以做一县的生意；如果你拥有一省的眼光，那么你可以做一省的生意；如果你拥有天下的眼光，那么你可以做天下的生意。"要想在商场之中立于不败之地，必须具有长远的眼光。

资料来源：https://www.zcaijing.com/wzrtzlc/130360.html.

4.2　微观营销环境分析（ISPICC）

企业的微观环境主要是一些微观主体或机构，包括**企业内部机构**（inner-enterprise）、**供应商**（suppliers）、**公众**（publics）、**营销中介**（intermediaries）、**顾客**（customers）与**竞争者**（competitors）等六个主体，本书称之为 ISPICC 框架。这些主体分布在企业价值创造和价值传递的不同环节，对企业营销活动的影响是直接的。具体微观环境的构成及其之间的关系如图 4-2 所示。

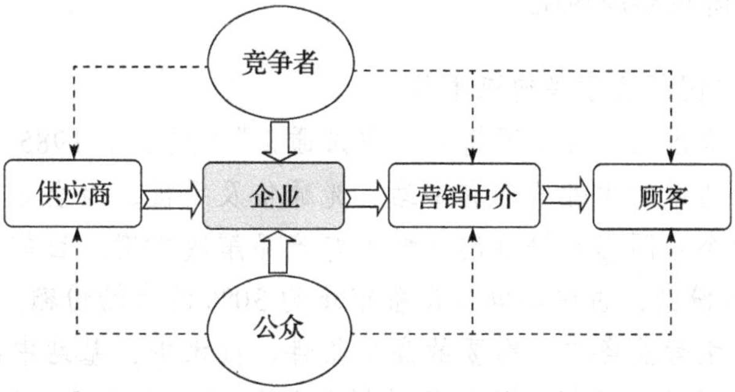

图 4-2　企业微观营销环境因素及其关系

供应商、企业、营销中介与顾客是决定价值创造、价值实现的主要影响因素，竞争者与公众，不仅对企业的价值创造与实现造成较大的直接影响，也会对其他机构造成影响。

4.2.1 企业内部环境

营销部门是企业的职能部门之一，营销部门在制订与实施营销计划时，必须与企业其他部门——高层管理、财务、研发、采购、制造和会计等部门协调并争取它们的配合。在顾客驱动型的企业，营销部门一定居于领导地位，所有部门（从研发、制造、财务、法律到人力资源）都应承担起创造顾客价值、追求顾客满意的职责。营销部门与内部机构之间的关系如图 4-3 所示。

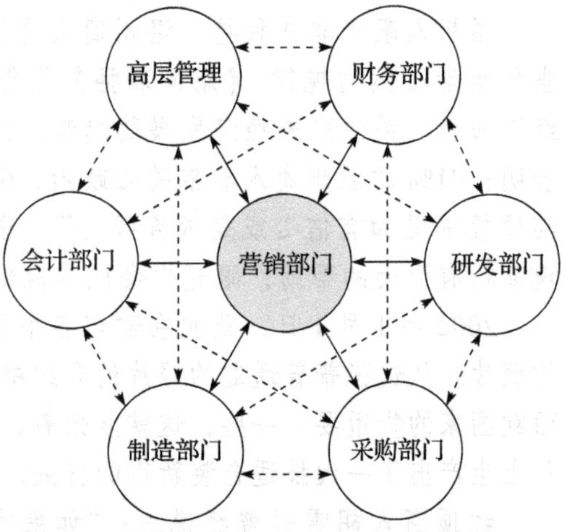

图 4-3 营销部门与内部机构之间的关系

4.2.2 供应商

供应商是指向企业和竞争者提供生产经营所需资源（土地、原材料、零配件、设备、能源、服务及其他用品等）的企业或个人，与企业构成协作关系。供应品的价格、质量和数量、供应的时点，直接影响企业产品的价格、销量和利润，甚至直接决定生产过程能否持续。

如果供应商的工人罢工或其他事故导致供应品短缺，就会影响企业按期完成交货任务。从短期来看，企业会损失销售额；从长期来看，则损害企业在顾客中的信誉。因此，企业应该了解各供应商所能提供的商品品种、规格、质量、价格、信贷条件、运输方式等信息，密切关注各个供应商各方面情况的变化。企业应该通过积极的市场营销活动使各种物资供应生产顺利进行，同时又使企业在与供应商建立的供销关系中能处于主动地位，降低供应风险。

【资料 4-3】 美国制裁中兴通讯事件

中兴通讯股份有限公司（以下简称“中兴通讯”）成立于 1985 年，是一家大型通信设备公司。中兴通讯的主营业务有基站、光通信及手机，为全球 160 多个国家和地区的电信运营商和企业网客户提供创新技术与产品解决方案。目前在全球电信设备市场约占 10% 的市场份额，占中国电信设备市场约 30% 的市场份额。

在中兴通讯的主营业务中，需要的高端组件、技术中，基站中部分射频器件如腔体滤波器、光通信模块、手机内的结构件模组等均可基本满足自给需求，唯有芯片，在三大应用领域均需从美国高通等公司进口。2016 年 3 月，美国商务部对中兴通讯实施出口限制措施，导致公司暂时停牌交易。后在双方政府协调下，美国商务部给中兴通讯颁布了临时许可证，从而保证中兴通讯可以正常采购美国元器件和软件。2017 年 3 月，中兴通讯因被控违反美国的制裁，同意支付 11.9 亿美元的罚款处罚。

2018 年 4 月 15 日，美国国家网络安全中心发出新建议，警告电信行业不要使用中兴通讯的设备和服务。4 月 16 日宣布，将禁止美国公司向中兴通讯销售零部件、商品、软件和技术 7 年，直到 2025 年 3 月 13 日，理由是中兴通讯违反了美国限制向伊朗出售美国技术的制裁条款。由于美国公司在这 7 年内都不能向中兴通讯销售包括芯片在内的所有资源，因此对中兴通讯而言，未来不论是产品开发、规划、制造还是销售等环节都会受到极大的影响，无疑将重挫中兴通讯的发展。

2018 年 6 月 7 日，美国商务部部长罗斯表示，美国政府与中兴通讯已经达成协议，只要中兴通讯再次缴纳 10 亿美元罚金，并改组董事会，即可解除相关禁令。

资料来源：根据网络公开资料整合而成。

如何避免或降低供应商对企业运营带来的风险？营销专家提出以下建议：一是尽量和多家供应商保持业务关系，不要依赖单一供应商；二是准确判断关键供应品的市场供求状况，力争和主要供应商保持友好协作关系；三是通过相互参股的方式与供应商建立合作共赢利益共享机制；四是在条件具备的情况下，自己生产关键的或主要的供应品。

2019 年 5 月 26 日晚间，央视新闻播放了 5 月 21 日《面对面》节目在华为总部独家专访华为创始人、CEO 任正非的视频。任正非接受媒体采访，回应外界关切。

为了对付华为，美国政府可谓“使出了吃奶的劲”，宣布国家处于紧急状态以应对一个中国企业，这在美国历史上恐怕也是“破天荒”的吧。

强大如美国，居然以举国之力，乃至调动全球的外交资源，只为对付一个中国企业，这是华为的不幸还是华为的“荣幸”？

这里整理了任正非回答记者的那些精彩观点：

- 美国的“90 天临时执照”对我们没有多大意义，我们已经做好了准备。
- 我们一年前就受到美国实体管制了。大家要骂就骂美国政客，这件事不关美国企业什么事情。
- 我们牺牲了个人、家庭，是我们为了一个理想，为了站在世界高点上，为了这个理想，跟美国迟早会有冲突的。
- 华为的 5G 是绝对不会受影响的，在 5G 技术方面，别人两三年肯定追不上华为。
- 美国科技在深度和广度上还是值得我们学习，很多小公司产品超级尖端。
- 华为公司不会出现极端断供情况，我们已经做好准备了。
- 我们的量产能力还是很大的，并没有因为美国的禁令下来我们就没有量产能力了，我们的增长速度不会太快，也不会像想象中的那么慢，我们一季度是 39%，但不会负增长。

……

自信，理性，睿智。今天的任正非一如既往，还是那么淡定。

任正非的底气从何而来？读者如果有兴趣，可以自行到 https://tech.sina.com.cn/t/2019-05-27/doc-ihvhiews4797263.shtml 上了解、学习。

4.2.3 营销中介

营销中介是指在促销、销售以及把产品送到最终购买者手中为企业提供专业性服务的机构，包括中间商、实体分配公司、营销服务机构和财务中介机构等。这些都是市场营销中不可缺少的中间环节，大多数企业的营销活动，都需要有它们的协作才能顺利进行。

（1）中间商。中间商是协助企业寻找顾客或直接与顾客交易的商业企业，包括商人中间商和代理中间商。商人中间商购买产品，拥有产品所有权，主要有批发商和零售商。代理中间商包括代理商、经纪人和生产商代表，专门介绍客户或与客户洽商签订合同，但不拥有商品所有权。

（2）实体分配公司。实体分配公司主要是指协助厂商储存并把货物运送至目的地的物流公司。实体分配包括存储、包装、运输、装卸、库存控制和订单处理等方面的工作，其基本功能是调节生产与消费之间的多种矛盾，提供商品的时间效用、地点效用和空间效用，以便适时、适地和适量地把商品提供给用户。

（3）营销服务机构。营销服务机构主要是指为厂商提供专业性营销服务的各种机构，如市场研究公司、广告媒介公司、传播公司与咨询公司等。企业可自设部分营销服务机构，但大部分企业尤其是中小企业均是委托外部营销服务机构代理相关业务。

（4）财务中介机构。财务中介机构主要是指协助厂商融资或分担货物购销储运风险的机构，如银行、保险公司等金融机构。财务中介机构不直接从事商业活动，但它提供的融资与保险等服务对企业的正常经营和持续发展至关重要。

4.2.4 顾客

顾客就是企业的服务目标，也是企业营销活动的起点和终点，企业的一切营销活动都应以满足顾客的需求为中心。因此，顾客是企业最重要的微观环境因素。

根据顾客所在国的不同，顾客构成的市场可分为国内市场和国际市场。其中，国内市场按顾客购买目的不同，又分为营利市场和非营利市场。营利市场可分为生产者市场和中间商市场；非营利市场可分为政府采购市场和消费者市场等。

按照购买主体、购买动机等的不同，消费者市场与其他市场的主要差异如表 4-1 所示。

表 4-1 消费者市场与其他市场的主要差异比较

市场类型		购买主体	购买目的	购买频率	购买对象	购买方式
消费者市场		个人、家庭	消费	高	各类消费品	现金
组织市场	生产者	生产企业	生产中间产品或最终产品再销售获利	低	工业品	合同采购
	中间商	批零或代理等机构	转卖获利	低	工业品、消费品	合同采购
	政府及非营利组织	政府部门、非营利组织	履行政府职能和组织职能	低	工业品、消费品	招标采购 合同采购

4.2.5 竞争者

企业在原材料等供应品采购、产成品销售、专业性服务购买、渠道开发等环节，都会遇到形形色色的竞争对手。这些竞争者既有同行业的其他企业，也有来自行业外的、与本企业现有领域不相关的其他企业。从满足顾客需求的角度，竞争者可分为以下几种类型。

（1）品牌竞争者。品牌竞争者是指在同一个行业中以相似的价格向相同的顾客群体提供类似产品或服务的其他企业。例如，消费者决定购买互联网电视以满足在家视听娱乐的需求，但市场上有小米、康佳、海信等多种国产品牌以及日、韩等国进口产品可供选择。品牌竞争者之间的产品替代性高，竞争最为激烈。

（2）行业竞争者。行业竞争者是指提供同种或同类产品，但规格、型号、款式、价格不同的企业。例如，满足消费者家庭娱乐需求的产品，除了互联网电视，还有有线电视；有普通电视，还有 4K、8K 高清电视；除了电视机，还有投影机、智能音响设备等多种视听娱乐产品等。

（3）需要竞争者。需要竞争者是指提供不同种类产品但能满足顾客同种需求的企业。满足在家娱乐需求，除了通过电视等视听设备追剧、听歌，还有在家健身、朋友聚会与自己烹饪等多种形式。这样，家用健身器材、微波炉、智能冰箱等的厂家也是电视机的竞争者。

（4）欲望竞争者。欲望竞争者是指提供不同产品以满足顾客不同需求，但目标顾客相同的企业。顾客在同一时刻的欲望是多方面的，很难同时满足，这就出现了以不同产品满足不同需求的竞争。例如，电视机制造商的欲望竞争者可能是生产家具、汽车或提供理财服务、旅游服务等所有产品或服务的厂家。因为顾客在特定时间内支付能力有限、时间有限，在满足一个需求时必然放弃满足其他需求，如何促使顾客首先购买家电，而不是首先购买其他产品或服务，这就是一种欲望竞争关系。

因此，成功的企业既要清楚目标顾客购买产品或服务是要解决什么问题，或要满足什么欲望，又要关注满足相同目标顾客的其他企业采取哪些营销策略。

4.2.6 公众

公众是指对企业实现营销目标的能力有实际或潜在影响的团体和个人。公众主要有以下七种类型（见图 4-4）。

（1）融资公众。融资公众是指影响企业融资能力的金融机构，包括银行、投资公司、证券经纪公司、保险公司等。

（2）媒体公众。媒体公众是指杂志、报纸、广播电台、电视台和网络等传播媒体。企业必须与媒体建立友善关系，争取有更多更好的有利于本企业的新闻、特写及评论。

图 4-4　微观营销环境中的公众

（3）政府公众。政府公众是指负责监管企业业务的有关政府机构。企业的发展战略与营销计划，必须和政府的发展规划、产业政策与法律法规保持一致。

（4）社团公众。社团公众包括保护消费者权益的组织、环保组织及其他群众团体等。企业营销活动关系到社会各方面的切身利益，必须密切关注来自社团公众的批评和意见。

（5）社区公众。社区公众是指企业所在地邻近的居民和社区组织。保持与当地公众的良好关系，积极支持社区的重大活动，为社区的发展贡献力量，企业的营销活动会得到社区公众理解和支持。

（6）一般公众。一般公众是指除上述各种关系之外的社会公众。一般公众虽未有组织地对企业采取行动，但企业形象会影响他们的惠顾。

（7）内部公众。内部公众是指企业的员工，包括高层管理人员和一般职工。企业的营销计划，需要全体员工的充分理解、支持和具体执行。企业应经常向员工通报有关情况，介绍企业发展计划，发动员工出谋献策，关心员工福利，奖励有功人员，增强内部凝聚力。员工的责任感和满意度，必然传播并影响外部公众，从而有利于塑造良好的企业形象。

通过对微观营销环境分析，可以看出，在微观营销环境的诸多构成因素中，顾客、供应商与营销中介对企业营销活动的影响无疑最为关键，因为这些因素直接影响甚至决定了企业的价值创造、价值传递的过程。随着信息技术的发展和企业经营观念的转变，处于同一价值链上的相关企业越来越认识到，作为利益相关者，只有相互协作才能为最终用户创造最佳的感知价值，也只有为最终用户创造最佳的感知价值，这些利益相关者才能共赢。例如，沃尔玛通过信息技术对微观环境中顾客、供应商与物流配送中心等影响价值传递的关键环节进行有效链接和信息资源共享，以顾客需求为先导，有效协调购销存，对货架商品科学组合并及时更新，实现商品快速周转，满足顾客质优价廉的购物需求，对中国零售连锁企业提高经营效率，提供了很好的借鉴。

企业如何与公众尤其是社区公众保持良好的关系？与公众建立并保持良好的关系有何技巧？需要花很多钱吗？与公众保持良好关系又为企业带来哪些价值？读者如果有兴趣，可以自行到 http://www.sohu.com/a/33832031_195364 上了解、学习。

4.3 宏观营销环境分析（PESTLE）

宏观营销环境分析是指对企业营销活动带来市场机会或造成环境威胁的主要社会力量，包括政治（political）、经济（economical）、社会与文化（social and cultural）、科学技术（technological）、法律（legal）、自然环境（environmental）等因素进行分析，一般简称为 PESTLE 分析。

4.3.1 经济环境

经济环境分析的目的是判断一个国家或地区的市场规模及其发展趋势，而市场规模主要取决于人口与收入两大指标。

1. 人口分析的内容

市场是由有购买欲望和支付能力的人构成的，人口的多少直接影响市场的潜在容量。

在进行人口环境分析时，应主要关注以下几个指标。

（1）总量指标及增长：人口数量、人口增长率。

（2）结构指标：年龄结构、性别结构、家庭结构、教育程度结构、民族构成、种族构成、宗教构成等。

（3）地理分布及变动：人口密度、地理分布、人口流动趋势。

我国人口环境具有六个特点。第一，人口总量规模大。第六次全国人口普查结果显示，中国大陆地区人口达到了 13.397 亿人，2018 年年末中国大陆地区总人口为 13.95 亿人，超过欧洲和北美洲人口的总和。第二，家庭结构趋向小型化。20 世纪 70 年代开始，我国政府实行计划生育政策。第六次人口普查显示，平均每个家庭户的人口仅为 3.1 人，孩子成为家庭的重心。第三，快速老龄化。一是老龄人口绝对量大；二是老龄化发展速度快，从 2000 年到 2020 年，老龄人口的比重将从 6.97% 上升到 11.8%。三是未富先老，我国人均 GNP 不足 1 000 美元开始进入老龄化，而发达国家则是在 10 000 美元以上。四是老龄人口高龄化趋势明显。第四，性别比失衡。2018 年年末，男性占比 51.1%，女性占比 48.9%，男性比女性多 3 164 万人。第五，人口素质总体偏低。一是每年新生人口缺陷发生率达 4% ～ 6%，约 80 万～ 120 万人，我国有近 6 000 万残疾人口（其中先天性的占 50%）；二是疾病疫情威胁严重。第六，人口流动持续。一是农村人口加快向城市迁移；二是中西部人口、东北人口向东南沿海发达地区迁移。

2. 收入分析的内容

市场不仅需要有人，还需要有购买力。经济环境包括影响消费者购买力和消费方式的经济因素，如消费者收入与支出状况、收入分配状况与经济发展水平等。反映一般宏观经济环境的主要指标有以下几个。

（1）**国内生产总值**（gross domestic product，GDP）：衡量一个国家综合经济实力与总体市场规模的重要指标。

（2）**国民收入**（national income，NI）：国民生产总值扣除物质消耗后的剩余部分。

（3）人均 GDP 和人均收入：人均指标是衡量经济发展水平与购买力的主要指标。

（4）**基尼系数**（Gini coefficient）：表示收入分配的均等化程度，基尼系数越高表明收入分配差距越大。将基尼系数与人均 GDP 指标结合在一起，分析一个国家的消费品市场规模较为准确。

（5）储蓄和借贷比例：在收入水平既定条件下，储蓄率越高，短期消费越少，总体市场规模越小。反之则相反。

人口与收入分析所需资料查询途径：①国家、各省与地级市统计局网站公布的历年《国民经济和社会发展统计公报》；②国家、省与地级市的经济普查主要数据公报

（尾数逢5和0年份，每5年1次）；③历年《“一带一路”大数据报告》。

4.3.2 社会文化环境

文化是指一个社会的所有成员在发展进程中所形成的价值观念、生活方式、风俗习惯、伦理道德、宗教信仰、语言文字与社会结构等的总和。文化是决定人类行为的最深层的因素，但也是最难以量化分析和把控的因素，下面仅就与企业营销关系较为密切的社会文化因素（影响购买欲望的主要因素）进行讨论。

（1）教育水平。教育水平是指群体成员受教育的程度。教育水平的高低既影响消费者心理，也影响消费支出水平与结构，进而影响企业营销策略。衡量教育水平的指标有：①各级各类学校数；②各级各类学历教育毕业生数；③每十万人口各级各类学校平均在校生数等。

（2）价值观念。价值观念是人们对社会生活中各种事物的态度、评价和看法。消费者对商品的需求和购买行为深受其价值观念的影响。因此，企业在制定营销策略时应充分了解目标顾客群体的价值观念。

（3）宗教信仰。不同的宗教信仰有不同的文化倾向和戒律，这导致不同宗教信仰的人有不同的价值观念、行为准则以及消费行为。企业应充分了解并尊重不同地区、不同民族的消费者的宗教信仰，制定适合其宗教信仰的营销策略。相关指标有：①各类信众人数规模；②各类宗教禁忌。

社会文化环境分析资料查询途径：①教育水平指标可查阅国家、省与地级市的统计局网站及其统计年鉴；②宗教信仰相关指标可查阅国家、省与地级市宗教事务局网站、中国民族宗教网、中国人民大学《中国宗教调查（CRS）报告》、基督教全球统计数据等；③有关价值观念分析并没有政府部门的权威统计数据，但可以参阅相关大数据研究报告。如以Z世代为目标群体的企业可以参阅《Z世代经济研究深度报告：Z世代的新需求、新文化与新经济》与《二次元用户报告》等。

视频推荐：CCTV-1《一带一路》(1～6集)

本宣传片共分《共同命运》《互通之路》《光明纽带》《财富通途》《金融互联》和《筑梦丝路》6集。宣传片以宽广的视野、多维度的视角对“一带一路”沿线30多个国家的合作项目、重点工程、历史遗迹进行全方位、立体化的拍摄，涉及多个国家的社会经济、历史人文等内容，真实记录了“绿色丝绸之路”“健康丝绸之路”“智力丝绸之路”“和平丝绸之路”。读者如果有兴趣，可以自行到 http://jishi.cctv.com/special/djsb/yidaiyilu/ 上了解、学习。

4.3.3 科学技术环境

科学技术是第一生产力。高新技术尤其是网络信息技术的发展与应用，提高了生产效率和经济发展水平，也改变了生产方式、生活方式乃至价值观念。

【资料 4-4】 中信出版集团于 2016 年 6 月出版了世界经济论坛创始人克劳斯·施瓦布教授的著作《第四次工业革命：转型的力量》。在书中，施瓦布教授梳理了 18 世纪中叶以来先后发生的三次工业革命及对社会经济的影响。第一次工业革命开创的是"蒸汽时代"（1760 ～ 1840 年），标志着农耕文明过渡到工业文明，是人类发展史上的一个伟大奇迹；第二次工业革命进入"电气时代"（1840 ～ 1950 年），电力、钢铁、铁路、化工、汽车等重工业兴起，石油成为新能源，促使交通迅速发展，世界各国交流更为频繁，并逐渐形成一个全球化的国际政治、经济体系；二战后开始的第三次工业革命，开创了"信息时代"（1950 年至今），全球信息和资源交流变得更为迅速，大多数国家和地区都被卷入全球化进程，世界政治经济新格局进一步确立，人类文明的发达程度也达到空前的高度。

前三次工业革命使得人类发展进入了空前繁荣的时代，与此同时，也造成了巨大的能源、资源消耗，付出了巨大的环境代价、生态成本，人与自然之间的矛盾日益激化。进入 21 世纪，人类面临空前的能源与资源危机、生态与环境危机、气候变化危机的多重挑战，由此引发了第四次工业革命——绿色工业革命，一系列生产函数从自然要素投入为特征跃迁到以绿色要素投入为特征。

第四次工业革命，是以互联网产业化、工业智能化、工业一体化为代表，以人工智能、清洁能源、无人控制技术、量子信息技术、虚拟现实为主的全新技术革命。它将数字技术、物理技术、生物技术有机融合在一起并迸发出强大的力量影响着我们的经济和社会。施瓦布还详细阐述了可植入技术、数字化身份、物联网、3D 打印、无人驾驶、人工智能、机器人、区块链、大数据、智慧城市等技术变革对我们这个社会的深刻影响。第四次工业革命，是继蒸汽技术革命、电力技术革命、信息技术革命的又一次科技革命。这是一场全新的科技创新，它将使人类社会进入工业 4.0 时代。

阅读推荐：施瓦布. 第四次工业革命：转型的力量［M］. 李菁，译. 北京：中信出版集团，2016.

2019 年 6 月 6 日，工信部正式向中国联通、中国电信、中国移动及中国广电发放了 5G 商用牌照，表明我们已正式进入 5G 时代。5G 比 4G 速度快很多，下载一个 2GB 左右的高清电影，在正常的 5G 网络环境下，只需要 1 秒钟就可以完成，比 4G 网络快 10 ～ 100 倍。但如果你认为 5G 技术的意义就在于提高电影的下载速度的话，那么就大错特错了。它还会使工厂的机器更加自动化，使你获取信息更加便捷，实现虚拟现实、万物联网、AI 等的一系列应用。有了 5G 平台，智慧城市、智能制造、智慧医疗、智能驾驶、智慧家庭等技术都将会迎来更加广阔的发展空间。

新技术将引发许多新行业，出现新产品、新市场、新职业，与此同时，新技术也使某些产品和行业遭到威胁甚至是毁灭性的打击。

【资料 4-5】 人力资源和社会保障部官网在 2019 年 4 月 1 日公布的《人力资源社会保障部办公厅　市场监管总局办公厅　统计局办公室关于发布人工智能工程技术人员等职业信息的通知》中提出"紧跟新技术、新职业发展变化，建立职业分类动态调整机制，加快职业标准开发工作”的要求，加快构建与国际接轨、符合我国国情的现代职业分类体系，面向社会公开征集新职业信息。经专家论证、社会公示等，确定了数字化管理师、人工智能工程技术人员、物联网工程技术人员、大数据工程技术人员、云计算工程技术人员、建筑信息模型技术员、电子竞技运营师、电子竞技员、无人机驾驶员、农业经理人、物联网安装调试员、工业机器人系统操作员、工业机器人系统运维员等13个新职业信息，调整变更了4个职业（工种）信息，新增了3个工种信息，正式对外发布。这些新增的职业都与网络信息技术的开发、维护、应用有关。

资料来源：人社部网站，资料索引号：717823004/2019-00036。

视频推荐：CCTV-2：《互联网时代》（1～10集）

中央电视台花费三年时间精心打造的《互联网时代》于2014年在CCTV-2首播，它系统地介绍互联网产生的过程、应用以及对全人类带来的巨大机遇和严峻挑战。

《互联网时代》告诉我们，互联网给我们带来的不仅仅是一场技术革命，更是一场社会革命，它将引领整个人类进入一个全新的时代。今天，我们衣食住行游、吃喝玩乐购，我们工作学习、创新创业中的所有方面，都与互联网密不可分，甚至可以说，没有了互联网就几乎无法生存。读者如果有兴趣，可以自行到 http://tv.cctv.com/2014/10/15/VIPA1413360557873609.shtml 上了解、学习。

4.3.4 政治法律环境

特定国家或地区内的企业，其营销活动必定受到该国或地区的政治制度、法律法规、产业政策、政府立法和执法机构等政治法律环境因素的影响。政治因素像一只有形之手，调节着企业营销活动的方向，法律则为企业规定生产经营活动的行为准则。政治与法律相互联系，共同对企业的市场营销活动发挥影响作用。

菲利普·科特勒认为，任何主权国家都会自主制定相关法律、规则、政策，对本国领土范围内的企业及其行为进行规范、管制和引导，其目的有三：①保护消费者的权益。因为在市场交换过程中，消费者因其分散、弱小与非专业，经常成为利益受害方，需要政府出台强制性的保护消费者权益的法律法规，以保证交换过程的公平，促进经济发展。②保护企业之间的相互利益。企业规模大小不同，实力有强有弱，大企业不能倚强凌弱，小企业也不能坑蒙拐骗，必须公平竞争，才能促进企业通过管理改进、产品研发、效率提升等途径谋求发展。③保护社会公众利益。例如，气候、生态、国土资源等公共产品，追求盈利的私人企业有极强的动机去侵犯、损害公共利益而不承担相应的成本代价，因此，需要政府对企业行为、消费行为进行必要的限制。

与营销有关的法律非常多，密切相关的主要类别有：①保护消费者权益的法律，如《中华人民共和国消费者权益保护法》《中华人民共和国产品质量法》与《中华人民共和国合同法》等；②保护企业之间相互利益的法律，如《中华人民共和国反不正当竞争法》《中华人民共和国广告法》《中华人民共和国价格法》与《中华人民共和国商标法》等；③保护社会公众利益的法律，如《中华人民共和国环境保护法》等。

“一带一路”倡议提出 5 年来，中国政府与沿线很多国家、国际性组织分别签署了关于共同推进“一带一路”建设的合作备忘录、联合声明、行动计划，“一带一路”建设已经进入全面务实合作新阶段。2019 年《政府工作报告》中也再次强调了“坚持共商共建共享”“发挥企业主体作用”“加强国际产能合作”“推动共建‘一带一路’”。在这一背景下，中国企业进入国际市场、提升国际竞争力也迎来了难得的政策机遇。

政治法律环境分析资料查阅途径：①中国人大网“中国法律法规信息库”；②百度搜索，通过链接寻找法律全文；③通过“我要找政策”网查询；④政府信息公开查询平台；⑤中国政策研究网等。

阅读推荐：

①《中华人民共和国反不正当竞争法（2019 年修正)》

②《中华人民共和国消费者权益保护法》

4.3.5 自然环境

营销活动要受自然环境的影响，也要对自然环境的变化负责任。就当前形势而言，自然环境的变化趋势有以下几个。

（1）资源日益枯竭。通常，人们将地球上的自然资源分成三大类：①取之不尽、用之不竭的无限资源，如空气、阳光等；②有限可再生的资源，如森林、土地、淡水等；③有限不可再生的资源，如石油、煤炭和各种矿产品等。现代工业无限制地索取和利用，导致矿产、森林、能源、耕地等资源日益枯竭，甚至连以前人们认为永不枯竭的水、空气也在世界很多国家出现短缺。目前，自然资源的短缺也成为各国经济进一步发展的制约因素。

（2）自然环境受到严重污染。过去，世界经济是物质经济，是以肆意挥霍原料、资源、能源特别是矿物燃料作为发展动力的经济，这种粗放型的经济增长方式使人类付出了惨重的代价，极大地消耗了地球资源。随着工业化和城市化的发展，环境污染程度日益增加。

（3）政府在自然资源管理上加强干预。政府对自然资源管理上的干预从两个方面入手：一方面，政府通过对资源使用行为的直接干预，避免资源的过度使用和环境恶化；另一方面，政府通过对消费需求、公众行为等方面的引导、宣传，引发公众对自然环境的关注，倡导绿色消费。现在，受绿色运动启迪的公司正在制定环境可持续战略并坚持不懈地进行实践。这些公司生产更加生态安全的产品、可回收或可生物降解的包装、更好控制污染和高效利用的能源来满足消费者的要求。

【资料 4-6】 李克强总理在 2019 年 3 月 5 日的《政府工作报告》中提出：“绿色发展是构建现代化经济体系的必然要求，是解决污染问题的根本之策。要改革完善相关制度，协同推动高质量发展与生态环境保护。”

“持续推进污染防治。……持续开展……大气污染治理攻坚，加强工业、燃煤、机动车三大污染源治理。……强化水、土壤污染防治，……加快治理黑臭水体，防治农业面源污染，推进重点流域和近岸海域综合整治。加强固体废弃物和城市垃圾分类处置，促进减量化、资源化、无害化。加强污染防治重大科技攻关。企业作为污染防治主体，必须依法履行环保责任。改革创新环境治理方式，对企业既依法依规监管，又重视合理诉求、加强帮扶指导，对需要达标整改的给予合理过渡期，避免处置措施简单粗暴、一关了之。企业有内在动力和外部压力，污染防治一定能取得更大成效。”“绿色发展人人有责，贵在行动、成在坚持。我们要共同努力，让人民群众享有美丽宜居环境。”

【资料 4-7】 据统计，北京每天都会产生近 2.6 万吨生活垃圾，全市 29 个垃圾处理终端设施时刻处于满负荷运转状态；在上海，12 天产生的生活垃圾就能堆满一座东方明珠广播电视塔，23 天堆满一座上海环球金融中心……目前，大量的生活垃圾已成为建设美丽中国、绿色中国的一大制约。

减少垃圾污染刻不容缓！

2019 年 7 月 1 日，《上海市生活垃圾管理条例》正式实施。它被称为“史上最严垃圾分类措施”，个人或单位未按规定分类投放垃圾的，都将面临处罚。境外媒体认为，作为中国人口最多的城市之一，上海此次以如此大的决心和力度开展垃圾分类工作，不只对中国老百姓而且对全世界都将产生积极影响。

根据相关法律法规要求，从 2019 年起，全国地级及以上城市全面启动生活垃圾分类工作，到 2020 年年底 46 个重点城市将基本建成垃圾分类处理系统，2025 年年底前全国地级及以上城市将基本建成垃圾分类处理系统。

资料来源：媒体公开报道。

视频推荐：2017 年度中国最具影响力的十大纪录片之一——《航拍中国》

《航拍中国》是央视利用无人机和直升机进行拍摄的一部纪录片。2016 年《航拍中国》登上美国纽约时代广场的巨型屏幕，连续播放三天。国内外的华人含泪发出赞叹！《航拍中国》让人又一次感受到了祖国的强大，领略到祖国的美丽，享受到祖国的荣誉。作为中国青年，作为中国新希望，要牢记社会主义核心价值观，坚持改革开放，创造一个更加富强、充满魅力的中国。读者如果有兴趣，可以自行到 http://jishi.cctv.com/special/hpzg/index.shtml 上了解、学习。

我国自然资源状况及其变动可进入自然资源部网站查阅；生态环境状况及相关环境保护法律可进入生态环境部网站查询。

如何应用 PESTLE 分析法分析特定市场的宏观环境？如何根据宏观环境分析结果选择目标市场？如何根据目标市场的环境特点选择针对性的营销战略？读者如果有兴趣，可以自行到 http://www.sohu.com/a/295287440_825950 上了解、学习。

电影推荐：国产科幻片《流浪地球》

阅读推荐：林毅夫，等.“一带一路”2.0：中国引领下的丝路新格局［M］. 杭州：浙江大学出版社，2018.

4.4　SWOT 分析与营销对策

市场营销环境是企业生存和发展的外部条件，企业对市场营销环境分析的目的就是发现环境变动中的机会与威胁，结合企业拥有的资源条件，把握机会，避开威胁。因此，营销环境分析的任务就是通过科学的方法对外部环境诸因素进行调查研究，明确其现状，判断其趋势，从中识别出对企业有利的机会和不利的威胁，并且根据企业自身条件制定相应的营销对策。

4.4.1　SWOT 分析法

分析营销环境最适用的方法是 20 世纪 80 年代开始流行的 SWOT 分析法，该分析法是一种能够较客观而准确地分析和研究一个组织现实情况的方法。

SWOT **分析法**是把内部环境中的**优势**（strengths）、**劣势**（weaknesses），外部环境所形成的**机会**（opportunities）、**威胁**（threats）四个方面的数据信息，结合起来进行分析，以寻找制定适合企业实际情况的经营战略和策略的方法。

优势 / 劣势：优势 / 劣势是指企业在资源、战略、管理等影响目标实现的所有环节和要素方面与竞争者比较所具有的某些相对优势或相对劣势。企业的优势、劣势是以竞争者作为参照物进行比较而产生的，而且是动态变化的。

机会 / 威胁：机会 / 威胁是外部环境出现的有利于或不利于企业进一步发展的条件或因素，具体因素如表 4-2 所示。

表 4-2　SWOT 分析的主要内容

外部环境		内部环境	
机会（O）	**威胁（T）**	**优势（S）**	**劣势（W）**
市场需求扩大 新技术出现 市场壁垒解除 扩张性宏观政策 营商环境改善 劳动力素质提高 竞争对手失误 ……	经济衰退 市场紧缩 客户偏好改变 新的竞争对手 监管政策改变 突发事件 ……	明确的发展目标 发展战略科学合理 市场形象佳 资金实力强 技术力量雄厚 产品质量优 市场份额大 规模经济与成本优势 销售网络健全 管理水平高 ……	企业愿景不明晰 设备老化 管理混乱 缺少关键技术 研究开发落后 资金短缺 经营不善 产品积压 竞争力差 ……

SWOT 分析法的意义就是要求企业对自身生存的内外环境进行分析，同时为企业提供了分析影响生存发展的关键要素，营销部门在调研分析内外环境时有明确的思路。

从表 4-2 可以看出，外部环境中影响企业发展机会和威胁的因素很多，在人员、时间、成本等调研资源有限的条件下，任何企业都不可能对所有的外部环境因素进行及时、准确的监控，因此，有效的方法就是将有限的资源投入到外部环境中的关键因素进行调研，非关键影响因素只需保持必要的敏感即可。具体方法如下。

1. 环境威胁分析

营销人员在分析对环境造成威胁的因素时可从两个维度考虑：一是分析环境威胁出现概率的大小，二是分析该项环境威胁对企业影响程度的大小，如图 4-5 所示。

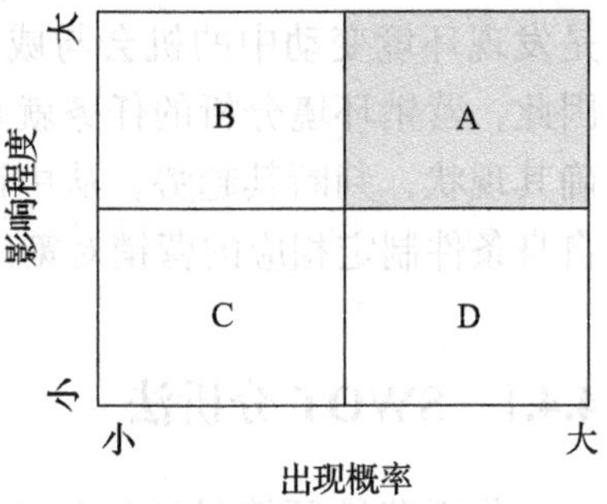

图 4-5　环境威胁分析矩阵图

在图 4-5 的 4 个象限中，A 象限是企业必须高度重视的，因为它的危害程度高，出现的概率大；B 和 D 两个象限应视企业调研资源多寡给予适当关注；对 C 象限主要是注意观察其发展变化，是否有向其他象限发展变化的可能性。

2. 环境机会分析

同环境威胁分析的思路一致，环境机会分析也是从市场机会成功的概率以及该市场机会成功给企业带来的潜在利益大小两个维度分析，如图 4-6 所示。

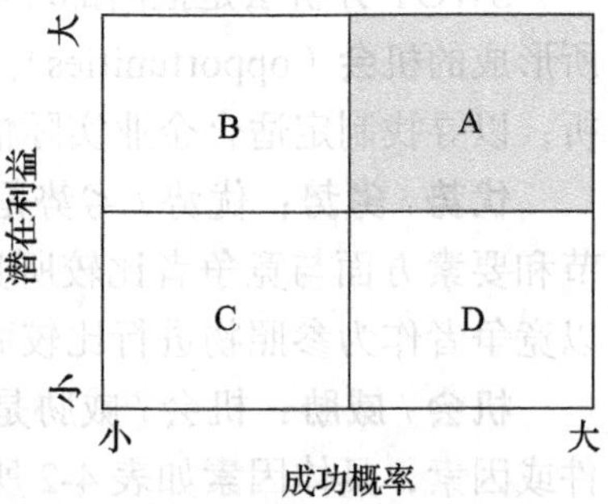

图 4-6　环境机会分析矩阵图

在图 4-6 的 4 个象限中，处于 A 象限的市场机会，其成功的概率高，带来的潜在收益也很大，企业应重点关注，以确保及时把握时机，全力发展；处于 B、D 两个象限的机会，企业应视条件适度关注；对处在 C 象限的市场机会，企业不必关注。

4.4.2　外部环境的综合分析及对策

在实际的外部客观环境分析中，企业发现单纯的环境威胁与单纯的市场机会都是极少的，而通常是机会与威胁同在，风险与利益共存。企业实际面临的是综合环境，根据环境中威胁水平和机会水平的高低不同，形成如图 4-7 所示的环境分析综合矩阵。

面临不同环境时企业应该采取的策略如下。

（1）风险环境是机会和威胁同在，高利益与高风险并存。面临这样的环境，企业必须根据自身的优势与劣势，审慎决策，扬长避短，争取利益。

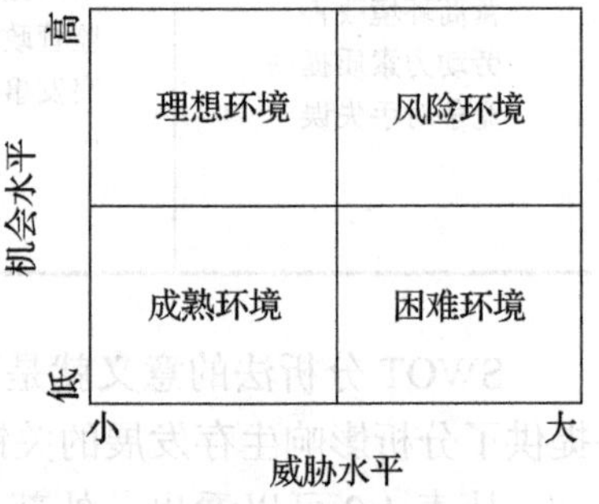

图 4-7　环境分析综合矩阵图

（2）在理想环境下，机会水平高，威胁水平低，利益大于风险。在该环境下，企业必须抓住机遇，迅速行动，不可错失良机。

（3）在困难环境下，风险大于机会，在该环境下的企业，经营活动十分困难。此时，企业必须想方设法扭转局面。如果大势已去，企业必须果断决策，及时退出在该环境中的经营，另谋发展。

（4）成熟环境是比较平稳的环境，机会与威胁都处于较低水平，一般若经营得法，企业可获得平均利润。该类环境可作为企业的常规经营环境，以此维持企业正常的运转，并为进入理想环境和风险环境提供资金。

4.4.3　内外环境的综合分析与营销对策

对企业而言，通过外部环境分析找到高收益、低风险的理想环境对选择行业或项目无疑有重要价值。但找到理想环境只是成功的必要条件之一，如果创业团队没有把握机会的资源条件，市场机会也不会转化为企业的盈利。在外部环境一定的条件下，企业内部资源（包括理念文化、制度规范、团队合作、技术、资金等）条件是把握机会、化解威胁的根本性力量。

将外部环境中的机会、威胁与内部环境中的优势、劣势结合在一起，可以对企业内部的业务战略做如图 4-8 所示的划分。

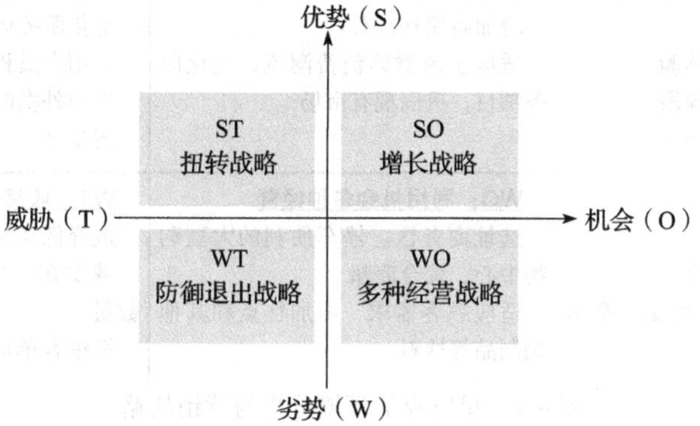

图 4-8　SWOT 综合分析与营销对策示意图

4.4.4　SWOT 分析与营销对策：以星巴克为例

引导案例中的星巴克于 1999 年首次进入北京市场，主要基于当时中国改革开放已经 20 余年，对外政策逐渐规范和明朗；经济发展水平及人民生活水平已经迈上新的台阶；作为首都，外国驻华机构密集，外籍人员、来华旅游的外国游客和国内高阶层人员相对较多，保证了咖啡饮料市场需求有一定规模。但同时，中国的茶文化源远流长，决定了咖啡只是小众需求（属于机会与威胁同在的冒险环境）。星巴克在国际市场虽有很高的知名度和美誉度（优势），但在中国市场这恰恰是它的劣势，一是改变中国人数千年的饮茶习惯难度太大；二是 1999 年 5 月美国的 B-2 轰炸机发射三枚精确制导导弹炸毁中国驻南联盟大使馆，致使我国三名记者牺牲，多人受伤，国人的反美情绪高涨（劣势）。因此，星巴克采用授权经营的方式进行试探。2000 年进入经济发达的江浙沪市场时，星巴克只愿出资 5% 与统一集团合资，也属于试探性质，做到进可攻退可守。

随着中国改革开放的深入并在 2001 年 11 月正式加入 WTO，经济发展水平的快速跃升，加上星巴克在中国市场经过数年的经营探索、经验积累以及不断增长的业绩数据，使决策者对中国市场咖啡需求规模及前景做出了肯定的乐观判断。因此，星巴克从 2006 年开始逐步收回合资企业的股份并采用直营方式，同时加大扩张布点力度，以追求更大的收益。

如果站在 2016 年的时间节点，应用 SWOT 分析法分析我国宏观营销环境及星巴克微观营销环境，可以得到 SWOT 矩阵及与之匹配的营销战略，如图 4-9 所示。

	机会（O） 咖啡市场需求增加（“80 后”“90 后”追求时尚消费，城市化进程加快，一二线城市收入水平进入中等发达国家行列） 商业基础设施完善 保护外商投资法律出台……	**威胁（T）** 茶饮习惯悠久 成本上升（劳动力、房租） 咖啡直接竞争者增加，其他饮料竞争众多，一二线城市饮料网点密集，市场接近饱和 外卖需求增加……
优势（S） 国际市场顶尖品牌，“第三空间”概念深入人心 追求服务品质和服务体验 占据一二线城市核心地段 网点多形成规模经济……	**SO：发挥优势把握机会** 继续提供高品质咖啡 增加高端社区布点 适应主流群体消费潮流，优化服务项目，巩固现有市场	**ST：利用优势化解威胁** 目标顾客主攻城市白领 优化服务体验 采用会员积分折扣 增加外卖配送业务 逐步进入三四线城市
劣势（W） 成本高，价格高 产品线单一，品种较少 网点位于城市中心地段，停车难……	**WO：利用机会多种经营** 选址商务区、停车便利的大型购物中心、综合商超 适应顾客需求，增加糕点和其他奶制品等饮料	**WT：收缩撤并规避风险** 放弃低线城市布点 减少在一二线城市的外围网点数量 撤销客单量低的网点

图 4-9 星巴克的环境分析与营销战略

结合在中国市场的扩张战略可以发现，星巴克基本按照 SWOT 分析所得出的发展战略进行布局。

（1）网点向三四线城市下沉。2015 年以后，星巴克的 23 个城市“新会员”中，三四线分别占 5 个和 18 个，其中 2011 年才开始拥抱星巴克的四线城市，这几年的门店平均年复合增长率达到惊人的 94.4%。

（2）合理配置网点。无论是哪一线的城市，聚集了稳定人流量的商场、CBD 写字楼和沿街商铺最受星巴克的青睐，尤其是在消费水平相对不高的中西部城市，商场和写字楼更是成为星巴克开店的优先选择。

而在一线城市，星巴克已经逐渐渗入更日常的场景中。市场越成熟，越多门店选择在居民社区、LOFT、交通枢纽等地方安家。星巴克瞄准的是出入这些场所的细分人群——他们收入和消费水平较高、追求有品质的物质与精神享受。

（3）门店分级，精品化和规模化齐头并进。星巴克把门店分成了三六九等，出售稀少咖啡豆的臻选店只有 59 家，光北上广深就占近一半，另一半让 13 座二线城市瓜分。高端臻选店身负“第三空间”品牌理念宣传的重任，而普通店快速在三、四线城市扩张，旨在产生可观的规模效应。

（4）扩大经营范围。星巴克除了有经典咖啡外，还有茶饮、热巧克力、星冰乐咖啡、星冰乐无咖啡、星冰乐果茶，另外还有三明治、蛋糕、沙拉等小吃。2016年9月星巴克推出了国产版瓶装星冰乐，由合作伙伴康师傅生产，售价在20元左右，在天猫和便利店、商超推出。

（5）开展外卖配送。2018年8月，阿里巴巴与星巴克达成战略合作，饿了么承接星巴克外卖配送业务。推出外卖服务，对于连锁咖啡巨头星巴克来说，在全球范围内尚属首次。依托阿里旗下饿了么的配送体系，星巴克在位于北京和上海重点商圈的约150家门店试运行外送业务，随后逐步延伸至全国，2018年年底前覆盖30个主要城市超过2 000家门店。

阿里巴巴集团CEO张勇表示，此次合作远不止外卖配送，双方的合作从智慧网点、会员整合，延伸到咖啡制作和配送每个环节。

星巴克还将与盒马深度合作，基于其以门店为中心的新零售配送体系，共同打造首家进驻盒马鲜生的品牌外送厨房，最先落户上海和杭州部分盒马门店。作为星巴克另一外送专用渠道，"外送星厨"将为下单用户提供最快30分钟免费送达的星巴克现制咖啡，进一步延展星巴克外送体验和覆盖范围。

华立集团创立于1970年9月28日，目前总部及相关子公司位于杭州市西溪湿地五常大道181号华立科技园，产业涉及医药、仪表及系统、信息电子、化工等领域。其主要研发、生产基地分布在浙江、上海、重庆等地，在泰国、美国、加拿大等国家和我国香港等地区，设有制造工厂、公司、研究机构。

华立集团从20世纪90年代开始走向国际市场，但华立集团的国际化历程并非一帆风顺。今天，华立集团对自己开拓国际市场的经验和教训进行总结，对有志于国际化的企业一定会有所启迪，对学生理解SWOT分析法也有很大帮助。读者如果有兴趣，可以自行到http://user.guancha.cn/main/content?id = 6837上了解、学习。

营销环境分析领域的新思维、新观点与新探索

1.政治环境新变化："一带一路"倡议与中美贸易战

（1）"一带一路"倡议。2013年，习近平主席在哈萨克斯坦和印度尼西亚提出共建丝绸之路经济带和21世纪海上丝绸之路，即"一带一路"倡议。2015年3月，国家发展改革委、外交部、商务部联合发布了《推动共建丝绸之路经济带和21世纪海上丝绸之路的愿景与行动》。根据《"一带一路"贸易合作大数据报告2018》，"一带一路"倡议涉及亚非沿线71个国家，总人口达到全球人口的60%以上，经济总量达到全球三分之一。"一带一路"带来的政策机遇是：①工程建设市场，倡议涉及150多个国家和地区的基础建设投资；②商品进出口，2017年中国与"一带一路"沿线国家的贸易额达到1.4万亿美元，8 500多个产品类别，其中出口市场最大的是核反应堆、锅炉、机器、机械器具、电机、电气等。

资料来源：《"一带一路"贸易合作大数据报告2018》。

（2）中美贸易摩擦。2016年以来，美国政府以美中货物贸易巨额逆差为由，采取了一系列针对中国的行动，挑起了中美之间的贸易摩擦。

美国担心中国产业升级后将与自己形

成直接的战略竞争，影响美国在高新技术领域的领先优势，进而动摇美国的全球霸主地位。因此，此次美国挑起的贸易摩擦所涉及的领域主要集中在中国正在进行产业升级的中高端产品上。可以预见，未来在大数据分析、人工智能、高超音速以及生物技术等战略科技领域，正在快速发展的中国企业肯定会继续受到美国的遏制。

资料来源：陈继勇：中美贸易战的背景、原因、本质及中国对策，http://www.sohu.com/a/254847009_739032。

2. 技术环境新变化：物联网+大数据+人工智能

三一集团有限公司（以下简称“三一集团”）始创于1989年，主业是以“工程”为主题的装备制造业，主导产品为混凝土机械、挖掘机械、起重机械、筑路机械、桩工机械、风电设备、港口机械、石油装备、煤炭设备、精密机床等全系列产品，其中混凝土机械为全球领先。经过30年发展，三一集团在国内建有北京、长沙、上海等六大产业基地。在海外，有印度、美国、德国、巴西等四大研发和制造基地。目前，三一集团业务已覆盖全球100多个国家和地区。2008年，三一集团开始布局物联网，将出厂的每台设备都安装传感器、控制器和GPS，与总部的全球客户管理系统——ECC控制中心联结。控制中心可实时监测三一重工在全球的设备运行状况，可为客户提供更好的售后服务。如今，三一集团大数据平台已聚集8 000家全球供应商，100多家全球分支机构，400多家全球代理，12万个全球客户，已实时连接，涉及5 000多个参数。

三一集团大数据平台正在以下几个领域发挥作用：一是智能服务，包括客户通过平台可以自己管理维护设备，支持跨区域报警，客服快速响应，机器故障预测等，既降低客户设备使用、维护保养的成本、设备损坏等待维修期间的业务损失，也使三一集团的售后服务成本降低。二是控制资金风险，通过融资租赁方式获得设备使用权的恶意欠款客户，平台可以锁止机器……三是改进产品设计，根据设备使用、维修数据，分析缺陷和风险，改进设计。四是以产能预测优化库存管理，根据设备在各地的拥有量、设备的开工率、设备的使用生命周期以及代理商的库存水平等，测算该区域还应投放多少台机器，真正做到以销定产。五是协同供应商，调整采购策略，将每个月的销售预测和生产计划与供应商分享，使供应商提前做好供应准备；同时，供应商也了解设备（配件）故障分布情况，产生改进质量的压力。六是预测宏观经济趋势。工程机械设备的销量、使用率、开工时间在一定程度上能够客观反映基建情况以及经济活跃度。三一集团发布的“三一指数”已成为我国政府判断宏观经济走势、基础建设的重要参考指标。

资料来源：作者根据三一集团官网等公开资料整理而成。

3. 经济环境新变化：供应链生态圈

微观环境中位于供应链各环节的供应商、制造商、中间商、顾客、物流公司等机构以顾客需求为中心，通过资源整合，为顾客提供物超所值的供应链服务，帮助顾客实现价值增值，提高市场竞争力，以此来增强顾客黏度，达成长期稳定的战略合作，形成供应链生态圈。新的供应链生态圈管理有以下四大特征。

供应链管理特征与分析

特征	分析
把所有节点企业看作一个整体，实现全过程战略管理	把物流、资金流、信息流、业务流和价值流的管理贯穿于供应链全过程，覆盖了从原材料和零部件的采购、生产制造、运输仓储到销售的各种职能领域。节点企业之间实现信息共享、风险共担、利益共存

（续）

特征	分析
供应链管理是一种集成化的管理模式	采用集成的思想和方法，是一种从供应商、制造商、分销商到最终用户的全要素、全过程的集成化管理模式，它把上下游企业集成起来以增加整个供应链的效率，注重企业之间的协作，达到全局最优
供应链管理提出了全新的库存观念	供应链管理使企业与上下游企业之间在不同市场环境下实现了库存的转移，降低了企业库存成本。这要求供应链上的企业成员要建立战略合作关系，通过快速反应降低库存总成本
供应链管理以最终顾客为中心	顾客和最终消费者的需求是供应链存在的前提。只有让顾客和最终消费者的需求得到更好的满足，才能有供应链更好的发展

资料来源：https://www.qianzhan.com/analyst/detail/220/180515-6beb2463.html，有删改。

重点提示

市场营销环境是存在于企业营销部门外部不可控或难以控制的因素，是影响企业营销活动及其目标实现的外部条件；环境具有客观性、差异性、动态性和相关性的特征；企业营销活动既要适应营销环境及其变动趋势，也要以积极、主动的态度能动地适应营销环境；企业需要通过环境分析来评估环境威胁与环境机会，认清自己的优势与劣势，做到洞察时势，知己知彼，争取在同一市场机会面前比竞争者获得更大的成效，在同一市场威胁面前能比竞争者活得长久。

思考题

1. 市场营销环境有哪些特点？分析市场营销环境的意义何在？
2. 微观营销环境由哪些方面构成？供应商、竞争者、顾客对企业营销活动有何影响？
3. 宏观营销环境包括哪些因素？
4. 简要说明中国人口现状及变化趋势，并说明其对市场营销的影响。
5. 有人认为企业要发展必须“不放过任何一个市场机会”，你对此观点有何看法？

实践题

选择一个熟悉的企业，根据该企业过去几年的成长经历，总结该企业成功把握的三个最重要的市场机会是什么。分析该企业在未来三年内面临的最重要的三个威胁是什么。结合该企业的优势和劣势，试用 SWOT 分析法分析并提出相应的营销对策。

判断题

1. 企业的营销环境是由微观环境和宏观环境组成的，两者共同对企业的经营活动产生影响。(　　)
2. 在微观营销环境中，对企业经营活动影响最大的因素是供应商。

判断题答案

( )

3. 由于环境是动态变化的，因此企业对环境的分析几乎没有多大价值。( )

4. 由于环境是客观存在的，因此企业只能适应环境而不能改变环境。( )

5. 对环境进行综合分析后发现，机会小，威胁也小的环境称为成熟环境。( )

6. 如果环境在变动中出现了很好的市场机会，但企业在行业中没有优势，此时企业应采取退出战略。( )

单项选择题

单项选择题答案

1. 下列不是微观营销环境构成因素的是( )。
   A. 供应商
   B. 企业内部高层管理者
   C. 地理位置
   D. 广告策划公司

2. 对企业经营活动影响最大的微观环境因素是( )。
   A. 供应商
   B. 营销中介
   C. 顾客
   D. 竞争者

3. 对消费者的购买行为具有最广泛、最深远影响但难以量化的因素是( )。
   A. 文化因素
   B. 社会因素
   C. 个人因素
   D. 心理因素

4. ( )主要是指协助企业促销、销售和经销其产品给最终购买者的机构。
   A. 供应商
   B. 制造商
   C. 营销中间商
   D. 广告商

5. 市场营销环境在变动中带来的机会很大，但威胁也很大，这种环境称为( )。
   A. 成熟环境
   B. 理想环境
   C. 风险环境
   D. 困难环境

6. 当企业面临环境威胁，但企业在行业中又具有显著优势时，应采取的策略是( )。
   A. 增长战略
   B. 多种经营战略
   C. 扭转战略
   D. 防御退出战略

案例分析：保护消费者权益——永远在路上

消费者高价买豪车，是要享受它们带来的便捷与舒适，或者由此带来的身份区分。但理想丰满，现实骨感，从 2019 年 4 月 11 日开始，一名西安奔驰女车主盘腿坐在奔驰车引擎盖上，痛声控诉其糟心购车经历的维权视频开始在网上热传，CCTV-2 也做了追踪报道，消费者维权之路，一波三折。读者有兴趣，可以自行到 http://baijiahao.baidu.com/s?id=1630842558219420471&wfr=spider&for=pc 和 http://news-163.com/1910417/02/ECUAUAOR0001875P.html 上了解、学习。

第5章
CHAPTER5

营销信息搜集与市场研究

§ 学习目标

1. 熟悉市场营销研究的基本内容
2. 掌握消费者画像及绘制方法
3. 熟悉现有大数据平台及其数据资源
4. 掌握大数据研究报告的结构及其研读技巧

§ 引导案例　　为什么 Expedia 平台的使用频率最高

2018 年，美国酒店调研公司 STR 在《消费者旅游洞察》（CTI）中对 Booking.com 和 Expedia 等“在线旅行社”（online travel agency，OTA）以及不同在线旅游品牌的转化率进行了计算，结果表明：Expedia 平台的使用频率最高。那么，Expedia 到底凭什么赢得消费者的信任与青睐呢？原来，长期以来，Expedia 始终坚持以完善客户旅程和用户体验为发展目标，一直重视调查与研究，凭借其卓越的专业知识和设计经验，基于消费者的实际需要与欲望去开发和设计产品，为消费者提供便利性，增强忠诚度。

原型测试为 Expedia 的成功做出了很大的贡献。原型测试贯穿于产品设计整个过程，每个人都可以对测试、体验和开发过程中的每个层面提出改进意见。

Expedia 还邀请消费者“讲故事”，以分享他们对某一产品或服务的经历，包括分享他们的故事、录像、幽默甚至动画。

Expedia 正是凭借市场调研，始终采用以消费者为导向的设计方法，使得公司成为使用频率最高的平台。

问题：在众多 OTA 中，消费者为什么更加青睐 Expedia？

资料来源：作者根据 199IT 互联网数据中心资料整理而成。

§ 本章逻辑导图

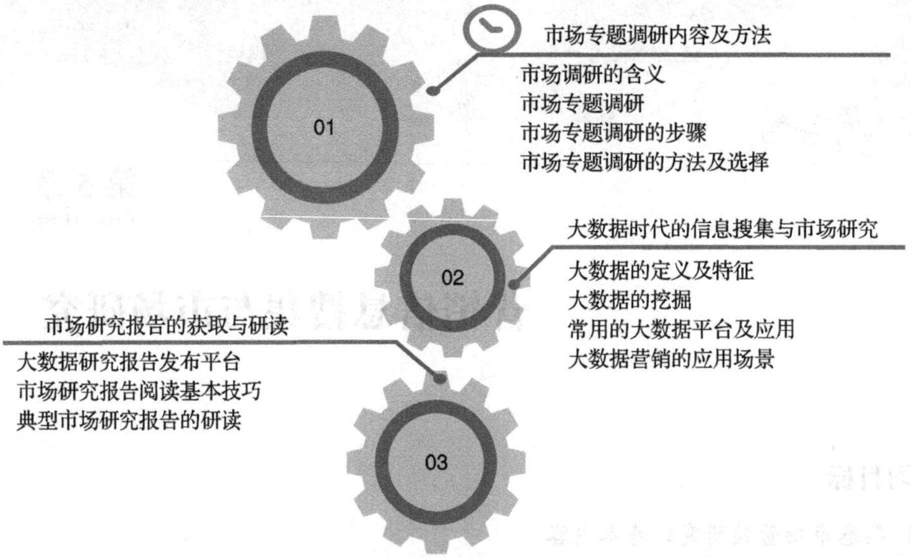

市场营销决策需要丰富的信息与数据基础。那么，决策信息依据从何而来？从目前来看，主要来自四个途径：①企业内部营销信息系统，即营销系统日常运营产生的大数据及其挖掘；②外部各大数据平台免费或有偿提供的大数据资源；③外部各大数据平台或大数据生产企业发布的免费或有偿研究报告；④来自企业为特定营销目的而进行的专题调查，形式包括问卷调查、座谈会、深度访谈等。那么，除了企业内部营销信息系统之外，目前到底有哪些可供使用的大数据平台？如何高效、精准地研读相关机构发布的二手大数据研究报告？如何针对特定的营销目的进行专题调研？这是本章将要回答的问题。

5.1 市场专题调研内容及方法

在非大数据时代，我们往往通过采访受众获得数据。因而，深度访谈、问卷调查等实地小样本调研是一种经典而原始的营销信息获得途径。在大数据时代，这种数据或信息的获取方式依然是有价值和意义的。

5.1.1 市场调研的含义

市场调研是指为了特定的营销决策，运用科学的方法，系统客观地、有计划、有目的地搜集、整理和分析有关市场营销的数据资料，提炼信息，以帮助管理人员制定有效营销决策的过程。

5.1.2 市场专题调研

根据不同的决策要求，每次调研的专题并不相同，可能是竞争对手、目标顾客、产品策略、价格策略、销售策略和促销策略等若干专题的相机组合。

1. 竞争对手专题调研

竞争对手专题调研的主要调查内容包括：①利用波特钻石模型判断企业所在行业的产业结构，从而大致判断现有企业的竞争激烈程度，识别竞争对手，将品牌竞争者和行业竞争者作为主要竞争对手；②主要竞争对手的活动范围及它们的规模和资金状况；③主要竞争对手生产经营商品的品种、质量、价格、服务方式以及品牌形象等；④主要竞争对手技术水平和新产品开发经营情况；⑤主要竞争对手的销售渠道、促销手段等。通过调查，将本企业与竞争对手进行比对，可以为制定有效的竞争战略和策略提供依据。

通过竞争对手的调查，可以对竞争者群体进行分类，并对各类竞争者进行画像，即竞争者画像。

2. 目标顾客专题调研

目标顾客专题调研主要包括：①目标顾客的基本特征；②目标顾客的消费习惯、消费行为及影响因素；③目标顾客的需求痛点、满意度及影响因素。

3. 产品策略专题调研

产品策略专题调研主要包括新产品设计与试销、包装、品牌和相关服务，对现有产品进行改良，以及对目标顾客在产品质量、性能、包装、款式等方面的偏好进行预测。

4. 价格策略专题调研

从宏观角度来看，价格调研主要包括市场商品的价格水平、零售物价指数和居民消费价格指数等。一般来说，居民消费价格指数与居民购买力成反比。当居民货币收入一定，而价格指数上升时，购买力就相对下降。

从微观角度来看，价格调研的内容主要包括：①国家在商品价格上的监管；②企业的定价是否合理，如何定价才能使企业增加盈利；③消费者对什么样的价格容易接受以及接受程度；④消费者的价格心理状态如何；⑤商品需求和供给是否具有价格弹性、主要影响因素又是什么；等等。

5. 销售策略专题调研

对于企业来讲，当前可供选择的销售渠道很多。随着互联网的普及，越来越多的企业可以通过直销方式将产品销售给消费者，但是为了增加销售量和市场覆盖面，多数产品会由一个或多个中间商转手销售。

因此，销售渠道调研需要确定：企业产品是自销还是经销；是完全通过自设网点销售，还是部分经由经销网点销售；经销商的经营能力、社会声誉、目前销售和潜在销量；委托经销的运输成本、路线、仓储能力等；竞争对手渠道的优劣势评价以及市场占有率的变化情况等。

6. 促销策略专题调研

促销策略专题调研主要是测试和评价企业在产品或服务的促销活动中所采用的各

种促销方法的有效性，如广告的目标、媒体的影响力、广告设计及传播效果、公共关系的主要运作及其效果、企业形象的设计及塑造效果等。

5.1.3 市场专题调研的步骤

一个有效的营销调研过程一般包括5个步骤：确定营销问题和识别调研内容、拟订调研计划、搜集信息、分析信息、展示调研报告，如表5-1所示。

表5-1 营销调研过程

调研步骤				
第一步	第二步	第三步	第四步	第五步
确定营销问题和识别调研内容	拟订调研计划	搜集信息	分析信息	展示调研报告

下面以某航空公司为例介绍这些步骤。作为首批在飞机上安装电话的M航空公司，为了更好地满足头等舱乘客的长途飞行需要，正在酝酿一些新的服务。头等舱乘客通常是商务人士，他们贡献了航空公司机票收入的绝大部分。新的服务包括：①提供传送电子邮件的网络服务并能浏览有限网页；②提供24个卫星电视频道；③提供可以播放50张CD的视听系统，使每位头等舱的乘客能够选择自己喜爱的音乐，享受旅途。这就要求营销经理要了解头等舱的乘客对这些新服务的评价，尤其是第一项；同时，还要了解乘客愿意为此项服务支付的价格。

1. 确定营销问题和识别调研内容

为了保证营销调研的有效性，首先要确定调研的问题，既不可太宽泛，又不宜太具体。就上述案例而言，如果营销经理将营销问题确定为“找出头等舱乘客的所有需要”，会使调研人员无所适从，搜集一些不必要的信息。相反地，如果航空公司的营销经理将营销问题确定为“在长途飞行中，为了使用网络连接服务，是否有足够的乘客愿意支付25美元？这个收费标准是否能使航空公司提前一年达到收支平衡?”，又过于具体。所以，合适的营销问题可以界定为“在飞机上提供网络服务的投资比其他可能的投资方案更合理吗?”

营销经理和营销调研人员要准备确定具体的调研内容。比如，哪一类型的头等舱乘客最有可能使用机上网络服务？网络服务的每一档价格，分别会有多少头等舱乘客愿意支付？头等舱乘客中有多少人会因为这项新服务而选择搭乘M航空公司的飞机？这项新服务对M航空公司的企业形象会带来多少长期声誉？相对于增加娱乐设施和提供电源插头，网络连接服务对于头等舱乘客的重要性有多大？等等。

2. 拟订调研计划

调研计划需要对资料来源、调研方法、调研工具、抽样计划和接触方法等内容进行决策，如表5-2所示。

表 5-2　调研计划

项目	拟订调研计划
资料来源	第一手资料、第二手资料
调研方法	观察法、焦点小组访谈法、调查法、实验法、行为资料分析法
调研工具	调查问卷、定性测量、仪器
抽样计划	抽样单位、抽样范围、抽样程序
接触方法	邮寄、电话、面谈、在线访问

由于搜集第一手资料花费较大，调研通常从搜集第二手资料开始，必要时再采用各种调研方法搜集第一手资料，也可以从企业外部的商业公司购买有关资料。搜集第一手资料采用的主要工具是调查问卷和仪器。抽样计划决定三方面的问题：抽样单位，指确定调查的对象；抽样范围，指确定样本的多少；抽样程序，则是指如何确定受访者的过程。接触方法是指通过什么方式与调查对象接触。

3. 搜集信息

拟订调研计划后，可以由本企业调研人员承担搜集信息的工作，也可以委托调研公司搜集。面谈访问想要搜集到有价值的第一手资料，调研人员必须获得被访问者的友好和真诚合作。在进行实验调查时，调研人员必须注意使实验组和控制组匹配协调，在调查对象汇集时避免其相互影响，并采用统一的方法对实验进行处理和对外来因素进行控制。

4. 分析信息

调研人员可以计算主要变量的均值与标准差，应用一些高级的统计技术和决策模型，期望得到意外发现。调研人员可以检验假设与理论之间的差别，也可以应用敏感性分析检验假设和结论的信度。

5. 展示调研报告

调研人员向营销经理提出与进行决策有关的主要调查结果。调研报告力求简明扼要、准确完整、客观真实，为科学决策提供依据。一个有成效的营销调研可以使管理决策减少不确定因素。

5.1.4　市场专题调研的方法及选择

营销人员可以通过以下五种主要方法收集一手资料，分别是观察法、焦点小组访谈法、调查法、行为资料分析法和实验法。

1. 观察法

研究人员采取不引人注目的方式来观察消费者的购买和使用产品的情形，据以研究被调查者的行为和心理。除人员观察外，有时候可以利用机械记录处理。比如，研究者请消费者佩戴呼叫器，通过控制设备，指导消费者写下一些他们正在进行的事情。照片也能提供一些详细且有价值的信息。通过观察法所得的资料比较客观，甚至可以揭示消费者无法言传的需求，实用性较大。其不足之处在于只能看到表象，往往不能说明原因，更不能说明购买动机和意向。

2. 焦点小组访谈法

焦点小组访谈法是由研究者基于人口统计特征、心理统计特征和其他因素的考虑，谨慎地招募 6 ～ 10 人，然后将他们召集在一起，由主持人根据事先拟好的提纲，在规定时间内与这些参与者进行讨论的一种方式。专业的焦点小组访谈主持人会基于与营销经理讨论确定的大纲或时间表来提出问题并进行讨论。在焦点小组访谈过程中，主持人试图辨别消费者的真正动机和他们提及某件事情的原因。整个访谈过程需要记录，营销经理通常坐在访谈室隔壁的装有单面镜的房间内对访谈的讨论过程进行观察和控制。焦点小组访谈是非常有用的探索性步骤，但是因为小组访谈的样本量太小且参与者的抽取并不随机，所以研究发现或结论不宜推广到整体市场。

3. 调查法

调查法通常用来了解人们的认知、信任、偏好、满意度等指标，并在总体上测定这些指标的数值大小。一般来讲，公司自己或委托其他专业调研公司进行数据采集。按照准备好的调查提纲或调查表，通过口头、电话、书面方式、在线调查等形式来搜集资料。每种调查形式都有各自的优点和不足。例如，电话调查取得信息最快，回答率也较高，成本低，但是不足之处在于被调查者对问题只能简单回答，被拒绝接听的概率很高。又如，在线调查形式简单，易于管理，能够方便地收集电子邮件和基于网络的问卷，但是调查对象只能局限于网民。

4. 行为资料分析法

商店的扫描数据、目录采购记录和顾客数据库都可以用来观察消费者采购行为的轨迹。营销者通过分析这些数据可以了解消费者的一些情况。消费者的实际购买数据资料可以反映消费者的实际偏好，比消费者口头提供给研究人员的一些陈述更为可靠。

5. 实验法

实验法是最具科学效度的研究方法。在给定的条件下，调研人员通过实验对比，找出营销环境与营销活动过程中某些变量之间的因果关系及其发展变化进行观察分析。

5.2 大数据时代的信息搜集与市场研究

互联网的发展和电子商务的普及产生了大数据。随着云时代的到来，大数据吸引了越来越多的关注。对企业而言，数据管理将成为核心竞争力，直接影响财务表现。与此同时，在大数据时代，调研方式也将随之发生巨大改变。

5.2.1 大数据的定义及特征

1. 大数据的界定

研究机构 Gartner Group 认为大数据（big data）是需要新处理模式才能具有更强

的决策力、洞察发现力和流程优化能力来适应海量、高增长率和多样化的信息资产。麦肯锡全球研究院给大数据下的定义是：一种规模大到在获取、存储、管理、分析方面大大超出了传统数据库软件工具能力范围的数据集合。

2. 大数据的特征（4V）

原麦塔集团（META Group）道格・莱尼（Doug Laney）指出，大数据的挑战和机遇有三个方向：量（volume，数据大小）、速（velocity，数据输入输出的速度）与多变（variety，多样性），合称“3V”。维拉诺瓦大学在 3V 之外定义了第 4 个 V——真实性（veracity）。

（1）volume：大数据规模性。大数据规模已由 TB（terabyte）发展到 PB（petabyte）甚至是更大的单位。而对大数据进行确认、处理、分析、计算、检索等，就是一项巨大的挑战。无论是 Facebook 每天产生超过 500TB 的数据，还是沃尔玛每小时从其客户交易中搜集超过 2.5PB 的数据，这些数据的产生，均为大数据分析带来新的挑战。

（2）variety：大数据多样性。文字、图像、照片、声音、影像、传感器数据等，无论是结构化还是非结构化的数据，存在着多种不同的来源与格式，这些不同格式的数据，在搜集、整合、分析、理解上，对组织来说，产生了巨大的挑战。

（3）velocity：大数据时效性。例如，沃尔玛每小时即处理超过一百万笔交易记录。而为了做到实时个人化的服务，如在柜台结账时提供个人化的优惠券，速度就变为一项重大的挑战。再配合自行动装置与 APP 的使用，企业可获取更完整的顾客数据，如地理位置、购买行为等，进而实时分析这些数据并为客户创造价值。

（4）veracity：大数据真实性。使用者于社交媒体网络上所发表的信息，是大数据分析里一项重要的资料来源，但由于匿名因素、捏造动机等因素，这些资料未必正确。因此，在进行大数据分析时，处理不真实或是模糊的数据，是一项重大的挑战。

从大数据中获取市场信息包括三个方面：一是对公司获得的大数据进行挖掘；二是利用大数据提供平台进行信息查询；三是研读相关大数据研究报告。

5.2.2　大数据的挖掘

数据挖掘（data mining）过程的总体目标是从一个数据集中提取信息，并将其转换成可理解的结构供进一步使用。除了原始分析步骤，它还涉及数据库和数据管理、数据预处理、模型与推断方面考量、兴趣度度量、复杂度的考虑，以及发现结构、可视化及在线更新等后处理。数据挖掘是“**数据库知识发现**”（knowledge-discovery in databases，KDD）的分析步骤，本质上属于机器学习的范畴。

数据挖掘的实际工作是对大规模数据进行自动或半自动的分析，以提取过去未知的有价值的潜在信息，例如数据的分组（通过聚类分析）、数据的异常记录（通过异常检测）和数据之间的关系（通过关联式规则挖掘）。这通常涉及数据库技术，如空间索引。这些潜在信息可通过对输入数据处理之后的总结来呈现，之后可以用于进一步分析，如机器学习和预测分析。进行数据挖掘操作时可能要把数据分成多组，然后可以使用决策支持系统以获得更加精确的预测结果。不过数据收集、数据预处理、结果解释和撰写报告都不算数据挖掘的步骤，但是它们确实属于“数据库知识发现”（KDD）过程，只不过是一些额外的环节。

数据库知识发现（KDD）过程通常有以下阶段：选择→预处理→变换→数据挖掘→解释 / 评估。

在运用数据挖掘算法之前，必须搜集目标数据集。由于数据挖掘只能发现实际存在于数据中的模式，因此目标数据集必须大到足以包含这些模式，而其余的足够简洁以在一个可接受的时间范围内挖掘。常见的数据源有数据超市或数据仓库。在数据挖掘之前，有必要预处理来分析多变量数据。然后要清理目标集，数据清理移除包含噪声和含有缺失数据的观测量。

1. 挖掘任务

解析大数据涉及 6 类常见的任务。

（1）异常检测（异常 / 变化 / 偏差检测）：识别不寻常的数据记录，错误数据需要进一步调查。

（2）关联规则学习（依赖建模）：搜索变量之间的关系。例如，一个超市可能会搜集顾客购买习惯的数据。运用关联规则学习，超市可以确定哪些产品经常一起买，并利用这些信息帮助营销。这有时被称为市场购物篮分析。

（3）聚类：在未知数据的结构下，发现数据的类别与结构。

（4）分类：对新的数据推广已知的结构的任务。例如，一个电子邮件程序可能试图将一个电子邮件分类为“合法的”或“垃圾邮件”。

（5）回归：试图找到能够以最小误差对该数据建模的函数。

（6）汇总：提供一个更紧凑的数据集表示，包括生成可视化和报表。

2. 结果验证

数据挖掘的价值一般带着一定的目的，而目的是否得到实现一般可以通过结果来验证。验证是指“通过提供客观证据对规定要求已得到满足的认定”，而这个“认定”活动的策划、实施和完成，与“规定要求”的内容紧密相关。数据挖掘过程中的数据验证“规定要求”的设定，往往与数据挖掘要达到的基本目标、过程目标和最终目标有关。验证的结果可能是“规定要求”得到完全满足，或者完全没有得到满足，以及其他介于两者之间的满足程度的状况。验证可以由数据挖掘的人自己完成，也可以通过其他人参与或完全通过他人的项目，以与数据挖掘者毫无关联的方式进行验证。一般在验证过程中，数据挖掘者是不可能不参与的，但对于认定过程中的客观证据的搜集、认定的评估等过程如果通过与验证提出者无关的人来实现，往往更具有客观性。通过结果验证，数据挖掘者可以得到对自己所挖掘的数据价值高低的评估。

3. 文本挖掘

网络文本挖掘一般采用**网络爬虫**（web crawler）。网络爬虫又被称为网页蜘蛛、网络机器人，在 FOAF 社区中间，更经常地被称为网页追逐者。爬虫是一种按照一定的规则，自动地抓取万维网信息的程序或者脚本。

一般在使用爬虫时有两个选择：一个是利用 python 编写爬虫脚本，常用的解析库如 Beautiful Soup、Scrapy 等解析网页，通过多线程的方式同时获取多个页面的内容；另一个则是直接使用自动化软件如后羿采集器、八脚虫等，但一般需要付费，尤其是需求量大了之后，限制较多，还不如自己编写脚本，适合的场景更多。

4. 数据处理

（1）数据预处理。在获得数据后，就需要进行预处理，常用的是 ELT 数据转换系统。ELT 分别代表了 extract（抽取），transform（转换）和 load（装载），用来描述将数据从来源端经过抽取、转换而装载到目的端的过程。

1）抽取。抽取是指将数据从各种原始的业务系统中读取出来，这是所有工作的前提。

2）转换。转换是指按照预先设计好的规则将抽取得到的数据进行转换，使本来结构不同的数据格式能统一起来。

3）装载。装载是指将转换完的数据按计划增量或全部导入数据仓库。

（2）**自然语言处理**（natural language processing，NLP）。自然语言处理是编写程序以智能和有效的方式剖析、理解人类语言中某些意义的一种方式。这种人机交互可实现实际应用，如自动文本摘要、情感分析、主题提取、命名实体识别、词性标注、关系提取、词干提取等。自然语言处理通常用于文本挖掘、机器翻译和自动问答。

（3）算法与应用。

1）**无监督学习**（unsupervised learning）。无监督学习技术能识别数据中的隐藏模式，且无须明确估计或预测一种结果。例如，在一大群客户中发现志趣相投的一个小客户群，他们的兴趣可能是长跑，而不是滑雪，同时并不需要知道是否还存在其他的小客户群，更不需要知道当前客户群由谁组成。无监督算法，如聚类，一般用于揭示数据集合中真实的潜在客户细分。

2）**监督学习**（supervised learning）。监督学习是指通过案例训练机器进行学习并识别输入数据，同时得出目标结果。该技术用于在给定输入数据的情况下预测结果。例如，预测客户生命周期价值、客户与品牌互动的可能性，或客户未来可能会购买的某种特定商品。

3）**强化学习**（reinforcement learning）。强化学习是指利用数据中的潜在模式或相似点，精确地预测最佳的选择结果，或是对某位用户、促销活动应提供哪些产品信息。与监督学习技术相同，强化学习算法无须进行输入和输出训练，学习过程通过试错完成，因此多用于进行推荐。

5.2.3 常用的大数据平台及应用

除了自己进行大数据挖掘获得信息，还可以通过大数据提供平台获得市场信息。

目前，可供免费 / 有偿利用的大数据平台有百度指数、阿里指数、阿里妈妈大数据营销平台、生意参谋、微指数、艾瑞海外 APP 指数、360 趋势、搜狗指数、微信指数、极光大数据等等。下面对常用的几个大数据平台进行简要介绍以供参考。

1. 百度指数

百度指数（Baidu index）是以百度海量网民行为数据为基础的数据分析平台，是互联网乃至整个大数据时代重要的信息获取平台之一，已成为众多企业营销决策的重要依据。

“世界很复杂，百度更懂你”，百度指数能够告诉用户某个关键词在百度的搜索规模有多大，一段时间内的涨跌态势以及相关的新闻舆论变化，关注这些词的网民是什么样的，分布在哪里，同时还搜了哪些相关的词，帮助用户优化数字营销活动方案。

目前，百度指数的主要功能模块有：①基于单个词的趋势研究（包含整体趋势、PC 趋势、移动趋势）、需求图谱、舆情管家、人群画像；②基于行业的整体趋势、地域分布、人群属性、搜索时间特征；③营销监测，用来监测推广、营销的效果等。

百度指数比较适合做热点与趋势研究，并能比较不同竞争对手之间的趋势变化，也能检验营销活动的实际效果表现。但该指数的不足之处在于对人群画像仅限于年龄与性别，过于粗略。㊀

与百度指数功能相似的还有搜狗指数，搜狗指数包括搜索热度与微信热度，还可以深入考察具体行业的热度。但搜狗指数没有需求图谱与用户画像，也没有分区域比较等，丰富性不如百度指数。

2. 阿里指数

2012 年阿里指数（Alibaba index）正式上线。阿里指数是了解电子商务平台市场动向的数据分析平台。这些数据根据阿里巴巴网站每日运营的基本数据统计计算得出，这些基本数据包括每天网站浏览量、每天浏览的人次、每天新增供求产品数、新增公司数和产品数这 5 项指标。

目前，阿里指数主要有两大功能模块。

（1）行业大盘。行业大盘主要包括市场行情、热门行业、企业分析，以某个行业为视角进行分析。市场行情包括市场的综合趋势，价格、采购、供应的趋势；热门行业包括各种热门细分子行业的分析，并对各个子行业做出排序；企业分析主要是针对某个行业中的供应商、采购商的交易情况分等分级，用于表明此行业的大小企业的占比情况。

（2）产业基地。产业基地主要包括产业带、企业分析，以某个地区为视角进行分

㊀ 资料来源：百度百科，https://baike.baidu.com/item/ 百度指数 /106226?。作者有删改。

析。产业带是指对于全国的每个县级行政区域，都进行行业的分析，从而得出各地的产业带布局；企业分析主要是针对某个地区内的供应商、采购商的交易情况分等分级。

3. 艾瑞指数

艾瑞指数（iR index）是艾瑞市场研究机构提供的互联网大数据服务平台。艾瑞指数包括八大指数，即移动 APP 指数、PC web 指数、网络影视指数、网络广告指数、移动设备指数、移动渠道指数、海外 APP 指数与微信小程序指数。

网络广告指数可以查阅品牌的互联网广告投放行为，考察品牌在互联网媒体选择（移动端与 PC 端）与广告投入差异（用投入指数来测度）。

移动渠道指数反映应用商店中 APP 下载、安装与活跃等相关数据，呈现 APP 分发的渠道及相关指标，涉及 19 个领域，54 个分销渠道构成的全渠道。

网络影视指数包括电影指数、电视剧指数、综艺指数与动漫指数，主要监测用户通过 PC 端、移动端与 OTT 端（如应用商店）对视频内容的浏览记录。

艾瑞海外 APP 指数由艾瑞数据联合 APUS 研究院共同推出，依托 APUS 全球 12 亿的海量用户资源以及创新的大数据 BI 技术，对全球 20 个国家和地区、近 2 000 款安卓 APP 数据活性的即时监测，旨在探索全球移动市场行情，发现中国 APP 出海表现，为中国品牌全球化提供数据支持。APUS 研究院是 APUS 旗下专注于全球互联网发展研究的智库平台，是面向未来移动互联网创新变革的孵化器及加速器。依托于 APUS 多元的产品、丰富的用户案例和海量的数据，APUS 研究院汇集全球互联网智慧，聚焦在操作系统、大数据、人工智能以及云联邦领域的前瞻基础研究。[㊀]

4. 360 趋势

360 趋势是互联网时代大数据分析的利器。其数据来源于 360 旗下几乎全线产品，强势汇聚中国网民 90% 以上的数据，数据源包括但不限于 360 搜索、360 浏览器、360 安全卫士等，甚至还囊括了国内知名咨询公司的公开数据等。丰富数据来源，呈现方式丰富多样，帮助用户了解时下热点及其搜索趋势变化，为营销人员、品牌工作者和新闻从业者提供了准确有效的决策参考。

360 趋势全面洞悉行业动态，兼收并蓄呈现热点。聚合十余类指数排行榜，其中包括人物、娱乐、汽车、直播、化妆品、奢侈品、智能终端、酒类、网站和业内最热门的 IP。另外，在娱乐、人物等频道内，还提供二级分类，提供更细致的分类查询。例如，企业进行娱乐营销，可在 360 趋势的“娱乐”“电视剧”排行追踪最新事件等，看哪部剧能在剧王争霸中拔得头筹，又或是深度挖掘哪一款单品会成为“淘宝爆款”。

360 趋势数据展现立体完整，轻松掌握热点风向。富于层次感、多重维度的数据展现，将帮助网民更全面细微地从不同角度洞察、挖掘相关搜索需求，且能对品牌投放效果形成有效监测、跟踪和反馈，或将成为这个信息爆炸时代企业进行精准营销的利器。

㊀ 资料来源：http://data.iresearch.com.cn/0515.shtml。作者有删改。

5. 微信指数

2017 年，微信指数上线。微信指数是微信官方提供的基于微信大数据分析的移动端指数。

微信指数的主要功能模块有三个。

（1）捕捉热词，看懂趋势。微信指数整合了微信上的搜索和浏览行为数据，基于对海量数据的分析，可以形成当日、7 日、30 日以及 90 日的“关键词”动态指数变化情况，使用户能方便看到某个词语在一段时间内的热度趋势和最新指数动态。

（2）监测舆情动向，形成研究结果。微信指数可以提供社会舆情的监测，能实时了解互联网用户当前最为关注的社会问题、热点事件、舆论焦点等，方便政府、企业对舆情进行研究，从而形成有效的舆情应对方案。

（3）洞察用户兴趣，助力精准营销。微信指数提供的关键词的热度变化，可以间接获取用户的兴趣点及变化情况，如日常消费、娱乐、出行等，从而对品牌企业的精准营销和投放形成决策依据，也能对品牌投放效果形成有效监测、跟踪和反馈。

资料来源：https://baike.baidu.com/item/ 微信指数 /20570106 ？ fr=Aladdin. ;《微信推出“微信指数”功能　基于微信大数据分析的移动端指数》, http://www.donews.com/news/detail/1/2949349.html，有删改。

5.2.4 大数据营销的应用场景

1. 市场趋势考察与预测

早期互联网通常需要网民允许网站保留 Cookies 记录，而现在技术的进步能跨网站、跨平台记录网民包括点击、浏览、留言、点赞、购买等反映网民性格、偏好和需求的行为。对大量前兆性数据进行搜集和整理，可以预测消费者未来的行为趋势。

2. 用户 / 消费者精准画像

在大数据时代，用户的精准画像（persona）成为可能。用户画像即用户信息的标签化，是描述用户基本属性（年龄、性别与地区等）、消费偏好（各种购物消费）、终端偏好、生活轨迹、顾客关系圈、群体特征等多维标签的集合（见图 5-1）。

用户画像的用途有三个。

（1）对象精准聚焦。纵览成功的产品案例，它们服务的目标用户通常都非常清晰，特征明显，体现在产品上就是专注、极致，能解决核心问题。比如，苹果的产品，一直都为有态度、追求品质、特立独行的人群服务，赢得了很好的用户口碑及市场份额。又如豆瓣，专注文艺事业十多年，只为文艺青年服务，用户黏性非常高，文艺青年在这里能找到知音，找到归宿。给特定群体提供专注的服务，远比给广泛人群提供低标准的服务更接近成功。

图 5-1 用户画像

（2）避免伪需求。避免伪需求要求我们正确地使用用户画像，小心地找准自己的立足点和发力方向，真切地从用户角度出发，剖析核心诉求，筛除产品设计团队自以为是的以“用户”为名的伪需求。

（3）决策一致高效。在现在的产品设计流程中，各个环节的参与者非常多，分歧总是不可避免，决策效率无疑影响着项目的进度。而用户画像是来自对目标用户的研究，当所有参与产品的人都基于一致的用户进行讨论和决策，就很容易约束各方能保持在同一个大方向上，提高决策的效率。

3. 顾客关系管理

传统的顾客关系管理主要关注企业内部的数据，关注如何将企业内部各个业务环节中零散的顾客信息搜集起来，而随着电商、社交的盛行，企业不仅要关注内部数据，还需着眼于整合外部数据，从而更好地为顾客服务。

4. 精准个性营销

商家根据时间和位置数据，向处在特定时间、特定地点的消费者有针对性地推送信息，转化率将更高。数据驱动的精准营销将颠覆传统营销的决策模式及执行过程，给传统行业带来革命性的冲击。以亚马逊为例，作为大数据的佼佼者，公司保存每位顾客的搜索、购买等几乎所有信息，通过算法将顾客信息和其他所有顾客信息进行对比，为其呈现出精准的商品购买推荐。

词云图，又称文字云，是对文本中出现频率较高的“关键词”予以视觉化的展现，词云图过滤掉大量的低频、低质的文本信息，使得浏览者只要一眼扫过文本就可领略文本的主旨。你想掌握制作一款高质量的词云图的方法吗？读者如果有兴趣，可以自行到 https://www.jianshu.com/p/4fb27471295f 上了解、学习。

5.3　市场研究报告的获取与研读

5.3.1　大数据研究报告发布平台

大数据涌现催生了很多大数据研究机构，它们提供大数据开发与应用的各种咨询、诊断与策划业务。为吸引客户，这些机构一般都发布有特色的大数据研究报告。无疑，这些免费的大数据报告能为企业的营销策划提供宝贵的资源。

目前，公开发布大数据研究报告的平台有以下几个。

1. 199IT“报告”模块

199IT 中文互联网数据咨询中心是一个专注于互联网数据研究、互联网数据调研、IT 数据分析、互联网咨询机构数据的互联网权威机构。“报告”模块主要面向 IT 互联网从业者，容纳众多互联网数据报告。

2. 腾讯大数据“报告”模块

腾讯旗下的大数据挖掘平台，主要是发布与腾讯息息相关的研究报告。一个突出的特点是常发布一些比较有趣味性的专题。

3. 艾媒网"行业报告"模块

艾媒集团是全球领先的新经济行业第三方数据挖掘与分析机构，年均发布报告2 000多份，艾媒报告中心提供"行业细分""深度报告""行业内参"等，还可以定制研究报告。

艾媒集团提供30个细分行业的研究报告，包括互联网+、人工智能、物联网、新零售、新金融等，主要偏向移动互联领域，网站还提供了行业分类导航。

艾媒网有部分会员免费报告发布，大部分为付费报告。

4. 艾瑞网"报告"模块

艾瑞网是资深的互联网资讯聚合平台，其中"报告"模块提供网络媒体、电子商务与网络游戏、无线增值、游学网等领域的研究报告。一般多为年度研究报告，少数报告也以季度为时间节点发布。例如，2019年，艾瑞网提供的免费研究报告多达几十个，内容十分丰富，但网站没有提供具体的行业分类导航。

5. 阿里研究院

阿里研究院是阿里旗下的数据发布平台，主要发布电商发展趋势的研究报告，多与阿里有关。

6. DataEye的"数据报告"模块

DataEye是大数据移动营销综合服务平台，其中"数据报告"模块主要提供国内游戏与汽车行业两个专业领域的大数据报告。比较而言，DataEye大数据报告以网络游戏为主，研究深入而细致；以汽车行业为辅，目前涉及主题还不多。

此外，还有一些特色大数据报告发布平台，如360趋势的娱乐大数据报告、文化产业评论的文创与旅游大数据报告等。

5.3.2 市场研究报告阅读基本技巧

现在，获得消费者或竞争者信息也许并不需要企业自己调研，因为越来越多的机构开始发布大数据研究报告，在这些研究报告中可能就有我们需要的数据结果及结论。如何从一份大数据研究报告中迅速找到有价值的信息，需要我们掌握市场研究报告的基本结构及研读技巧。

通常，一份完整、典型的市场研究报告的排列顺序是：报告摘要→报告目录→调查目的→调查方法→数据处理→报告结论、建议或发展趋势。那么，何种研读顺序是最有效的？

1."先看头"：阅读报告摘要与目录

阅读大数据研究报告的第一步是阅读报告摘要与目录。

在市场研究报告的头部，一般是报告的摘要。报告摘要是报告结果与结论的高度概括与归纳，是一份报告的精华与核心。摘要之所以安排在报告最前面，是为方便报告阅读者最先获得最关键的结果与结论。如果报告阅读者事务繁忙，无法通读全报告，阅读报告摘要也能快速掌握整个报告的核心结果。

报告目录是大数据研究报告结构概览，是内容阅读的导航工具。

2.“再看尾”：阅读报告建议或发展趋势

阅读大数据报告的第二步是看报告的结尾部分内容，一般是报告建议或发展趋势等内容模块。个别报告如果摘要过于简略，结尾部分可能有详细版的研究结论，但多数研究报告都在结尾不再重复结论，结尾部分可能是报告建议或发展趋势。建议或发展趋势是基于研究结果而对未来所做的预测或判断，因而具有启发性价值，也是报告的精华。

3.“细看中”：阅读研究方法及数据处理

如果阅读者时间充裕，就可以进一步关注报告丰富的细节，如报告结论的可靠性如何，报告结果是如何得到的，研究报告的可靠性涉及的数据信度、方法科学性等。阅读者可以查阅研究报告的方法、数据来源、数据处理的过程等。这些内容一般都安排在报告的中间部分，篇幅较长，图表丰富，数据翔实，数据来源与采用方法都有详细的说明。

5.3.3　典型市场研究报告的研读

1.《短视频用户价值研究报告》

这是一份比较典型的市场研究报告，包含研究报告的各个模块与元素。

第一步：“先看头”，阅读报告开头。这份研究报告的开始部分就把研究结果非常简要地展示出来。

（1）短视频从规模红利走向用户价值增长，深度挖掘用户群需求助力价值升级。用户规模红利渐退，深耕存量用户、提高用户黏性、实现用户价值增长成为短视频下一阶段发展的关键。基于用户需求的深度挖掘，有助于建立用户与短视频内容的深度连接，实现用户价值增长。

（2）短视频内容生态加速进化，优质、原创、垂直将成演进方向……

（3）短视频社交价值日益凸显，深度社交打开流量新空间……

（4）短视频不断创新探索，多视频元素跨界融合开辟“新蓝海”……

（5）短视频成为电视融合转型的突破口，“新闻＋垂直＋热播”内容提供重要抓手……

（6）“短视频＋”商业模式加速推进，用户数据挖掘助推商业价值有效转化……

报告摘要一般采取“主题句”＋“说明句”的总分陈述结构。因此，在快速阅读时直接阅读“主题句”即可抓取最关键的结论信息，再看“说明句”以了解全部研究报告结论。

第二步："再看尾"，阅读报告结尾。这份研究报告的末尾部分就把比较详细的研究结果非常简要地展示出来。

短视频发展趋势观察

短视频从走向用户价值增长、深度挖掘用户需求助力价值升级。用户规模红利减退，提高用户黏性，实现用户价值增长成为短视频下一阶段的关键。基于用户需求的深度挖掘，有利于建立用户与短视频内容的深度连接，实现用户价值增长。

短视频内容生态加速进化，优质、原创、垂直成演进方向……

短视频社交价值日益体现……

……

由于头部摘要部分已经比较详细，也并无提供相关建议的意图，本报告就以短视频的未来发展趋势结尾，也对应了"主题句"+"说明句"的总分陈述结构。

第三步："细看中"，报告说明部分。

调查目的：了解短视频用户画像、导入与使用行为、内容偏好与需求、使用与评价等。

调查对象：全国过去 6 个月看过短视频的 10 岁以上网民。

调查范围：全国 31 个省、自治区、直辖市。

抽样方法：根据网民结构配额抽样。

样本加权：采用边际加权法。

调查时间：2018 年 11 月～12 月。

数据处理与统计结果：……

读者如果有兴趣，可以自行到 http://www.199it.com/archives/837824.html 上了解、学习。

2.《抖音、快手为何有毒？》

这份市场研究报告的结构与前面的报告不同，差异在于：

（1）报告结论分散在各个内容模块。在每个内容模块都是一个小报告："核心发现"+"统计结果"。"核心发现"相当于小报告的摘要或结论，而"统计结果"相当于小报告的数据处理与统计结果。对于这样的市场研究报告，要快速获取结论信息就必须查看每一部分的前面部分。

（2）报告的说明部分置于最前面。调查对象、调查范围、抽样方法、调查时间等说明都简单扼要，并置于报告的最前面部分。

显然，第二份报告不如第一份报告典型，如果在报告最前面安排一个"报告摘要"，对各个模块"核心发现"进行更精练的汇总与概括，则更加适合读者快速阅读。

读者如果有兴趣，可以自行到 http://www.199it.com/archives/734185.html 上了解、学习。

市场研究领域的新思维、新观点与新探索

1.“一带一路”市场大数据的新探索

2018 年 9 月，国家信息中心发布了《“一带一路”大数据报告 2018》。这是从大数据视角对“一带一路”沿线国家市场的深度考察。报告具有三个特点：一是“大数据说话”。报告采用文本聚类、情感分析、社交网络分析等科学方法，对包括网络舆情、贸易、投资、旅游、跨境电商等在内的数十个数据源，超过 500 亿条数据进行了挖掘分析。二是“全方位覆盖”。报告覆盖 71 个“一带一路”国家，及 31 个国内省、自治区、直辖市，还有 1 000 多家智库、2 400 多家媒体。三是“指数化评估”。重点推出“一带一路”国别合作度、省市参与度、投资环境指数、数字丝路畅通度、媒体关注度、智库影响力等六大指数。

2. 用户画像与竞争者画像的新理念

用户画像（user persona）是大数据的一个广泛有效应用，而竞争者画像则是大数据应用的一个新领域。用户画像是对用户基本信息、行为、兴趣、偏好等特征刻画而成的虚拟画像（Massanari，2010 等）。用户画像最重要的特征是标签化。用户画像包括单个用户画像与用户群体画像。用户画像的流程包括：①通过网络、平台或调查进行数据采集；②特征抽取，即标签化；③以可视化图形呈现用户标签或特征。根据用户画像可以进一步推断用户的核心程度、活跃度与质量高低，是精准定位与精准传播的前提与基础。

至于竞争者画像，主要是以竞争者的战略特征来刻画的，并进行战略群组划分。

3. 大数据信息“泛可视化”的新思维

互联网是海量信息的载体。如何抓取网络中的有效信息？网络爬虫是一种相对简单易掌握的抓取程序。现在是读图时代，可视化思维无处不在。而大数据则是一个更能发挥可视化独特魔力的新领域。数据可视化借助可视化手段，清晰有效地表达出大数据中关键信息，如用户画像、竞争者画像、词云图就是大数据可视化的初步应用。数据可视化的工具包括：DataFocus、QlikView、Tableau、Power BI、帆软 FineBI 和 Google Data Studio 等。

重点提示

市场营销调研的主要内容包括竞争对手、目标、产品、价格、销售和促销等专题调研。其中用户画像是现在最流行的工具。

在大数据时代，了解如何利用大数据平台会使你终身受益。常用的大数据平台有：百度指数、360 趋势、艾瑞海外 APP 指数、微信指数、阿里指数等。从这些平台可以清晰地了解到流行趋势、消费需求图谱、畅销排行、用户画像等方面信息。

如何快速有效地研读大数据研究报告，可用三句话概括。一是“先看头”：阅读报告摘要与目录。二是“再看尾”：阅读报告建议或趋势。三是“细看中”：阅读研究方法及数据处理。

思考题

1. 企业营销信息或市场数据来源于哪些途径？
2. 大数据有哪些特征？
3. 请阅读《“一带一路”大数据研究报告》，谈谈这对企业进入“一带一路”市场有

何帮助？

4. 如何快速阅读市场研究报告？

实践题

1. 请选择一个主题，以各大数据平台、各大数据报告提供平台为基础，或以网络资源为基础，利用网络爬虫等软件进行一项市场研究，并编制一份市场研究报告。
2. 本次作业可选择自己感兴趣的研究对象，自我拟定研究内容，如温州鹿城区二手房信息、豆瓣评论、微博热搜等，爬取相关信息，再对数据进行处理，降维分析，得出结论，撰写分析报告。八爪鱼数据采集器的下载地址为 https://www.bazhuayu.com/download，下载好后进行注册，原网站有详细教程教导怎么爬取数据。

判断题

1. 顾客调研主要包括对消费者心理和行为特征进行调查分析，研究社会、经济、文化等因素对购买决策的影响，探讨这些因素对消费者购买行为的影响机制。(　　)
2. 用户画像可以使产品的服务对象更加聚焦。(　　)
3. 大数据的 4V 是 visual、volume、velocity 与 variety。(　　)
4. 市场专题调研包括顾客调研、竞争者调研、营销策略调研等。(　　)
5. 大数据的营销应用场景包括市场趋势考察与预测、用户/消费者精准画像、顾客关系管理、精准个性营销等。(　　)

判断题答案

单项选择题

1. 营销者通过分析商店的扫描数据、目录采购记录和顾客数据库来了解顾客的一些情况的调查方法，称为（　　）。
   A. 观察法
   B. 实验法
   C. 调查法
   D. 行为资料分析法
2. 研究人员采取不引人注目的方式来观察消费者的购买和使用产品的情形，据以研究被调查者的行为和心理的方法称为（　　）。
   A. 观察法
   B. 实验法
   C. 焦点小组调研法
   D. 调查法
3. 如果想了解娱乐动态，选择（　　）大数据平台最合适。
   A. 百度指数
   B. 360 趋势
   C. 阿里指数
   D. 微信指数
4. 人群画像属于（　　）平台的功能模块。
   A. 百度指数　　B. 360 趋势
   C. 阿里指数　　D. 微信指数
5. 探索全球移动市场行情，发现中国 APP 出海表现，为中国品牌全球化提供数据支持的平台，称为（　　）。
   A. 百度指数
   B. 360 趋势

单项选择题答案

C. 艾瑞海外 APP 指数　　　　D. 微信指数

案例分析：大数据赋能玛氏营销

作为最早进入中国的外资食品品牌，玛氏一直坚持用本地化手段深耕中国市场。提高中国消费市场的需求量，保证产品的可持续发展和销售，也是玛氏中国一直致力的落脚点。推崇数字化管理与营销的玛氏，现已入驻天猫，对电商平台已有初探的基础上，如何利用大数据技术，深刻洞察消费者，让品牌更懂消费者，对于市场需求，实现品牌快速响应，这是阿里旗下大数据营销平台阿里妈妈面临的难题。大数据如何给玛氏中国营销全链路赋能？如何创造新巧克力消费场景？如何找到巧克力新的包装范儿？读者如果有兴趣，可以自行到 https://www.sohu.com/a/155190749_441449 上了解、学习。

第 6 章
CHAPTER6

市场购买行为分析

§ 学习目标

1. 熟悉不同市场的购买行为特征与主要类型
2. 掌握影响消费者与生产者购买行为的各类因素
3. 掌握消费者与生产者购买决策各阶段划分及其特点
4. 了解政府与非营利机构的购买方式

§ 引导案例　　“萌宠经济”大爆发

据《2019 年中国宠物行业白皮书》数据显示：2018 年，中国的宠物行业市场规模达到 1 708 亿元，年均增速 36.7%。萌宠经济已经成为经济增长中一股不可忽视的力量。

北京三里屯商圈出现了很多与宠物相关的店铺，如猫咪咖啡店、宠物空间、宠物商店等。宠物做美容，也做 SPA，出去玩可以有个推车，像婴儿一样被推着进出商场。和狗狗同款的限量版的亲子项链，最贵的要两万多元一套。一款叫“雪山”的高颜值家用猫咪厕所，狂卖 10 万个，成为网红宠物用品。宠物还可接受“素质教育”，如参加中国敏捷犬运动积分赛。宠物生病了，可去宠物医院接受治疗。宠物离世，还会有一个理想的归宿。北京、上海等地已经出现了宠物墓地，价格为 2 000 ～ 5 000 元不等，估计这一市场规模将超过 10 亿元。创业者吴彤一个人经营宠物骨灰盒、墓碑、摆件、吊坠等衍生品的小小淘宝店，骨灰盒已经卖出 2 000 个，每个月流水也能达到 10 万元。

处于高速增长阶段的中国萌宠产业，已经从上游产品到下游服务逐渐形成产业链形态。

资料来源：“萌宠经济”疯涨的背后，CCTV-2《中国财经报道：深度财经》，2018-07-14.

请思考：

1. 萌宠经济爆发背后的原因是什么？为什么宠物变成了人们不可或缺的家庭成员？
2. 你能否绘出萌宠消费的人群画像？
3. 结合消费人群和市场现状，你觉得萌宠经济还有哪些新的增长点？

§ **本章逻辑导图**

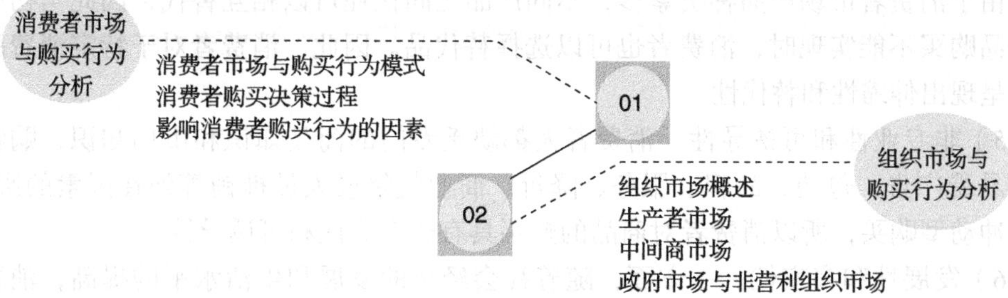

顾客是企业营销活动的出发点和归宿，如果缺乏对顾客行为特点和规律的深入研究，企业的营销活动必然失去方向。按照顾客购买目的和用途不同，企业面对的市场可以分为消费者市场和组织市场。本章将分析不同市场购买者的购买决策过程和影响其购买行为的因素，从而为企业制订营销计划、确定营销组合策略提供依据。

6.1　消费者市场与购买行为分析

6.1.1　消费者市场与购买行为模式

1. 消费者市场

（1）消费者市场的含义。**消费者市场是个人或家庭为了生活消费而购买产品和服务的市场**。由于生活消费是产品和服务流通的终点，因此**消费者市场也常被称为最终产品市场**。消费者市场是相对于组织市场而言的，由于消费者需求是人类社会的原生需求，组织市场需求均由消费者需求派生而来，因此，消费者市场从根本上决定了其他所有市场，是市场体系的基础，也是现代市场营销理论研究的主要对象。

（2）消费者市场的特点。与组织市场相比，消费者市场有以下几个特点。

1）广泛性和分散性。有人的地方就有消费品的交易。从交易的规模和方式看，消费品市场购买者分布广泛，但市场相对分散，成交次数频繁，但交易数量零星。

2）多样性和差异性。首先，人类需要的多样性直接决定了消费需求的多样性；其次，由于不同消费者在年龄、性别、职业、收入、教育程度、价值观念、兴趣爱好、居住区域、民族、宗教等方面存在不同程度的差异以及家庭规模和生命周期的不同，因此对不同消费品的需求偏好也存在较大差异性。

3）经常性和重复性。受家庭储藏空间、经济条件、消费品本身特点、消费习惯等因素的制约，消费者每次购买日常生活消费品的数量往往以一定时间内满足个人及家庭的需要为限，购买量不会太大。于是消费者就需要经常购买、重复购买。

4）伸缩性和替代性。受收入水平、季节性气候、商品促销力度等因素的影响，消费者在某一时期内无论在商品数量还是品种选择上都会出现较大的弹性变化。并且，由于消费者市场产品种类繁多，不同产品之间往往可以相互替代，因此当初始理想产品购买不能实现时，消费者也可以选择替代品。因此，消费者对于特定消费品的需求呈现出伸缩性和替代性。

5）非专业性和可诱导性。消费者大都缺乏专门的商品知识和市场知识，购物时很容易受广告、包装、品牌、服务、降价、商业气氛或人员推销等外在因素的影响，导致冲动型购买，所以消费者对商品的购买具有非专业性和可诱导性。

6）发展性和多变性。一方面，随着社会经济的发展和生活水平的提高，消费者对商品和服务的需求无论在数量、质量、品种还是审美情趣方面都在不断发展，并永不停息；另一方面，随着科学技术突飞猛进，更多新产品被设计和生产出来，加上市场竞争加剧，也导致消费者选择余地变大，消费者需求更富多变性。

2. 消费者购买行为模式

市场营销学研究消费者市场，核心在于研究消费者的购买行为。对此，不同学科分别提出了不同的代表性理论和研究模式。其中，行为心理学的创始人约翰·华生（John Broadus Watson）所提出的“刺激 – 反应”理论最具代表性：人的行为是受到刺激后的反应。刺激来自两个方面：身体内部的刺激和体外环境的刺激，而反应总是随着刺激而呈现的。

由此，消费者购买行为的发生，是一个刺激与反应的过程。消费者行为源于受到了来自外部环境和营销的刺激，这些刺激经由复杂的心理活动过程，并受到个人特征的影响，最终表现出相应的购买行为（见图 6-1）。

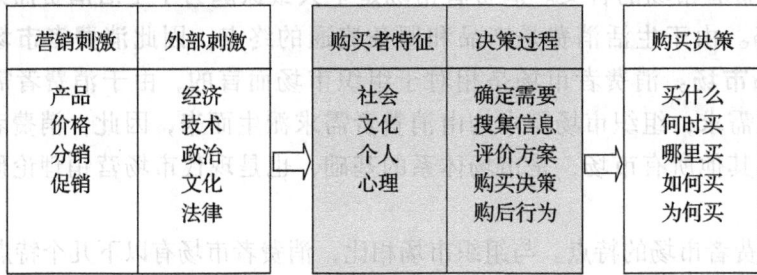

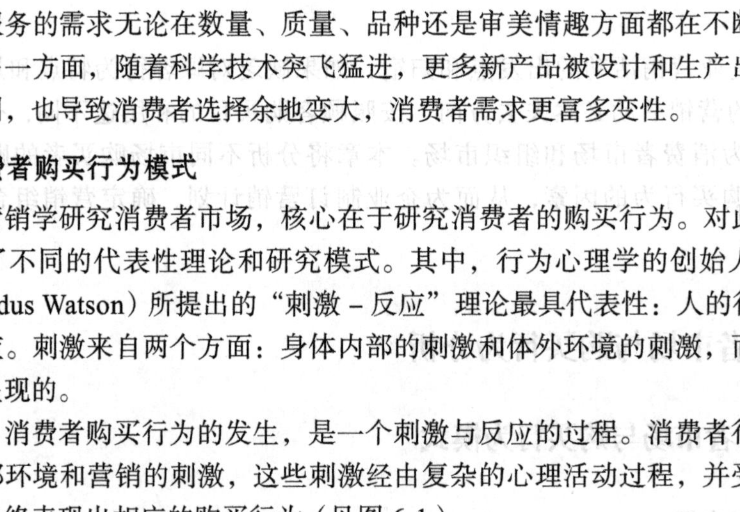

图 6-1　消费者购买行为模式

在这一购买模式中，“刺激”和“反应”都是可以看到的，但是购买者如何根据刺激做出购买反应的过程却是个“黑箱”，是看不见的。因此，消费者行为分析就是要打开这一“黑箱”，设法了解从出现刺激到做出购买决策前消费者意识中所发生的情况。具体可以提炼为两个方面的问题：一是对消费者购买决策过程的研究；二是对这一决策过程中影响购买者行为的各种因素的分析。

阅读推荐：孙骁骥. 购物凶猛：20世纪中国消费史［M］. 北京：东方出版社，

2019.

一个世纪以来，消费主义的大潮让人无法独善其身，消费已经成为人们构建身份认同的渠道。这本书紧扣“消费”这一线索，讲述了20世纪中国政治、经济、社会的诸多变化：在20世纪历史光影的诡谲多变中，购物和消费主义如何把这个古老的国家改造成今天的模样，消费者的集体面孔又是如何被一次次地篡改与重塑。这本书重新梳理了这背后繁复纷乱的历史线头与社会群像。

作者认为，在大量的历史叙事之外，还隐藏着一个小体量的历史，它真实而琐碎地存在于我们的日常生活中，隐藏于每个家庭的锅碗瓢盆里，潜伏于我们目光无法达及的晦暗幽深处。由这些历史细节编织而成的，是消费主义在中国“本土化”的历史进程。每个消费者都是这段历史的见证者，他们在购物的同时，也在不知不觉中参与并改变着这段历史。

资料来源：http://weibo.com/P/100202read9526707

6.1.2 消费者购买决策过程

消费者购买决策有的很复杂，有的很简单，有的需要持续很长的时间，有的则可以瞬间完成。企业需要了解消费者如何做出购买决策及消费者购买决策的过程，以便采取相应的措施，实现企业的营销目标。

1. 参与决策的角色

消费者购买决策有时候并不是由一个人单独做出的，而是由其他成员共同参与的。了解哪些人参与了购买决策，各自在购买决策过程中扮演了何种角色，有助于企业有针对性地开展营销活动。一般来说，在大的购买决策过程中往往有五种角色。

（1）发起者：首先提议或想到去购买某种产品或服务的人。

（2）影响者：有形或无形地影响最后购买决策的人。

（3）决策者：对是否购买、怎样购买、哪里购买有最终决策权的人。

（4）购买者：实际执行购买决策的人。

（5）使用者：使用或消费商品的人。

这五种角色相辅相成，共同促成购买行为，他们都是企业营销的主要对象。不同的购买决策，参与的角色也有所差异。比如，购买简单的个人消费品（如牙膏）时，一个人可以身兼五种角色。而购买家庭共用品（如汽车、度假）时，就可能涉及多人员、多角色。

认识购买决策的群体参与性，对于企业有效开展营销活动的意义有两个：

一是企业应该根据各角色在购买决策过程中的地位和作用，有的放矢地按程序进行营销宣传活动。例如，多数家庭在买轿车的决策过程中，父亲通常是决策者，因此汽车厂家应该将大量的推广活动导向父亲，同时也不能忽视母亲和孩子，因为他们往往是购买轿车的发起者或影响者，设计产品时也必须要注意满足这些决策参与者的需要。

二是有些商品的购买决策容易产生角色错位。比如，男士的内衣、剃须刀等生活用品大多由妻子决策和购买；在选购儿童玩具时，占主导的往往是家长的意愿；等等。此时，找准营销对象就显得尤为关键，否则企业营销活动效果会大打折扣。

2. 消费者购买行为类型

根据购买者的介入度和品牌差异程度，消费者的购买行为可划分为四种类型（见表 6-1）。

表 6-1 消费者购买行为类型

品牌差异	介入程度	
	高	低
大	复杂的购买行为	寻求多样化的购买行为
小	减少失调感的购买行为	习惯性的购买行为

（1）**复杂的购买行为**。这是指消费者在购买时投入很多的时间与精力进行产品比较和选择，并注重各个品牌之间的差异的购买行为。当消费者购买的商品价值较高或具有重大意义，而不同厂家品牌差异性又较大时，消费者就可能产生复杂的购买行为。由于不熟悉该类产品，消费者在购买时需要经过大量的信息搜集、全面的产品评估、慎重的购买决策和认真的购后评价等多个阶段。

针对复杂的购买行为，企业应该尽可能提供必要的商品信息，帮助购买者了解这类产品的各种性能和属性，搞清产品的差别优势及其给消费者带来的切实利益，并通过广告与促销工作来突出本企业产品的特点，从而影响最终购买决定，简化购买决策过程。

（2）**减少失调感的购买行为**。这是指消费者在购买时介入程度较高但商品品牌差异又不大的购买行为，它比复杂的购买行为简单。由于品牌差异不大，消费者一般不必花很多时间搜集不同品牌的信息并进行评价，而是把关注重点放在价格、购买时间与地点和售后服务等方面，因此购买决策过程比较迅速，但是在购后会认为自己所购商品具有缺陷或感觉其他品牌有更多的优点，进而产生失调感，由此怀疑原先购买决策的正确性。为此，消费者会再度搜集有关已购商品的有利信息，争取他人的支持，以证明自己购买行为的正确性，从而寻求新的心理平衡。

针对减少失调感的购买行为，企业一方面应通过调整价格、选择合适的售货网点和精通业务的销售员，影响消费者的品牌选择；另一方面要提供完善的售后服务，通过各种途径与消费者保持沟通并及时提供有利于本企业产品的信息，尽量减少其失调感，使顾客相信自己的购买决定是正确的。

（3）**寻求多样化的购买行为**。这是指品牌差异大但消费者介入程度较低的购买行为。有些产品品牌差异虽大，但价格低，消费者并不愿意花太多的时间和精力来选择和评价，而是经常变换购买的品牌或品种。例如，购买利乐包装的牛奶，如果上次选的是蒙牛，这次就会想买伊利的。这种品牌的更换并不是对上次品牌不满意，而只是想寻求多样化，单纯换个品牌而已。

针对寻求多样化的购买行为，不同市场地位的企业应该采取不同的营销策略。市场领导者应该通过占有货架、避免脱销和提醒购买的广告来鼓励消费者形成习惯性购买行为。而市场挑战者应该通过各种有吸引力的促销活动（如较低的价格、折扣、赠券、免费赠送样品等）和强调试用新品牌的特色广告来鼓励消费者改变原来的习惯性购买行为。

（4）**习惯性的购买行为**。这是指品牌差异小且消费者介入低的购买行为。对于价格低廉、经常性购买且品牌差异不大的产品（如酱油、醋等），消费者往往不需要花费太多时间去搜集信息和评估品牌，而是靠多次购买和多次使用而形成的习惯去选择熟悉的品牌，在购买后一般也较少评价产品。

针对习惯性的购买行为，企业可以利用价格与销售促进吸引消费者试用，广告要兼备独特性和反复性，除了给消费者留下深刻印象之外，还要继续加深消费者对产品的熟悉程度。同时在销售网点的布置、商品的包装和陈列上要尽可能地引起消费者的注意，以方便消费者购买。

3. 消费者购买决策过程

消费者的每一个消费行为，都会有一个决策过程，尤其是复杂的购买行为，其购买决策过程一般经过确认需求、搜集信息、评价方案、购买决策和购后行为五个阶段（见图 6-2）。值得注意的是，从消费者购买决策过程来看，消费者的购买活动早在实际购买行为发生之前就已经开始了，并且会持续到实际购买以后。这就要求营销人员不能仅仅注意销售阶段，还要研究购买决策过程的其他各个阶段，并根据各阶段的消费者心理和行为特征，采取相应的营销策略，更好地满足消费者的需求。

图 6-2　消费者购买决策过程

（1）确认需求。当消费者意识到自己对某种商品有需求时，购买过程就开始了。需求可以由内部刺激或外部刺激唤起。比如，饥饿、口渴、寒冷等都属于内部刺激，当达到一定强度就会引发人们对食物、饮料和衣物的需求。外部刺激也能引起人们强烈的购买欲望，如闻到店铺散发的诱人的蛋糕香味或看到别人津津有味地啃着炸鸡翅时都会引发自己的食欲。

在这一阶段，企业营销的主要任务是通过营造特定的外部环境，来激发消费者的需求。企业可以通过市场调研，了解消费者产生了哪些需求，它们是由什么引起的，程度如何；然后，在此基础上，考虑如何通过对这些需求的刺激和引导，把消费者引向特定产品的购买上。营销人员要善于安排诱因，运用各类刺激物和提示物（如商品展示、广告促销等），促使消费者对企业产品产生强烈的需求，并立即采取购买行动。

（2）搜集信息。一般来讲，消费者确定需求后并不会立即购买，而是需要搜集与满足其特定需求相关的各种产品的信息。消费者收集信息的积极性，会因需求强度而有所不同：当需求十分迫切时，消费者会主动去寻找信息；当需求强度较低时，消费者不一定会积极主动去寻找信息，但会对相关信息保持高度警觉。消费者所需信息的范围和数量，会因购买的类型和消费者的风险感知而有所差异：相比重复购买，一般初次购买时搜集的信息会更多且更广；价格越高、使用时间越长的商品，消费者风险感知往往也越大，也就越会努力搜寻更多的信息。

信息搜集一般源自四个渠道：①个人来源，包括家庭、朋友、邻居、熟人等；②商业来源，包括商业广告、推销员、经销商、商品包装、展览等；③公共来源，包括大众媒体、消费者权益组织、政府部门等；④经验来源，包括产品的使用或体验中得到的经验、教训和阅历等。

不同信息来源对消费者有着不同的影响。一般来说，消费者经由商业来源获得的信息最多，公共来源和个人来源次之，经验来源最少。但是从消费者对信息的信任程度来看，经验来源和个人来源最高，公共来源次之，商业来源最低。并且，研究发现，商业来源的信息在影响消费者购买决定时只起传达和告知作用，而个人来源的信息则起验证和评价作用。

在这一阶段，企业要合理设计信息传播策略，加强信息的影响力和有效性。一方面，企业要利用商业来源传播信息，注重运用产品品牌广告策略来宣传产品的质量、功能、价格等，使本企业的产品成为消费者可供选择的品牌；另一方面还要设法利用公共来源、个人来源和经验来源。在网络时代，消费者获取信息的渠道更加广泛，网络传媒作为一种新的传播方式，不仅可以为企业提供产品信息发布与广告宣传服务，还能与消费者开展各种互动。企业应高度重视网络口碑对消费者决策的影响。

（3）评价方案。消费者从不同的渠道获取有关信息后，便会进一步根据这些信息和一定的评价方法对可供选择的品牌加以评价并决定选择。一般而言，消费者的评价行为涉及以下几个方面。

1）分析产品属性。产品属性即产品所具有的能够满足消费者需求的特性。一种产品在消费者心中，首先表现为一系列基本属性的集合。消费者往往十分注意那些与其需求相关的属性。以下列举几种产品及其应具备的属性。

牙膏：洁齿、防治牙病、香型等。

冰箱：保鲜效果、制冷效率、耗电、噪声、耐用性等。

药品：药效、安全可靠、无副作用、价格低等。

宾馆：交通方便、干净、舒适、设施齐全、服务周到、收费合理等。

2）建立属性等级。属性等级即消费者对产品各种属性赋予的相应的重要性权数。通常情况下，对于消费者特定的需求来说，不同属性的重要程度是不同的。例如，就相机而言，摄影爱好者往往会更注重性能，而普通旅游者则主要考虑便利程度。

3）确定品牌信念。品牌信念即消费者对某品牌优劣程度的总体评价。每一品牌都有一些属性，消费者对每一属性实际达到了何种水准给予评价，然后将这些评价连贯起来，就构成其对该品牌优劣程度的总评价，形成品牌信念。由于受到消费者个人经验、选择性注意、选择性扭曲以及选择性保留的影响，消费者的品牌信念可能与产品的真实属性并不一致。

4）形成“理想产品”。消费者的需求只有通过购买才能得以满足，而他们所期望的从产品中得到的满足，是随产品每一种属性不同而变化的，这种满足程度与产品属性的关系，可用效用函数描述。效用函数，即描述消费者所期望的产品满足感随产品属性不同而变化的函数关系。它与品牌信念的联系在于，品牌信念是指消费者对某品牌的某一属性已达到某种水平进行的评价，而效用函数则表明消费者要求该属性达到某种标准其才会接受。每个消费者对不同产品属性的满意程度不同，形成不同的效用函数。

5）做出最后评价。最后评价即消费者从众多可供选择的品牌中，通过一定的评价方法，对各种品牌进行评价，从而形成对它们的态度和对某种品牌的偏好。在这一评价过程中，大多数消费者总是将实际产品与自己理想的产品进行比较。也就是说，偏好和购买意图并不总是导致实际购买，尽管二者对购买行为有直接影响。

这一阶段，营销人员可以采取以下对策，以提高自己产品被选中的概率。

第一，修正产品的某些属性。市场营销人员应分析本企业产品应具备哪些属性，以及不同类型的消费者分别对哪些属性感兴趣，以便进行市场细分，对不同需求的消费者提供具有不同属性的产品，这既能够满足消费者需求，又最大限度地减少了生产不必要的属性所造成的资源浪费。

第二，改变消费者心目中的品牌信念。通过广告和宣传报道努力消除消费者的心理偏见，树立良好的品牌形象。比如，某种国货质优价廉，远优于进口货，而有些消费者总是迷信进口货，认为国货普遍不如进口货，因此，营销人员要在这方面进行广泛的宣传，以改变消费者的这一偏见。

第三，改变消费者对竞争品牌的信念。当消费者对竞争品牌信念过高时，可以设法（如公开产品制造成本信息）改变消费者对竞争品牌有关属性和地位的认知。

第四，改变重要性权重。设法改变消费者对产品各种性能的重视程度，千方百计提高消费者对本企业产品优势属性的重视程度，引起消费者对被忽视的产品性能的注意。

（4）购买决策。消费者经过产品评估后会形成一种购买意向，但是并非所有购买意向都能转化为购买决策，从购买意向到购买决策之间还有以下两个因素在起作用。

1）他人态度。例如，某人决定购买一辆汽车，但是家人不同意，他的购买意向就会改变。他人态度的影响力取决于两个因素：一是他人否定态度的强度，否定态度越强烈，影响力就越大；二是购买者遵从他人愿望的动机，一般来说，他人与消费者的关系越密切或他人对此类产品的专业水准越高，则影响力越大。

2）意外因素。消费者购买意向的形成，总是以一些预期条件（如预期收入、预期价格、预期质量、预期服务等因素）为基础，如果这些预期条件受到一些意外因素的影响而发生变化，诸如失业收入骤减、原定商品突然提价、购买时销售人员态度恶劣或者发现其他更需要购买的物品，购买意向就可能发生改变。

（5）购后行为。消费者购买商品后，并不意味着购买决策过程的结束，购后行为同样是购买决策过程的一个重要阶段。买到产品后，消费者在使用过程中感受如何，对购买到的产品是否满意，产品在丧失其使用价值之后，消费者如何对其进行处理，这些均属于购后行为。

消费者在购买商品后，通过自己使用和他人的看法对其所购商品进行评价，产生某种程度的满意感或不满意感。购买者对购买活动的满意感可用以下公式表示：

$$S = f(E, P)$$

式中，S 表示消费者满意程度；E 表示消费者对商品的期望；P 表示该商品可觉察性能。

消费者根据自己从卖主、熟人及其他来源所获得的信息形成产品期望 E，购买产品以后的使用过程形成对产品可察觉性能 P 的认识。若 $E = P$，则消费者会感到满意；若 $E > P$，则消费者会感到不满意；若 $E < P$，则消费者会感到非常满意。

消费者对其购买的商品是否满意，将影响到其以后的购买行为。如果对商品满意，则会进行重复购买，并向其他人推荐该产品。如果对商品不满意，就会抱怨、索赔、个人抵制或不再购买、劝阻他人购买、向有关部门投诉。

可见，消费者满意度对企业的影响至关重要。满意的消费者能帮助企业扩大市场，提高企业的信誉；反之，就会使消费者减少、企业信誉受损。企业应采取各种有效的措施使消费者感到满意，具体可以从两点入手：第一，避免过度提高消费者的购前期望，如商品的广告宣传应实事求是，避免夸大其词；第二，应提高消费者对商品或服务可察觉性能的感受，比如，与消费者保持沟通联系，听取意见并提供专业指导，加强售后服务，尤其当消费者不满意时，应及时进行补救。

【资料 6-1】 网络经济时代的消费者行为模式

传统的消费者行为模式为 AIDMA 模式，即 A（attention）——引起注意；I（interest）——对信息进而对商品产生兴趣；D（desire）——形成购买欲望；M（memory）——通过广告达到对产品的记忆和深度认知；A（action）——促成购买行动。

网络经济时代，消费者行为模式为 AISAS 模式，即 A（attention）——引起注意；I（interest）——对信息进而对商品产生兴趣；S（search）——消费者主动进行信息的搜索；A（act）——消费者采取购买行动；S（share）——消费者将自己的购买及使用体验与他人进行分享。

两种模式的区别就在于，网络经济时代的消费者一旦对某种产品产生兴趣，就会利用便利的网络技术条件主动搜寻产品、价格、顾客评价等信息，快速做出购买决定，同时就购买和使用体验与他人分享。由此也使消费者获取信息的渠道更多来源于网络而不是传统媒介。

6.1.3　影响消费者购买行为的因素

消费者的购买行为受到诸多因素的影响。要透彻地把握消费者购买行为，有效地开展市场营销活动，必须分析影响消费者购买行为的有关因素。影响消费者购买行为的因素一般分为外部因素和内部因素两大类。外部因素主要包括文化因素和社会因素，内部因素主要包括个人因素和心理因素（见表 6-2）。

表 6-2　消费者购买行为的影响因素

外部因素		内部因素	
文化因素	社会因素	个人因素	心理因素
文化 亚文化 社会阶层	参照群体 家庭 角色与地位	年龄 性别 教育 经济状况 职业 个性和自我观念 生活方式	动机 感觉 知觉 学习 信念和态度

1. 文化因素

（1）文化。**文化通常是指人类社会在发展过程中所创造的物质财富和精神财富的总和**。也就是说，文化可以反映在有形的物质载体层面，如以一国的建筑特色、城市风貌、衣着饮食等为表现形式；也可反映在无形的精神观念层面，如以哲学、宗教、科学、艺术、道德等为表现形式。每一个消费者都生活在一定的社会文化环境之中，虽然人们不一定能意识到它的存在，但深受其影响。生活在不同文化环境中的人们在购买行为方面往往会表现出巨大差异。营销人员必须了解、尊重消费者的多样性文化，只有了解文化对消费者行为的影响，才能提高对消费者购买决策的分析水平和促销活动的适用性。

【资料 6-2】吉尔特 · 霍夫斯泰德的文化维度理论

荷兰心理学家吉尔特 · 霍夫斯泰德（Geert Hofstede）提出用文化维度理论来衡量不同国家的文化差异。他认为文化是在一个环境下人们共同拥有的心理程序，能将一群人与其他人区分开来。通过大量的调查数据，霍夫斯泰德将不同文化间的差异归纳为五个基本的文化价值观维度：权力距离、对不确定因素的避免、个人主义 / 集体主义、男性化 / 女性化、长期导向与短期导向。

因为这一研究是对文化实验性的研究，所以它成为文化理论研究的经典，很少有其他研究或理论得到同样的支持。但也有学者提出要谨慎看待这一理论：一是为什么只有这五个维度才是文化的基本组成部分，这个模式似乎暗示了文化是静止的而不是动态的，但事实是文化是不断在变化的，尽管速度很缓慢，因此，需用动态发展的眼光来看待文化的构成；二是该理论更多地关注国家层面的文化差异，对现代社会的文化差异、亚文化、混合文化及个体的发展关注较少。

资料来源：百度百科，https://baike.baidu.com/item/ 霍夫斯泰德 /564414。作者有删改。

（2）亚文化。在每一种文化中，往往存在许多在一定范围内具有文化同一性的群体，这些群体被称为亚文化群。在亚文化群内部，人们的态度、价值观和购买决策比更大范围的文化内部更加相似。由此可见，亚文化对消费行为的影响更为具体，对亚文化进行研究对市场营销也更具有意义。亚文化群有许多不同的类型，其中对购买行为影响最显著的主要有以下几种类型。

1）民族亚文化群。世界上许多国家都存在不同民族，每个民族都在漫长的历史发展过程中形成了独特的风俗习惯和文化传统。他们在饮食、服饰、居住、礼仪、语言、习惯、爱好、道德观等方面各有特点，这都为预测民族亚文化群体中的消费者购买习惯和消费偏好提供了重要的参考依据。

2）宗教亚文化群。不同的宗教群体，各有其不同的信仰、偏好和禁忌，信仰不同宗教的消费者在购买行为和消费习惯上表现出不同的特点。

3）种族亚文化群。世界上有白种人、黑种人、黄种人、棕种人四大人种，有些国家同时存在多个不同种族。这些不同的种族群，各有不同的生活习惯、爱好和文化传统，这势必会影响不同种族亚文化群的人们的购买决策和消费行为。

4）区域亚文化群。不同国家或同一国家内处于不同区域的省份和县市有着不同的文化和生活习惯。尤其在中国，幅员辽阔，南方和北方、城市和乡村、沿海和内地、山区和平原等，不同的区域具有不同的地理特征、气候条件、风俗习惯和经济发展水平，群体成员体质、性格、生活方式和追求也各有不同，自然对商品的购买也会存在较大差异。

（3）社会阶层。社会阶层是指一个社会中具有同质性和持久性的群体。几乎所有的社会都有某种形式的社会阶层结构。常见的社会阶层划分标准主要有职业、收入状况、教育程度、权力大小、家庭背景、居住社区等。社会阶层具有以下几个特点：

1）同一社会阶层的成员往往具有相似的价值观、生活方式、思维方式和生活目标，在消费需求和购买行为上有很强的趋同性，而不同社会阶层的成员则会有明显的差异。

2）人们通常以自己所处的社会阶层来判断各自在社会中的地位高低。

3）一个人归属的社会阶层不是由某一变量决定的，而是由多种因素（如职业、收入、教育、价值观和居住区域等）共同决定的。

4）人们所属的社会阶层不是一成不变的，既可能迈向高阶层，也可能跌至低阶层。

不同社会阶层的人们在经济状况、价值观、兴趣爱好上均存在差异，相应地，在消费活动中，他们在商品和品牌选择、购物方式、闲暇活动、传播媒介等方面都有各自的偏好。因此，营销人员需要注意：应确定以某一社会阶层的消费者为目标市场；根据目标消费者的需求与特点，为产品定位；制定市场营销组合策略，以达成定位目的。

每个人都是在特定的文化环境中成长起来的，不同国家或地区文化环境的差异导致消费者在旅游消费行为方面有哪些差异？读者如果有兴趣，可以自行参阅以下资料：

①宁如，杨涵涛，刘亢．试论中西文化差异对旅游消费行为的影响［J］. 现代营销，2018（2）：120-121.

②刘佩颖．论文化价值观差异对旅游消费行为的影响——以中西方游客在新疆消费研究为例［J］. 旅游纵览，2018（10）：231-232.

2. 社会因素

消费者的购买行为也受到一系列社会因素的影响。

（1）参照群体。**参照群体是指能直接或间接影响他人态度或行为的群体**。参照群体可以分为直接参照群体和间接参照群体 (见表 6-3)。

表 6-3　参照群体的类型

参照群体			
直接参照群体		间接参照群体	
首要群体	次要群体	向往群体	厌恶群体

直接参照群体是指个人所属的群体或与其有直接关系的群体，可以进一步分为首要群体和次要群体。首要群体是指与个人直接、经常接触的一群人，倾向于非正式群体，如家庭成员、亲戚朋友、同事和邻居等。与首要群体相比，次要群体比较倾向于正式的群体，他们相互影响较少，比如宗教组织、行业协会、各种工会等。

间接参照群体是指个人不具有成员资格但间接受到影响的群体，可以进一步分为向往群体和厌恶群体。向往群体是个人推崇或希望加入的群体，如体育明星、影视明星就是很多崇拜者的向往群体。相反地，厌恶群体则是遭到个人拒绝或抵制、极力划清界限的群体。

群体对消费者行为的影响，主要表现在以下几个方面。

一是信息的影响。很多时候，消费者对于厂商和营销人员所提供的信息大多持怀疑态度，此时消费者会转向从参照群体中获取所需要的信息。其中作用显著的是意见领袖，这些人在群体中被公认为是某个方面的专家，他们的见解和行为，是其他成员最乐于学习和模仿的。

二是规范的影响。群体成员在行为上具有效仿性，因为人们通常希望能迎合群体。而每个群体总有其基本观念和行为准则，遵守这些准则的人在群体中就会受到赞扬，反之就会受到排斥。为了迎合群体，群体对于产品的态度就会影响到个体的实际产品选择和品牌选择。

三是认同的影响。个体会自觉遵循或内化参照群体所具有的信念和价值观，使自己的行为与群体保持一致，以证明自己在社会上的地位或身份。

【资料 6-3】“种草”的实质

“种草”一词在移动互联网时代开始流行于各类大小美妆论坛与社区，又大量扩散到微博、微信等社交媒体平台。“种草”泛指“把一样事物推荐给另一个人，让另一个人喜欢这样事物”的过程，与之相关的还包括“拔草”“长草”“草族”“自生草”

等一系列“草”系词语。

“种草”其实就是“口碑传播”的网络化语言，本质上是一种基于人际互动的信息传播模式。熟人口碑、舆论领袖、网络社群是“种草”过程离不开的三大渠道。

1. 熟人口碑：强关系—高信任—分享互惠

熟人间的“种草”是建立在一种强关系上的口碑传播，这种强关系意味着人与人之间较高的情感联结和信任度。这种信任在一定程度上减少了消费者筛选商品的时间和精力成本，熟人之间又可以借此话题展开交流，加深感情。由此，熟人口碑大大提升了对熟人“种草”的成功率。

2. 舆论领袖：个性展示—个人品牌—认同与追随

许多博主、网红在社交平台上，以风格十足的个人形象高频出现在公众面前，打造自己的标签化人设，树立个人品牌，拥有很高的转化率。用户在对舆论领袖们的长期关注和投入中获得了一种“认同感”和“代入感”，从而产生价值与情感上的共鸣，这份认同感让用户心甘情愿买单。

3. 网络社群：兴趣联结—群体归属感—社群经济

移动互联网时代，人们的兴趣越来越细分化，越来越多的人热衷于群体化消费，共享消费偏好与消费信任。人们在兴趣社区中相互交流，建立起一种网状的社交关系，进而触发了广泛的社群经济。在互联网环境下，超强的传播效应与社群本身超低的边际成本使得社群非常容易向外拓展，使得“种草”更加容易。

可见，“种草”是当代流行文化的表象，也是人类追求认同感的体现，更是复杂社会关系的集合。

资料来源：http://zhidao.baidu.com/question/103068554.html。作者有删改。

电影推荐：《模范家庭》[美国]

史蒂夫·琼斯一家堪称模范家庭的典范。丈夫英俊、潇洒，体态苗条、健康；妻子性感、漂亮，眼角没有皱纹；孩子知书达礼，成绩不错，周围总是跟着一群朋友。史蒂夫·琼斯先生总是有无穷的时间来休闲和玩乐，琼斯太太总是做着最好、最贵的美容，而他们的孩子总是用着最新、最酷的电子产品。

某天，琼斯一家来到了一个小镇生活。很快，他们就成了小镇的明星家庭，四个家庭成员都用自己的方法融入这个小镇的生活。琼斯家的两位邻居——拉里和莎莫是他们最忠实的粉丝和信徒。可是随着时间慢慢流逝，琼斯先生和琼斯太太之间的矛盾也渐渐显露了出来。

其实不仅仅是这一男一女之间的矛盾，他们的家庭和生活方式都是一个巨大的骗局。原来，琼斯一家是市场营销公司雇来的演员，他们把对奢侈品的消费欲望带到这个小镇，用自己“偶像明星”的地位来推销奢侈的生活方式和生活态度，他们的工作就是刺激小镇居民拼命消费，他们的收入和小镇居民购买的商品数量息息相关。最后，拉里的死让琼斯先生感到愧疚，琼斯先生向小镇居民揭开了真相。

资料来源：百度百科，http://baike.baidu.com/item/模范家庭/11051920?fr=aladdin。

网红经济，是指依托互联网特别是移动互联网传播及社交平台推广，通过大量聚集社会关注度，形成庞大的粉丝群体和定向营销市场，并围绕网红 IP（intellectual property）衍生出各种消费市场，最终形成完整的网红产业链条的一种新经济模式。“网红经济”一词从 2015 年开始进入大众视线，2016 年大量资本进入后，随即把市场带入热潮。大金、左娇娇、林珊珊等一批带货能力强的网红迅速崛起。

不过这股热潮在 2018 年进入冷静期，大金、左娇娇等一些网红的淘宝店铺在“双 11”“双 12”的销量不仅没有增长，有些品类甚至还出现了下滑。

当热潮退去，网红店铺的销售额如何继续增长，已成为所有电商网红孵化公司绕不过去的坎。

宸帆电子商务有限公司的创始人兼 CEO 雪梨在参加天下网商举办的“2018 新网商峰会”时，分享了主题为“后网红时代来临：原创品牌如何捕捉下一个流量风口”的演讲。读者如果有兴趣，可以自行到 https://baijiahao.baidu.com/s?id=1623419086734908735&wfr=spider&for=pc 上了解、学习。

（2）家庭。**家庭**是以婚姻关系、血缘关系和收养关系为纽带而结成有共同生活活动的社会基本单元。家庭是社会中最基本的也是最重要的购买组织。在正常情况下，人的一生都是在家庭中度过的，家庭的规模、收入、结构、生命周期、成员间的关系等都会影响个体的购买行为。

1）家庭生命周期。家庭生命周期是指消费者从离开父母家庭独立生活开始，到家庭自然解体为止所经历的全过程。家庭生命周期可分为五个阶段，每个阶段的需求重点和购买行为都各有特点（见表 6-4）。

表 6-4　家庭生命周期不同阶段及其购买行为特点

家庭生命周期		购买行为特点
单身阶段		年轻，收入不高，无经济负担；崇尚娱乐和休闲，消费观念新潮。基本生活必需品和娱乐消费比例高
新婚阶段		新婚到第一个孩子出生，有较高的可支配收入，是昂贵服装、高档家具、餐馆饮食、奢侈度假等产品和服务的重要消费人群
满巢阶段	Ⅰ	最大的孩子在 6 岁以下，需要较多时间照看。婴儿食品、服装、玩具、早期教育产品和服务需求增加
	Ⅱ	最小的孩子在 6 岁以上。看护孩子的一方已重新工作，经济状况好转但消费慎重，极少受广告的影响，倾向于购买大规格包装的产品
	Ⅲ	孩子中有的已经工作，但最小的孩子未独立，家庭经济状况明显改善。家庭消费习惯稳定，可能购买富余的耐用消费品和奢侈品
空巢阶段	Ⅰ	子女独立，但家长还在工作，是人生的黄金时期。很多父母会出现一些补偿性消费，如继续接受教育、健身美容、休闲度假等
	Ⅱ	子女独立，家长退休。家庭收入大幅度减少，消费更趋谨慎，倾向于购买有益健康的产品；同时，可自由支配的时间多，不少人开始追求新的爱好和兴趣，如旅游、参加老年俱乐部等
解体阶段		夫妻中的一方过世，家庭进入解体阶段。此时最需要的是医疗保健、生活服务和老年社交活动

由于消费者在家庭生命周期不同阶段的需求和消费行为具有较大差别，因此企业

可以制订专门的市场营销计划来满足相应的需求。

2）家庭购买决策。家庭购买决策会因产品的不同而有很大差异，一般来讲，家庭购买决策有四种类型：丈夫主导型、妻子主导型、自主型、协商型。在保险、汽车、高科技新产品等方面，丈夫往往拥有主导权。日用杂品、日常衣着、食品等的购买则主要由妻子承担，不过现在双职工家庭工作状态下不少丈夫也开始参与许多日常消费品的购买活动。在购买价格昂贵的耐用消费品时，家庭决策模式也变得复杂，如在购房、装修和度假时，多由夫妻共同来做决定。营销人员应该了解具体商品的购买是以怎样的家庭购买决策模式展开的，了解不同家庭成员在购买过程中的不同作用以及相互之间的影响，以便更好地引导家庭成员做出购买决策。

（3）角色与地位。每个人在社会中同时属于许多不同群体——家庭、组织机构、网上社区等，个人在每个群体中的位置可以用角色与地位来定义。角色是个体周围的人对该个体行为的期望所组成的。每种角色都拥有一种地位，反映社会对于此人的尊重程度。

人们总是选择同自己角色与地位相适应的产品。例如，一位上班族的女性有几种不同的角色：在公司里，她是人力资源部经理；在家里，她是妻子和母亲；在社群里，她是某健身俱乐部的狂热粉丝。在公司里，她会穿能够反映出自己在公司里的角色与地位的服装。在健身时，她会穿和队友同样品牌、款式的运动装。

3. 个人因素

消费者在做出购买决策时，也受到个人因素的影响，这些个人因素包括：消费者的年龄、性别、教育、职业、经济状况、生活方式、个性和观念等。

（1）年龄。人们对产品或对服务的需求常常和年龄有关。每个人从出生到死亡都要经历婴儿期、儿童期、青年期、成年期、中年期和老年期六个阶段，不同年龄阶段的消费者有不同的需求心理和行为。比如，儿童喜爱食物和玩具，少年热衷于体育活动和电子游戏，青年喜欢流行时尚产品和娱乐项目，中年人关心居家用品，老年人需要医药保健。值得注意的是，由于现代社会人们信息交流的迅猛发展，不同年龄段的人群在信息获取、心态和行为上趋同，年龄界限逐渐模糊难分，因此，在关注年龄对购买决策的影响时，营销人员不仅要注意消费者的生理年龄，更应该关注其心理年龄。

（2）性别。性别不同的消费者，对商品往往有不同的要求，也给其购买行为带来差异。例如，女性对服装、化妆品、零食、日用品比较感兴趣，男性则对家用电器、电脑、轿车、高科技产品等感兴趣；女性挑选商品时比较细致、耐心，喜欢流行式样，而男性则比较果断、迅速。

（3）教育。受教育程度不同的群体在价值观、审美观上也会有较大差异，这会直接反映到消费行为上。通常，受教育程度较高的消费者，对书籍、报刊等文化用品的需求量较大，购买商品时较理智；受教育程度低的消费者在购买商品时容易冲动，且更多表现出从众性。

（4）经济状况。经济状况取决于可支配收入水平、储蓄、资产和借贷能力。一个人的经济状况会直接影响其购买行为的发生，购买商品的数量，以及购买商品的种类和档次。

（5）职业。不同职业的消费者，有着不同的兴趣和习惯，对商品的需求和偏好也各不相同。比如，企业家与普通工人、大学教师与农民、军人与模特，其职业不同，需求差别也很大。企业应尽量发现对其产品和服务具有特定需求的职业群体，并根据其特点来开发适销对路的产品和服务，从而取得更好的经济效益与社会效益。

（6）生活方式。**生活方式**是人们生活、花费时间和金钱的方式的统称，它反映了人们的个人活动、兴趣和态度。可以说，生活方式是影响个人行为的心理、社会、文化、经济等因素的综合反映，勾画了人与环境相互作用后形成的更完整的个人特性，呈现了一个人生活具体的所思所为，它比社会阶层、文化、个性等概念更能反映人的特性。比如，来自相同的亚文化群体和社会阶层，甚至来自相同职业的人们，也可能具有不同的生活方式，因而其实际需求和购买行为与相同社会阶层的其他消费者大相径庭，如节俭者、奢华者、守旧者、革新者、素食者、自我主义者，都代表着各种不同的生活方式，会表现出相应的消费行为。营销人员可以根据生活方式细分市场并选择目标消费者，仔细研究自己的产品和品牌与消费者生活方式之间的联系，并以此为依据来制定相应的营销策略，推动消费者做出购买决策。

（7）个性和自我观念。**个性**是指个人的气质、性格、能力和兴趣等心理特征的统一体，它导致了一个人对其所处环境的相对一致和持续不断的反应。消费者千差万别的购买行为往往是以他们各具特色的个性心理特征为基础的。人们倾向于通过购买不同的产品和品牌以展示自己独特的个性，比如一个张扬外放的人较少选择朴素沉闷的衣服；相反，一个安静内敛的人相对也较少选择花里胡哨的衣服。企业必须充分了解其目标消费者的个性特点，制定产品宣传策略，树立与其个性相符的品牌形象，借以亲近目标消费者，获取竞争优势。

与消费者个性相关的另一个概念是自我观念。**自我观念**是个体对自身一切的知觉、了解和感受的总和，它是个体自身体验和外部环境综合作用的结果。一般认为，消费者将选择那些与自我观念相一致的产品与服务，避免选择与自我观念相抵触的产品和服务。例如，北京的“珞珈咖啡”成为“武大人在北京”的象征（武汉大学坐落在珞珈山上），受到许多武大校友的追捧。在营销实践中，企业可以利用广告诉求或广告代言人的形象风格来使产品或品牌形象与目标消费者的自我观念相匹配。

4. 心理因素

消费者的购买行为是受消费者心理因素支配的。对消费者购买行为具有显著影响的心理因素包括动机、感觉和知觉、学习、信念和态度等心理过程。

（1）动机。根据心理学的观点，**动机**是一种驱使人满足需要、达到目的的内在动力，它促使人们产生行为。应用到消费者购买行为上，即消费者存在尚未满足的需要（比如渴得口干舌燥），会产生内心的紧张或不适，当达到一定程度时，便会产生驱使力以促使消费者采取行动（比如购买饮料）来满足其需要，以降低紧张或不适。仔细剖析此过程，我们可以发现，动机的产生应具备两大条件：一是内在条件，即需要达到一定强度，需要越强烈，则动机越强烈；二是外在条件，即要有诱因的存在，诱因是指驱使个体产生一定行为的外在刺激，也即个体的需要达到一定强度且有诱因存在时就会产生动机。例如，当行人口渴达到一定程度并且附近商店有饮料出售的时候，其才会产生购买饮料的动机。

动机是引发消费者购买行为的直接原因和动力，因而对动机的研究就显得尤为重要。心理学家曾经提出了许多有关人类行为动机的理论，其中最著名的有西格蒙德·弗洛伊德的精神分析论、亚伯拉罕·马斯洛的需要层次论、弗雷德里克·赫茨伯格的双因素理论。

1）弗洛伊德的精神分析论。该理论认为，形成人们行为的真正心理因素大多是无意识的，人们往往不能真正了解自己购买行为的真实动机，只有靠专业研究人员才能去发掘个体的内在动机。例如，一个人买奔驰汽车，真实原因不是奔驰质量过硬，而是想通过这一购买行为炫耀自己所拥有的社会地位。

2）马斯洛的需要层次论。美国著名心理学家马斯洛在1954年发表的《动机与人格》中提出：人类的需要层次由低至高可依次分为五个层次，即生理需要、安全需要、社交需要、尊重需要和自我实现需要，如图6-3所示。

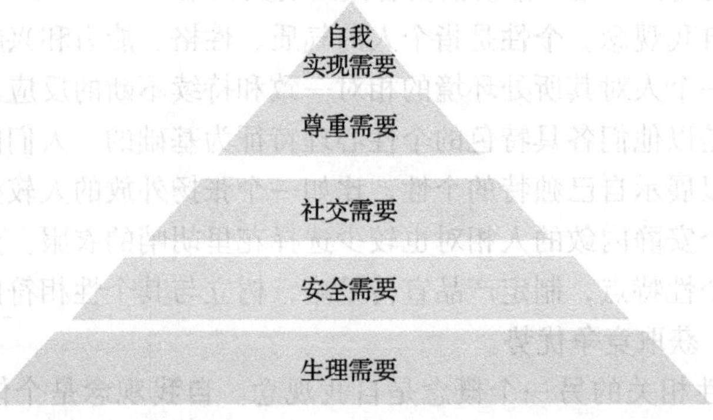

图6-3 马斯洛的需要层次论

一般而言，人类的需要由低层次向高层次发展，在低层次需要获得满足以后才追求高层次的满足。当然，在同一时期，一个人可能同时存在几种需要，但总有一种需要占支配地位，对行为起决定作用。当这一主导需要被满足后就会失去对人的激励作用，人们就会转而注意下一个相对重要的需要。

3）赫茨伯格的双因素理论。赫茨伯格于1959年创立的双因素理论把动机与工作联系了起来，提出影响工作满意与不满意的两类因素——激励因素和保健因素。双因素理论同样可以用于消费者行为分析。相应地，企业用于引导消费者购买行为的市场营销因素可以分为保健因素和激励因素，保健因素是推动消费者购买的必要条件，激励因素是促进条件。在有选择余地的情况下，对保健因素不满，消费者就肯定不会购买；但仅对保健因素满意，还不足以使其购买，只有在对激励因素也满意时才会购买。例如，在电冰箱问世的初期，制冷功能和耐用性是必要条件，而耗电少是促进条件。但是，随着电冰箱的普及和更新换代，耗电少演变为必要条件，款式成为促进条件。因此，企业市场营销人员在分析消费者购买动机时，必须特别注意分析特定时期推动消费者购买的保健因素和激励因素。

人口增长导致的食品短缺、植物性饮食潮流、降低碳排放的环保意识增强等因素，正在推动人造肉产业的快速发展。来自欧睿的数据显示，全球人造肉市场在2017年和2018年分别增长了18%和22%。2016～2017年，全球素食主义者增加量的前十个国家数据显示，东南亚、欧洲是最主要的增长区域。国外人造肉产业的快速发展也波及了中国市场。此前，有行业人士对外界透露，一些原本就掌握植物蛋白加工技术的国内企业，也开始加速转型，在原有业务基础上新开辟“植物人造肉”产品线。

人造肉会成为现有肉产品的替代品吗？你会喜欢人造肉吗？读者如果有兴趣，可以自行到http://finance.sina.com.cn/chanjing/cyxw/2019-05-09/doc-ihvhiews0885416.shtml上了解、学习。

（2）感觉和知觉。消费者有了购买动机后，就开始采取购买行动，而购买行动会受到其对刺激物（如商品）和情境（如店铺面貌等）的认知过程的影响。这一认知过程始于对刺激物的感觉。

感觉是人脑对当前直接作用于感觉器官的客观事物个别属性的反应，例如，人们通过视觉、听觉、嗅觉、味觉和触觉五大感觉系统来获取刺激信息（如某种商品的形状、大小、颜色、声响、气味、口感、触感等），这些感觉到的刺激信息在人脑中被联系起来并进行初步的分析综合，形成人对刺激物的整体反应，也就是知觉。**知觉**即人类对直接作用于感觉器官的客观事物各个部分和属性的整体反应。当然，消费者的知觉结果不仅取决于刺激物的特征，还依赖于刺激物同周围环境的关系以及个人所处的状况。两个具有同样动机、处于同样环境的消费者，对同样的刺激物也可能会产生不同的知觉，进而采取完全不同的行动。原因在于人们要经历三种不同的知觉过程：选择性注意、选择性扭曲和选择性记忆。

1）选择性注意，是指人们在日常生活中面对大量刺激，不可能全部加以注意，往往只会关注那些自己感兴趣或者对自己有意义的事物和信息。研究表明：①人们会更多地注意那些与当前需要有关的刺激物；②人们会更多地注意他们期待的刺激物；③人们会更多地注意在特征上与一般刺激物有较大差异的刺激物。因此，为了尽量吸引消费者的注意力，一方面，企业营销人员要特别注意向“潜在用户”发出促销信息，以提高信息的接收率；另一方面，营销人员还需要提高刺激信息的差异性和辨别度，让信息更容易被人们捕捉并注意到。

2）选择性扭曲，是指人们将收到的信息加以扭曲，使之合乎自己的认识或意愿。比如，当消费者不信任某一品牌时，即使该品牌产品如其广告所言确有其效，消费者也会质疑广告的真实性。对此，营销人员往往也无能为力，只能理解甚至迎合消费者的思路，并分析这些思路对广告和销售信息的解释会产生怎样的影响。

3）选择性记忆，是指人们倾向于保留那些与其态度和信念相符的信息。比如，消费很可能只记住某个品牌产品的优点，而忘记其他竞争性品牌的好处。

总之，企业营销人员应当仔细分析消费者的特点，精心设计促销活动，来突破消费者知觉选择性的壁垒，使企业的营销信息被消费者选择成为知觉对象，并形成有利于本企业的知觉过程和知觉结果。

（3）学习。许多消费行为都来源于后天学习。**学习**是指经验引起的个人行为或行为潜能的持续性改变。消费者的学习是通过驱使力、刺激物、诱因、反应和强化的相互影响而产生的（见图 6-4）。比如，学校旁边新开了一家餐馆，你去尝鲜后发现就餐过程体验非常好，这样你对该餐馆的反应就得到了强化。下一次你再面临就餐选择时，该餐馆被选中的可能性就会很大。学习对营销人员的意义在于，营销人员可以把学习与驱使力联系起来，运用刺激性暗示和提供强化等手段来介入消费者的学习过程，从而推动消费者对本企业产品的需求。

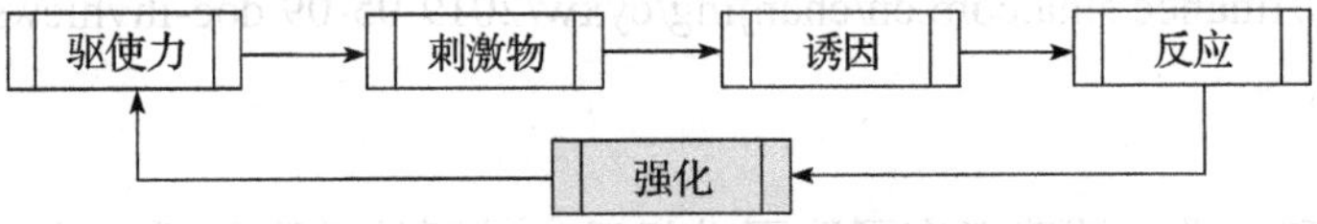

图 6-4 消费者的学习过程

（4）信念和态度。消费者在购买和使用商品的过程中形成了信念和态度，它们又转而影响消费者的购买行为。

1）**信念**，即一个人对事物所持有的确定性看法。企业应该关注人们对其产品和服务所持的信念，因为这些信念树立了产品品牌的形象。如果某些错误信念阻碍了消费者的购买行为，营销人员应该开展促销活动以纠正这些信念，尽可能为本企业树立良好的产品品牌形象。

2）**态度**，即一个人对某些事物或观念长期持有的认识上的评价、情感上的感受和行动倾向。态度一经形成，具有相对持久和稳定的特点，改变较为困难。因此，企业在开发产品时，最好使产品适应目标消费者的意向，与目标消费者的既有态度相一致。对与态度相悖的现有产品，企业则要有耐心制定对策去尝试改变消费者的态度，因为改变消费者的态度是需要时间的。

【资料 6-4】 TFBOYS 的王俊凯获得微博转发次数最多的吉尼斯世界纪录

2014 年 9 月 21 日，TFBOYS 的粉丝助力队长王俊凯在 15 岁生日当天在微博上写道：“今天我 15 岁了，有那么多的你们陪伴我，谢谢这几年来你们的一直陪伴，《给十五岁的自己》不仅是给自己的生日歌，也是送给所有支持我的你们。”这条微博受到他粉丝的热烈追捧，在创下微博转发纪录的同时，还得到 200 多万次的评论和 52 万多次点赞。

2015 年 6 月 22 日，吉尼斯世界纪录（全球最权威的纪录认证机构）正式宣布该博文截至 2015 年 6 月 19 日中午 12 点共被转发 42 776 438 次，获得吉尼斯世界纪录“转发最多的一条微博信息”的称号，这也成为微博上诞生的第三个世界纪录。

请思考：新时代的粉丝经济，远比你想象的疯狂。粉丝不仅是优质的目标消费者，也是最忠诚的消费者。你能否提炼出“粉丝经济”发展的背后原因？

6.2 组织市场与购买行为分析

企业不仅把商品和服务出售给消费者个人和家庭，还把大量的原材料、零部件、机器设备、供给品、办公用品及相应的服务提供给各类组织用户——生产企业、商业企业、社会团体、政府机构等。这些组织用户构成了市场体系中一个庞大的子市场，即组织市场。组织市场的购买行为特征及其购买决策过程与消费者市场相比有着显著的差异。

6.2.1 组织市场概述

1. 组织市场的概念和类型

组织市场就是由以组织机构为购买单位的购买者所构成的市场，它与消费者市场相对应，消费者市场是个人市场，而组织市场是法人市场。根据不同的购买目的，组织市场可以分为以下四种类型。

（1）生产者市场。生产者市场又称产业市场，是指购买产品或服务用于制造其他产品或服务，然后销售或租赁给他人以获取利润的单位和个人。该市场主要由以下产业构成：农业、林业、渔业、采矿业、建筑业、运输业、通信业、公共事业、金融业、保险业和服务业等。

（2）中间商市场。中间商市场又称转卖者市场，是指购买产品用于转售或租赁以获取利润的单位和个人，包括批发商和零售商。

（3）非营利组织市场。**非营利组织**（non-profit organization，NPO），泛指不以营利为目的，不从事营利性活动的组织，目标通常是支持或处理个人关心或者公众关注的议题或事件，如环保、扶贫、弱势群体保护等，是介于政府与营利性企业之间的“第三部门”。在我国，非营利组织主要是指各类以推进社会公益为宗旨的公众团体。

（4）政府市场。政府市场是指为了执行政府职能而购买或租用产品的各级政府部门所构成的市场。政府市场也可以被视为一种特殊性的非营利组织市场。政府采购市场的规模为政府财政支出中政府消费和政府投资的总和，通常占一个国家或地区年度 GDP 的 10% 以上，在发展中国家，这一规模甚至可高达 20% ～ 30%。

2. 组织市场的特点

（1）购买者较少、购买量较大。在组织市场上，购买者绝大多数是各类企业和组织。与消费者市场相比，组织市场的购买者数量相对更少，但每次购买规模往往更大。

（2）供需双方关系密切，购买者地理位置相对集中。在某些行业的组织市场上，购买方占据一定的垄断地位（比如石油、钢铁等），供应商为了长期发展不得不尽力维护双方的关系。同时，由于各地资源、交通运输和历史情况等原因，某些产业在地理位置上往往也集中于少数地区。例如，中国的家电企业大多分布在珠三角、长三角和胶东半岛；纺织服装制造业绝大部分分布于东部沿海地区的浙江、江苏、福建、广东、山东五省；机械制造业主要集中在东北、山西、湖南、湖北这类重工业基础雄厚的地区；现代金融业则分布在北京、上海、深圳等城市。

（3）派生需求，需求波动性大。组织市场的需求由消费者对最终产品和服务的需求派生而来，没有消费者市场的相应需求，组织市场需求就会失去动力和源泉。如果最终用户对产品的需求下降，那么企业作为组织市场的购买者，其购买量也将减少。根据西方经济学家的研究，有时消费者市场需求发生 10% 的变化，会使生产者市场需求发生 200% 的变化。可见，消费者需求的少量变化会带来生产者市场需求的大变动。

（4）需求缺乏弹性。组织市场对产品或服务的需求受价格变动的影响较小。例如，生产者很难在短期内根据价格变动而改变生产工艺和生产计划，或是马上找到满意的替代品。同时，如果原材料成本在整个制造成本中所占比重很小，那么这种原材料的价格需求弹性自然也就不充分。

（5）专业化采购。组织市场的购买者大都是经过训练的专业人员，他们具有丰富的专业知识和较强的技术能力，与个体消费者相比，他们更不易受外界因素的影响，这就要求组织市场的营销方必须对自己及竞争对手的产品技术资料了如指掌。

（6）购买方式多样。组织市场购买者往往采用直接购买、租赁或互惠购买等多种方式来取得所需产品。例如，企业购买者经常直接从生产厂商那里购买产品（一些技术复杂、单价较高的产品，如飞机、机器设备等），而非经过中间商环节；为了节约成本，一些购买者也越来越倾向通过租赁方式来取得所需产品；政府部门及非营利组织大多通过招标方式购买。

6.2.2 生产者市场

1. 生产者购买行为的主要类型

根据购买决策的复杂程度，生产者购买行为可分为以下三类。

（1）**直接重购**。直接重购是指用户按照过去的订货目录和基本要求重新订购，这是最简单的购买类型。通常，许多直接重购都是通过自动订购系统来定期购买或定量购买。一般来说，当买方选定某个供应者生产的产品，这种交易关系就极可能持续下去，其他竞争对手想挤进来需要付出极大的努力。针对该类购买行为，被列入采购名单的供应商要努力保持产品和服务的质量，以稳定现有顾客；而未被列入采购名单的供应商则要努力提供更有竞争力的产品和服务，以促使购买者转移购买并争取更多的订单。

（2）**修正重购**。修正重购是指购买方虽然购买同种产品，但需要改变产品的规格、数量、价格等条件或重新选择供应商。相比直接重购，修正重购要复杂一些，通常需要做一些新的调查和决策，购买过程涉及的人数也要多一些。该类购买行为会对原供应商造成压力，他们需要及时沟通、积极改进产品和服务，以保住现有的客户；而对供应商名单外的企业而言，这却恰是开拓新的业务对象、扩大销量的好机会。

（3）**全新采购**。全新采购是指用户首次购买某种产品或服务，这是最复杂的购买类型。由于是第一次购买，没有经验可循，因此用户在采购前需要搜集信息。一般来讲，成本越高或风险越大，需要掌握的市场信息就越多，参与决策的人数也越多，完成决策所需的时间也越长。该类购买行为对市场营销人员来说，既是最好的机会，也是最大的挑战。由于买方行动谨慎，选择面广，因此要达成交易并非易事。对此，许多企业会派出最优秀的推销小组，尽可能广泛地接触购买决策的关键影响者，积极提供尽可能多的信息和帮助，以促成交易。

2. 生产者购买决策的参与者

由于生产者市场购买决策比较复杂，涉及金额较多，一般会有多人参与购买决策过程。除了专职的采购人员，还有一些其他人员也会参与，所有参与购买决策过程的人员构成采购组织的决策单位，在营销学中我们称之为采购中心。采购中心成员在购买过程中分别扮演以下角色。

1）发起者。发起者是提出购买要求的人，他们可能是使用者，也可能是其他人。

2）使用者。使用者是企业内部具体使用产品或服务的人。多数情况下，这些使用者往往是首先提出购买建议的人，他们在计划购买产品的品种、品牌、规格中起着重要作用。

3）影响者。影响者是企业内部和外部能够直接或间接影响采购决策的人员。他们通常协助确定产品规格和购买条件，提供方案评价的情报信息。企业的技术员、工程师大多是采购任务的重要影响者。

4）决策者。决策者是指有权决定购买产品和供应商的人。供应商应当设法搞清楚谁才是决策者，以便有效地促成交易。一般来说，在标准品例行采购时，决策者就是采购者。而在复杂采购时，决策者往往是企业主管。

5）批准者。批准者是指有权批准决策者或购买者所提购买方案的人员。

6）采购者。采购者是指被赋予权力按照采购方案选择供应商与商谈采购条款的人员。在较重要的购买过程中，购买者，或许也包括高层管理人员一起参加交易谈判。

7）信息控制者。信息控制者是指企业外部和内部能够控制信息流向采购中心成员的人员。

需要说明的是，采购中心的规模和人员构成会因采购产品种类、企业自身规模大小和企业组织结构不同而有所差异。对于生产资料供应商的营销人员来说，对以下问题做出正确分析判断显得尤为关键：谁是购买决策的参与者？会影响哪些决策？有多大的相对影响？各自所用的评价标准是什么？对这些问题的分析是否正确将直接决定供应商能否通过采取有针对性的营销措施来实现成功销售。

3. 影响生产者购买决策的主要因素

韦伯斯特和温德模型[㊀]将影响生产者购买行为的主要因素概括为四类：环境因素、组织因素、人际因素和个人因素（见图6-5）。

㊀ 韦伯斯特和温德模型主要围绕产业用品购买决策和决策行为，尽量多地考察环境、组织、采购核心及购买人员个人因素等四类因素的影响。

环境因素	组织因素	人际因素	个人因素
市场需求水平 经济前景 资金成本 产品供应情况 技术创新速度 政治与制度发展 市场态势 ……	企业战略 经营目标 政策 程序 组织结构 制度 ……	职权 地位 利益 影响力 相互关系 ……	年龄 收入 受教育程度 个性 偏好 风险意识 ……

图 6-5　影响生产者购买决策的主要因素

（1）环境因素。企业外部环境因素包括市场需求水平、经济前景、资金成本、产品供应情况、技术创新速度、政治与制度发展、市场态势等。其中，经济环境的影响相对更为重要。因此，营销人员要密切关注这些环境因素，做出准确分析，力争将问题变成机遇。

（2）组织因素。组织因素即企业本身的因素，包括企业战略、经营目标、政策、程序、组织结构和制度等。营销人员必须对以下问题展开层层剖析：企业用户的战略和经营目标是什么？为支撑战略和实现经营目标，他们需要采购什么？采购程序是怎样的？都有谁参与采购或对采购产生影响？他们采购的评价标准是什么？该企业对采购人员有哪些政策要求和限制？……

（3）人际因素。采购中心不同角色（发起者、使用者、影响者、决策者、批准者、采购者和信息控制者）在企业中的职权、地位、利益、影响力和相互关系各不相同，这种人际关系状况会影响组织的购买。供应商的营销人员应当积极了解每个人在购买过程中扮演的角色以及相互之间的关系，并积极利用这些因素促成交易。

（4）个人因素。个人因素即企业用户内部参与购买过程的有关人员的年龄、收入、受教育程度、个性、偏好和风险意识等因素。虽然与个体消费者市场相比，生产者市场的购买行为更理性，但参与购买决策的仍然是一个个具体的人，在做出决定和采取行动时，还是会不可避免地受到这些个人因素的影响。因此，市场营销人员需要了解企业采购中心成员的个人情况，以便采取相应的营销措施。

4. 生产者购买决策过程

生产者购买决策过程取决于组织购买类型。例如，在直接重购这种最简单的购买情景下，购买决策过程的阶段最少；在修正重购情况下，购买决策过程的阶段多一些；而在全新采购这种最复杂的情况下，购买决策过程的阶段最多，要经过八个阶段（见表 6-5）。

表 6-5　生产者购买决策过程

购买阶段	购买类型		
	全新采购	修正重购	直接重购
1. 认识需要	是	可能	否
2. 确定需要	是	可能	否
3. 说明需要	是	是	是
4. 物色供应商	是	可能	否
5. 征求供应建议书	是	可能	否
6. 选择供应商	是	可能	否
7. 签订合同	是	可能	否
8. 绩效评价	是	是	是

（1）认识需要。需要是生产者购买决策过程的起点，可以由内部刺激或外部刺激引发。内部刺激：如企业推出新产品，需要购置新设备和原材料来生产这种新产品；库存水平下降需要补充购进生产资料；已购原料质量不好，需更换供应商等。外部刺激：如采购人员看到商品广告、参加展销会或接受营销人员的推销等，发现了更物美价廉的产品，促使他们提出采购需求。由此，供应商营销人员应该主动推销，经常开展广告宣传活动，派人访问用户，增强外部刺激，发掘潜在需求。

（2）确定需要。认识到某种需要之后，生产者要进一步确定所需产品的品种数量等。简单的采购任务由采购人员直接决定就可以，而复杂的采购任务，采购人员需要会同其他部门人员（使用者、技术人员、高层管理人员或顾客等）共同决定所需项目的可靠性、耐用性、价格等总体特征。在这个阶段，供应商营销人员应向买方提供有关产品特性的信息，协助买方确定需要。

（3）说明需要。确定需要之后，企业采购组织要着手对所需品种进行价值分析，做出详细的技术说明，作为采购人员评判取舍的标准。供应商的营销人员也要运用价值分析技术，向顾客说明其产品的良好功能。

（4）物色供应商。做出详细的技术说明后，采购人员要根据产品技术说明书物色最佳的供应商。如果是全新的采购模式，而且采购复杂的、价值较高的品种，企业往往会花较多时间慎重选择供应商。同样，供应商也应努力制定一个强有力的广告和促销方案，在市场上建立良好信誉，以设法进入顾客主要的供应商名录中。

（5）征求供应建议书。对备选供应商，购买者应请他们提交供应建议书。如果涉及采购复杂的、价值高的产品，购买者应让每个潜在的供应商都提交详细的书面建议。然后，从各个供应商中筛选最合适的，要求他们提供正式的供应建议书。因此，供应商的营销人员应根据市场情况，写出实事求是而又与众不同、打动人心的供应建议书，力求全面而形象地表达所推销产品的优点和特性，力争在众多的竞争者中获得成交。

（6）选择供应商。在收到多个供应商的供应建议书后，采购者将根据资料选择最有吸引力的供应商。评价供应商的标准主要包括供应商的产品质量、性能、价格、信誉、技术能力、服务质量、交货能力、货款结算方式、财务状况和地理位置等。当然，企业在最后确定供应商之前，有时还要和供应商面谈以争取更优惠的条件。不少企业最后确定的供应商往往不止一个，而是若干个（如一个为主、其他几个为辅），其目的在于：一是避免买方过度依赖一个供应商，以免受制于人；二是促使供应者之间为争得较大份额而展开竞争，从而提供更优质的服务或更优惠的条件。

（7）签订合同。在选定供应商后，供求双方要正式签订合同或订单，并在其中详细规定交货数量、交货时间以及退货条款和保证条款等具体细节。当前，许多企业不再使用“定期采购订单”，而更倾向于使用“一揽子采购”合同，即与供应商建立长期供货关系，当企业需要合同中规定的品种时通知供应商，供应商即按原定价格和交货条件随时供货，这样可以减少采购企业多次购买签约的成本，也减轻了库存的压力，加快了资本周转。

（8）绩效评价。产品购进后，采购者还会及时向使用者了解其对产品的评价，考查比较各供应商的履约情况，并根据了解和考查的结果，决定延续、修正或停止向某供应商采购。为此，供应商在产品销售出去以后，要加强追踪调查和售后服务，以赢得采购者的信任，保持长久的供求关系。

创建于1987年的华为已经成长为一家中国巨擘、全球最大电信设备供应商和全球第二大手机制造商、5G技术的领头羊。华为的成长与其供应商的发展息息相关。在全球化技术合作和产业发展的浪潮下，华为产业链上下游企业间逐步形成了相互依赖、荣辱与共的紧密联系，与全球范围13 000多家企业通过互利、互信、互助的合作，共同打造健康的ICT（information and communication technology，即信息和通信技术）产业链。

据国信证券分析师统计，华为累计拥有超过2 000家供应商，从上游品类角度看，连续十年成为华为金牌供应商的公司包括DHL、富士康、高通以及Analog Devices等。华为采购管理有何经验？读者如果有兴趣，可以自行到https://scs.huawei.com/supplier/about-purchasing-value.html上了解、学习。

6.2.3 中间商市场

中间商专门媒介商品流通，主要是指各类批发商和零售商。和生产者市场相似，中间商市场也属于营利组织市场，因此两者在购买行为上有很多相似之处。但两者在社会再生产中所处位置和职能不同，因而在采购业务类型和采购决策等方面也各有独特之处。

1. 中间商购买行为的主要类型

（1）购买全新产品。购买全新产品即第一次购买某种从未采购过的新品种。中间商考虑新购主要依据欲购产品市场前景的好坏、买主需求强度、产品获利的可能性等因素来决定。其购买决策过程的主要步骤与生产者购买大致相同，也由八个阶段构成。

（2）选择最佳供应商。选择最佳供应商即中间商需要购买的产品已经确定后，需要考虑选择最佳的供应商，确定从哪家卖主进货。中间商做此决策的原因在于：一是由于仓储条件或资金等限制，中间商不能经营目前所有供应商的产品，只能选择经营一部分合适的供应商产品；二是中间商打算提供自有品牌产品，需要物色合适的生产加工企业。

（3）寻求更佳条件。寻求更佳条件即中间商并不想更换供货商，只是试图从原有供应商那里获得更为有利的供货条件，如更优惠的价格折扣和运费津贴、更合适的信贷条件、更积极的促销合作等。

（4）直接重购。直接重购即中间商的采购部门按照过去的订货目录和交易条件继续向原有的供应商购买产品。

2. 中间商的主要购买决策

（1）选择购买时间和确定购买数量。中间商对购买的时间和数量往往有着严苛的要求，既希望能及时满足顾客需求，又希望最大限度地减少库存，加快资金周转，尤其季节性商品、流行性商品以及生鲜商品，在交货的时效性和精准性上要求更高。随着信息技术的发展，无库存采购、及时供货制度等供应链管理的优化可以帮助中间商实现用最小的库存成本，最大限度地提升服务水平。

（2）选择供应商。中间商的购买活动一般具有较强的计划性和理智性，因而对供应商的选择也比较慎重。在遴选供应商时，厂商的品牌、声誉、商品质量、品种规格、产品销售前景、供货能力和合作诚意等标准均在考虑之列。因此，生产企业在设计和开发商品时需要考虑最终用户的需求，而销售商品时却要考虑满足中间商的需求。

（3）明确供货条件。供货条件的优劣直接关系到中间商的效益，因而中间商需要尽可能从供应商那里获取更多的优惠供货条件，如价格折扣、运费折让、促销津贴、交货迅速、退货保障、付款账期、售后服务及其他交易条件。

（4）配货决策。配货决策是指中间商关于拟经营产品的品种结构的决策，即确定有关拟采购产品组合的广度、深度与关联度。中间商的配货决策会影响到从哪家供应商进货（即中间商的供应商组合），也影响到中间商的营销组合和顾客组合。因此，配货决策是在所有中间商购买决策中最基本且最重要的购买决策。一般来讲，配货策略主要有以下四种。

1）独家配货：中间商只经销或代理一家制造商的产品。

2）专深配货：中间商经销多家制造商生产的不同品牌的各种型号规格的同类产品。

3）广泛配货：中间商经销某一行业多家制造商生产的多个系列、多品种的产品，它比专深配货的产品组合要宽。

4）综合配货：中间商同时经销多家制造商生产的范围广泛且互不关联的多种产品，如百货商店、超级市场、仓储式商店都属于这一类型。与广泛配货相比，它的产品组合的关联度要弱一些。

3. 影响中间商购买决策的主要因素

和生产者市场一样，中间商的购买行为同样受环境因素、组织因素、人际因素和个体因素的影响，在此不再赘述。这里主要补充采购者个人的购买风格的影响。美国学者罗杰・A. 迪金森（Roger A. Dickinson）将中间商的购买风格分为七大类：忠诚型购买者、随机型购买者、最佳交易型购买者、创造型购买者、广告型购买者、斤斤计较型购买者、琐碎型购买者。

供应商的市场营销人员只有仔细把握中间商顾客的采购风格及其购买决策背后的各类影响因素，才能有效采取相应的营销措施来影响其购买行为，成功推销出自己的产品。

6.2.4 政府市场与非营利组织市场

1. 政府市场

政府市场是非营利组织市场的重要构成部分。政府市场是一个巨大的市场，虽然进入困难，但是对供应商极具吸引力：需求量大而稳定、回报丰厚、通过合作能提高供应商的声誉和社会地位等。政府市场几乎成为各个供应商营销的必争之地，了解和研究政府采购的原则及影响政府采购决策的因素就很有必要。

（1）政府采购的原则。政府采购主管部门应当根据经批准的预算和其他财政性资金的使用计划编制和公布采购计划，采购环节应遵循公开、公平、公正原则，追求勤俭节约和效益统一。

（2）政府采购的类型。一般来说，政府采购组织可以分为行政部门的购买组织和军事部门的购买组织两种类型。

1）行政部门的购买组织。行政部门的购买组织有国务院各部、委、局，省、直辖市、自治区所属各厅、局等，这些机构的采购经费主要由财政部门拨款，由各级政府机构的采购办公室负责具体经办。

2）军事部门的购买组织。军事部门采购的军需品包括军事装备（武器）和一般军需品（生活消费品）。各国军队都有国防部和国防后勤部（局）。国防部主要采购军事装备，国防后勤部（局）主要采购一般军需品。在我国，中国人民解放军总装备部负责军事装备的采购与分配；中国人民解放军总后勤部负责采购和分配一般军需品；各大军区、各兵种也设立后勤部门负责自己所需军需品的采购。

（3）影响政府购买的影响因素。与生产者、中间商市场一样，政府市场也要受到环境、组织、人际和个人四大因素的影响。此外，以下几个因素对政府市场的购买行为有着独特的影响。

1）社会公众的监督。虽然每个国家的政治经济制度不同，但政府的采购工作都要受到监督。在西方国家，监督者有国会和预算局，它们会审查政府的开支，密切关注政府如何使用纳税人的钱，严厉抨击浪费行为。此外，一些民间监督机构或媒体机构也会监督政府机构，保护纳税人的利益。

2）国内外政治环境变化。正常情况下，国内政局稳定，国际关系和谐，国防开支会相应减少。反之，国防军事采购会大幅增加。

3）政府追求的其他非经济性目标。比如，政府机构会倾向于本国的供应者，而不是外国的供应商；为了维护公民的正当权益，政府在采购时可能会向没有种族、宗教、年龄、性别歧视的企业采购产品；为了平衡区域发展，会鼓励企业在落后地区投资办厂，并向它们采购产品；等等。因此，企业在制订和实施营销计划时，需要特别注意这些影响因素。

2. 非营利组织市场

根据职能不同，非营利组织市场可被划分为两类。

（1）促进群体交流的非营利组织。这类非营利组织是指一些群众性组织，主要是为了加强群体之间的思想和感情的交流，宣传某些知识和观念，或是为了维护群体利益，如各种职业团队、业余团队、宗教组织、专业学会和各种行业协会等。

（2）提供社会服务的非营利组织。这类非营利组织是指为某些公众的特定需要提供服务的非营利组织，如医院、学校、红十字会、图书馆、博物馆、基金会、福利和慈善机构等。

3. 政府与非营利组织市场的购买特点

（1）限定总额。非营利组织正常运转的活动经费主要来自个人和社会捐助，政府市场的采购受国家财政预算约束，因此，两者的采购经费都受到严格的控制。

（2）价格低廉。由于受到经费预算的限制，两者在采购时一般都会倾向于选择报价更低的供应商，希望用较少的钱办较多的事。

（3）保证质量。政府与非营利组织尽管追求低廉的价格，但是所购商品的质量又必须要达到一定标准，能保证支撑组织的正常运营。

（4）接受监督。为了使有限的资金发挥更大的作用，政府部门及非营利组织的采购人员受到较多的制约，只能按照规定的政策、程序、渠道等限定条件购买，缺乏自主性。

4. 政府与非营利组织市场的购买方式

（1）公开招标采购。由于政府与非营利组织采购所需资金分别来自纳税人的税收或捐赠，为确保有限资金发挥更大价值，体现公开、公平原则，在单次采购金额达到一定规模时，应面向所有有能力的供应商进行公开招标购买。

（2）议价合约采购。对某些特殊产品或服务，很难或不宜在市场公开招标购买，此时就需要采购部门与若干供应商就某一采购项目的价格和有关交易条件展开谈判，最后与符合要求的供应商签订合同，达成交易。这种方式适用于某些复杂、风险大、竞争小的采购项目。

（3）日常性采购。日常性采购即为了维持日常办公和组织运行的需要而进行的采购。这类采购金额较小，购买过程简单，交款和交货方式常为即期交付，如各类办公用品的购买。

（4）团体采购。团体采购即多家非营利组织组成一个联合采购单位或委托专门的采购组织进行采购。通过团体采购，可以获得更低价、更优质的各类产品和服务，从而有助于削减各成员的采购费用。面对团体采购，营销人员必须充分意识到团体采购的专业性、规范性、规模大的特点，通过提供富有竞争力的产品及富有效率的营销策略，在众多的供应商中脱颖而出。

消费者研究领域的新思维、新观点与新探索

1. 消费者购买 AISASCC 模型：更强调分享与二次传播

伴随互联网社会化属性不断增强，消费决策过程相应也发生了极大改变。戴鑫（2017）在前人研究基础上创建了 AISASCC 模型来解释在线社群消费者网络购买行为过程及消费者角色的发展进化。消费者的网络购买决策过程是：引起注意（attention）→产生兴趣（interest）→展开搜索（search）→购买行为（action）→购后分享（share）→人群聚类（cluster）→企业承诺（commit）。

消费者基于内部或外部刺激认识到需要产生或购买兴趣后，就会主动通过多渠道搜索信息。这与消费者传统“漏斗”式决策模式有很大差异。此时，消费者是企

业的关注者。多渠道信息搜集与比较后，消费者选择并产生购买。购买后，消费者在网上评价，分享自己的经验，在互联网上形成二次传播，扮演认同者的角色。最后，顾客社群会与企业建立起一种类似组织承诺的关系，在此阶段，消费者对企业的认同感更为强烈，具体表现为积极参与企业活动，更主动地对企业产品和服务做出分享与扩散，即共生者。比如UGC（用户原创内容）、成为品牌忠实粉等均是消费者向共生者转化的标志。

2.“Z世代”群体消费需求研究

“Z世代”的消费占据中国整体消费的40%，未来消费可能接近半边天。因而，对“Z世代”消费需求研究成为当今消费者市场的一个重点与热点。腾讯发布《Z世代消费力白皮书》，极光大数据发布《2019年Z世代“宅人”研究报告》，Uncommon Sense发布《Z世代报告：无界限的一代》，阿里研究院发布的《进击，Z世代报告》，益普索发布的《Z世代调查报告》，MARZAS发布《全球Z世代研报》等。“Z世代”的消费特征包括：敢于花钱，为人设，为悦己等消费动机，不爱比价偏爱品质，具有“懒”“萌”“搞怪”等三观，生活在二次元世界，青睐社交媒体，喜欢新式网购等。

3. KOL“种草”营销与KOL矩阵

在移动互联网时代，“Z世代”新群体对购买行为的影响发生了实质性的改变，“种草”与“安利”变成流行语。传统商业广告影响力无奈没落，微博、抖音与快手等新媒体迅速爆红，网红与潮人等意见领袖（KOL）对相关群体的影响力成为主导。因此，结合新媒体的KOL“种草”与社群营销成为当前有效的营销方式。“网红”直播成为推动营销的重要力量，如李佳琦的口红直播，张大奕与雪梨的服饰直播等。企业充分利用头部明星KOL、腰部垂直KOL与尾部达人KOL组成的KOL矩阵来组成多层次的“种草”营销体系。

重点提示

本章着重论述了消费者市场与组织市场的购买行为。

消费者市场是个人或家庭为了生活消费而购买产品和服务的市场，是一切市场的基础。消费者市场的需求呈现广泛性与分散性、多样性与差异性、经常性与重复性、伸缩性与替代性、非专业性与可诱导性、发展性与多变性等特点。

消费者购买决策过程可以分为确定需求、搜集信息、评价方案、购买决策和购后行为五个阶段。企业要根据各阶段特点和规律做出相应反应，以引导消费者购买行为的顺利进行。

消费者购买行为受文化因素、社会因素、个人因素、心理因素的影响。企业应根据消费者个体特征采取相应的营销对策。

组织市场是指工商企业为从事生产、销售等业务活动以及政府部门和非营利组织为履行职责而购买产品和服务所构成的市场。根据购买目的不同，组织市场可分为四种类型，即生产者市场、中间商市场、非营利组织市场、政府市场，不同市场购买行为存在差异性。

思考题

1. 消费者购买的决策过程分为几个阶段？各阶段对企业营销有何要求？

2. 消费者市场的购买行为有哪些特点？
3. 影响消费者购买行为的因素有哪些？这些因素如何影响消费者的购买行为？
4. 人们在购买决策中可能扮演的角色有哪些？对企业进行营销管理有哪些启示？
5. 以自己购买电脑的经历说明消费者购买决策过程。
6. 什么是组织市场？组织市场的主要类型有哪些？
7. 生产者购买决策的各参与者分别起什么作用？对营销管理有哪些启示？
8. 在移动互联网时代，消费者的购买决策过程有哪些新的特点？

判断题

1. 消费者习惯性的购买行为是指消费者购买时介入程度低且没法弄清品牌之间差异的购买行为。(　　)
2. 完整的消费者购买决策过程可以分成五个连续的环节，最后一个环节是“决定购买”。(　　)
3. 亚文化群主要是亚洲的消费文化。(　　)
4. 对消费者购买行为影响最直接的是社会文化因素。(　　)
5. 按照心理学的一般观点，有某种需要，就会产生某种动机；有某种动机，就会发生某种行为。因此，营销人员必须善于根据消费者动机设置某些营销刺激。(　　)

判断题答案

6. 影响购买者决策的心理因素主要包括职业、生活方式、个性、动机等。(　　)
7. 生产者市场的消费需求是由中间商市场派生出来的。(　　)
8. 在生产者购买行为中，最简单的是直接重购，最复杂的是全新采购。(　　)

单项选择题

单项选择题答案

1. 下列不是消费者市场购买行为特点的是(　　)。
   A. 购买者的广泛性
   B. 需求的差异性
   C. 购买者的非专业性
   D. 派生需求
2. 消费者为了物色适当的物品，在购买前往往要到多家零售商店了解和比较商品的花色、式样、质量、价格等的消费品，叫作(　　)。
   A. 便利品　　B. 特殊品
   C. 选购品　　D. 非渴求品
3. 关于消费者决策购买过程，下列说法正确的是(　　)。
   A. 消费者在购买过程中严格按照五步的顺序进行
   B. 消费者购买决策根本就没有规律可循
   C. 购买过程在实际购买发生之前已经开始，并且购买后很久还会有持续影响
   D. 以上都不正确
4. 消费者在购买产品时追求品牌是否有名气，按照马斯洛的需要层次理论，应属于(　　)。
   A. 生理需要　　B. 安全需要
   C. 尊重需要　　D. 自我实现需要
5. 体育明星和电影明星是其崇拜者的(　　)。
   A. 成员群体　　B. 直接参照群体
   C. 厌恶群体　　D. 向往群体
6. 影响消费者行为的外在因素之一是(　　)。
   A. 需要　　B. 学习

C. 相关群体　　D. 态度

7. 对消费者购买行为影响最为深远且广泛的是（ ）。

A. 个人因素　　B. 社会文化因素

C. 经济因素　　D. 心理因素

8. 在新购和修正重购的情况下，购买过程是从（ ）开始的。

A. 认识需要　　B. 确定需要

C. 说明需要　　D. 征求建议

案例分析：单身经济催生新消费，“Mini风”开始盛行

民政部的数据显示，2017年全国成年适婚人口中单身人群已达2.2亿人，占总人口的15%左右。其中，“80前”人群占比为10.7%；“80后”人群占比为41.62%；“90后”人群占比为47.68%。“80后”“90后”既是单身群体的主力军，也是市场的主力军和消费潮流的引领者。如此庞大的单身群体，他们的消费行为有何特点？有眼光的企业又如何把握其中的商机？读者如果有兴趣，可以自行到http://news.gmw.cn/2019-03/13/content_32634515.htm上了解、学习。

第 7 章
CHAPTER7

战略营销与 STP 理论

§ 学习目标

1. 能够运用市场细分工具
2. 能够根据竞争情况与企业资源条件来选择目标市场
3. 能够绘制市场定位图，并根据相关条件确定产品的定位

§ 引导案例　　亚朵酒店为什么这样红

2013 年 7 月 31 日，王海军在西安开了第一家亚朵酒店，市场反应良好。到 2018 年，全国亚朵酒店数量已经拓展到 200 家左右，签约加盟的有 500 家左右。

特别值得指出的是，亚朵酒店 2018 年用户网络满意度综合评分达到 4.94 分（满分 5 分），满意度与投资回报率都居全行业第一。

思考：亚朵酒店的特色定位如何？为什么能取得如此出色的效果？读者如果有兴趣，可以自行到 http://m.sohu.com/a/237332023_694324 上了解、学习。

§ 本章逻辑导图

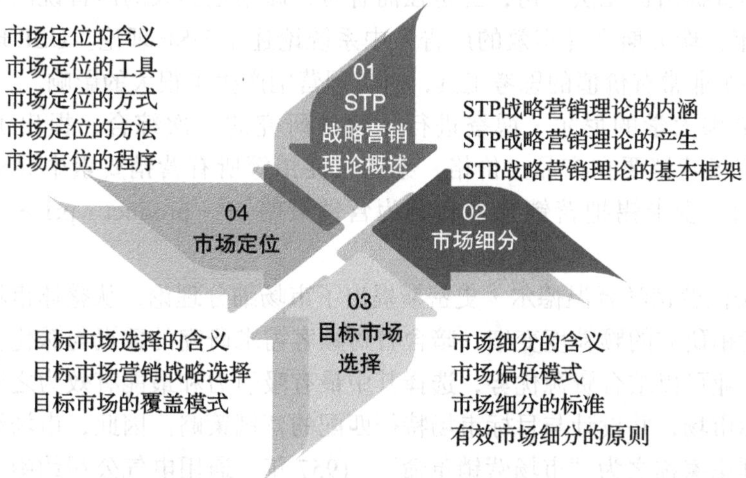

市场营销的中心是满足顾客需求。如果不同顾客的需求趋于相同（同质需求），那满足顾客需求就相对容易。但顾客需求更多的是千差万别，即异质性需求。在异质性市场中如何满足顾客需求？这是本章要回答的基本问题。

7.1 STP 战略营销理论概述

7.1.1 STP 战略营销理论的内涵

STP 战略营销理论是 20 世纪 80 年代由菲利普·科特勒提出的，包括前后相关的三个理论：一是市场细分（segmenting），即根据需求特征对顾客进行分群，把整体市场细分成若干个子市场；二是目标市场选择（targeting），即企业在市场细分的基础上，选择其中部分或全部细分市场作为服务目标对象；三是市场定位（positioning），即在目标市场上创造一个独特的、有价值的位置的营销过程。

STP 营销战略与 4P 营销战略之间有何关联？

营销战略 4P 包括市场研究（probing）、市场细分（partitioning）、市场择优（prioritizing）与市场定位（positioning）。因此，STP 战略其实与营销战略 4P 是一致的，是在市场研究基础上进一步制定的三个核心营销战略。很显然，市场定位在 STP 与 4P 中表述完全相同，市场细分与目标市场选择在营销战略 4P 中表述为 partitioning 与 prioritizing，而在 STP 中表述为 segmenting 与 targeting，尽管英文表达不同，但含义基本相同。因此，STP 是营销战略的核心内容。

7.1.2 STP 战略营销理论的产生

20 世纪 50 年代，美国学者罗瑟·瑞夫斯（Rosser Reeves）要求企业向消费者提出一个**“独特的销售主张”**（unique selling proposition，USP），寻找产品上独特的卖点。USP 包括三个要素：一是足够吸引力的利益承诺，或击中市场“痛点”；二是独特，竞争对手不曾提出也无法模仿；三是强而有力，即用足够大的声音说出来，并反复强调。1961 年，瑞夫斯在《实效的广告》中系统论述了 USP 理论。USP 理论为营销创意提供了一个非常有价值的思考工具，对美国营销产生了很大的影响。

1950 年，哈佛大学的尼尔·博登进行了营销研究的一次综合，提出了市场营销组合理论，市场营销要在产品、价格、渠道与促销等所有营销要素中寻求总体最优。后来杰罗姆·麦卡锡把营销要素归纳为营销策略 4P（product、price、place 与 promotion）。

1956 年，美国营销学者温德尔·史密斯提出了市场细分理论，从整体市场营销深入微观营销，营销研究的颗粒度变细，暗含着对顾客需求研究的重视与深化。在市场细分基础上，企业可以结合资源优势，选择其中最有吸引力和最能有效为之服务的细分市场作为目标市场，并设计与目标市场特征匹配的营销策略。因此，市场细分理论的产生，西方理论家称之为“市场营销革命”。1957 年，通用电气公司约翰·麦克特里克（John McKittenrick）提出市场营销观念，强调从企业为中心转变为以顾客为中心，也被称为“市场营销革命”。因此，同时代提出的市场细分理论与市场营销哲学观念都是“市场营销的第一次革命”。

1969 年，杰克·特劳特第一次提出“定位”这个革命性的概念，用来表述艾·里斯（AL Ries）“用一种最简单最清晰的方式”来表述营销哲学的观点，并同年在《工业营销》期刊上发表有关定位理论的论文。和 USP 理论不同的是，定位理论不从产品上寻找独特卖点，而是从顾客心智上寻找独特位置。2001 年，特劳特与里斯的定位理论被美国营销学会评为有史以来对美国营销影响最大的理论。1970 年，菲利普·科特勒最先把定位理论吸收到营销理论体系中。

进入 20 世纪 70 年代，战略营销、宏观营销与服务营销等新思想相继被提出。

1986 年，科特勒进行了营销研究的第二次大综合，提出了“大市场营销”理论（megamarketing）。大市场营销理论不仅包含了 4P 策略，同时融合了温德尔·史密斯的市场细分（partitioning）理论，特劳特与里斯的市场定位（positioning），并增加了市场研究（probing）与市场择优（prioritizing），再把“非市场力量”的政治权力（power）与公共关系（public relationship）等 2P 引入，综合构成 10P。

在“大市场营销”理论中，4P 是有关营销策略层面的，其余 6P 是有关战略营销的。菲利普·科特勒的“大市场营销”理论把营销重心从策略层面转向战略层面，被称为“市场营销第二次革命”。显然，在“市场营销第二次革命”中，STP 战略是其中的核心内容。可以认为，“市场营销第二次革命”主要就是 STP 战略营销理论的提出。

阅读推荐：刘洁，杨震中. 互联网时代的市场营销变化 [J]. 管理学家，2008（12）67-70.

7.1.3　STP 战略营销理论的基本框架

STP 战略营销的基本框架如图 7-1 所示。完整的理论框架可以分成三个组成部分：

1. 市场研究

在 STP 战略营销之前，首先要进行市场研究，即 probing，包括对顾客、竞争对手与企业自身能力的分析等。

2. 核心战略

核心战略分别是市场细分（segmenting）、目标市场选择（targeting）与市场定位（positioning）三个核心环节。市场细分是目标市场选择的前提和基础，目标市场选择是市场定位的前提与基础。STP 最终的重心在于市场定位。

3. 营销优势建立

通过正确的 STP 核心战略制定，企业在战

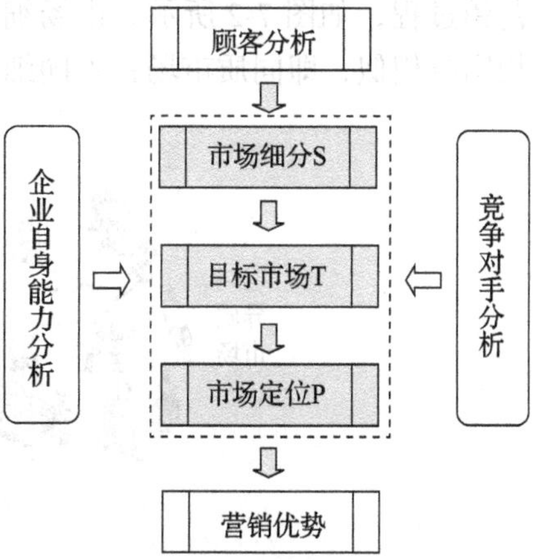

图 7-1　STP 战略营销理论基本框架

略上构建营销的竞争优势，使企业摆脱了营销策略的“点子营销”局限性与低层次。同时，战略营销与公司整体战略相联系，使营销活动成为整个公司经营的中心，受到公司高层的重视。

7.2 市场细分

顾客是一个庞大的消费群体，其所处的政治、经济、社会文化、自然等宏观环境差异很大，个性、职业、动机、角色等个体因素各异，因而顾客需求总是存在较大的差异。相关研究报告表明，“Z 世代”的个性化需求越来越突出。

分类是复杂事物简单化的重要方法之一。因此，清晰考察复杂市场需求的一个经典方法就是对其进行分类，即市场细分。

7.2.1 市场细分的含义

市场细分是企业根据自身条件和营销目标，以需求的某些特征为分类标准或变量，区分具有不同需求特征的顾客群体的过程或方法。

值得强调的是，市场细分不是对产品的分类，而是对顾客的分群，或对顾客需求的分类。

1. 两个相关概念

同质市场：同质市场是需求或偏好大致相同的顾客群体。例如，家庭对用电的电压需求都为稳定的 220 伏，家庭对水的需求都为干净卫生等，这些可以视为无差异的同质市场。

异质市场：异质市场是需求或偏好各不相同的顾客群体。例如，东西南北地区顾客对美食的需求差异很大，东部地区偏好清淡，东北地区偏好咸，中西部地区偏好辣等。

2. 市场细分的实质

市场细分实质上是把一个整体需求异质的大市场细分成若干需求同质的小市场的营销过程，如图 7-2 所示。市场细分是否完成目标，判断标准是：细分市场内部需求相同或相似，即同质市场；不同细分市场之间的需求存在较大差异。

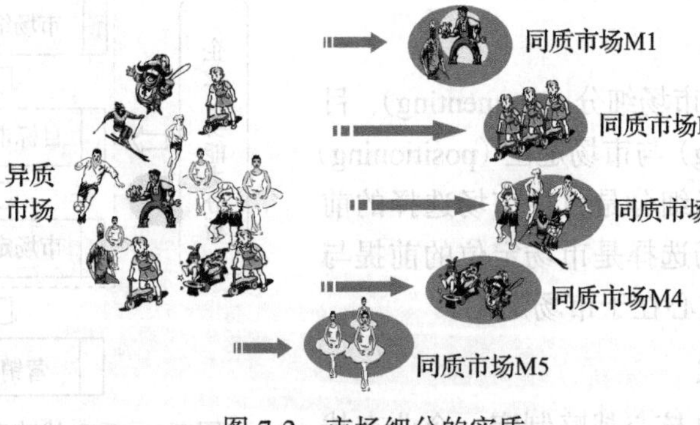

图 7-2 市场细分的实质

3. 市场细分的必要性与可行性

市场细分是否必要，依赖于需求是否存在差异，即是否异质市场。显然，对于同质市场，市场细分完全没有必要。但是，如果每个顾客之间需求差异都较大，那么市场细分的结果可能是每个细分市场仅有一个顾客或少数顾客，细分市场数量过多，除非个性化定制。一般来说，每个细分市场可能不具备盈利性，这使得市场细分有效性不强。

7.2.2　市场偏好模式

根据经典营销理论，市场偏好模式包括 3 种类型，如图 7-3 所示。

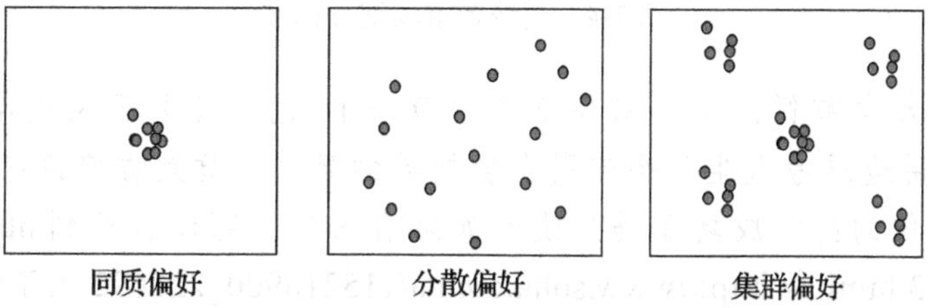

图 7-3　市场偏好模式

（1）同质偏好。市场上所有顾客偏好都基本相同，且相对集中在中央位置。在现实中，同质偏好主要分布在对农产品、电、水等产品的少数需求领域，并不多见。根据市场细分的必要性理论，同质偏好市场是没有必要进行细分的。

（2）分散偏好。市场上所有顾客的偏好各不相同，极其分散。极端情况是没有两个顾客的偏好是相同的。虽然市场需求个性化趋势越来越强，但远没有达到分散偏好的程度。分散偏好主要出现在高端市场的个性化定制方面，因而也不多见。根据市场细分必要性与可行性理论，分散偏好市场有必要进行细分，但可行性不强。

（3）集群偏好。整体上市场顾客的需求存在差异，但局部上市场顾客需求存在较大相似性，即形成数量不多的同质偏好集群。每个同质偏好集群就是一个细分市场。

在现实中，集群偏好具有较大的普遍性。根据市场细分必要性与可行性理论，集群偏好市场既有必要进行细分，又有较好的细分可行性。

7.2.3　市场细分的标准

市场细分实质上就是对顾客需求的分类，分类必须有分类标准。那么，市场细分的标准有哪些？现实中，顾客包括消费者与生产者，其需求存在巨大差异，因而细分标准也不太相同。下面对市场细分的标准分别进行叙述。

1. 消费者市场细分标准

根据现有市场营销理论，消费者市场细分标准一般包括 4 个一级细分标准：人口变量、地理变量、心理变量与行为变量。每个一级细分标准又包括诸多二级细分标准，如图 7-4 所示。值得说明的是，各二级细分标准还包括三级细分标准，以此类推。

一级标准	人口变量	地理变量	心理变量	行为变量
二级标准	性别 年龄 婚姻状况 职业 / 职位 财富 / 收入 教育程度 民族 / 种族 宗教信仰 社会阶层 家庭生命周期 身体特征	大洲 / 国家 国内地区 社会文化 城市 / 乡村 天气 / 气候 地形 / 地貌 人口规模 人口密度 基础设施 资源丰度	个性 / 性格 购买动机 态度 / 信念 生活方式 追求利益 兴趣爱好 风险取向 欲望程度	使用频率 / 消费数量 偏好度 / 忠诚度 进入市场程度 价格敏感程度 服务敏感程度 媒体习惯 购买渠道 使用场景 使用习惯 消费时机

图 7-4 消费者市场细分标准

当年的黄太吉煎饼，一个煎饼卖到了 9 ～ 15 元，吸引了风投 4 000 万元。黄太吉的“边吃饼边思考人生”金句引发餐饮界的轰动。黄太吉煎饼究竟是如何进行细分与市场定位的？它成功了吗？读者如果有兴趣，可以自行到 https://i.globrand.com/2019/60433.html 和 http://www.sohu.com/a/115216900_228692 上了解、学习。

2. 生产者市场细分标准

生产者与消费者的某些方面的特征是类似的，如地理位置、追求利益、使用状况等，但在其他诸多方面存在较大差异。因此，细分消费者市场的一些标准可以借鉴生产者市场细分，同时增加适合生产者市场的细分标准，如图 7-5 所示。

一级标准	人口变量	经营变量	采购方法变量	形势变量	个性变量
二级标准	行业 用户规模 地理位置 企业性质 商业业态	采用技术 使用情况 顾客能力	采购组织 权力结构 现有关系 采购政策 购买标准	紧急程度 特别用途 订货数量	购销相似点 风险态度 忠诚度

图 7-5 生产者市场细分标准

7.2.4 有效市场细分的原则

1. 可衡量性

如果细分后各子市场的数量规模、需求特征可以测度和推算，那么该细分市场有效。例如，2018 年中国男性群体与女性群体数量分别为 7.29 亿人与 6.85 亿人，两个细分市场的顾客数量可以清晰测度，具备可衡量性。

2. 可盈利性

如果细分后各子市场的顾客数量、需求规模足够大，企业进入这些细分市场后可以长期稳定赢利，那么这些细分市场有效。如果细分市场需求规模不够大，对固定成本占比过高的企业而言，实现盈利很难，因而不具备可盈利性。但对于一些小企业而言可赢利，因而具备可盈利性。因此，可盈利性是针对具体企业而言的。

3. 可实现性

如果根据企业的内部资源条件与外部环境约束可以进入并占领各细分市场，那么这些细分市场是有效的。反之，如果细分市场进入门槛太高，或禁止进入，则不具备可实现性。例如，高端芯片细分市场，绝大多数企业不具备这样的研发实力，因而对它们来说是无效的。

4. 可区分性

如果细分市场之间具有足够的需求差异性，则市场细分是有效的。反之，各细分市场之间仅有细微的需求差异，导致各细分市场规模太小，顾客辨识不清，针对各细分市场推出的产品或品牌之间过度竞争，不具备可区分性。

雕爷花500万元购买“香港食神”戴龙手中一份神秘的牛腩配方，经过神秘封闭测试之后，推出了雕爷牛腩轻奢餐饮。其互联网思维做餐饮引发餐饮界轰动，但如今日渐被冷落，这是为什么？读者如果有兴趣，可以自行到 http://finance.sina.com.cn/hy/20130905/121016674380.shtml 和 https://www.cyzone.cn/article/100566.html 上了解、学习。

历史悠久的中国酿造了诸多中国美酒，但白酒并不受年轻人待见。中国白酒如何开拓年轻人市场？开山——新中式白酒告诉你一个全新的答案。读者如果有兴趣，可以自行到 http://www.senn.com.cn/sx/2019/04/15/291321.html, http://finance.sina.com.cn/roll/2019-03-28/doc-ihtxyzsm1118068.shtml 和 http://m.sohu.com/a/289102417_620899 上了解、学习。

7.3 目标市场选择

7.3.1 目标市场选择的含义

目标市场或目标顾客就是企业选择的，并准备为之服务的细分市场。目标市场选择是经过市场细分后，对每个细分市场进行有效性评估，并选择出有效性最优的一个或若干细分市场的营销过程，如图7-6所示。

图7-6　目标市场选择

目标市场选择与市场细分的关系是：市场细分是目标市场选择的前提和基础，目标市场选择是市场细分的目的与归宿。

杜国楹创造了诸多营销奇迹，如好记星、8848手机、E人E本等，都取得了辉煌战绩。他近年又推出了小罐茶，由众多大师共同打造，呈现出不凡的迹象。杜国楹有什么目标市场选择秘诀？

读者如果有兴趣，可以自行到 https://news.qichacha.com/postnews_5e0fad83e4894bd1c79d3c46c968cd4d.html 上了解、学习。

7.3.2 目标市场营销战略选择

根据是否进行了市场细分与选择细分市场数量的多少，可以分成三种目标市场营销战略模式：无差异目标市场营销战略、差异性目标市场营销战略与集中性目标市场营销战略。

1. 无差异目标市场营销战略

无差异目标市场营销战略是指企业把整体市场看作一个大目标市场，不进行细分，用统一的营销策略组合对待整体市场，如图 7-7 所示。

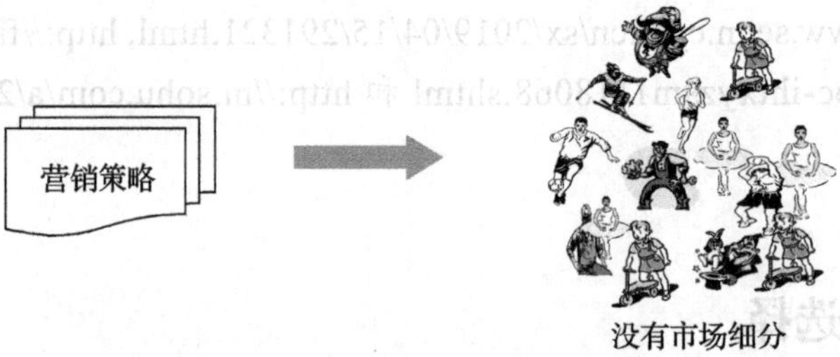

图 7-7 无差异目标市场营销

之所以不进行市场细分，可能是因为没有关注市场需求，只关注产品，因而是传统的产品观念；也可能是认为特定产品的需求差异很小，企业只关注需求的无差异部分而选择忽略需求差异性部分。

2. 差异性目标市场营销战略

差异性目标市场营销战略是指企业采取市场细分，把整体市场划分成若干需求相同或相近的细分市场，然后根据各个细分市场特征制定对应的市场营销策略，如图 7-8 所示。

3. 集中性目标市场营销战略

集中性目标市场营销战略是指企业进行市场细分，把整体市场细分成若干需求相同或相似的细分市场，但在选择目标市场时，只选择少数几个适合企业的细分市场，如图 7-9 所示。

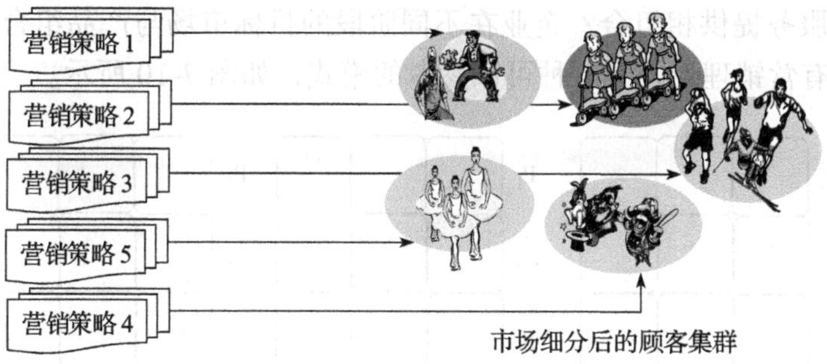

图 7-8　差异性目标市场营销

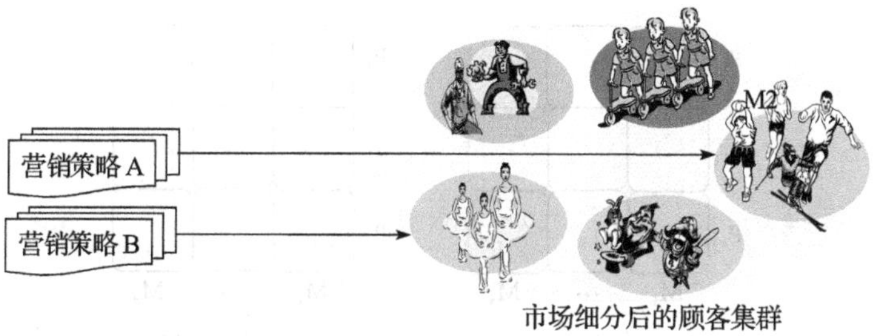

图 7-9　集中性目标市场营销

三种目标市场营销战略的比较如表 7-1 所示。

表 7-1　三种目标市场营销的战略比较

	无差异目标市场营销战略	差异性目标市场营销战略	集中性目标市场营销战略
是否细分	否	是	是
细分市场数量	—	多	多
目标市场数量	—	多	少
经济性	成本低	成本高	适中
需求满足性	差	好	好
适合企业	—	资源丰富的企业	资源较少的企业
适合产品	同质产品	异质产品	异质产品
适合阶段	导入期	成长期 / 成熟期	成长期 / 成熟期
竞争优势	低成本竞争优势	差异化竞争优势	集中化竞争优势

小红书成功了！小红唇跟随小红书也成功了！小红唇选择了什么样的目标市场营销策略？读者如果有兴趣，可以自行到 http://www.100ec.cn/detail--6349340.html 和 http://www.iheima.com/article-163710.html 上了解、学习。

7.3.3　目标市场的覆盖模式

企业在选择目标市场之后，就是为之提供相应的产品或服务。目标市场营销战略如何与产品或服务提供相组合？企业在不同阶段的目标市场与产品组合是如何延伸覆盖的？根据现有营销理论，有五种可供参考的模式，如图 7-10 所示。

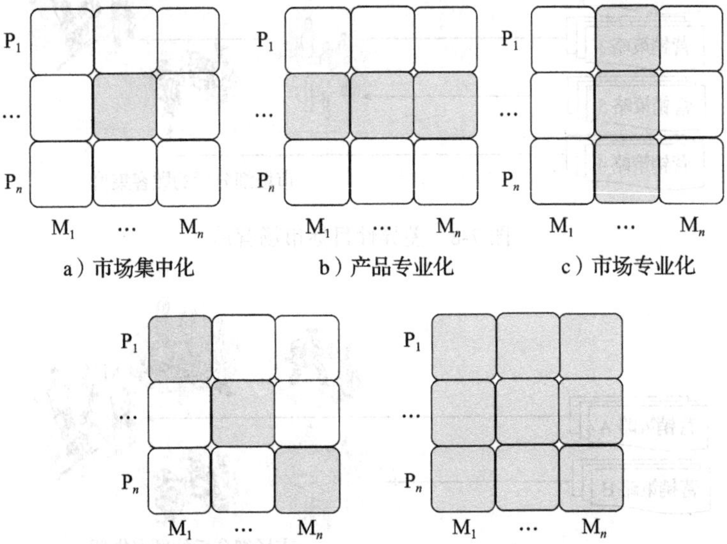

a）市场集中化　b）产品专业化　c）市场专业化

d）选择专业化　e）市场全面化

图 7-10　五种目标市场选择与产品组合的配合模式

1. 市场集中化

企业采取了集中性目标市场营销战略，仅选择一个细分市场，也限于企业资源条件，仅提供一种产品或服务，因而产品与市场都是专业化的。这种高度集中的模式，一般为创业早期的小企业所采用。企业可以利用有限的产品与顾客资源实施市场渗透的密集型成长战略。

2. 产品专业化

企业采取了差异性的目标市场营销战略，选择了多个细分市场，但对多个细分市场提供的产品或服务是相同的。因此，市场是多元化的，但产品是专业化的。结合战略成长理论可知，企业显然采取了市场开发的密集型成长战略。这一般是创业中期企业可采取的市场覆盖模式。

3. 市场专业化

企业采取了集中性的目标市场营销战略，仅选择了一个细分市场，但为这个细分市场提供多元化的产品或服务。因而市场是专业化或集中化的，但产品是多元化的。结合战略理论可知，企业显然采用了产品开发的密集型成长战略或水平多元化的成长战略。这一般也是创业中期企业可采取的市场覆盖模式。

4. 选择专业化

企业采取了差异性目标市场营销战略，选择了多个细分市场，但分别为多个细分市场提供各不相同的产品或服务。所以，市场是多元化的，产品也是多元化的，选择性专业化的“专业性”实际上很弱。结合战略理论可知，企业可能开始涉足无关多元化的成长战略。这一般也是创业中期企业可采取的市场覆盖模式。

5. 市场全面化

企业采取了差异性的目标市场营销战略，选择了所有细分市场，也分别为各个细分市场提供各种产品或服务。这是实力雄厚的大规模企业采取的市场覆盖模式。结合战略理论可知，企业既可能实行水平多元化，也可能实行同心多元化与无关多元化等。这是成熟企业采取的市场覆盖模式，而创业企业不宜采用。

7.4　市场定位

7.4.1　市场定位的含义

1. 心智阶梯

特劳特（1972）认为，营销的终极战场是顾客的心智。特劳特提出了心智阶梯概念，即用户为方便购买，会在心智（潜意识）中形成一个优先选择的品牌序列——品牌阶梯。顾客总是优先选择上层阶梯的品牌。哈佛大学乔治·米勒（George A. Miller）进一步研究发现，这个排序阶梯上选择的品牌不会超过七个。特劳特又进一步发现，在成熟与稳定的市场中，人们往往只记住两个品牌，购物时选择其一，即“二元法则”。

心智阶梯的心理学基础是选择性记忆。

2. 市场定位的概念

市场定位是在目标市场顾客心智阶梯中占据一个独特的、有价值的位置。市场定位就是被顾客选择性记忆，从而将品牌“钉”在消费者心中。如何被顾客选择性记忆？根据 USP 理论，可以把市场定位视为创造 USP 的创意过程。因此，市场定位就是创造一个与众不同的 USP 的过程。USP 越突出，市场定位越成功。

值得指出的是，并非特色点数量越多越好。策划界有一句行话是“一颗子弹打一只鸟”，即突出一个特色点就够。但这个特色点要优势明显，符合顾客偏好，能解决市场“痛点”，或是引爆市场的“尖叫点”。

3. 市场定位的内容

市场定位包括产品定位、企业定位、顾客定位与竞争定位等。产品定位强调产品的独特性，如独特性能、品质、成分等；企业定位强调企业技术实力、能力、信誉等方面的独特形象；顾客定位突出专为某个特定顾客群体服务；竞争定位突出与竞争产品的关系，在菲利普·科特勒的教材中用市场定位方式来表示。

如果你是年轻人，一定知道江小白。江小白以其独特的市场定位与沟通方式引起了目标群体的共鸣。江小白的市场定位独特在哪里？读者如果有兴趣，可以自行到

http://www.eeo.com.cn/2018/0412/326481.shtml 和 https://www.sohu.com/a/243245315_99952303 上了解、学习。

7.4.2 市场定位的工具

市场定位的一个常用工具是定位图。定位图是一个二维坐标图，两个坐标分别表示市场的两个特性，构成一个二维平面坐标系。每个产品或品牌在两个特性上的表现对应两个坐标值，从而对应二维坐标图中一个定位点。因此，定位图中点的位置隐含市场定位的特色信息。

顾客心智中的市场定位图来自顾客的品牌知觉图，可以通过市场研究或用户测试得到。图 7-11 就是我国百丽女鞋的市场定位图（仅是示意图，可能并不精确），横轴表示鞋的价格，纵轴表示鞋的风格，第三维度是目标人群的年龄。图中每个标志对应点的位置就是百丽公司各品牌产品三个特性的定位点。

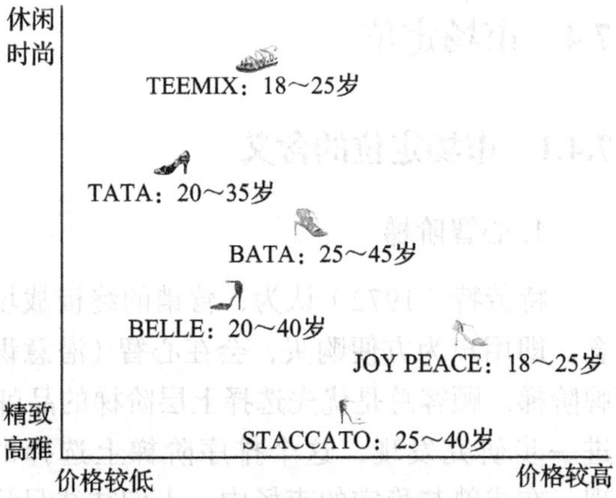

图 7-11 百丽的市场定位示意图

图 7-11 中表现出两个方面的市场定位信息：一是“休闲时尚”“精致高雅”与“价格高低”，表明了百丽各产品的定位；二是“顾客年龄段”表明了百丽各产品的不同顾客定位。

市场定位的二维坐标图的一个缺陷是，难以包含多维市场定位信息。策划界对于多维定位一般用排比图或雷达图来表示，如图 7-12 所示。

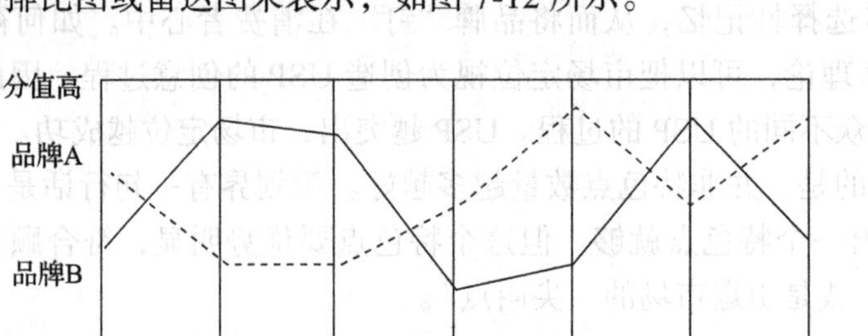

图 7-12 消费者对汽车品牌的认知图

7.4.3 市场定位的方式

市场定位方式是产品或企业与类似产品或企业之间的竞争关系。在定位图中，分析竞争关系的主要方法是考察各市场定位点之间的相对位置。两个市场定位点之间相对位置距离越近，竞争关系越强；相反，两个市场定位点之间相对位置距离越远，竞争关系越弱。

图 7-13 是汽车品牌的定位图。在图中，代表现有汽车品牌的定位点，而代表新汽车品牌试图进入的定位点。

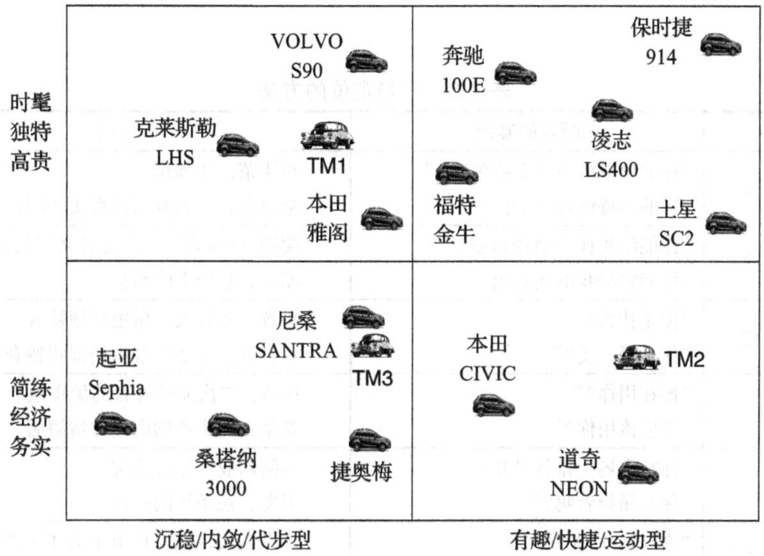

图 7-13　市场定位方式与竞争关系

1. 毗邻定位：定位在竞争品牌附近

如果新汽车品牌定位在 TM1，即定位在克莱斯勒 LHS 与本田雅阁附近，属于毗邻定位。这时新品牌试图采取跟随模仿竞争战略，与邻近品牌存在一定程度的竞争，但可能并不十分激烈。

2. 避强定位：定位在市场空白处

如果新汽车品牌定位在 TM2，即定位在市场的一个空白处，属于避强定位。这时新品牌试图采取避开竞争的战略，与其他品牌几乎不存在竞争。避强定位机会较大，风险较小。但需要确认的是，在这个新空白市场地带，需求是否真实存在。

3. 对抗定位：和竞争品牌定位完全相同

如果新汽车品牌定位在 TM3，即定位在和尼桑 SANTRA 完全相同的位置上，则属于对抗定位。这时新品牌试图与尼桑 SANTRA 进行正面对抗，竞争激烈。对抗定位风险较大，但一旦挑战成功就会获得较大的收益与地位升级。

7.4.4　市场定位的方法

市场定位的方法就是可以从哪些方面去寻找产品中特色的 USP，或通过洞察顾客心智，创造一个顾客心智中渴望的独特差异化诉求。顾客的需求表现为一个个痛点，或对未来幸福追求的一个个疑问，而一个特色 USP 或独特差异化诉求如果能巧妙解决顾客现实的痛点，或回答顾客心中的这些疑问，从而在顾客心智中占据一个独特、有价值的位置，定位就成功了。

根据现有营销理论与实践，市场定位点的提炼可以从以下方面去创意与策划，如表 7-2 所示。

表 7-2 市场定位的方法

方法	顾客的疑问	举例
质量 / 价格定位	“你的价格或质量有特色吗？” “你的独特性价比如何？”	小罐茶，大师作 唯品会，一家专门做特卖的网站
功效 / 功能定位	“你能给我什么独特利益？” “你能解决我的痛点吗？”	搜狗 AI 录音笔，录音转文字的神器 凉露，吃辣喝的酒！
类别 / 品类定位	“你是什么？” “你是哪一类？”	抖音：年轻人音乐短视频社区 特仑苏：不是所有牛奶都叫特仑苏
顾客群体定位	“谁在用你？” “谁应该用你？”	B 站：二次元爱好者的聚集地 亚朵：新中产的商旅住宿酒店
No.1 定位	“你在市场中排行第几？” “你是领导者吗？”	东阿阿胶，滋补国宝 卫龙，辣条界的一哥
比附 / 俱乐部定位	“你与谁并驾齐驱？” “你与谁一样高大上？”	江南四大古镇：乌镇 + 周庄 + 西塘 + 同里 北方乌镇——古北水镇
悖反 / 对立定位	“你是反主流的另类吗？” “为什么反主流更好？”	便所欢乐主题餐厅；无印良品 丧茶：水果毒鸡汤，丧品脏脏茶
情感 / 情调定位	“除了产品功效，你还能带给我什么样情感 / 情调的满足？”	妙恋果酸饮料：初恋般的感觉！ 黄太吉煎饼：吃煎饼思考人生！
自我表现定位	“你是我的镜像吗？” “你和我兴趣相投吗？”	江小白：我是江小白，生活很简单 好想你：抱抱果
生活理念定位	“你是我的男神或女神吗？” “我需要怎样的生活？”……	褚橙：励志橙（褚时健坎坷与传奇式成功） 七匹狼：男人就应该对自己狠一点

你听说过便所主题餐厅吗？你喜欢这样的餐馆吗？各地便所主题快乐餐厅的推出引发很多消费者的好奇心。如果你想了解一些特色餐饮案例，可以自行到 http://m.sohu.com/a/158992426_237097 上了解、学习。

茶能解忧吗？为什么这么多年轻人疯狂地迷上了一种很特别的茶？读者如果有兴趣，可以自行到 http://www.sohu.com/a/240838504_210282 和 https://cloud.tencent.com/developer/news/240749 上了解、学习。

7.4.5 市场定位的程序

根据华南国际市场研究有限公司的实践（郑宗成，2002），市场定位的程序如图 7-14 所示。市场定位程序分成两步：第一步是寻找产品重要利益点，第二步是与竞争品牌进行优势比较。

产品利益点是产品给用户带来的好处，是从消费者视角来考察的。通过调查就可以获得用户对使用产品带来的利益点及其重要性排序，重点关注前三重要的产品利益点。

在第二步中，若在第一重要利益点A上优于竞争品牌，则定位于第一重要利益点A。这是最理想的定位点，既能获得用户认同，又具有竞争优势；若在第一重要利益点A上与竞争品牌相同，特别是劣于竞争品牌，就要放弃第一重要利益点A的定位，转而考察第二重要利益点B。若在第二重要利益点B上优于竞争品牌，则定位于第二重要利益点B。这是比较理想的定位点，既比较能获得用户认同，也具有一定竞争优势；若在第二重要利益点B上与竞争品牌相同，特别是劣于竞争品牌，就要放弃第二重要利益点B的定位，转而考察第三重要利益点C。若在第三重要利益点C上优于竞争品牌，则勉强定位于第三重要利益点C。此时定位虽不理想，但还是有一定机会的定位点。若前三个利益点都没有优势，就只能延期改进，或直接放弃了。

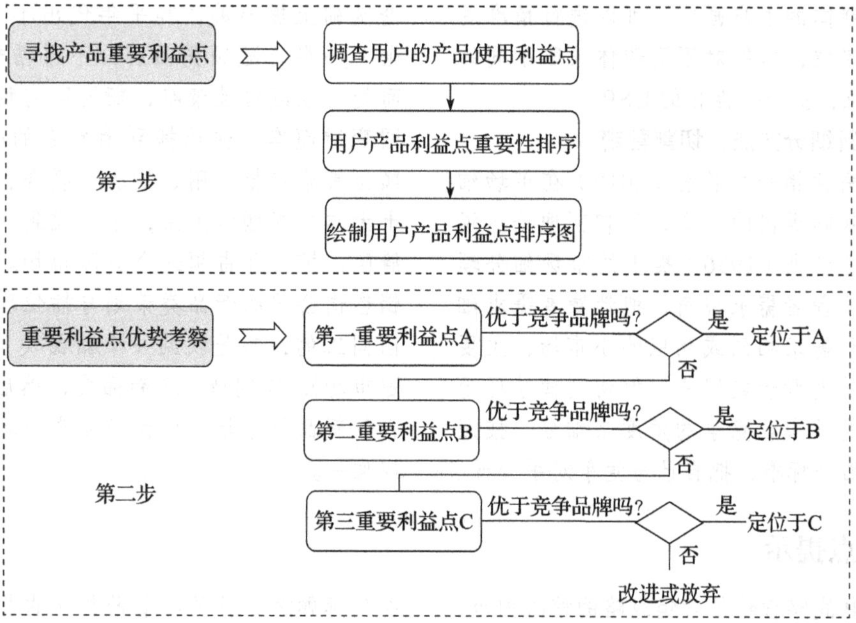

图7-14 市场定位程序

STP领域的新思维、新观点与新探索

1. 新STP技术：DMP——互联网大数据时代的STP

在互联网与大数据时代，STP更加简单便捷。第一，市场细分。**数据管理合作平台**（data management platform，DMP，**达摩盘**）拥有消费行为、兴趣偏好、地理位置等众多数据标签。推广需求方通过达摩盘可以实现对各类人群的洞察与分析，对潜力客户的挖掘；通过标签市场快速圈定目标人群，建立个性化的用户细分和精准

营销；通过第三方服务应用市场，解决个性化的营销需求。系统会根据历史的浏览数据反馈给用户一定的标签，帮你把同一兴趣、同一浏览习惯、有共性的用户归纳到一起。这其实就是市场分群与聚类的过程。第二，目标市场选择。DMP 构建了一个 Lookalike 模型，它被形象地称为“粉丝爆炸器”。Lookalike 模型的逻辑是，DMP 先帮助商家找到对其店铺或品牌最忠实的那批用户，这些用户被称为种子目标用户。然后企业可以通过 Lookalike 模型找到与这些种子目标用户相似的顾客，进行爆炸式复制，扩展到种子目标用户的 10 倍、20 倍或者 30 倍。这就是目标市场的选择过程。第三，市场定位。根据大数据绘制的各细分群体的用户画像，可以进行精准的个性化定位，即针对不同群体采取不同的市场定位，提出个性化的 USP。

2. 新细分方法：切割营销

切割营销是路长全（2010）在市场细分理论基础提出的一个二元切割理论。温德尔·史密斯（1956）提出的市场细分理论是从消费者需求视角，把消费者需求细分成若干需求相同或相似的小市场，主要关注的是消费者或用户。但切割营销理论则主要是从市场竞争的角度来细分。按照一定的细分标准，把自己与竞争对手分开。即自己的企业处于一个独特的细分市场，将其他竞争对手逼向另外一侧，即其他细分市场。因此，温德尔·史密斯的市场细分强调的是对消费需求的满足，针对特别群体的消费需求提供特别的营销方案；而切割营销强调的是竞争，结合市场细分，采取“二元切割法”，把自己与其他竞争对手进行有效区隔，或把竞争对手逼到另外一个细分市场，其目的是获得品牌的独特性，“让竞争对手找不到我”。因为，自己的品牌已经不在竞争对手的市场内，无法与“我”直接竞争。

3. 新定位观点：插位理论与新品类策划

插位理论是李光斗（2006）在定位理论基础上提出的，和平年代出不了将军，企业不再追随领先品牌，不再循规蹈矩，而是采取颠覆性策略，颠覆固有秩序，意图弯道超车，快速插到消费者的心智中。颠覆策略包括比附、捆绑、联合、破坏等十大非常规插位方法，主张找到一个市场缝隙，扩大并占领这个缝隙市场。诸多营销咨询公司的新品类策划与插位理论是异曲同工的，都是找到一个新品类（或叫缝隙市场），或创造一个新品类，然后第一个占领新品类市场，成为新品类市场的第一或唯一。

重点提示

STP 战略营销是营销战略的核心内容，包括三个方面：一是市场细分，是把整体是异质的市场细分成若干同质市场的过程；二是目标市场选择，根据可衡量性、可区分性、可实现性与可盈利性评估后选择最优细分市场作为服务对象；三是市场定位，在目标顾客群体的心智阶梯上占据一个独特、有价值的位置。

通过 STP 战略营销，企业可以克服“点子营销”的局限性，从战术营销升级到战略营销，在战略上获得营销优势，并得到公司高层的重视。

思考题

1. STP 的基本框架是什么？

2. 消费者市场细分的标准包括哪些一级细

分变量？

3. 比较三种目标市场营销战略的特点。

4. 如何绘制市场定位的二维坐标图与多维排比图？

5. 举例说明市场定位的方法有哪些？

判断题

1. 营销STP战略与营销战略4P的内容基本相同。（ ）

2. 营销的终极战场是顾客的心灵的争夺。（ ）

3. 市场细分是对产品的分类，也是对顾客需求的分类。（ ）

4. 无差异目标市场营销战略是完全错误的。（ ）

5. 温德尔·史密斯的市场细分的提出是营销理论的一次革命。（ ）

判断题答案

单项选择题

1. 市场细分理论是由营销大师（ ）提出的。

   A. 温德尔·史密斯　B. 菲利普·科特勒
   C. 尼尔·博登　D. 杰克·特劳特

2. 适合于进行市场细分的市场性质是（ ）。

   A. 同质偏好　B. 同质市场
   C. 分散偏好　D. 集群偏好

3. 把我国消费者分成X世代、Y世代与Z世代，这是按照（ ）的消费者细分标准来进行细分的。

   A. 地理细分　B. 人口细分
   C. 心理细分　D. 行为细分

4. 一家大品牌选择了一个细分市场，但是发现：即使占领这个细分市场90%的市场份额，依然处于亏损状态。请问，此细分市场对于该企业而言可能不符合（ ）原则。

   A. 可衡量性　B. 可实现性
   C. 可盈利性　D. 可区分性

5. 无差异目标市场营销在生命周期的（ ）阶段比较合适。

   A. 投入期　B. 成长期
   C. 成熟期　D. 衰退期

6. 一家创业公司把整个市场细分成3个顾客群体，并且选择了其中1个群体为目标市场，同时向这个群体销售手机、平板与PC。该公司采取的覆盖模式是（ ）。

   A. 市场集中化　B. 产品专业化
   C. 市场专业化　D. 选择专业化

单项选择题答案

7. 麦当劳与肯德基彼此采取的是（ ）。

   A. 空白定位　B. 避强定位
   C. 对抗定位　D. 迂回定位

8. 把企业分成大客户与小客户，采用的细分变量是（ ）。

   A. 人口变量　B. 经营变量
   C. 采购方法变量　D. 形势变量

9. 哈佛大学的乔治·米勒研究发现，心智阶梯上排序选择品牌一般不超过（ ）个。

   A. 2　B. 3　C. 7　D. 10

10. 美国市场营销协会（2001）认为，对美国营销影响最大的一个理论是（ ）。

    A. USP理论
    B. 市场定位理论
    C. 市场营销组合理论
    D. 大市场营销理论

案例分析：喜茶，不只是一杯茶

买茶因为黄牛太多要凭身份证？买茶比抢演唱会门票还难？这就是网红喜茶！

2016年，广东、深圳喜茶排长队的相关消息不胫而走，但是网络消息限于微博和朋友圈等社交平台，媒体报道较少。发微博的也大多是粉丝量少的普通博主，且数量只有百来条。

2017年，喜茶宣布进军上海。在2月11日正式开业之前，"上海美食攻略""魔都吃货小分队"等本地微信公众号以及多个微博大号都开始为喜茶预热。而大众点评上也出现了众多网友留言，为喜茶站台。2月15日，网上开始陆续出现上海喜茶点排长龙的报道，据说买一杯饮品可能要等3个小时。2月28日变成7个小时，黄牛加价的消息也开始传闻，一杯十几元的茶炒到一两百，日销4 000杯。

喜茶到底是一杯什么茶？为什么令年轻人如此着迷与疯狂？读者如果有兴趣，可以自行到https://www.sohu.com/a/195756309_99951575上了解、学习。

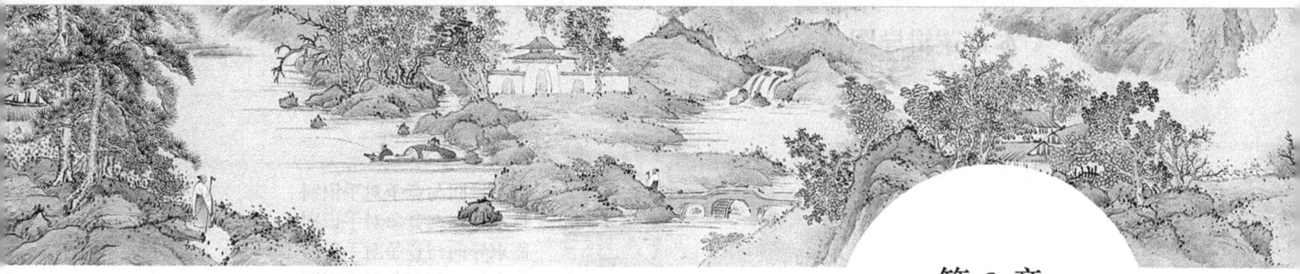

第 8 章
CHAPTER8

市场营销中的竞争战略

§ 学习目标

1. 掌握识别竞争对手和对竞争者进行画像的方法
2. 熟悉不同市场地位的企业该如何选择竞争战略
3. 了解在“互联网 +”时代与“一带一路”风口，企业竞争战略选择如何变化

§ 引导案例　　电商的“三国演义”

2016 年 8 月 10 日，阿里巴巴与苏宁云商达成交叉持股合作的消息犹如平地惊雷，引起电商界一片哗然。从对手到联姻的戏剧性转变一夜间成为市场的重磅新闻。回顾 2012 年，马云曾高调表示，未来电子商务将基本取代传统零售业。同年，苏宁张近东也明确表示，“竞争对手不是京东而是阿里巴巴”。现昔日对手化敌为友，共同对战自营 B2C 为主的京东，不得不让人心生疑虑：这场“敌人的敌人就是朋友”的利益婚姻背后，是否会如表面看上去那么幸福？

在当今的电商领域，阿里巴巴是当之无愧的市场领导者。京东与苏宁云商分别位居第二与第三。但三者的电商实力相差并非特别悬殊，因而市场呈现相对稳定的格局。但如今老大与老三的联合，使京东的市场地位骤然下降，市场格局发生重大变化。

留给市场一连串的疑问是：

1. 阿里巴巴为什么要与苏宁云商合作？

2. 阿里巴巴与苏宁云商的合作对市场竞争格局将产生何种影响？

3. 京东如何应对阿里巴巴与苏宁云商合作所带来的竞争压力，即新的竞争战略是什么？

资料来源：http://blog.sina.com.cn/shuiniu1234，有删改。

读者如果有兴趣，可以自行到 http://blog.sina.com.cn/shuiniu1234 上了解、学习。

§ 本章逻辑导图

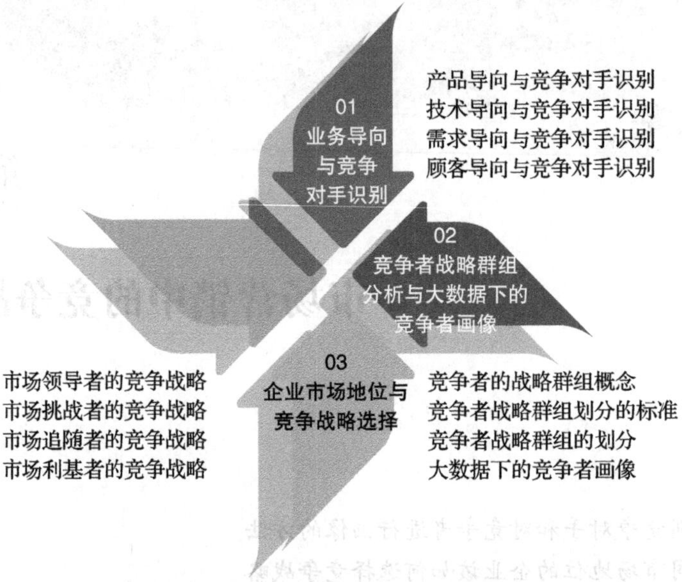

用户画像或360度顾客画像回答了企业的顾客是谁，他们有何标志性特征等问题。在竞争中，还有一些重要问题：谁是企业的竞争对手？如何绘制竞争者画像？不同市场地位的企业如何制定竞争战略？这是本章要回答的几个基本问题。

8.1 业务导向与竞争对手识别

企业战略地图的绘制涉及两个重要维度：业务范围的确定与地理区域的选择。由于企业战略是根据内部资源条件与外部市场环境综合制定的，因此，每个企业在确定和扩大其业务范围时，都会遵循一定的核心逻辑。这个核心逻辑就是业务导向，即进行业务范围扩展的指导思想。

业务导向规定了企业现有业务与未来业务扩展的路线，与企业现有业务范围重叠的相关企业就是现实的竞争对手，而将与企业未来业务范围重叠的相关企业就是隐形的竞争对手。隐形竞争对手带来的影响虽然目前尚不显现，但业务范围只要在未来扩展到新的领域，就不可避免地与这些相关企业的业务范围重叠，隐形竞争就必然会转化为现实竞争。

从广义角度而言，谁是你的竞争对手？和你抢夺各种资源的机构和企业就是你的竞争对手，这些资源包括生产资源、人力资源、资金资源与顾客资源等，而顾客资源又包括钱包、注意力、时间资源与身体资源等。因此，竞争无处不在。

相反，能为你提供各种资源的机构和企业就是你的合作伙伴。而这些资源也极有可能在你的竞争对手那里找到。因此，竞争对手也可能是你潜在的合作伙伴，最大的对手其实也是最大的盟友。竞争与合作是一个矛盾统一体。

8.1.1　产品导向与竞争对手识别

产品导向是企业的战略业务范围按照产品的核心逻辑展开，战略定位即确定自己是某类产品或服务的生产专家。企业之间的竞争最终体现在产品竞争上。如果两家企业的产品或服务相同或相似，两家的产品或服务之间具有替代性，那么就会产生竞争，它们的产品或服务也就成了竞品，竞品质量的优劣与价格的高低也就成了竞争的两个维度。因此，只要两家企业的产品或服务范围相同，它们无疑就是最现实的竞争对手。这就是同业竞争，两家企业是最直接、最狭义的竞争对手。其实，具有相同产品的企业也存在原料等相关资源的争夺。

【资料8-1】假设一家以剪刀为业务范围的企业（如张小泉剪刀），在现在与未来的一段时期内，将聚焦在剪刀这类产品上。这家企业现在与未来的竞争对手就是同样以剪刀为业务范围的相关企业，如北方的“王麻子”剪刀、德国的“双立人”剪刀等。而以非剪刀为业务范围的企业与其不存在业务冲突，因而没有竞争关系。

8.1.2　技术导向与竞争对手识别

技术导向是指企业的战略业务范围按照技术的核心逻辑展开。企业围绕关键技术可以实施同心多元化战略，延伸到新的行业，开发出新的产品。以相同核心技术为业务导向的企业既存在现实竞争，也存在隐形竞争。现实竞争在技术研发层次展开，进行技术研发相关资源的争夺。如果两家企业的关键技术相同或存在重叠，即使现在的产品范围不同，但在未来，两家企业很可能依托相同的核心技术延伸到相同的新行业，开发出相同或相似的新产品，那时隐形竞争将转化为现实竞争。

【资料8-2】华为技术有限公司是以ICT技术为核心业务发展导向的企业，其竞争对手就是同样以ICT技术为核心业务发展导向的相关企业。华为在2000年以前以程控交换设备为主导产品，高通以电脑与手机芯片等为主导产品，微软以操作系统等软件为主导产品，苹果以电脑、平板与手机为主导产品，四家公司当时并不存在直接竞争。它们虽不是现实竞争对手，但是潜在的竞争对手。2000年后，华为以ICT技术向手机、电脑、软件、芯片等产品领域延伸，四家公司的业务范围重叠起来，冲突不可避免，转变成现实的竞争对手。

延伸阅读：邹全. 华为技术有限公司发展战略研究［D］. 上海：上海交通大学，2009.

8.1.3　需求导向与竞争对手识别

需求导向是指企业的战略业务范围按照需求的核心逻辑展开，满足顾客的某一特定需求。满足同一种顾客需求的产品或服务可能丰富多彩，生产产品或提供服务的技术又五花八门。因此，尽管这些相关企业用不同技术，生产不同产品或提供不同服务，但只要是满足顾客同一种需求，就都是竞争对手。

【资料 8-3】 短信与微信是竞争对手，它们都是满足顾客聊天与交流等社交需求的；高德地图、Google 地图与百度地图是竞争对手，它们都是满足顾客地理位置查找与导航等需求的；去哪儿网与携程是竞争对手，它们都是满足旅客住宿、游玩等需求的；美图秀秀、美人相机与百度魔图是竞争对手，它们都是满足年轻人的美颜需求的。虽然这些产品或服务都免费，不在意顾客的货币选票，但它们竞争的是顾客注意力资源，争夺的是顾客碎片化时间资源。

8.1.4 顾客导向与竞争对手识别

顾客导向是指企业的战略业务范围按照顾客的核心逻辑展开。企业的战略业务范围是聚焦某一目标顾客群，顾客的“钱包”与“眼球”是竞争的最终目的。由于目标顾客群的消费支出或注意力有限，因此所有瞄准目标顾客群体的“钱包”或“注意力”的相关企业都是竞争对手。一方面支出份额的提高就意味着另一方面支出份额的减少，存在此消彼长的两难冲突。

阅读推荐：合作竞争理论。以相同顾客为目标的企业具有一个奇妙的特性——既存在竞争性，也存在合作性。顾客导向与竞争对手分析侧重于企业之间的对抗性分析和零和博弈。但耶鲁大学管理学教授巴里 · J. 奈尔伯夫（Barry J. Nalebuff）和哈佛大学企业管理学教授亚当 · 布兰登伯格（Adam M. Brandenburger）在他们的代表作《合作竞争》中提出，企业经营活动是一种特殊的博弈，也是一种可实现双赢的正和博弈。他们认为企业的经营活动既有竞争，又有合作，并提出了合作竞争（co-competition）的新理念。例如，网易严选与亚朵酒店，江南布衣与瓦当瓦舍旅社，它们的目标市场都为年轻的白领小资，具有相同的目标顾客，但它们之间可以跨界合作，把对方视为一种资源提供者而非掠食者，成为彼此传播与分销的渠道。

参考文献：

① Brandenburger A M，Nalebuff B J. Co-opetition［M］. Broadway Business，1997.

②张劲松. 竞合理论刍议［J］. 长春理工大学学报：社会科学版，2011（8）：33-34，51.

四种业务导向与竞争对手识别之间的内在逻辑是：产品导向与技术导向主要从供给侧来分析竞争，而需求导向与顾客导向主要从需求侧来分析竞争。

8.2 竞争者战略群组分析与大数据下的竞争者画像

8.2.1 竞争者的战略群组概念

为了对竞争对手进行更加细致的刻画，更为了识别出企业的主要竞争对手是哪些，一个与顾客市场细分类似的方法是对竞争对手进行细分。

竞争者战略性细分的含义是以竞争者的某些特征或变量为依据，把竞争对手划分成不同战略性群体的过程。如果市场细分是对顾客或顾客需求进行分群或聚类的过程，那么竞争者战略性细分就是根据战略特征对竞争对手进行分群或聚类的过程。

8.2.2　竞争者战略群组划分的标准

对消费者进行细分有分类标准，对竞争者的战略群组（strategy group，SG）划分同样应该有细分标准。根据现有理论，竞争者战略群组的划分标准并不一致，有的文献采用财务指标（吴中超、张毅，2019），有的文献采用市场性与竞争性指标（雷辉、王鑫，2014；袁靖波、周志民、周南、谢仁寿，2018）。本教材主要采用与营销战略有关的指标，主要有以下几个。

1. 目标市场与服务顾客

目标市场顾客相同或相似的企业是顾客导向的竞争对手。目标市场顾客重叠越大，竞争程度越大。因此，目标市场的相关度是一个直接的评价竞争程度的标准。

2. 产品档次与价格高低

产品或服务的档次对应着顾客群的层次，产品或服务的价格吸引着不同层次的顾客群。产品或服务的档次，或价格水平高低的重叠性间接决定了目标市场或服务顾客的重叠性，因而是评价竞争程度的间接指标。

3. 核心技术与技术水平

核心技术的相同或相关程度，决定着现在或未来成为技术导向竞争者的概率大小。而同一核心技术的同技术水平，更增加了技术同质化程度。因此，核心技术与技术水平的同质化程度是评价竞争程度的持久性指标。

4. 行业范围与地理范围

行业范围与技术、产品或服务有关，地理范围与目标顾客有关。因此，行业范围与地理范围的同质性影响着技术、产品或服务与目标顾客的同质性。

以上述战略特征指标为分类变量，采用聚类分析，就可以把竞争者分成不同的群组。

阅读推荐：袁靖波，周志民，周南，等. 企业竞争行动的计量维度、分析框架与未来展望［J］. 商业经济与管理，2018（11）：28-39.

8.2.3　竞争者战略群组的划分

全部竞争者是一个竞争特征或程度都呈现异质性的群体。迈克尔·亨特（Michael S. Hunt）（1972）首先提出战略群组概念，迈克尔·波特（1979）在迈克尔·亨特的基础上把战略群组定义为行业中在关键战略维度上采取相同或相似战略的一群企业。战略群组内的企业的战略具有很强的相似性，对市场的反应也具有相似性；不同战略群组的企业战略差异性较大，因而对市场的反应也存在差异。

因此，战略群组存在以下两个性质（Hergert，1983）。

性质一：同一战略群组的企业是直接竞争对手，彼此竞争激烈。如果群组内成员众多，则竞争更加激烈。

性质二：不同战略群组的企业是间接竞争对手，竞争相对缓和。

因此，与自己同处一个战略群组内的企业是最直接且最主要的竞争对手。

竞争细分就是把异质性的竞争对手划分成若干个同质性的战略群组的过程。经过竞争细分后，可以把竞争性企业分成很多竞争特征或竞争程度同质性的细分群体。

战略群组一般按照三个步骤划分。

第一步，确定战略分组的指标。

第二步，以上述指标为聚类变量，进行分群或聚类分析，可得到各个群组内的竞争企业。

第三步，对每个群体内的竞争者的战略特征进行描述。

以白酒行业为例，根据白酒企业竞争战略可以分成六个战略群组 SG，如图 8-1 所示。

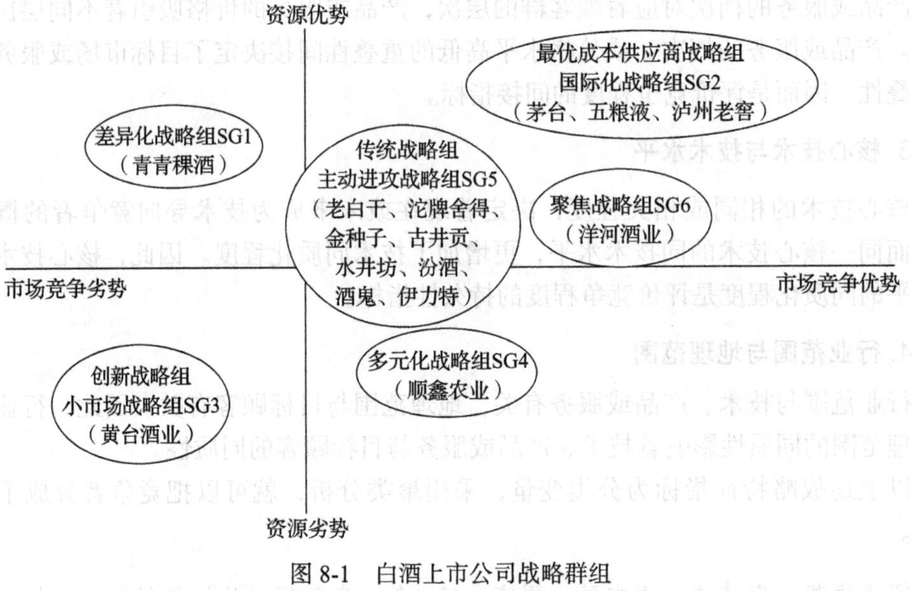

图 8-1　白酒上市公司战略群组

资料来源：吴中超，马毅. 基于战略群组的中国上市白酒企业竞争格局与策略研究——来自 15 家上市白酒企业的经验数据 [J]. 扬州大学学报（人文社会科学版），2019（1）：68-77.

8.2.4　大数据下的竞争者画像

企业最主要且最直接的竞争对手有何特征？借鉴用户画像的概念，相关学者提出竞争者画像的概念。竞争者画像是对主要竞争对手关键特征的刻画。这些关键特征包括如下几方面。

（1）身份识别：规模、市场份额等。

（2）战略特征：目标顾客、产品档次与价格水平、技术水平、销售范围等。

（3）优势劣势：最突出的优势与最薄弱的劣势。

（4）反应模式：竞争对手也有“性格”，它们属于“从容不迫型”“凶狠型”“选择型”还是“随机型”？“从容不迫型”对某些特定攻击行为不会做出迅速反应；“凶狠型”对所有攻击行为都做出迅速而强烈的反应；“选择型”是有选择地进行回击，对有些攻击置之不理；“随机型”的反应难以预测。

（5）市场地位：它们是市场领导者、市场挑战者、市场追随者还是市场利基者？市场领导者是占有最大市场份额，在营销策略方面具有决定性影响力的企业；市场挑战者是居于市场领导者之后，有能力对领导者采取攻击行动，有望夺取市场领导地位的企业；市场追随者是在营销策略上主要采取模仿或跟随的企业；市场利基者是实力很弱的小企业，是专门为大企业不感兴趣的空隙市场（即利基市场）服务的企业。

在非互联网时代，搜集竞争对手情报非常困难。但在互联网与全媒体时代，通过对竞争者全媒体大数据的挖掘，竞争者画像就变得与消费者画像一样容易。

阅读推荐：

① CIRobot：颠覆传统情报分析，全媒体竞争者画像无死角监测［EB/OL］. https://www.xsgou.com/biz/qiye/73259.html.

② CIRobot：竞争对手不想让你知道的情报分析平台［EB/OL］. http://www.sohu.com/a/165599035_999 30730.

8.3　企业市场地位与竞争战略选择

在市场竞争中，根据行业市场份额的大小与竞争实力的强弱把企业分成市场领导者、市场挑战者、市场追随者与市场利基者（或市场补缺者）（见图 8-2）。一般掌握市场份额 40% 左右，占据最大市场份额的竞争者称为市场领导者；掌握市场份额 30% 左右，稍微弱于领导者的前几位竞争者称为市场挑战者；掌握市场份额 20% 左右的竞争者称为市场追随者；其余掌握市场份额 10% 左右的竞争者为市场利基者（史寒君、宋长征，2010）。通常，在一个品类中，存在两个势均力敌的品牌，一个是领导者，另一个是挑战者，其余为众多的市场追随者以及市场利基者。

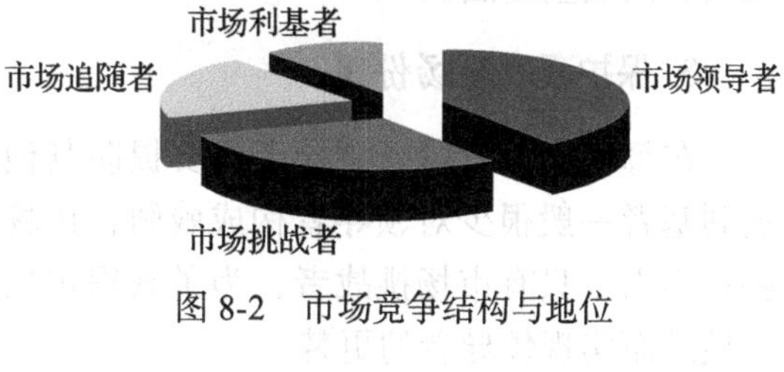

图 8-2　市场竞争结构与地位

8.3.1　市场领导者的竞争战略

市场领导者居于行业领导地位，是行业的“第一品牌”，也扮演着行业领袖角色。

作为市场领袖，市场领导者在不同时期的战略不同。在行业萌芽期与成长期，市场领导者的首要责任是引领市场追随者“做蛋糕”，即把整个行业或市场蛋糕做大，促进行业或市场迅速增长，扩大总需求；在成熟期，市场蛋糕不再增长，领导者的竞争战略转变为“抢蛋糕”，即扩大自己的市场份额。在每个市场阶段，市场领导者还要应付市场挑战者的攻击与市场争夺，保护自己的市场份额。

值得说明的是，也只有市场领导者有能力也有动力承担“做蛋糕”的责任。市场领导者的市场份额最大，从“做蛋糕”中获益最多；市场领导者实力最强，有能力把蛋糕做大。

1. 扩大总需求

在市场萌芽期与成长期，行业总需求主要通过市场渗透与市场开发的密集型增长战略来扩大。市场渗透是指增加现有用户对产品或服务的使用量，如增加使用频率，增加每次使用量等，都是对现有顾客潜力的挖掘；市场开发是指开发新的顾客群体或应用场景，如新的地理区域的顾客开发、新的年龄细分群体开发、新的用途场景开发，都是对新顾客的拓展。

这个时期的竞争战略主要不是竞争，而是合作，即“竞合”。领导者与其他企业是规模与盈利的共赢者。

2. 扩大市场份额

在市场成熟期与衰退期，市场进入零和博弈阶段，领导者规模与利润增长已不能来自行业增长，而是来自对其他企业现有顾客的争夺与重新瓜分。“大鱼吃小鱼”就是这个时期的典型表现。因此，在市场成熟期与衰退期，竞争战略主要是竞争而非合作。

值得注意的是，市场领导者的市场份额并非越大越好，而是存在一个利润最大化的最佳市场份额。当市场份额超过某一临界值时，市场份额的缓慢增加会伴随经营成本的迅速增加，利润反而会随市场份额的增加而下降。主要原因可能有两个：一是随着“大鱼吃小鱼”的延续，领导者面对的都是实力很强的对手；二是竞争对手面临生死存亡的顽固抵抗。

因此，领导者可在最佳市场份额时停止市场份额扩张，同时保证不违反《中华人民共和国反垄断法》。

3. 保护现有市场份额

在每个市场阶段，领导者都要提防其他竞争企业，特别是挑战者的市场抢夺。市场利基者一般很少对领导者构成威胁，市场跟随者一般选择跟随领导者，对领导者威胁也不大。只有市场挑战者，为了获得市场领导地位，最终会通过对市场领导者的成功挑战而实现领导者的更替。

根据科特勒的“营销战”理论，市场领导者的主要防御战略有以下几种：阵地防御、侧翼防御、反击防御、收缩防御、机动防御、以攻为守等。

根据沃顿商学院陈明哲（2010）的理论，多点进攻就是根据自身的优势与劣势，选择适当的“点”，并预测竞争对手反击的可能性与反击对策，选择对手难以反击的最佳“点”策略。举例来说，ZJ 与 QD 分别是广东与山东两个区域的啤酒领导品牌，即 ZJ 在广东区域是市场的领导品牌，QD 所占份额较小，属于挑战品牌；但在山东，QD 则是领导品牌，ZJ 是挑战品牌。这两家竞争企业存在相互制衡关系，即 QD 与 ZJ 存在潜在的“跨市场”报复的可能性。曾经有一段时期，QD 在广东开展降价促销活动，试图争夺 ZJ 啤酒的市场份额。如果 ZJ 啤酒直接正面就地回击，也在广东降价促销，就会造成较大的利润损失，更扰乱 ZJ 啤酒的价格定位，但对 QD 啤酒而言，利润损失很小。相反，如果 ZJ 选择在山东地区进行回击，则会冲击到 QD 啤酒绝大部分市场，而对 ZJ 啤酒利益与价格定位冲击很小。因此，可能没有企业能从这个回合中获得利益与优势，最后双方均放弃攻击而重新回到均衡状态。这非常类似于古代战争中围魏救赵的以攻为守谋略，是一种通过非正面回击而化解挑战的战略。

阅读推荐：

①刘杰克．基于市场领导者定位的企业竞争战略［J］．科技智囊，2012（10）：22-25.

②蓝海林．多点进攻战略［EB/OL］．https://wenku.com/view/813fid09086bceb19e8b8f67c1cfad6185fe98b.html.

8.3.2　市场挑战者的竞争战略

市场挑战者不甘心居于次要地位，热衷于向市场领导者挑战。市场挑战者的终极梦想就是通过成功挑战市场领导者而实现市场地位的更迭。市场挑战者一般是位居市场前几位的实力较强的企业。依据实力与阶段的不同，市场挑战者可以采取以下几种挑战战略。

1. 正面挑战

正面挑战（frontal attack），即根据对领导者相对优势与绝对优势的画像，选择挑战市场领导者的优势领域，包括拳头产品 / 服务或牢固的根据地市场。因此，正面挑战是硬碰硬的挑战，是针尖对麦芒的攻击。

市场挑战者应审慎采用正面挑战战略，它要求挑战者具有非常强的实力，挑战者的产品或服务要有足够优势，投入的资源要足够多。否则，挑战失败的可能性很高。

2. 侧翼挑战

侧翼挑战（flanking attack），即根据市场领导者绝对劣势与相对劣势的画像，选择挑战领导者相对劣势或绝对劣势的领域，包括领导者绩效较差的产品或地区市场，领导者忽视或没有发现的新产品 / 服务或潜在细分市场。

杰克・特劳特（2007）指出，领导者总有一些弱点，但也仅仅只是暂时忽略大意的弱点，如领导者强生泰诺产品的价格太高。这些弱点并不重要，只要挑战者一攻击，领导者就可以迅速弥补与完善。这样的挑战者攻击反而促进了领导者的强大。只有那些隐藏在强势中的弱点，才是领导者固有的弱点。这些弱点与强势与生俱来，要想避免就必须付出强势的代价，因而不可能弥补。因此，攻击领导者暂时忽略的弱点只是假的侧翼挑战，攻击领导者强势中隐藏的弱点才是真正的侧翼挑战。

3. 迂回挑战

无论是正面挑战、侧翼挑战还是包抄挑战，都是直接的进攻与挑战，但**迂回挑战**（bypass attack）则是一种“曲线救国”式的挑战。例如，在二战中道格拉斯·麦克阿瑟没有立即与日军直接交锋，而是切断日军的石油等关键军需物资的东南亚供给线，使日军自我崩溃。在商战中，迂回挑战有两种形式。

（1）暂时避开对手的现有业务领域与现有市场，选择对手没有涉足的其他领域，如多元化经营与对手无关联产品，以现有产品进入新的地区市场。暂时避开的目的是积累实力与经验，等实力强大后，再回来与对手竞争，也是一种“迂回”。迂回挑战分成两个阶段：第一阶段是“迂”，即绕过竞争对手的现有业务范围；第二阶段是“回”，即在条件成熟之后回头挑战。

（2）研发一种更理想的解决方案取代或颠覆竞争对手的现有解决方案，这是一种釜底抽薪的巧妙攻击，使竞争对手产品失去存在基础，不战自败。惠普、佳能的数码相机使得柯达、富士等传统胶卷企业集体“崩溃”。研发的主要步骤为：第一步，研究竞争者所满足的顾客需求本质是什么；第二步，思考满足顾客该需求的其他更理想的解决方案；第三步，研发全新的解决方案，并以此作为迂回挑战的武器。

【资料8-4】双童吸管是全球高端吸管领域的隐形冠军。吸管制造是一个典型的附加值低、进入门槛低、竞争白热化的小行业。双童吸管于1994年进入吸管行业，很快这个行业就成为竞争激烈的红海；2004年双童吸管率先创新，一骑绝尘地“蛙跳”到艺术吸管细分领域，成为高端吸管的黑马领导者。2018年双童吸管以自动化生产与智能制造实现了普通吸管的智慧化改造，又惊艳地杀回大众吸管市场。

双童吸管采用迂回进攻战略。双童吸管起步于普通吸管领域，陷入一片价格竞争的低技术红海，后通过开放式创新，并选择艺术吸管高端领域，才进入市场蓝海，成为全球市场领袖，如今再回到普通吸管市场。这是一次漂亮的迂回进攻。欲知细节如何，请扫二维码。

4. 包抄挑战

包抄挑战（encirclement attack）是指针对市场领导者的各个领域都展开攻击，既包括正面挑战，又涉及侧翼挑战。因此，包抄挑战实质上是正面挑战加侧翼挑战。

采取包抄挑战的条件是：①对手没有明显的侧翼弱点，难以采取侧翼挑战；②挑战者实力非常强，实力要求比正面挑战还要高。

5. 游击挑战

游击挑战（guerilla attack）是一种短期性的骚扰战略，意在打乱优势企业的阵脚。游击挑战就是小型、分散、随机的攻击，目的是边骚扰边逐渐削弱竞争对手的实力，积小胜为大胜。

游击挑战的形式包括：①地域游击战，选择在一个地域内攻破对手的市场；②顾客游击战，吸引对手一些特定顾客；③产品游击战，选择对手一些特定产品进行攻击。

游击挑战的原则是：①寻找一个小市场，尽量缩小战争规模，但在这个小市场上具有相对优势；②迅速敏捷，而不要大企业的规范；③一旦被对手注意，就准备撤离。

游击挑战的成本比正面挑战、侧翼挑战与包抄挑战的成本小。游击挑战一般更适合小企业，但大规模企业也可以采用。

8.3.3　市场追随者的竞争战略

市场追随者是安心居于次要地位，不热衷于挑战的企业。市场追随者认为在“和平共处”的市场秩序下获益更多，在频繁挑战的“混乱”秩序下损失更大，如采用价格战攫取短期市场份额，随即引发竞争性报复，损失惨重。

美国市场学专家西奥多·莱维特认为，市场领导者的创新是有代价的，而市场追随者的模仿是低成本的。因此，有时产品模仿比产品创新更加合适有利。

市场追随者不会争夺领导者的客户或市场，而是模仿市场领导者的策略，主要目标是盈利而非市场地位（或市场份额），因而市场份额比较稳定。

1. 紧密跟随（following closely）

完全拷贝或克隆领导者的产品、品牌、包装、渠道、服务等一切营销策略的公司，即领导者的紧密跟随者，或克隆者。市场领导者更新或调整营销策略，紧密跟随者随后也进行更新、拷贝或克隆。紧密跟随的逻辑是，领导者之所以做到最大，是因为它的策略是有效的，并且成功可以模仿。

只要追随者不从根本上危及领导者的地位，就不会和领导者发生直接冲突。

2. 距离跟随（following at a distance）

距离跟随者在一定程度上模仿领导者的产品、品牌、包装、渠道、服务等营销策略，但又在一定程度上对这些营销策略进行差异性创新。例如，中国一些企业根据本土市场需求特征对国外品牌、产品、包装、广告、创意设计等进行细节上的创新与调整，就是一种中国企业的距离跟随竞争战略。

距离跟随者比较容易被市场领导者接受。

3. 选择跟随（following selectively）

选择跟随者选择在某些方面紧跟市场领导者，但在另一些方面自主创新，即择优跟随。选择跟随和距离跟随都是部分模仿借鉴与自主创新的结合，但前者模仿的领域存在选择性，后者模仿的程度保持一定的差距。

选择跟随者有可能发展成挑战者。

8.3.4 市场利基者的竞争战略

1. 利基市场

小企业的竞争优势不在于规模经济优势下的低成本优势，而在于差异化优势与集中化优势的叠加，即小企业聚焦在一个**利基市场**（niche market）上。

市场需求规模较小且大公司不感兴趣的细分市场称为利基市场。好的利基市场实质上就是一个“小”而“美”的“小众市场”，这个小市场具有很高的边际收益。

理想的利基市场具有以下几个特征：

（1）市场需求规模较小，购买力较弱，只有投入较少的小企业进入能盈利，大企业难以盈利而不感兴趣，如双童吸管选择的艺术吸管市场，整个市场的潜在规模还不到一亿元，大企业在这样的市场中一般难以盈利。

（2）具有发展潜力或成长性。利基市场目前规模尚小，但未来可能不小，如专门针对“Z 世代”的一些特色产品或特殊服务市场。喜茶、丧茶、答案茶等特异市场都是这样的利基市场。

（3）公司有能力、声誉等资源为这个群体提供优质的产品与服务，也能抵御其他小企业的入侵。

2. 战略选择

市场利基者的竞争战略选择就是“做精做专”，即专业化或专门化，做一个为“小”而“美”领域提供服务与解决方案的专家，成为这个利基市场的“第一”与“唯一”。具体选择如下：

（1）特殊顾客专家，如为特定顾客服务的高端私人定制工作室、专门为大学生服务的“我的大学”掌上网络平台。

（2）特殊服务专家，如提供小额贷款公司、代账公司、婚庆机构等特殊服务机构。

（3）销售领域专家，如可以为社会提供批发、零售等渠道服务的小企业，手机饰品店等。

（4）特色产品专家，指提供一些独具特色的商品的企业，如手撕面包、茴香豆、高端酒吧吸管等产品的生产专家，经典奢侈品企业等。

（5）特定地区专家，指在特定地区的唯一或第一，如河北沧州的“乡瑶”降氟牛奶，只适合沧州地区高氟骨脆人群。

阅读推荐：谢佩伦营销策划机构. 哈雷如何联手造图腾神话？——值得中国企业一读再读的经典案例［EB/OL］. https://mp.weixin.qq.com/s/Eec4lDCqbatsnbbinAcPg.

竞争战略领域的新思维、新观点与新探索

1. 移动互联网时代的竞争战略新观点

迈克尔·波特提出了竞争优势经典理论，即企业竞争优势来自低成本优势、差异化优势与集中化优势三个方面。如今，人类社会进入了移动互联网时代，互联网打通了人们的意识边界，把地球变成了“地球村”，三大竞争优势战略是否发生了变化？现有研究重新审视了波特的竞争战

略，并提出以下新的观点供我们参考。

（1）从集中化战略到平台化战略。在移动互联网时代，集中化优势战略演化为“平台化”战略。在非移动互联网时代，集中化战略聚焦于“客户”而非“需求”，“二八法则”一般聚焦“大客户”需求而忽略“小客户”需求。因为聚焦“小客户”需求，成本实在太高。进入移动互联网时代，客户需求从“集中化”转向“碎片化”与多变，经典的“二八法则”被新的“长尾理论”替代。当客户需求“碎”到无法“集中”，“集中化”战略就面临严峻挑战。因此，在移动互联网时代，可以通过另一种方式为这些“碎片化”的需求提供价值，即“建平台”，也就是把“长尾”客户吸引并集中到一个平台上，“积水成渊”“筑巢引凤”。这就是平台化战略，企业的角色转变为平台的建设者、维护者与服务者。

（2）从差异化战略到“锚”战略。在非移动互联网时代，差异化竞争企业聚焦于特别“需求”而非“客户”，通过创新来满足那些“别具一格”的独特需求。进入移动互联网时代，需求的“碎片化”使得企业无法集中与聚焦，企业可能利用自身资源与优势，试图闯入差异化的“蓝海”，原有差异化战略企业的优势可能被削弱。一旦差异化消失，竞争力将不复存在。在这种形势下，差异化战略就面临严峻挑战。在移动互联网时代，需求逐渐分子化甚至原子化，“长尾”需求如茫茫大海。但新的技术完全可能把这个独特的原子化需求中的“共同”部分集中起来，即差异化中的集中化。当这部分独特性需求集中在一起时，就会形成“锚”。因此，“锚”战略就是把“长尾”需求大海中“共同”的独特性需求聚焦起来与企业创新相“链”接。“锚”战略的实施只有一种途径——“创新”。围绕“共同”的独特性需求，企业要采取新技术手段来进行与需求变化同节奏的创新，甚至要超过这种节奏。在未来的“互联网+”时代，需求越来越“碎片化”，节奏越来越“多变”，风浪越来越大，甚至有海啸发生，以企业“快节奏创新”—“链”—共同“独特性需求”为特征的“锚”战略就越来越有优势。

（3）从成本领先战略到价值领先战略。成本领先就是相对于竞争对手而言具有低成本优势。波特认为，企业竞争就是一种价值链竞争。采用成本领先战略的企业把价值链作为一个“成本中心”，通过降低成本获得优势。集中化战略面对的是“红海”，差异化战略面对的是“蓝海”，成本领先战略面对的是“红海”与“蓝海”的交界处。

阅读推荐：

杨少杰. 移动互联网时代的竞争战略［EB/OL］. https://wenku. baidu. com/view/f369bac839680//ca2009156.html.

2.“一带一路”市场中国企业的竞争战略新探索

（1）中国企业进军“一带一路”市场的典型选择：ST与SO。习近平主席“一带一路”倡议的提出，是企业进军“一带一路”沿线市场的重要风口。在诸多文献的SWOT分析中，O（opportunity）成为影响竞争战略选择的一个关键因素。文献案例研究发现（张倩雯，2016；陈娟，2014；向凌，2011；李云霄，2017等），发挥中国企业在“一带一路”国家的优势S（strength），是另一个核心因素，这个优势是具有低成本优势的中高新技术与商品质量，即低成本优势与中高技术创新优势在中国企业得到完美结合，欧美企业尽管具有差异化技术优势，但存在高成本劣势。文献案例研究还发现，来自美日欧国家企业的威胁在“一带一路”市场依然存在。综上，利用机会发挥优势的SO战略与利用机会避开威胁的ST战略成为两个典型的选择。

（2）中国企业扮演“一带一路”市场的双重角色：ML与MF。在“一带一路”国家市场，中国企业是市场领先者（market leader，ML）还是市场追随者（market follower，MF）？案例研究表明，在高端技术领域，中国企业的竞争战略是MF，而欧美发达国家的企业巨头是ML；但在中高端或中端技术领域，中国企业在“一带一路”国家开始充当ML。因此，同一个中国企业在“一带一路”国家市场可能扮演着MF与ML的双重角色（陈娟，2014）。

阅读推荐：

①张倩雯. 一带一路背景下DJ公司印度市场竞争战略研究［D］. 济南：山东大学，2016.

②陈娟. CWP公司印度电力市场竞争战略研究［D］. 成都：电子科技大学，2014.

重点提示

业务导向是识别竞争对手的一个重要因素。产品导向、技术导向、需求导向与顾客导向下的竞争者识别是完全不同的。

对竞争者的分析包括竞争者的战略群组分析，战略群组分析是一个非常棒的营销工具。进一步地，竞争者画像与消费者画像一样，能直观形象地刻画竞争者的战略特征、优势、劣势及反应模式等。

不同市场地位的企业，其竞争战略是不同的，应重点关注市场领导者、市场挑战者、市场追随者的竞争战略选择。

思考题

1. 业务导向与竞争者识别的关系是什么？
2. 如何进行竞争战略群组分析？如何给竞争者画像？
3. 市场领导者的竞争战略是什么？是否存在最佳市场份额？
4. 市场挑战者的5种进攻战略如何？多点进攻的含义是什么？
5. 市场追随者的竞争战略是什么？

判断题

1. 企业最直接的竞争者是那些属于同一行业、同一战略性群组的企业。（ ）
2. 通过扩大总需求，市场领导者虽然付出最多，但也获益最多。（ ）
3. 迂回进攻是指避开现有对手的业务与市场，因而实质上是回避竞争。（ ）
4. 跟随战略是一种模仿甚至完全拷贝对手的营销战略，这种战略价值不大。（ ）
5. 竞争战略性群组分析其实就是对竞争对手的战略细分。（ ）

判断题答案

单项选择题

1. 在一个行业中，占据最大市场份额，在新产品开发、价格制定、分销渠道与促销等各领域对其他企业都具有极大影响力的龙头企业或品牌，称为（ ）。

A. 市场领导者

单项选择题答案

B. 市场挑战者

C. 市场追随者

D. 市场利基者

2. 市场挑战者集中优势资源攻击对手的薄弱的地理市场或顾客群体，属于（　　）。

A. 正面进攻　　B. 侧翼进攻

C. 迂回进攻　　D. 游击进攻

3. 大量地服务于一些细小市场的“小”而“美”企业，它们高度专业化，产品精美或服务极致，具有极高的顾客满意度，享有丰厚的利润率。这些企业属于（　　）。

A. 市场领导者　　B. 市场挑战者

C. 市场追随者　　D. 市场利基者

4. 针对竞争对手的挑战，下列回应中属于多点进攻的是（　　）。

A.“声东击西”　　B.“围魏救赵”

C.“远交近攻”　　D.“阳奉阴违”

5. 从（　　）看，“娃哈哈”与“贝因美”是竞争对手。

A. 产品导向　　B. 技术导向

C. 顾客导向　　D. 需求导向

6. 对某些特定的攻击行为没有迅速反应或强烈反应的竞争者属于（　　）。

A. 从容不迫型竞争者

B. 选择型竞争者

C. 凶狠型竞争者

D. 随机型竞争者

7. 结合盈利能力考虑，市场领导者的市场份额（　　）。

A. 越大越好

B. 存在最佳市场份额

C. 以50%市场份额为佳

D. 没有定论

8. 青岛啤酒的根据地市场或大本营在山东，而燕京啤酒的根据地市场在北京与河北。当青岛啤酒利用收购的五星啤酒到北京采取低价战略抢占燕京啤酒市场份额时，燕京啤酒没有在北京应战，而是联合山东的“三孔”“无名”与“半岛”等啤酒在山东市场低价拓展，使青岛啤酒“后院起火”。燕京啤酒这种竞争战略属于（　　）。

A. 侧翼进攻　　B. 多点进攻

C. 迂回进攻　　D. 随机反应

9. 市场领导者的扩大总需求战略，实质是带领市场挑战者、市场追随者等一起把整个行业“蛋糕”先做大后，再分“蛋糕”的战略。这种战略是在行业市场生命周期的（　　）阶段采取的。

A. 萌芽期与成长期　B. 成熟期

C. 衰退期　　D. 任何时期

10. 业务范围技术导向型企业把所有（　　）的企业视为竞争对手。

A. 使用相同核心技术

B. 满足顾客相同需求

C. 满足相同顾客群需求

D. 生产相同产品

案例分析：满城尽是凉露酒

凉露，一款与特色饮食深度绑定的创新型白酒品牌。酒类营销专家指出，这款精准聚焦，具有独特品牌辨识度的白酒将开启中国酒类新格局，并成为加拿大魁北克大学MBA营销案例。然而不到一年，凉露酒就匆匆降价，草草收场，结局有些悲凉。为何凉露没有显示出其独特的竞争力？读者如果有兴趣，可以自行到https://www.sohu.com/a/239678000_555485上了解、学习。

第9章
CHAPTER9

产品策略

§ 学习目标

1. 掌握营销学中关于产品的含义及产品的整体概念
2. 理解产品组合的相关概念和产品组合决策的过程
3. 掌握产品市场生命周期各阶段的特征与企业的营销策略
4. 熟悉在互联网背景下新产品开发的思维及趋势
5. 熟悉品牌设计、产品策略及互联网时代的品牌IP化趋势

§ 引导案例　　普通插线板如何做成网购爆品

随着家用电器、手机、电脑等的普及，把多个插座集中在一起形成的插线板，因可以一座多用，简化空间，节省线路，简单实用，已成为家家户户日常生活必需品。

2018年的“双11”，阿里再次交出了一份令人满意的答卷：全天2 135亿元成交额刷新历史纪录。当晚，CCTV-2播出了《双11网购狂欢节》专题，京东、小米等电商平台上榜，此外，年度网购爆品——小米插线板也荣誉上榜。

小米插线板是2014年由突破和小米合作成立的青米科技历时1年多研发出来的，耗资千万元。最终，这款插线板不负众望，上市当天就创下了24.7万只的销量，目前已累计卖出上千万只，是实至名归的销量爆款。小米插线板已成为互联网插线板的代名词，引得同行竞相模仿。

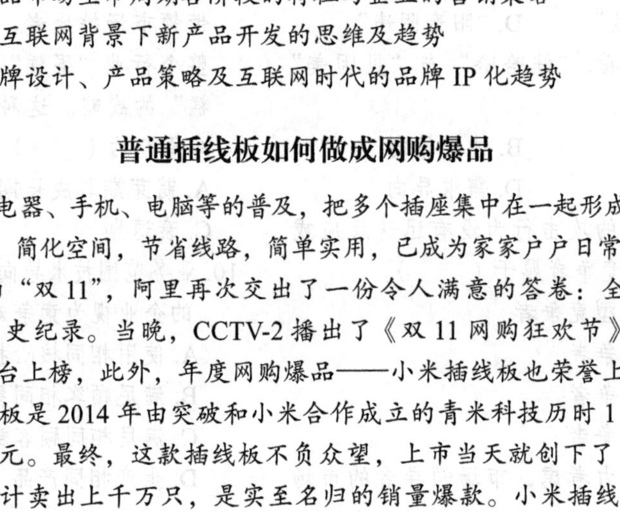

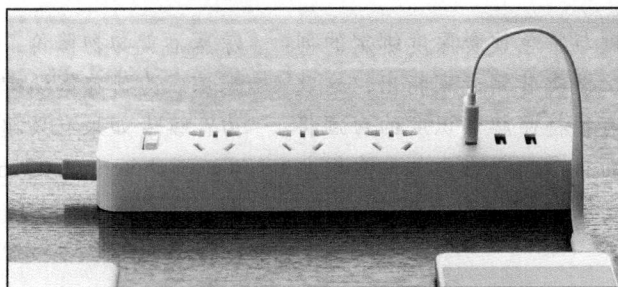

图片来源：https://www.mi.com/powerstrip/。

问题思考：

1. 在市场营销中，爆品是如何构成的？
2. 在“互联网 +”与人工智能新时代，产品设计有什么独特之处？

§ **本章逻辑导图**

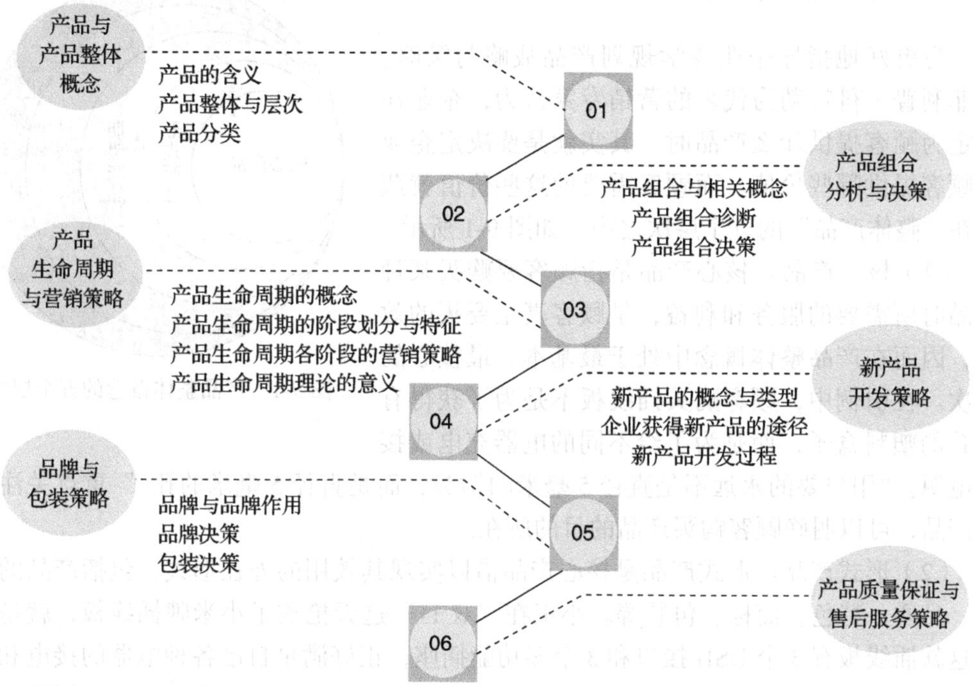

企业在市场细分的基础上选择目标市场，并且明确在目标顾客心目中要建立的特色形象后，就要考虑实施具体的营销组合策略来实现企业的定位战略。从本章开始，我们具体介绍企业的营销组合策略。在营销组合策略中，产品策略是核心和基础，因为营销的本质就是通过交换过程满足顾客的需求，实现企业长期生存与发展，产品既是满足顾客需求的载体，也是联系企业与顾客的桥梁，价格、渠道、促销与传播等策略在某种意义上都是产品策略的组成部分或延伸，服务于产品策略。

9.1 产品与产品整体概念

9.1.1 产品的含义

市场营销学中所说的**产品，是指通过交换来满足顾客某一需求或欲望的任何有形物品和无形服务**。产品概念至少有以下几层含义：一是营销学中的“产品”必须用于交换，不用于交换的如自产自用的农产品不是营销学中的“产品”，因为它不需要考虑市场、定价、渠道等决策问题；二是“产品”必须能够满足顾客的某种需求。这既是交换顺利实现的前提条件，也是企业从事营销的目的；三是满足顾客需求的“产品”既包括纯粹的实体产品（如洗发水），也包括纯粹的服务（如教育、咨询、高铁运输）、人员（如姚明）、地点（如西湖）、组织（如学校）与观念（如环境保护），还包括实体产品和服务的融合（如空调、汽车、电脑）。

9.1.2 产品整体与层次

为更好地指导企业科学规划产品战略与策略，以菲利普·科特勒为代表的营销专家认为，企业在决定为顾客提供什么产品时，其实就是要决定企业为顾客提供哪些价值。而顾客需要的这些价值就蕴含在“整体产品”的五个层次之中。如图 9-1 所示。

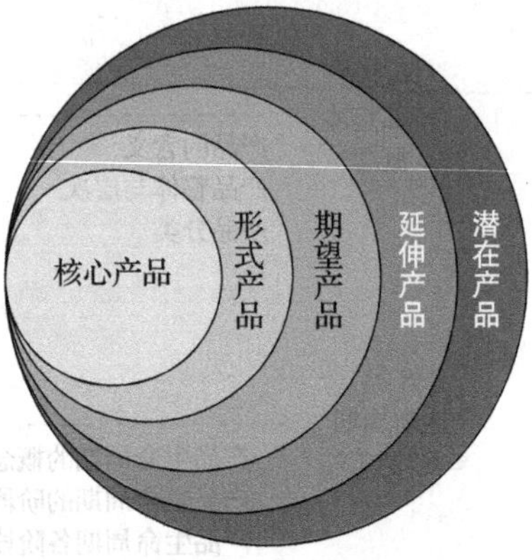

图 9-1 产品整体概念的五个层次

（1）核心产品。核心产品是指顾客要购买某种产品时所需要的服务和利益，是顾客真正要买的效用，因而在产品整体概念中处于最基本、最核心的层次。在引例中，顾客购买插线板不是为了获得有插孔的塑料盒子，而是为了给不同的电器充电或接上电源。“用户要的永远不是直径 5 毫米的钻头，而是直径 5 毫米的孔。”重点关注核心产品，可以明确顾客购买产品的目的所在。

（2）形式产品。形式产品是核心产品借以实现其效用的外在形式，包括产品的式样、品质、特色、商标、包装等。小王在“双 11”这天抢购了小米牌插线板，就是看中这款插线板有 3 个 USB 接口和 3 个多功能插座，正好满足自己各种电器的接电和充电需要。第二天收到快递——长方形白色包装纸盒，小王很轻松地将其打开；拆除包装后可以看到缠绕规整并用两个橡皮筋固定的插线板，很整齐；带有过载保护的开关很小巧，手感很好，开、关时反馈清晰；开关还带有隐藏式的夜间指示灯，光线很柔和。

（3）期望产品。期望产品是顾客购买产品时期望得到的与产品密切相关的一套属性与条件。小王选购小米牌插线板，不仅是因为该品牌插线板具有接电和充电功能，价格实惠，更重要的是自己通过收集用户评价和权威媒体报道，发现小米公司为保证插线板的安全，花费千万元重新设计和定制内部核心元器件，使插线板具有防漏电、防高温等多重安全保障，确保自己用电无忧。插线板内置 USB 智能充电芯片，可以自动识别设备，支持 5V2A 快速充电。“安全、便利、小巧、高颜值”是小王及其他用户对该插线板的评价。企业通过研究期望产品，可以更深入地了解顾客想得到的产品及其相关属性和条件，为企业更好地做到“以顾客为中心”奠定基础。

（4）延伸产品。延伸产品又称附加产品，是指顾客购买产品时所获得的附加服务和利益，包括产品说明书、送货、安装、调试、技术培训、后期维修等。小王在给手机、平板电脑充电时，发现小米插线板确实使用方便，外观精美，美到可以成为桌面上的装饰品；同时，小米官网承诺，收货后不喜欢可以免费退货，质量如有问题，可以①拨打 400-100-5678 询问，服务时间为周一至周日 8：00 ～ 18：00；②咨询在线客服：http://www.xiaomi.com/service/contact，客服 24 小时在线；③申请售后，或者去小米之家检测、维修。这些服务又确保小王购后无忧。如果说核心产品和形式产品是企业争夺顾客的硬件，那么附加产品就是企业竞争的软件。当今的市场竞争主要发生在附加产品的层次。

（5）潜在产品。潜在产品是指现有产品包括所有附加产品在内的、最终可能的所有增加和改变的部分。附加产品表明了产品现在的内容，潜在产品则指出了产品可能发生的演变。例如，目前宝马正在开展高度自动驾驶及全自动驾驶的研发，并为 3 系车的自动驾驶预留升级空间。发展潜在产品需要企业努力寻求满足顾客并使自己产品与竞争产品区别开来的新方法。

如果说核心产品、形式产品表明产品对消费者"有用"，对应的是消费者对产品功能的要求，那么，期望产品、延伸产品、潜在产品对应的则是满足消费者更高层次的情感性需求，是消费者"喜欢"的理由。从用户需要的角度出发，用户喜欢并为之疯狂的并不是具体的产品，而是用户需要的最好满足。

【资料 9-1】 如何让生病的孩子快乐就医

对成人来说，核磁共振是一件非常简单的身体检查，既不疼痛也不会有任何不良反应，然而，对儿童来说，CT 机是伴随着病痛而来的神秘机器，给予他们的是未知的恐慌。通用电气公司医用成像设备设计师道格·迪兹（Doug Dietz）调查发现：医院中近 80% 的儿科患者因为紧张、哭闹，需要服用镇静剂才能完成核磁共振。医生、家长为此都感到头疼。

鉴于此，道格·迪兹团队重新设计了儿童 CT 检查的体验，将 CT 设备设计成海盗船的模样。儿童患者接受检查时，首先会踩着木板进入"海盗岛"，然后慢慢躺在船形检查床上，在孩子进入 CT 机时，医生宣布："好了，你现在要进入这艘海盗船，别乱动，不然海盗会发现你的！"通过测试，超过八成的儿童患者会主动选择海盗船 CT。刚做完检查的小女孩甚至询问："妈妈，我们明天还能来吗？"

通用电气公司探险系列的概念由此诞生，原本令人却步的成像检查室一下子变身为孩子们的探险主题乐园。360 度环绕式场景布置、亲切可爱的卡通人物、真人比例的美人鱼、3D 投影海盗船、让人放松的鸟语花香，冰冷的检查仪也成为场景的一部分，孩子不再有排斥感，完全忘记自己是来做身体检查的。

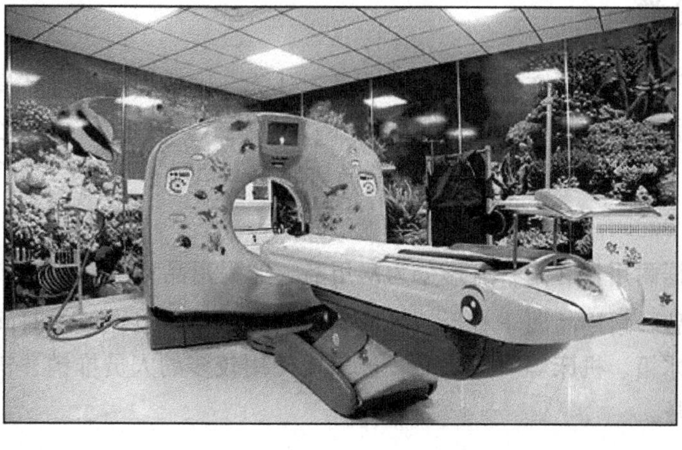

结果表明，自2013年8月投入使用后，该CT扫描仪的反响比较乐观。护士说，真正的检查过程虽然仅有1分钟，但是准备时间长达10分钟至15分钟，对孩子们而言并不轻松。接受检查的孩子情况不一，重者罹患癌症，轻者患有骨折。因为有了生动有趣的设置，检查身体的过程变为一场童话冒险。孩子们在做检查时，还能充分发挥想象力，整个装饰环境能有效地缓解小患者们紧张压抑的情绪，安抚患儿受伤的心灵，需要服用镇静剂的孩子的比例从80%降到了10%；对于医院来说，贵重的医疗机器也得到了轻松而高效的利用。

思考：以海盗船CT机为例，说明产品整体概念的五个层次。

资料来源：http://www.yibochuanren.com/info_xshdmaq.html，有删改。

【资料9-2】QQ空间（Qzone）是腾讯公司在2005年开发出来的一个具有个性空间、博客（blog）功能的QQ附属产品，自问世以来受到众多人的喜爱。

QQ空间开始上线时瞄准的用户群体主要为学生。他们在QQ空间上可以写日志、写小说、上传图片、听音乐、写心情，通过多种方式展现自己。除此之外，用户还可以根据个人的喜爱设定空间的背景、小挂件等，从而使每个空间都有自己的特色。QQ空间还为精通网页的用户提供了高级功能：可以自己编写各种代码来打造个人主页。成为职场人后，原来记录的信息需要重新承载；结婚生子后需要自拍晒娃，QQ空间又推出亲子相册……腾讯公司针对用户需求的变化不断拓展QQ空间的功能，其实就是在开发潜在产品。

思考：产品整体概念的五个层次与心理学家马斯洛提出的需要层次理论有关联吗?

“消费升级”成为2015年以来中国消费文化兴盛的标志。在一线城市消费能力与发达国家接轨的中国，越来越多“新中产”愿意为产品的“极致体验”和“轻奢属性”买单，从出国旅游到高端产品销售的火爆，都能看出国人消费需求的变化及对全球经济的影响。读者如果有兴趣，可以自行到http://mini.eastday.com/a/181226113949546.html上了解、学习。

9.1.3 产品分类

营销上为什么要进行产品分类？商品学派认为，同一类型的产品具有相同或相似的营销方式，而不同类别的产品具有迥异的营销模式。营销专家因此可以编制出针对不同产品的“营销食谱”，只要找到产品所属类别，就可以找到该产品对应的营销策略。

1. 产品根据耐用性和是否有形分为耐用品、非耐用品和服务

（1）耐用品。耐用品属于有形产品，其功能和效用可以在较长时间内重复使用而不会递减，如冰箱、机床等。耐用品一般需要使用较多的人员推销、销售服务、质量保证等营销策略。

（2）非耐用品。非耐用品属于有形产品，一般具有一种或多种用途，消费快，购买频繁，如啤酒、肥皂和盐等。其营销策略要求是购买便利，售价中的加成率要低，要大力进行广告宣传以吸引顾客并使其形成偏好。

（3）服务。服务是为出售而提供的活动、利益或满意，如理发、培训、高铁服务等。服务的特点是无形、生产与消费过程不可分、质量难以控制、不能储存。因此，服务产品需要更多的质量控制、供应商信用以及产品的适应性。

与有形的物质产品相比，服务在诸多方面都表现出独特性，表9-1归纳了有形产品和服务产品的主要区别。

表9-1 有形产品和服务产品的主要区别

有形产品的特点	服务产品的特点
通过交换，发生所有权转移	通过购买，不发生所有权转移
可储存	不可储存
生产与消费可以分离	生产与消费同时进行
顾客可以不参与生产过程	顾客要经常参与服务生产过程
消费地点由顾客决定	消费在服务提供的环境中进行
消费过程可以中断	消费通常是连贯的
产品质量可以进行客观衡量	服务质量评价有很大的主观性

2. 消费品按照消费者的购买习惯不同分为便利品、选购品、特殊品和非渴求品

（1）**便利品**（convenience goods）。便利品通常是消费者需要频繁，需要产生时希望即刻买到，并且只花最少精力和最少时间去比较品牌、价格的消费品，如软饮料、肥皂、报纸等。便利品通常价格较低，为适应顾客人数多且分散的特点，销售网点要多，以方便购买。

（2）**选购品**（shopping goods）。选购品是消费者在购买过程中，对产品的适用性、质量、价格和式样等进行针对性比较后才购买的商品，家具、正装西服、汽车、大件电器都属于选购品。选购品的销售企业应提供更多的花色、品种来满足不同顾客的品位，必须有训练有素的销售人员为顾客提供信息和咨询服务。

（3）**特殊品**（specialty goods）。特殊品有独一无二的特征或品牌属性，并且有足够数量的消费者愿意为之付出特别的购买努力，如特定品牌的高级轿车、昂贵的组合音响与专业照相设备、名设计师量身定做的服装等。劳斯莱斯汽车是特殊品，因为有兴趣的顾客不惜远途去购买，有耐心长时间等待。特殊品不要求比较，而且经销商不需要便利的位置，当然它必须让潜在顾客知道在哪里能买到。

（4）**非渴求品**（unsought goods）。非渴求品是指消费者不知道或知道但不想买的商品，如新上市的新产品——烟雾报警器。人们熟知的非渴求品有人寿保险、墓地、墓碑和百科全书等。非渴求品需要广告及人员销售支持。

3. 工业品可按照其相关成本和进入生产过程的程度分为原材料和零部件、资本品、补给品和商业服务

（1）**原材料和零部件**（materials and parts）。原材料和零部件是完全进入生产过

程，价值要全部转化为制造商产成品中的那类产品，进一步分为两类：未加工的原材料、加工过的半制成品和零部件。前者包括农产品（小麦、水果、蔬菜等）和天然产品（鱼、木材、原油、铁矿石等）。价格和交货的可靠性是影响客户选择供应商的主要因素。半制成品（铁、纱、水泥、电线）和零部件（component parts）（小型发动机、轮胎、铸件等）的客户主要是工业生产者。价格和服务是营销时主要考虑的因素，品牌与广告的作用则不太重要。

（2）**资本品**（capital items）。资本品是帮助研制和生产最终产品的长期持久的耐用品，在生产过程中能为多个生产周期服务，价值是分次转移到产成品中去的工业品。它包括装备（工厂、办公室等）、重型设备（发电机、钻床、计算机主机、电梯等）和附属设备（手动工具、载重卡车等）以及办公设备（电脑、办公桌等）。资本品因其技术含量高、价格昂贵，通常由客户向生产商直接购买，需要有较多技术人员参与，要有较长时间的谈判过程。生产商必须愿意根据客户的专门需要进行设计，并提供售后服务。广告没有人员销售重要。

（3）**补给品和商业服务**（supplies and business services）。补给品和商业服务是维持企业生产与经营管理所必须投入的，其价值计入产品成本但不会在生产过程中变为产成品的物品和服务。补给品分维护与修理用品（扳手、钉子、扫帚等）和操作补给品（润滑剂、纸、笔等）。补给品相当于便利品，顾客在购买时不用花费太大精力，且会重复购买。由于其单位价值低，存在大量位置分散的顾客，故需要使用中间商。价格和服务是重要的考虑因素，因为供应品是标准化的，品牌偏好不高。商业服务包括维护和修理服务（如生产线维护、修理复印机）以及商业顾问服务（如法律、管理咨询、广告策划）。维护和修理服务通常以合同形式，由原始设备制造商供应，商业顾问服务的购买通常以供应商的声誉和员工素质为基础。

中华老字号是经过数十年乃至数百年商业竞争之后存活下来的少数"硕果"，具有鲜明的中华民族文化底蕴和文化背景。但在新经济发展以及新技术、新产品不断更新、消费需求快速变化的冲击下，老字号企业如何在继承"经典元素"的基础上与时俱进、永葆青春？请扫二维码，阅读仁昌酱园"蓝海战略"与"青春化"的案例分析。

9.2 产品组合分析与决策

9.2.1 产品组合与相关概念

1. 产品组合

产品组合（product mix）又称产品品种搭配，是指一个企业在一定时期内提供给市场的全部产品的组合或结构，即企业的生产经营范围，它包括所有的产品项目和产品线。

（1）**产品项目**（product items）。产品项目是衡量产品组合中各种变量的一个基本单位，是产品线内不同品种以及同一品种不同的品牌。企业产品目录中列出的每一个具体的品种就是一个产品项目。

（2）**产品线**（product line）。产品线又称产品大类，是指具有相同或相似的功能，通过同类渠道销售给同一客户群体，或处于特定价格范围内的一组产品。

进入小米商城网站 https://www.mi.com/index.html，可以了解小米商城的产品组合的产品线数量及具体的产品项目。

2. 产品组合的衡量指标：产品组合四要素

为了使产品组合符合市场需求和企业自身能力，需要对现有的产品组合进行衡量和测定。为产品组合进行科学化决策，可通过四个指标对其进行衡量，即“产品组合四要素”。

（1）**产品组合宽度**（width）。产品组合宽度是指该公司具有多少条不同的产品线。由图 9-2 可以看出，小米商城有 10 条产品线，包括手机电话卡、电视盒子、笔记本平板等，其产品组合的宽度为 10。

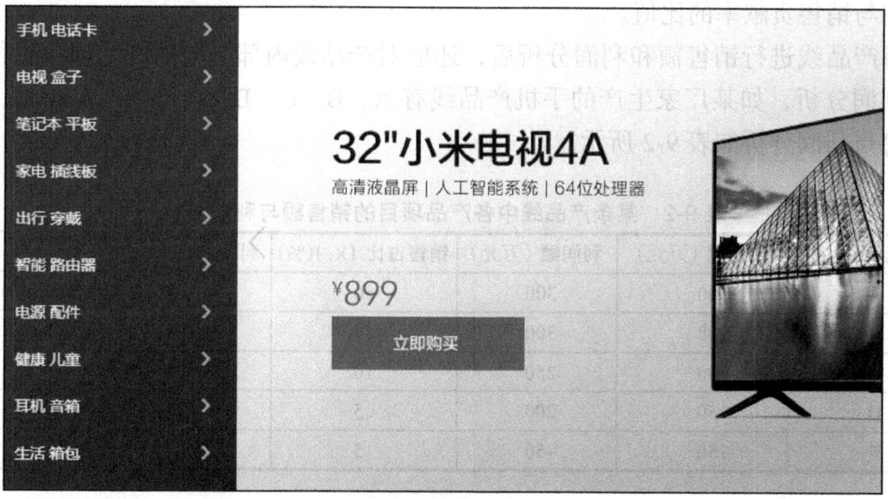

图 9-2　小米商城经营的产品线

（2）**产品组合长度**（length）。产品组合长度是指产品组合中的产品项目总数。在小米商城中，某个时间段产品项目总数是 128 个，即产品组合总长度为 128。还有一个概念是产品线的平均长度，即产品组合总长度除以产品线数，也就是每条产品线的平均长度为 12.8。

（3）**产品组合深度**（depth）。产品组合深度是指产品线中每一种产品有多少个规格品种。例如，小米手机产品线的“红米”系列共 6 种规格（从 Redmi 7 到 Redmi K20 Pro），“小米”系列也有 6 种规格（从小米 Mix3 到小米 9），平均每种规格有 3 种颜色，则手机的产品深度为 36。

（4）**产品组合关联度**（consistency）。产品组合关联度是指一个企业的各个产品大类在最终用途、生产条件、分销渠道等方面的密切相关程度。由图 9-2 可以看出，小米商城出售的产品大部分都是电子产品，而且都是通过相同的渠道分销。就产品的最终使用和分销渠道而言，这些产品组合的关联度大。

9.2.2 产品组合诊断

产品组合优劣依赖于其中每个产品项目、每条产品线运营的好坏。因此，对产品线与产品项目的诊断与优化是产品经理的重要职责。产品经理把每一产品线或产品项目作为评价业务单位，通过销售额与利润分析评估绩效，通过市场地位分析寻找绩效好坏的原因，最后决定对现有产品线、产品项目加强或剔除，即产品组合的优化。

1. 产品线与产品项目的销售额和利润分析

产品线销售额和利润分析包括两个方面：①统计各产品线销售额和利润额及其在总额中的占比，评价各产品线的贡献率；②进行各产品线贡献率的配比分析，即利润贡献率与销售贡献率的比值。

对产品线进行销售额和利润分析后，还应对产品线内部不同的产品项目进行销售额和利润分析，如某厂家生产的手机产品线有 A、B、C、D、E 五个产品项目，各自的销售与利润分析如表 9-2 所示。

表 9-2 某条产品线中各产品项目的销售额与利润分析

产品项目	销售额（万元）	利润额（万元）	销售占比（k_1）(%)	利润占比（k_2）(%)	配比值（k_2/k_1）
A	1500	300	50	30	0.6
B	900	300	30	30	1.0
C	300	250	10	25	2.5
D	150	200	5	20	4.0
E	150	–50	5	–5	–1.0

产品项目的 B 销售额与利润额都较大，两者占比均为 30%，配比值为 1.0，业务发展正常，继续保持；产品项目 C 与 D，虽销售占比不大，但利润占比较高，因而配比值大于 1.0，属于厚利而有发展前景的产品，值得加强；产品项目 A 虽销售额与利润额都举足轻重，但配比值仅为 0.6，即利润占比与销售占比是不匹配的，业务存在问题；而产品项目 E 的利润额、利润占比、配比值都为负，无疑也是有问题的业务。

2. 产品项目市场地位或竞争分析

产品项目 E 与 A 业绩不佳的原因何在？我们试图进一步从市场地位或竞争形势上分析。假定手机的两个主要属性是价格和产品风格，图 9-3 是一个产品项目定位图，表示 A、B、C、D、E 五个产品项目与竞争对手项目（G、H、K、X、Y）的定位情况。

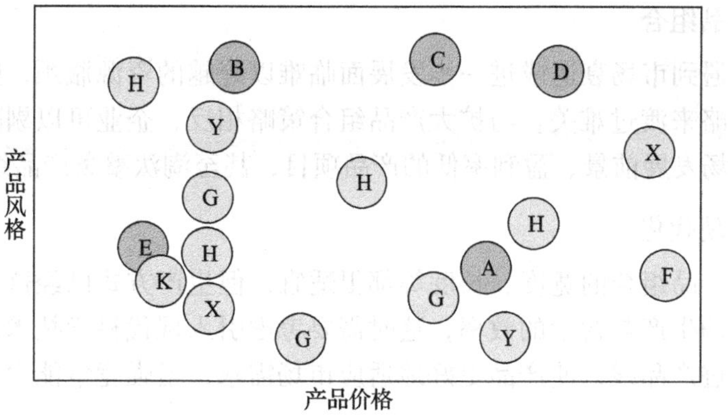

图 9-3　手机产品线的产品竞争定位图

图 9-3 说明了产品项目 E 定位与 K 产生了正面冲突，并受到 X、H、G 的围攻，竞争环境与市场地位极为不利，因而处于亏损状态。不过，从竞争项目的定位来看，风格相似，但价格略比 E 高。因此，E 的亏损并不完全在于竞争项目的冲击，产品项目本身可能也存在问题。产品项目 A 受到两个竞争项目 G 与 H 的较大冲击，还受到 Y 的一定影响，因而竞争环境与市场地位不太理想，这是 A 配比值较低的原因。至于 C 与 D，处于市场空白处，目前还没有竞争项目，因而配比值较高。

9.2.3　产品组合决策

企业经过产品组合分析，就可以根据市场需求、竞争形势和自身能力对产品组合的宽度、长度、深度和关联度等方面做出相应的决策。

1. 扩大产品组合

该策略包括增加新的产品线，扩大经营范围，或者在现有的产品线中增加新的产品项目，其形式包括：

（1）**产品线延伸**。企业的每一产品都有特定的市场定位，如果企业的现有产品定位为中端产品，后来增加了高端产品的生产，则为向上延伸；如果增加低端产品的生产，则为向下延伸；如同时增加低端与高端产品的生产，则为双向延伸。例如，吉利汽车刚刚推向市场时是低端车型，随着研发实力增强和技术积累，又向市场推出中端车型，后又通过兼并高端“沃尔沃”品牌汽车，又进入汽车市场的高端领域，这是产品线的向上延伸。

（2）**产品线填充**。产品线填充是在现有产品线定位不变的条件下增加一些产品项目。与产品线延伸不同，产品线填充决策中所增加的产品项目与原有的产品项目都是定位于同一市场，满足同一目标顾客群体的需求，只是目标顾客选择的产品规格、款式有所增加而已。

（3）**增加新产品线**。新产品线与现有产品线在技术、市场资源方面可能相关，也可能不相关，其实就是采取企业发展战略中的多元化战略（详见第 3 章）。

2. 缩减产品组合

如果企业遇到市场衰退或进一步发展面临难以跨越的资源瓶颈，则可以通过缩减产品组合的策略来渡过难关。与扩大产品组合策略相反，企业可以剔除一些耗费大量资源、没有市场发展前景、盈利率低的产品项目，甚至淘汰整条产品线。

3. 产品线现代化

如果企业产品组合的宽度、长度等都很适宜，但生产方式已经落后于市场需求趋势，影响企业的生产与营销的效率，这时需要考虑引入现代科学技术，优化生产流程管理，不断改进产品线，使产品更好地适应市场需求，增强竞争能力，这就是产品线的现代化策略。

改革开放40年来，中国经济发展取得举世瞩目的成绩，中国特色社会主义建设进入新的时代，社会主要矛盾已经转化为人民日益增长的美好生活需要和不平衡不充分的发展之间的矛盾。有"世界工厂"之称的中国庞大制造业，如何通过结构调整、技术升级实现由"中国制造"到"中国创造""中国智造"转变？海尔的智能化工厂利用互联网技术实现由企业主导的大规模流水线生产逐渐开始向用户需求驱动下的大规模定制模式转型，就是产品线现代化决策的样板。传统制造企业如何利用互联网技术实现转型？海尔的案例会给你启发。读者如果有兴趣，可以自行到 http://www.sohu.com/a/193208487_481021 和 http://news.cheaa.com/2019/0620/557126.shtml 上了解、学习。

9.3 产品生命周期与营销策略

9.3.1 产品生命周期的概念

产品生命周期（product life cycle，PLC），是产品的市场寿命，即一种新产品从进入市场开始到被市场淘汰的整个过程，产品生命周期的长短是由技术生命周期和顾客需求周期决定的。1950年，乔尔·迪安最先提出产品生命周期这一概念，随后西奥多·莱维特对这一概念给予了高度认同，使产品生命周期在营销领域得到广泛应用。雷蒙德·弗农（Raymond Vernon）在他的《产品周期中的国际贸易》一文中首次应用产品周期理论来解释了国际贸易产生的原因。他把产品在国际市场的生命周期划分为3个阶段：新产品阶段、成熟产品阶段和标准产品阶段，认为产品生命周期理论可以解释发达国家出口贸易、技术转让和对外直接投资的发展过程。

【资料9-3】西奥多·莱维特（1925—2006），现代营销学的奠基人之一，曾经担任《哈佛商业评论》主编。莱维特一生著述丰厚，拥有近10部著作，还有发表于《哈佛商业评论》的26篇文章（4篇获得"麦肯锡奖"）。其中《营销近视症》（*Marketing Myopia*）1960年在《哈佛商业评论》上一发表就引起了轰动。他那些令人耳目一新的、精心编撰的、但又充满争议的书籍和文章影响了一代又一代的学者和实业界人士。他是市场营销领域里程碑式的偶像人物，其营销思想构筑起了现代营销理念的基础。正如当代营销大师菲利普·科特勒所说，“莱维特就是营销的代名词”。

资料来源：MBA 智库百科。

自从人类社会出现以来，人对沟通的需求一直存在并持续增强，但不同时期满足沟通需求的技术条件在不断变化。早期的人们主要依靠烽火和快马驿站传递国家军情、民情，信息传递速度慢且不准确，后来通过国家邮政、私人镖局传递书信，可靠性提高，但速度依然不能满足人们的需要；电报、电话技术出现后，信息沟通的时效性、双方互动性有了质的飞跃；互联网技术的应用普及后，人们通过 QQ、微信、Facebook 等社交平台可实现一对一、一对多、多对多的可视化、多形式互动交流。

思考：需求生命周期、技术生命周期、产品生命周期、品牌生命周期的关系。

9.3.2　产品生命周期的阶段划分与特征

产品生命周期一般可以分成四个阶段，即引入期（或介绍期）、成长期、成熟期和衰退期，如图 9-4 所示。企业在产品生命周期不同的阶段面临不同的营销环境。

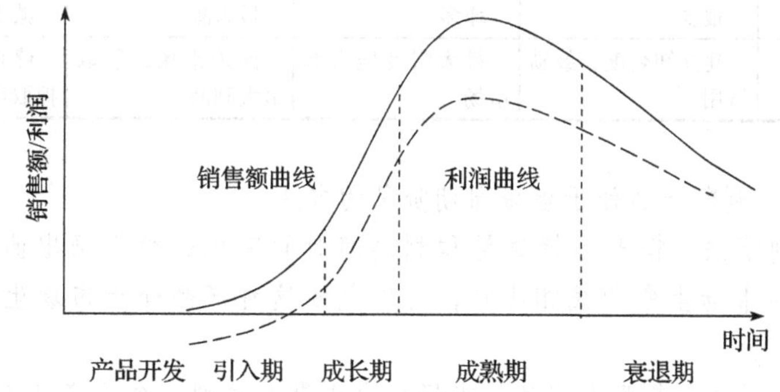

图 9-4　典型的产品生命周期曲线

在图中有两条曲线：销售额曲线与利润曲线。销售额曲线始于原点，利润曲线始于原点下方，销售额曲线位于利润曲线上方。随着销售时间的推移，两条曲线经历了一个缓慢上升（其中利润曲线由负转正）、快速上升、达到最高值、下降的过程，表明产品刚投入市场时，因为产品品种少，质量有缺陷，顾客不了解，所以销售额很低且增长缓慢，此时的利润为负数。企业为扩大销路，不得不投入大量的促销费用，对产品进行宣传推广。当产品在引入期销售取得成功之后，便进入了成长期。购买者逐渐接受该产品，需求量和销售额迅速上升。生产成本大幅度下降，利润迅速增长。同时，竞争者看到有利可图，纷纷进入市场，使同类产品供给量增加，价格随之下降，企业利润增长速度逐步减慢，最后达到生命周期利润最高点。

随着更先进的技术出现以及顾客消费习惯的改变等，产品的销售量和利润持续下降，产品在市场上已经老化，不能适应市场需求，市场上已经有其他性能更好、价格更低的新产品，足以满足消费者的需求。此时成本较高的企业就会由于无利可图而不得不退出，该类产品开始步入衰退期，以致最后完全撤出市场。

当然，不是所有产品的生命周期曲线都呈S形，特殊的产品，如风格型产品、时尚型产品、扇贝形产品等，其生命周期曲线并不具有明显的缓慢上升、快速上升、到达顶点后缓慢下降的过程。

在产品生命周期的不同阶段中，销售量、利润、购买者、市场竞争等都有不同的特征，企业可以根据不同阶段的特征制定不同的营销目标和营销策略，具体内容如表9-3所示。

表9-3 产品生命周期不同阶段特征及营销目标

项目	引入期	成长期	成熟期	衰退期
销售量	低	剧增	最大	衰减
销售增速	低	高	下降	负增长
成本	高	下降	最低	回升
价格	高	回落	稳定	下降
利润	亏损	提升	最大	减少
顾客	创新者	早期使用者	中间多数	落伍者
竞争	很少	增多	最为激烈	减少
营销目标	建立知名度，鼓励试用	最大限度地占有市场	保护市场，争取最大利润	停止投资，压缩费用榨取最后价值

【资料9-4】 判断产品处于生命周期阶段的方法

（1）曲线判断法：据产品销售量和利润随时间变化的数据画出曲线，然后将该曲线与典型产品市场生命曲线相比较，可以判断这种产品处于市场生命周期的哪一阶段。

（2）类比判断法：参照类似产品市场生命周期曲线划分企业产品市场生命周期的各个阶段。

（3）经验判断法：经验判断法是一种定性分析和定量分析相结合的预测方法。它是根据企业各层次有关人员的经验判断来确定销售预测数的一种方法。一般在缺乏历史资料的情况下，依靠有关人员的经验和对市场形势发展的直觉判断进行预测。

（4）销售量（或销售额）增长率法：在产品投放到市场后以产品销售量（额）的年增长率（$\eta = \Delta y/\Delta x$）来划分产品生命周期的各阶段。

若$\eta < 10\%$，则产品处于引入期。

若$\eta > 10\%$，则产品处于成长期。

若$-10\% < \eta < 10\%$，则产品处于成熟期。

若$\eta < -10\%$，亦即销售量快速下降，则产品处于衰退期。

课后可搜集固定电话、手机、新能源汽车等产品在我国市场的销售增长率数据，判断这些产品在我国市场处于生命周期的哪个阶段。

9.3.3 产品生命周期各阶段的营销策略

在产品生命周期的不同阶段，产品的销量、成本、利润、竞争状况及购买者行为都有不同的特征，企业应针对生命周期不同阶段的特征制定相应的营销策略。

1. 引入期的营销策略

在引入期，产品刚刚投放市场，消费者对新产品十分陌生，产品本身也存在各种缺陷，生产设施不足，规模有限，成本较高，因此在产品策略方面要注意完善产品质量性能，发现问题，快速解决；在渠道选择上，要精选有经验的中间商。在价格与促销费用预算方面，企业可以从以下四种策略中选择其一，如图9-5所示。

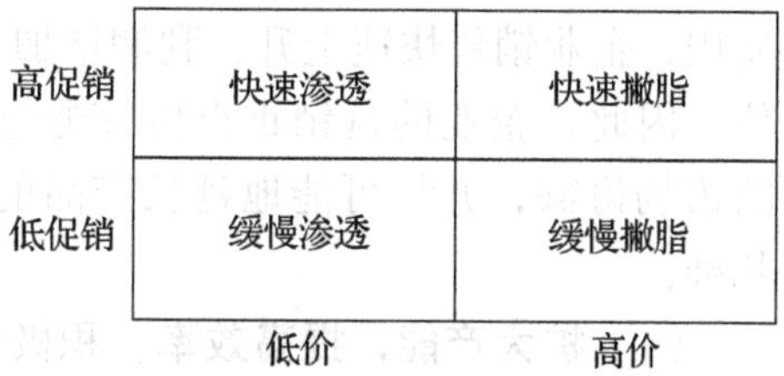

图9-5 引入期价格与促销策略

（1）**快速撇脂策略**。“脂”的本义是指动物体内或油料植物种子内的富有营养的油质，撇脂定价意指将价格定位在较高水平以获取高额市场利润。快速撇脂策略是指企业采取高价格策略的同时，配合大量的宣传推销活动，把新产品推向市场。其目的在于先声夺人，抢先占领市场，并希望在竞争还没有大量出现之前就能收回成本，获得利润。

值得说明的是，这里的价格高低并不是指绝对价格的高低，而是相对于平均成本而言，是采取远高于平均成本的高毛利率价格还是接近于平均成本的低毛利率的价格；同样，促销费用的高低也是相对于企业的销售规模而言的，即促销费用占销售收入比例的大小。

适合采用这种策略的市场环境为：新产品须有很大的潜在市场需求量；产品品质高，功效特殊，很少有其他产品可以替代；消费者一旦了解这种产品，常常愿意出高价购买；企业面临潜在的竞争对手，想快速建立良好的品牌形象。国内市场上很多保健品都采用这种策略。

（2）**缓慢撇脂策略**。缓慢撇脂策略是指企业在采用高价格策略的同时，只付出很少的促销努力。抬高价格的目的在于能够及时收回投资，获取利润；低促销的方法可以减少销售成本。

这种策略主要适用于以下情况：市场规模有限；或者市场规模大，但大部分潜在顾客已经熟悉该产品，他们愿意出高价购买；产品的生产和经营必须有相当的难度和要求，现有竞争和潜在竞争威胁较小。苹果公司首次推出智能手机时就采用了这种策略。

（3）**快速渗透策略**。快速渗透策略是指企业在采用低价格的同时花费巨大的促销费用，其特点是可以使商品迅速进入市场，有效限制竞争对手的出现，为企业带来巨大的市场占有率。

适合该策略的市场环境是：产品有很大的市场容量，企业有望在大量销售的同时迅速降低成本；消费者对这种产品不太了解，对价格又十分敏感；潜在的竞争比较激烈。该策略适用于大部分日用品。

（4）**缓慢渗透策略**。这种策略的方法是：在新产品进入市场时采取低价格策略，同时不做大的促销努力。低价格有助于市场快速接受商品；低促销又能使企业减少费用开支，降低成本，以弥补低价格造成的低利润或者使亏损减少。

适合这种策略的市场环境是：产品的市场容量大；消费者对商品有所了解，同时对价格又十分敏感；存在一定程度的竞争；企业资源有限，品牌知名度低，没有能力和条件采用高价格（高质量）或高促销费用的策略。改革开放初期的大多民营中小企业都采用该策略积累了第一桶金。

2. 成长期的营销策略

进入成长期以后，产品基本定型，技术日渐成熟，越来越多的消费者开始接受并使用，企业销售快速上升，利润增加。但竞争对手也会纷至沓来，威胁企业的市场地位。因此，企业的营销重点应该通过建立产品特色、树立品牌形象，快速扩大自己的市场份额，并尽可能地延长产品的成长期。这一阶段可以适用的具体策略有以下几种：

（1）**扩大产能，提高效率**。积极筹措和集中必要的人力、物力和财力，进行生产设施建设或者技术改造，扩大生产批量以适应快速增长的需求，同时降低产品的平均成本。

（2）**提升质量，增加功能**。不断提高质量，增加特色，在品牌、包装、款式、规格和定价方面做出改进，使企业产品在竞争日趋激烈的市场上脱颖而出。

（3）**增加网点，方便购买**。完善现有销售网点，增加新的销售渠道，扩大产品的市场覆盖面。

（4）**开拓新市场，发展新用户**。进一步开展市场细分，积极开拓新的市场，创造新的用户，以利于扩大销售。

（5）**树立形象，提高声誉**。在增加促销投入的基础上，改变企业的促销重点。例如，在广告宣传上，从介绍产品转为强调产品优势与特色，建立品牌形象，进一步提高企业及产品的市场声誉。

（6）**机动定价，主动竞争**。在成长期，虽然市场需求量较大，但在适当时机或特定区域市场上可以降低价格，充分利用价格手段增强竞争力。

3. 成熟期的营销策略

成熟期是企业收获的黄金时期，商品进入大批量生产，但市场总体销售量增长开始滞缓，达到市场饱和点后出现缓慢下降，此时市场竞争处于白热化阶段。企业应该系统考虑市场各种情况，对产品及营销组合进行修正与调整。

（1）**调整市场策略**。通过努力开发新的市场，来保持和扩大自己的市场份额，如寻找市场中未被开发的部分，使非使用者转变为使用者；通过市场细分化，努力打入新的市场区域；赢得竞争者的顾客。

（2）**调整产品策略**。扩大市场销售必须以产品改进为基础，企业可以通过产品特征的改良，来提高销售量，包括品质改良，即增加产品的功能性效果，如耐用性、可靠性、便利性、速度及口味等；特性改良，即增加产品的新的特性，如规格大小、重量、材料质量、添加物以及附属品等；式样改良，即增加产品美感以适应顾客的审美需求。

（3）**调整其他营销组合策略**。例如，通过降低售价来加强竞争力；改变广告方式以引起消费者的兴趣；采用多种促销方式如大型展销、附赠礼品等；通过宣传推广，促使顾客提高使用频率或增加每次的使用量，通过增加使用量来增加购买量。

4. 衰退期的营销策略

新技术带来新产品的出现，使原有产品进入衰退期。衰退期的产品销量持续下降，利润减少，大多数企业或者选择退出，或者缩减开支以维持最低的经营水平。企业必须研究产品未来发展趋势及本企业产品在市场上的竞争地位，然后决定是继续经营还是就此放弃。

（1）**维持策略**。维持策略即企业在目标市场、价格、销售渠道、促销等方面维持现状。由于这一阶段很多弱小企业退出会留下部分市场空间，因此，一些有实力的企业可采取维持原有的投资规模以确保销售和利润。

（2）**集中策略**。集中策略即企业仍留在原来的目标市场上经营，但根据市场变动情况在规模上做出适当的收缩，把所有的营销资源集中到一个或者少数几个有潜力的细分市场上，以加强这几个细分市场的营销力度，也可以大幅度地降低市场营销的费用，以增加当前的利润。

（3）**榨取策略**。由于市场上还有一些顾客，因此企业可以通过大幅度降低销售费用，缩减成本，增加目前利润。

（4）**放弃策略**。若产品确实进入快速衰退或企业确实无力继续经营，可当机立断，撤出现有目标市场。但企业应该主动考虑以下几个问题：将进入哪一个新区域，经营哪一种新产品，可以利用以前的哪些资源；品牌及生产设备等残余资源如何转让或者出卖；保留多少零件存货和服务以便在今后为过去的顾客服务。

思考：随着各种环保法规出台和国民环保意识提高，烟花爆竹在国内市场的需求逐渐萎缩，生产烟花爆竹的厂家该如何应对?

9.3.4 产品生命周期理论的意义

1. 以创新谋求发展

产品生命周期理论揭示了任何产品都和有生命的生物一样，有一个从诞生、成长、成熟到衰亡的过程，企业只有不断创新，开发新产品，才能避免企业因产品需求衰减而消亡的命运。“现代管理学之父”彼得·德鲁克告诫说：“企业家精神的真谛就是创新，创新是一种管理职能。不创新，就死亡。”古今中外，伟大的企业总是居安思危，“永远战战兢兢，永远如履薄冰”，将创新作为企业发展的第一推动力。

2. 以变应变

再成功的营销策略也要因时而变。借助产品生命周期理论，可以分析并判断产品处于生命周期的哪一阶段，根据生命周期不同阶段的环境特点，企业要采取相应的营销组合策略，增强应变能力和竞争力，提高经济效益。

3. 认清趋势，化危为机

观察产品销售指标变动，企业可以推测产品未来发展趋势，为做出应对预案留出足够时间，早做准备，把握先机。

9.4　新产品开发策略

9.4.1　新产品的概念与类型

顾客需求随着经济社会的发展以及顾客自身文化程度的提高而不断变化，满足顾客需要的产品也应不断地调整和改变，这就要求企业不能死守现有产品，必须根据市场需求的变化不断地研制、开发新的产品。正如《华为研发》的作者张利华所言："企业生存靠产品，持久发展靠研发，没有研发就没有销售，销售管一时，研发管一世。"

1. 新产品的概念

所谓新产品，对生产企业来说，是指在原理、用途、性能、结构、材质等某一方面或几方面有所改进的产品；对经营企业来说，是指该企业第一次销售的产品；对消费者来说，市场上以前没出售过的产品就是新产品。营销学的**新产品**包括了前面三者的成分，但更注重顾客的感受与认同，它是从产品整体概念的角度来定义的。**凡是产品整体概念中任何一部分的创新、改进，能给顾客带来某种新的感受、满足和利益的产品，都叫新产品。**

2. 新产品的类型

新产品根据"新"的程度不同，可分为以下几类。

（1）全新产品。全新产品是指采用新原理、新材料、新技术、新结构等制成的，在市场上首次出现的产品，如飞机、电灯、计算机、纯电力驱动的新能源汽车、无人驾驶汽车等前所未有的产品，就属于全新产品，它们是科学技术发展史上的重大突破，并对人类社会的生产与生活产生重大影响。但是这类新产品的开发难度非常大，需花费大量的人、财、物资源，并非所有的企业都能从事这类新产品的开发。

（2）换代新产品。换代新产品是指在原有产品的基础上部分采用新技术、新材料、新结构制造，使其性能有显著提高的产品，如家用冰箱换代为智能冰箱，洗衣机增加了烘干功能，电子计算机从电子管、晶体管、集成电路到大规模集成电路，再到目前的人工智能计算机。一般来说，大企业多致力于这类新产品的开发。

（3）改进新产品。改进新产品是指在老产品的基础上采用各种改进技术，使其性能、结构、造型、款式或包装具有新的特点的产品。这类产品与原产品差别不大，或是在基型产品基础上派生出来的变型产品，如普通牙膏改为药物牙膏，单一去污功效的洗发水添加护发营养元素成为洗发、护发、柔顺头发的多功能洗发水等。由于这种产品的继承性较强，开发相对简便易行，因此绝大多数企业都在进行产品的翻新和改进工作。

（4）仿制新产品。仿制新产品是指仿制市场上已有产品，或稍做改变以突出某方面特点的产品，如市场上经常出现的新牌化妆品、保健品、饮料等。这种产品在国内外市场上随处可见，企业花费不大，也易被市场接受，但因技术壁垒低，竞争异常激烈，产品相对优势不明显，难以获得较高利润。

9.4.2　企业获得新产品的途径

由于企业内、外部环境的不确定性影响，企业进行新产品的开发工作存在很大的风险。据估计，在已成立的公司中，66% 的新产品在推出的两年内以失败告终，96% 的创新无法收回开发成本。因此，企业在制定新产品的发展策略时，一般都要考虑如何最有效地获得新产品，同时又能节省企业资源，增加利润。从大部分企业获得新产品的途径来看，主要有以下两种。

1. 购买

这种途径适用于大部分企业，有三种方式。一是购买专利，即从新产品或新技术发明者手中购买生产和销售新产品的权利。二是购买或兼并控制拥有新产品或新产品制造技术的其他企业。三是许可购买，即企业与拥有专利或专有技术的其他企业签订许可协议，在规定的时间和市场上使用其专利或专有技术生产和销售新产品。这种途径的好处在于企业不必花费巨大的投资和精力来研制新产品，有利于节省开发的时间和资金，迅速进入新市场。这对科研实力不强的企业尤其适用。

案例：山东理工大学毕玉遂教授团队经过 14 年的研发，成功研制出无氯氟聚氨酯化学发泡剂，该发泡剂不会破坏臭氧层，对环境保护具有革命性的意义。补天新材料技术有限公司以总价 5 亿元购买该项专利技术（20 年独占许可），刷新了国内科技成果转化新纪录。

2. 开发

如果企业在市场上难以通过购买的途径获得新产品，那么就只有通过开发方式获得。这种途径又分为三种方式。一是独立开发，如果企业在该行业中处于技术领先地位，或者企业希望通过这种方式成为行业中的技术领先者，如英特尔公司在电脑芯片技术方面、华为公司在 5G 通信技术方面就是行业领先者，他们为进一步巩固自己的技术领先地位，必须自己持续进行新产品、新技术的研制开发。二是联合开发，即企业与其他企业、科研机构、高等院校、政府部门等共同出资，就某项新技术联合研制，共享成功收益，共担失败风险。该方式适用于投入非常高、风险很大，涉及相关技术面广的新技术、新产品的研发，如汽车业、化工业等。三是委托开发，即企业将新技术、新产品的研发工作通过合同形式交给外部科研机构完成。这适用于那些内部科研人员不足或资源能力较差的企业。

曾经的中国产品被发达国家贴上“低质”“模仿”“粗制滥造”等标签，深圳华强北商业圈被戏称为“山寨一条街”。但随着像中国高铁、北斗卫星、华为、大疆、海康威视、三一重工、振华重工、小米、阿里巴巴、海尔、海信等一大批中国创造、中国企业、中国品牌在国际市场的崛起，世界市场对中国制造的传统思维定式正在被颠覆。读者如果有兴趣，可以自行到 http://district.ce.cn/zg/201212/14/t20121214_23942591.shtml 上了解、学习。

推荐纪录片：《大国重器》

由工信部委托中国工业报社协助财经频道拍摄的大型纪录片《大国重器》，分为《国家博弈》《国之砝码》《赶超之路》《智慧转型》《创新驱动》《制造强国》六集，回溯中国装备制造业艰难历程，再现中国装备制造业创新成就，展望中国装备制造业未来前景。工信部办公厅副主任陶少华表示，纪录片《大国重器》展现出了当前中国科技人员与中国工人的感人故事和创新实践，紧扣主题，以小见大，以大见小，物中见人，体现精神，话语中体现担当，镜头里透着精致，让人耳目一新，片子具有很强的震撼力。在我国经济结构调整，产业转型升级的关键阶段，该纪录片极大地鼓舞了民众的信心和士气，对制造业未来的发展提出了很多值得思考和借鉴的思路。

9.4.3 新产品开发过程

1. 提出新产品的构思

任何一种产品的开发都是从构思开始的。所谓构思，就是对满足一种新需求的设想或者是任何更好地满足消费者需求的创意。由于构思是新产品开发的基础，因此对企业来说，这一阶段的关键任务就是获得新产品的构思。

据对美国多家大公司的调查，成功的新产品构思有 60% ～ 80% 来自顾客的意见。了解顾客的需求变化，调查顾客对现有产品使用或消费过程中的意见，是获得新产品构思的起点和来源。

从技术发展的角度看，技术的不断升级为产品本身的功能提升、质量改进提供了可能。然而除高精尖的科技探索外，进入 21 世纪以来，科技发展有偏向于人文方向的趋势。产品创新开始从技术导向转变为服务导向。技术驱动来源于企业，服务则是由体验服务的顾客来驱动的。在“互联网 +”时代，企业与顾客之间由过去通过层层中间商的间接联系变为网络平台的直接互动，这为企业直接获取用户信息、了解用户意见提供了高效率途径。

【资料 9-5】MIUI 是小米公司旗下基于安卓系统深度优化、定制、开发的第三方手机操作系统，也是小米的第一个产品，2010 年 8 月 16 日发布首个内测版时，只有 100 个用户。创始人雷军在采访中将这 100 个用户称为“梦想的赞助商”。为了向他们致敬，2013 年，小米拍了一部微电影，就叫《100 个梦想的赞助商》。至 2017 年 7 月 26 日，小米联合创始人洪峰在小米 5X 与 MIUI9 发布会上宣布，MIUI 目前已经拥有国内外 2.8 亿用户，支持 55 种语言，覆盖 142 个国家与地区。与用户互动，根据用户反馈迭代产品，是 MIUI 的特长。MIUI 社群的功能建议和 Buglist，累计帖数分别超过了 150 万和 200 万。MIUI 坚持每周五发布新的版本，用户在社群中吐槽的问题，产品团队及时修复。系统每周都更新，用户每周都有新鲜感，用户的主动性、参与性被充分激发，对产品黏性越发增强。

雷军说："互联网思维里还有很重要的一条——群众路线，就是'深入群众，相信群众，从群众中来，到群众中去'，就是互联网开源社区的模式。互联网有最低的组织成本，可以让用户参与进来。我一直有个梦想，做一个好手机，用户有好的意见，我马上就能改。所以我设计了这样的模式：建立小米社区，每天有 300 万人访问，提各种建议。吸纳建议后，我们一个星期出一个操作系统新版。这其实是个世界级的难题，因为操作系统比较复杂，尤其要考虑出错了怎么办，可靠性要求很高。"

比如，不知韩寒还是王珞丹提到很多粉丝给他们打电话的烦恼，问能不能做个只接通讯录电话的功能。后来小米就有了这个功能。再如，有一位领导跟我说他的电话要 24 小时开机，可晚上 12 点一有人打进来他就睡不好觉。后来，我们就设置了 VIP 电话，只有 VIP 能 24 小时都打得通。

资料来源：根据百度百科"MIUI"词条和雷军演讲的公开资料整理，http://m.sohu.com/a/241706612_100213170，有删改。

2. 构思的筛选

由于新产品的构思来源非常广泛，企业所得到的构思也是五花八门、良莠不齐，因此，企业必须对众多构思进行筛选。所谓筛选，就是企业在广泛征集新产品构思的基础上，根据资源、能力、营销目标及市场前景等标准，对所有的新产品构思方案进行综合评估，其目的就是要及时发现和淘汰不良的构思，避免给企业造成不必要的浪费。

筛选的标准既要从企业内部因素考虑，也要从产品的市场前景来分析；既要有定性标准，也有定量分析的过程。定性标准有三：①生产标准，即新产品构思能否利用现有的生产设施、生产技术、工人经验、原材料等进行生产，与现有的生产资源、生产能力越接近的构思，其开发与生产的成本越低，成功率越高。②营销标准，即构思的新产品能否利用现有的营销经验、分销网络、企业形象和品牌等资源来销售，新产品若是在国外市场销售，还必须符合东道国的有关法律规定。③市场标准，即构思的新产品是否有良好的市场空间，本企业可能得到的市场份额，能否达到目标市场对该产品的品质、设计、包装等的特殊要求等。

另外，还可以采用构思评审表的办法进行量化测评，其做法是：①列出影响新产品开发成功的各种因素；②根据每个因素对影响新产品成功的作用大小，确定每个因素的权数；③对各种因素的实际状况进行评分，并与权数相乘得出修正分；④汇总得分，完成一张评分表。将所有构思评分表比较，得分高者为较理想的构思。

3. 商业分析

产品构思一旦经过筛选，企业就要分析它的商业吸引力。商业分析包括两个方面的内容：第一是形成产品概念并进行产品概念的测试；第二是分析产品未来的赢利能力。产品概念是一种详细的新产品或服务的描述，通常以文字或实物模型的形式将新产品的主要功能和属性进行准确的描述或展示，然后将这些文字或实物提交给消费者，通过消费者的反映来判断产品概念对消费者的吸引力是否足够强大。由于产品赢利能力取决于销售量和成本的变化，因此分析内容主要包括：①新产品未来的销售量；②根据销售量的大小来测算产品的各项成本，如开发成本、生产成本、广告促销成本及管理方面的各项费用；③根据预计的销售量与成本来分析每个年度或计划期的利润率或投资收益率。

4. 产品开发

新产品概念经过了商业分析阶段，就将移至研发部门或工程部，同时按预定计划拨付一定数量的研发经费，并要求在预定的时间期限内把其开发成产品实体。本阶段要解决的问题是将产品构思转化为在技术上和商业上可行的产品。如果失败了，公司只能获得在此过程中的有用信息，它的累计投资将付诸东流。

产品原型研制出来以后，为保证技术上的可行和消费者满意，还必须经过一系列严格的功能测试和消费者测试。前者是在实验室和现场条件下进行的，可通过各种科学仪器和方法对产品的各项功能指标进行检测；后者是将产品样品免费赠送给部分消费者试用，以此来了解消费者对该产品的综合评价。

【资料 9-6】 定位为“高端厨电领导者”的方太集团，为开发适合中国家庭的高端厨电产品，深度调研几千个家庭的厨房行为场景，涵盖从洗菜、做饭、吃饭，到洗碗、餐具归位等环节，发现用户有以下“痛点”：一是中国厨房面积较小，无多余空间安装洗碗机；二是欧洲原装进口产品，安装后凸出台面20厘米，不便身材娇小的主妇操作；三是中国厨房只有一个下水道，为洗碗机再安装一个下水道很麻烦；四是以中国洗碗习惯，使用欧式洗碗机，每放个盘子都要弯一次腰，不方便。为此，方太集团研发团队邀请了25名“资深洗碗家”参与洗碗机的研发设计，并从不同区域的饮食习惯入手，做了上千次碗筷的清洗试验和测试。耗时五年，终于在2015年推出全球首款将水槽、洗碗机和果蔬去农残功能融为一体的水槽洗碗机。

资料来源：史亚娟. 方太“不争而争”[J]. 中外管理，2017（8）：54-58.

1997年，华为引入IBM的集成产品开发系统（integrated product development, IPD），该系统涉及一个新产品从概念产生到最终发布的全过程。IPD流程强调技术开发团队必须来自研发、营销、财务等不同部门，因为该流程涉及市场调研、需求分析、预研与立项、系统设计、产品开发、中间试验、制造生产、营销、销售、工程安装、培训与服务到用户信息反馈的整个流程，克服了研发部门片面追求技术而忽视市场反馈的单纯技术观点，也克服了营销部门只顾当前销售而不关心产品战略的短视倾向。

5. 试销

经过功能测试和消费者测试以后，企业应进行小批量生产，并拟订相应的市场营销方案，投入一定范围的市场进行试验性销售，据以了解顾客接受该产品的过程及喜爱程度，从而为后期大批量投放市场积累经验。试销目的有二：一是进一步检测产品的未来销售量。根据产品在试销市场的销售结果来判断总体市场的销售量，与商业分析阶段的销售预测相比，准确性更高。二是提前检验后期营销计划（如产品定位、定价、包装、广告促销方案、分销渠道等）的可行性。

在市场试销阶段，企业要确定试销的地点、数量及试销时间的长短。在试销期间，营销部门必须根据信息的价值和收集的成本来确定应收集哪些类型的信息，一般地应重点关注首次试用率和重复购买率两个指标。

尽管市场试销有好处，但很多企业已经开始怀疑它的价值。在迅速发展和变化的市场上，公司一旦发现未满足的需求就应第一个进入市场。而市场试销会减缓公司进入市场的步伐，并把产品计划泄露给竞争者，给竞争者提供了充足的开发与仿制的时间。而且，富有进攻性的竞争者会采取各种干扰，让试销结果不可靠。因此，今天不少大企业正依靠其他的市场测试办法，跳过市场试销阶段，直接进入商业化生产。

【资料9-7】 雕爷牛腩餐厅，是中国第一家“轻奢餐”餐饮品牌，其烹饪牛腩的秘方，是向周星驰电影《食神》中的原型人物——“香港食神”戴龙以500万元购买而得的。戴龙经常为李嘉诚、何鸿燊等港澳名流提供家宴料理，他还是1997年香港回归当晚的国宴行政总厨，所以他的代表作，一道“咖喱牛腩饭”和一道“金汤牛腩面”，成为无数人梦寐以求之舌尖上的巅峰享受。

雕爷牛腩餐厅在开业前进行了半年的“封测期”，数百位京城各界美食达人、影视明星均前来试菜，圈内明星皆以获得雕爷牛腩“封测邀请码”为荣。以下摘抄自雕爷孟醒自己的说法：“他们就是小白鼠，消化掉我们尚不完美的菜品和服务，还经常发微博夸夸我们，多好！全北京城撞星率最高的餐厅，最近半年，想都不用想，肯定是雕爷牛腩！而我们一开业，花钱来吃的消费者，吃到的就是经过了半年不断改进后的模样，像一个过了‘磨合期’的、相对成熟的餐厅，我想这是非常重要的。”

6. 商业化生产

商业化生产就是大量生产、大量销售的阶段，也是投入资金最多的一个阶段。一方面为大批量生产必须建造或租赁一个完善的制造设施，必须对员工进行工艺技术和管理方面的培训，必须搜寻原材料、设备的供应商；另一方面，必须为将新产品推向市场投入大量的营销费用。

当然，企业将新产品推向市场之前，还必须在推向市场的时机、推出的地点、目标顾客、推向市场的营销策略等方面做出决策。

【资料9-8】 科特勒论新产品开发的管理

菲利普·科特勒认为，新产品开发不仅是经过一系列步骤的过程，还需要企业采用系统的方法来管理这个过程。

坚持顾客导向。很多企业在开发新产品时，往往过多依赖研发实验室的技术研究，但研究发现，最成功的新产品是那些差异化、能够解决顾客重要问题，并且能够提供丰富顾客价值的产品；另一项研究表明，让顾客直接参与新产品创新过程的企业资产回报率和营业收入增长率是没有采取这种方式的企业的两三倍。所以，顾客导向的新产品开发是以理解顾客，并让他们直接参与到产品开发流程中而开始和结束的。

基于团队的新产品开发。在这种方法下，来自营销、财务、研发、生产、法律等部门的人员，甚至供应商和顾客，共同组成团队，从产品开发到结束都在一起工作，就算开发过程中的某个环节受阻，整个团队也能继续运转并同时解决这些问题，以应对日趋缩短的产品生命周期。

系统的新产品开发。企业需要建立一个创新管理系统来进行新产品构思的收集、审查、评估和管理。企业还可以建立基于网络的构想管理软件，鼓励企业所有利益相关方（员工、供应商、中间商）都参与新产品的构思和开发新产品。企业还可以组建跨职能的创新管理委员会，评估、收集构思，并协助将好的构思投入市场。企业要建立奖励计划，激励那些贡献优秀构思的人。

资料来源：阿姆斯特朗，科特勒．市场营销学（原书第12版）[M]．赵占波，王紫薇，等译．北京：机械工业出版社，2017.

阅读推荐：

①张利华．华为研发[M]．北京：机械工业出版社，2009.

②陈赋明．韶音：十年炼成黑科技[J]．商业评论，2018(2/3).

9.5 品牌与包装策略

9.5.1 品牌与品牌作用

1. 品牌的含义

在市场营销学中，**品牌是产品的名称、符号、术语、标记或图案，或者是它们的相互组合，目的是识别某个销售者或某群销售者的产品或服务，并使之与竞争者的产品或服务相区别。**品牌包括**品牌名称**和**品牌标志**。品牌名称是指品牌中可以发出声音的部分；品牌标志是指品牌中可以识别但不能发声的部分。

2. 品牌与商标

产品品牌，包括名称和标志，经向政府有关部门登记注册之后，获得专用权，受到法律保护，即为注册商标。品牌是市场概念，在本质上代表企业交付给买者的产品特征、利益和服务的一贯性的承诺。最佳的品牌就是质量保证，是品牌所有者对顾客的承诺。而商标是指经过法定程序进行登记注册并受到法律保护的整个品牌或品牌的一部分，它是法律概念。

3. 品牌的作用

高知名度品牌能为企业带来实实在在的价值和利益，主要体现在以下几个方面。

(1) 聚合效应。知名品牌更易得到社会认可和信任，使企业能够聚合社会资本、人才、管理经验甚至政策等资源，为我所用。

（2）磁场效应。知名品牌尤其是有较高美誉度的品牌，在消费者心目中有极高的威望，使消费者形成品牌忠诚，重复购买；企业也可节省大量的市场营销费用；而且消费者愿意购买信任品牌产品，对竞争品牌视而不见。

（3）衍生效应。由于知名品牌有很高的声誉，聚合了足够的资源，更有条件根据顾客需求的变化衍生新的产品或服务，容易进行品牌扩张。

（4）内敛效应。品牌会增强企业的凝聚力，可以聚合员工的智慧与才干，使企业形成一种积极向上的企业文化。

（5）宣传效应。有美誉度的知名品牌和企业在任何市场都是稀缺资源，都是媒体、公众关注的焦点，即使企业不做广告，消费者、公众、政府也会把优势名牌企业作为地区形象甚至国家形象进行推介。

（6）带动效应。带动效应又称龙头效应，名牌产品和企业可以像龙头一样带动上下游关联配套企业的发展，带动地区经济的发展。

品牌是企业最持久也最强有力的资产，在企业发展中处于核心战略地位。企业要维持或提高品牌的知名度，不仅需要持续不断地进行研发投入，为顾客创造完美的品牌体验，还需要技巧性的广告和优质的消费者服务等各项配套措施。

9.5.2　品牌决策

伴随着品牌资产在企业营销活动中的重要性日益突出，为了攻占顾客心智，迎接诸多竞争品牌的挑战，企业管理者必须谨慎审视品牌战略，分层次、分步骤地进行品牌决策。

1. 品牌化决策

任何企业在创建之时就要考虑：是否为自己推向市场的产品建立品牌？对这个问题的回答即品牌化决策。

品牌发展到今天，似乎没有多少产品没有品牌了，食盐、大米、水果，甚至超市中鸡蛋都有品牌。毕竟品牌对消费者、对企业自身都具有诸多好处。

到目前为止，不建立品牌的产品主要集中在以下几类：①未加工的原料，如原棉、谷物、矿砂、石油；②高度同质性产品，如生铁、有色金属、木材，对这些产品，只要标明生产厂家或产地即可；③习惯于无品牌者，如仅限于本地销售的副食品、大米等，以及价格极为低廉、质量容易确认的产品。但这几类产品品牌化趋势越发明显。

无印良品（MUJI）是没有品牌的好商品，没有LOGO，没有广告，没有繁复的颜色与款式，追求极简，反奢华，但也反简陋。无印良品为何风靡全球？日本的无印良品和国内有什么不一样？中国品牌应该向无印良品学习什么？读者如果有兴趣，可以自行到 https://www.sohu.com/a/230493745_618348 上了解、学习。

2. 品牌归属决策

企业如果决定使用品牌，则需进一步决定品牌归谁所有，有四种策略可供选择：

（1）制造商品牌。制造商品牌指品牌的所有权归制造商所有。由于产品的质量特征是由制造商确定的，因此制造商品牌在市场上一直居于主导地位。大多数著名品牌的所有者都是制造商，如海康威视、海尔、江南布衣、雪梨、华峰等。

（2）分销商品牌。分销商品牌指品牌的所有权归中间商所有。规模大、市场面广、知名度高的中间商可以自建品牌，如沃尔玛、家乐福、马狮等著名的国际零售连锁集团，通过与生产企业签订合同，让生产企业为自己生产品牌产品。

【资料 9-9】每一个零售商都有一个“自有品牌”之梦，他们都想“卖自己的货”“自己卖货”……

零售商开发自有品牌商品在发达国家早已成熟，许多著名的欧美零售企业的自有品牌占比高达 30% ～ 50%。例如，沃尔玛拥有众多的自有品牌，有覆盖百货、快消、冷冻食品等品类的惠宜（Great Value）、生鲜领域的沃集鲜（Marketside）、服饰和家居的乔治（George）、五金厨房的明庭（Mainstays）、青春时尚服饰的 750 Original、玩具童装的 Kid Connection 等 10 多个自有品牌。在很多品类中，沃尔玛自有品牌的销售额都进入了行业的前三名。

英国最大的跨国商业零售集团玛莎百货销售的产品 80% 以上都是自己的“圣米高（St Michael）”品牌的产品，这一品牌已被公认为质优与物有所值的象征。这一品牌策略使顾客要么买圣米高的产品，要么不到玛莎百货去。

（3）许可品牌。许可品牌又称授权品牌，指品牌所有者将自己拥有或代理的品牌，通过合同形式授权被许可方使用该品牌进行生产和销售，被许可方向品牌所有者支付相应的品牌使用费或权利金。许可可分为生产许可和经营许可。前者指受许人使用授权者的品牌或商标、专利、技术、设计和标准等以贴牌生产（OEM）的方式生产，如可口可乐在全球各地的罐装厂、奥运会标志产品的生产；后者是指受许人使用授权者的服务品牌或商标进行服务与经营活动，如麦当劳快餐、希尔顿酒店就是通过品牌授权实现全球市场扩张的。

（4）共有品牌。共有品牌就是指两家不同的企业在同一产品上都使用自己的品牌。由于每个品牌在各自领域都占有优势，因此结合起来的品牌能吸引更多的顾客并创造更大的品牌价值。例如，耐克和苹果的共有品牌 Nike+iPod Sport Kit 让消费者可以把耐克运动鞋与 iPod 连接起来，即时追踪和提升跑步效果。国内市场常见的合资企业产品品牌有“一汽大众”“东风日产”等。

【资料 9-10】现在我们看到惠普、戴尔、联想、宏碁电脑键盘旁边和外包装上都有“Intel Inside”字样，这些品牌电脑的广告中也打出这个口号。原本 CPU 作为电脑部件，一直只是面对电脑厂家，而英特尔通过联盟电脑公司，把电脑部件直接与用户连接起来，英特尔以“Intel Inside”为标志，不断向消费市场传播其“品质、可靠、技术领先”的品牌价值。通过这种策略，英特尔成为曝光率最高的品牌之一，各品牌电脑也借助英特尔的品质背书提升自己的质量声誉，实现互利共赢。

3. 品牌统分决策

如果制造商为市场提供的产品线、产品项目非常多，那么在推出制造商品牌时是使用统一的品牌，还是使用不同的品牌？这就是品牌统分决策要解决的问题，有四种策略可供选择：

（1）统一品牌。统一品牌指企业所生产的所有产品都使用同一个品牌，如我国很多家电企业都采用这种策略。该策略的好处是：①可为产品在市场上树立统一的形象，容易被消费者识别和购买；②可以达到促销活动的规模经济；③有利于显示企业产品在质量和技术方面的优势。其缺点是：①品牌定位不清晰；②产品之间相互影响。一个产品的管理失误导致同品牌下所有产品的市场声誉受损。

（2）个别品牌。个别品牌指企业为不同的产品设计不同的品牌。使用个别品牌的好处有：①能严格区分不同质量水平的产品，便于消费者识别和选购所需产品；②当个别产品出现信誉危机时，对其他产品和整个企业的信誉影响较小。其缺点就在于失去了统一品牌的好处：①企业形象不统一；②推出新产品的费用高；③品牌多，广告宣传费用大。

【资料9-11】 要问世界上哪个公司的牌子最多，恐怕非宝洁公司莫属。作为全球最大的日用消费品公司之一，宝洁分公司遍布80多个国家，产品销售超过160多个国家，产品种类涉及洗发、护发、护肤用品、化妆品、婴儿护理产品、妇女卫生用品、医药、食品、饮料、织物、家居护理及个人清洁用品及电池等，品牌数最多时超过300个。

（3）产品线品牌。产品线品牌又称分类品牌，即企业不同的产品线之间的关联度低，为不同的产品线制定不同的品牌。这种策略可以把具有显著需求差异的产品区分开来，同时可以兼收统一品牌和个别品牌的优点。例如，格力集团的空调是“格力”，冰箱是“晶弘”，电饭锅及小家电是“大松”。

（4）企业名称与个别品牌。这是指在个别品牌名称前冠以企业名称。这种策略可使每一种产品都能得益于企业已建立起来的声誉，又能反映每一种产品各自的特色。

【资料9-12】标致雪铁龙集团是欧洲第三大汽车公司，其旗下汽车品牌“标致”（PEUGEOT），为区分车型差异，对不同车型品牌命名采用X0Y数字格式。X表明汽车的大小（也就是级别），Y表明型号（数字越大，型号越新）。因此，一部标致406肯定比一部标致305更大、更新。

这一传统是从1929年标致201下线开始的。从101到909的各个组合数字都已经被注册了。标致计划在将来采用中间为两个“0”的四位数字来命名新产品。这个方法已在概念车4002上试用了。2005年推出的标致1007正式采用了这个体系。

4. 品牌的设计决策

（1）品牌标志设计。品牌标志是通过视觉来帮助消费者识别和传播，因此它的设计必须具有强烈的识别性形象，能使人们在复杂的环境下瞬间产生理解和记忆。在设计品牌标志时要遵循形体完整，抽象程度适中的原则，有利于顾客正面联想、认知、记忆和回忆。

【资料 9-13】小米品牌标志释义

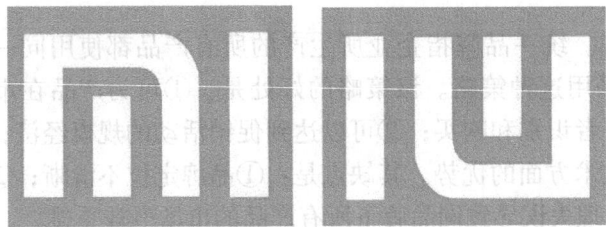

小米的 LOGO 是一个“MI”形，是 Mobile Internet 的缩写，代表小米是一家移动互联网公司，小米的 LOGO 倒过来是一个“心”字少一个点，意味着小米要让小米的用户省一点心。另外，MI 又是“米”的汉语拼音，正好对应其名字。

（2）品牌名称设计。名称是品牌内涵的集中体现，好的品牌名称要做到简单、易认、易读、易写、易记，与产品的形象及特点吻合，发音响亮、悦耳，避免与销售地区文化背景相悖的忌语，并且符合有关法律规定。

【资料 9-14】“海信”源于“海纳百川”“信诚无限”两个词语，前者体现海信人像大海一样胸襟广阔，后者说明海信以诚信立业。海信英文商标“Hisense”由“High”与“Sense”组合而成，代表了“高品位”“高享受”和“高科技”的含义。中文商标“海信”既是英文商标音译，又有独特含义，不仅音韵和美，且蕴含海信“诚信为本”的经营理念。

5. 品牌与商标的自我保护

品牌与商标是企业最重要的无形资产，但在市场竞争过程中，品牌与商标侵权行为时有发生，尤其是一些名牌商品的商标更容易成为被侵权的对象。商标侵权是指在同一种商品或类似商品上使用与某种商标相同或相似的名称、符号、图案并造成欺骗、错误、损害原商标声誉，并给对方造成经济损失的行为。商标侵权有三种最主要的方式，即假冒、仿制和抢先注册。

【资料 9-15】据来自国家工商总局商标局的有关资料显示，目前中国大陆已有 15% 的企业商标在海外申请注册时遭抢注，最近大陆企业的商标在港澳台地区也开始频遭抢注，国家工商行政管理总局商标局国际注册处工作人员提醒企业，强化商标先行意识、适当构筑防御性注册以及加强国际市场的监测可以有效规避遭抢注的风险。

据不完全统计，中国超过 80 个商标在印度尼西亚被抢注，近 100 个商标在日本被抢注，近 200 个商标在澳大利亚被抢注。2018 年 2 月，泉州有 17 个知名商标在澳门遭抢注，其中大部分为服装品牌商标；3月，泉州8个知名鞋业商标被抢注；6月，拉芳、舒蕾、雕牌等13个知名日化商标在香港遭抢注。

如何应对商标侵权行为？专家认为可采取以下几个措施。

（1）采取“市场未动，商标先行”的方法，尽量避免商标被抢注。企业若有意开拓国外市场，就应提高自身的知识产权保护意识，在别人抢注商标之前注册商标，在别人抢注专利前申请专利。这才是成本最低、负面影响最小的解决之道。

【资料9-16】随着我国经济发展和商标战略的实施，商标注册申请量逐年大幅度增加，由1980年恢复统一注册时的2.6万件发展到目前年突破千万件大关。截至2017年年底，中国商标累计申请量2 784.2万件，累计注册量1 730.1万件，有效注册商标量1 492万件。智能信息服务提供商科睿唯安发布《中国品牌走向世界》研究报告显示，2017年，中国大陆地区主体以近12万件的涉外商标申请量超越德国，位列全球第二，较2016年增长超过40%。

（2）若商标不幸在海外被抢注，国内公司应当从国际条约、抢注国法律入手，及时采取法律行动，解决商标抢注问题，争取夺回被抢注的商标。

如果国内的品牌产品已经取得了驰名商标的认定，在国外或不同知识产权保护制度的地区，如果发现商标被他人抢注，而抢注商标的注册国同属于《巴黎公约》的缔约国，驰名商标的当事人可依商标被抢注国的有关程序规定以《巴黎公约》为依据，申请取消有关抢注的商标。

如果品牌产品并没有取得驰名商标的国内认定，但品牌产品的商标如果已在国内注册而在国外暂时没有取得商标的注册而被他人抢注，可根据产品在销往国的公众知名度等情况以商标使用人的身份解决有关抢注的问题。

（3）企业要逐步建立系统的知识产权战略。各类企业都要围绕自己的经营目标构建企业知识产权战略，要对知识产权有长久的思考，如应在企业建立之初就考虑企业的发展方向是什么，发展空间在哪里，有策略有方向地建立知识产权战略，这样，产品品牌和市场才不会受到竞争对手的打压。

【资料9-17】创名牌易，护名牌难。只要是名牌商品，恐怕十有八九都会出现假冒品。

根据《温州商报》报道，浙江红蜻蜓鞋业股份有限公司预披露了IPO上市招股说明书（申报稿），招股说明书中列出了其名下拥有的342项境内商标，令人大开眼界。

黑白蓝黄朱丹赤等十余种颜色的蜻蜓商标，是颜色组合；从蜻蜓皇后到王子、公主，是皇室组合；更有红晴庭、江晴蜓、红青庭等各类音近、形似组合……林林总总，形成了一个红蜻蜓的世家和王国。红蜻蜓世家、红蜻蜓王国两个商标他们也注册了……

与之类似，截至2018年6月28日，以“小米科技有限责任公司”名义注册的商标共3 618件（包含新提交申请及正在审核中的商标），把“米”字家族几乎囊括，大米、玉米、粟米、华米、米粒，以及各种五颜六色的“紫米、黑米、蓝米、青米、绿米、橙米……”要啥“米”有啥“米”。除了这些“五谷杂粮”类，小米公司还注册有网站服务类、通讯服务类、广告销售类以及科学仪器类等类别的品牌。

阿里巴巴集团控股有限公司不仅注册有阿里妈妈，还有阿里爸爸、阿里叔叔、阿里弟弟、阿里哥哥、阿里爷爷等。这一家老小都全了！

资料来源：作者根据公开资料整理。

6. 及时注册互联网中文域名

在网络经济时代，消费者与利益相关者已经不是被动接受企业传递的各种产品信息，更多的是主动借助网络渠道包括企业的官方网站搜寻自己感兴趣的信息。因此，对国内企业而言，及时在网络空间注册自己的企业（或产品）中文域名，既方便网民获取企业官方权威信息，也有利于企业与消费者进行及时沟通和互动。中文域名，顾名思义，就是以中文（拼音或数字）表现的域名。由于互联网起源于美国，因此英文成为互联网上资源的主要描述性文字。这一方面促使互联网技术和应用的国际化，另一方面，又成为非英语文化地区人们融入互联网世界的障碍。中文域名是含有中文的新一代域名，同英文域名一样，是互联网上的门牌号码。中文域名属于互联网上的基础服务，注册后可通过浏览器输入中文拼音直达官网。

企业注册了互联网域名，就表明在互联网上拥有了自己的门牌号码，就有了利用网络走向世界的有力武器。用户可以通过该地址找到企业在网上的门户网站。同时，域名作为企业的标志，具有很强的标识性，代表着企业的商誉。

每一个域名在互联网上和全球范围内都是唯一的。一个域名只对应一个IP地址，当一个域名被注册后，其他任何人都不能再对相同的域名进行注册。任何一个经过注册的域名，在互联网上均畅通无阻，没有任何国界的限制，域名具有无地域性特征。注册互联网域名基于域名有商标属性，具有排他性，受法律保护。

正因为在网络空间注册互联网域名具有商标属性，所以京东商城不惜花费3 000万元购买jd.com。据凤凰网2014年4月22日报道，小米为加速国际化脚步而启用新域名www.mi.com，原域名www. xiaomi.com将自动跳转至新域名。据雷军在微博透露，mi.com域名价格不菲。

雷军曾经在一次公开演讲中提出了创业者和企业如何针对自己的产品命名及相关保护的三个标准：①给产品起个好名字，表达产品清晰，让消费者一看就知道你是干什么的；②为自己的产品名字注册保护商标；③产品名对应的中文名全拼. com（即域名）一定要在自己手里。三者都满足的话，会给创业者和企业节约至少上百万元的推广费用。

9.5.3 包装决策

绝大多数产品只有经过包装才能进入流通领域和消费领域，包装是产品的重要组成部分，是企业赢得竞争优势的重要手段之一。可口可乐前营销官齐曼说：“包装如同你第一次约会时的着装打扮，糟糕的包装令你连第二次机会都没有！”

1. 包装的概念与种类

包装是指设计并生产容器或包扎物的一系列活动。这种容器或包扎物被称为包装物。按包装对商品的作用不同，可以分为运输包装、销售包装。

（1）运输包装。运输包装又称为外包装、大包装。其主要作用是保护商品，便利运输、储存和装卸。途运输时间越长，经过的气候条件越复杂，分销的环节越多，运输包装越重要，要求也越高。

（2）销售包装。销售包装又称内包装、小包装或直接包装，其主要作用是美化和宣传商品，便于产品的陈列、销售和消费。销售包装上一般印有商标、商品性能、用途、成分、使用和保管方法、生产厂家、出厂日期和有效期等内容，既能促进销售，又能指导消费。

2. 包装的作用

（1）保护产品。保护产品即保证产品从厂家转移到用户手中的整个过程中，质量因合理包装而没有减损，这是包装的首要作用。

（2）便于储运。有些产品外形不稳定、质量易挥发（如液体、气体）、保质保鲜要求高（如奶制品、肉制品、药品），通过选择适当的包装材料、包装技术，可以方便产品的储存、装卸和运输。

（3）促进销售。设计精美的包装能吸引顾客的眼球，激发购买欲望，促进销量扩大。

（4）方便消费。好的包装能够方便顾客购买、携带、拆解、使用和消费。

（5）提高价值。与产品功能、价值相配套的包装，能够满足消费者的多种需求，使消费者愿意支付更高的价格。

营销专家建议，包装必须具备“几看”：一是“远看”，能抓住视线，有视觉冲击力；二是“近看”，在终端货架上一目了然，识别率高，有吸引力；三是“细看”，消费者拿起商品被上面的图形设计深深吸引，直至喜欢；四是“耐看”，就是说，经过一段时间后，再看仍然是喜欢，达到“百看不厌”的境界。

3. 包装策略

（1）类似包装策略。类似包装策略指企业对其生产的各种产品在包装上采用相近的图案、近似的色彩和共同的特征，使消费者看到包装就会联想到同一家企业。该策略适用于质量水平相近的产品，如提供系列化妆品的企业常采用这种包装策略。

（2）等级包装策略。等级包装策略指根据产品质量等级不同采用不同的包装。高档产品包装精美，低端产品包装简单。

（3）分类包装策略。分类包装策略指根据消费者购买目的或习惯使用量的不同，对同一产品采用不同的包装，如同样质量产品的包装分为简包装和礼品装。

（4）配套包装策略。配套包装策略指将类型和规格不同但有相互联系的产品置于同一包装内，如雀巢咖啡的包装盒中有咖啡、咖啡伴侣、咖啡杯，阳澄湖大闸蟹的包装盒中有两包汤料，三只松鼠零食包装袋中有纸巾、小工具、垃圾纸袋。

（5）复用包装策略。复用包装策略指包装物在产品使用或消费完后还能转作他用。这种策略增加包装的用途，同时将企业标志或商标印在包装物上，可起到宣传作用。

（6）附赠品包装策略。附赠品包装策略指为吸引消费者购买而在包装物内附赠其他物品，如酒的包装盒中有一只精美打火机，儿童牙膏内包装中有个玩具汽车。

9.6 产品质量保证与售后服务策略

产品质量保证与售后服务是属于产品整体概念中的延伸产品层次，也是产品策略的重要内容之一。

1. 产品质量保证策略

产品质量保证是指销售商向客户保证产品应该具有的使用价值或预期收益。质量保证的内容会因产品、市场等的差异而有所不同，一般会包括以下几项内容。

（1）产品应起的作用、使用年限。

（2）买方发现产品有问题时进行维修的方法和地点。

（3）对产品整体及组成部分的保证及期限。

（4）明确适当的使用条件与使用方法等。

明确的质量保证对销售者与消费者来说都具有积极的意义。对消费者来说，有吸引力的质量保证能使消费者消除购买时的疑虑和使用过程中的各种不便，从而乐于购买这种产品。从销售者的角度来看，由于质量保证可以明确规定厂商对产品各个方面应负责任的程度与条件，可以避免陷入日后因产品问题而造成的各项纠纷与争议。

2. 售后服务策略

售后服务是指企业通过送货、安装、检修、更换零部件、调试、人员培训等方式，保证产品功能的正常发挥。它要求企业投入实际的设备、人员与培训以及建立一个完整而有效的售后服务网络，来为购买者提供最佳的服务。

售后服务与质量保证在原理上是相同的：目的都是消除顾客购买时的疑虑，也是公司增强竞争力的一种武器。因此，有效的售后服务能为公司带来巨大的效益。

（1）售后服务与质量保证会扩大公司在目标市场的销售量。提供有效的质量保障与售后服务，可以消除消费者的后顾之忧，增强其对产品的信赖，从而扩大购买和重复购买。

（2）服务业本身也能为公司带来巨大的利润。有些设备公司，如美国的卡特彼勒公司，其50%的利润来自服务；IBM公司来自服务的利润达到70%。

（3）为公司的进一步发展创造条件。通过售后服务，企业与顾客的联系更为紧密，企业对消费者的需求及变动趋势更为了解，从而为企业的创新提供了信息源。

产品策略领域的新思维、新观点与新探索

1. 互联网时代的“爆品”思维

雷军（2016）认为，所谓爆品思维，就是找准用户的需求点，直接切入，做出足够好的产品，集中所有的精力和资源，在某一款产品上做突破，即单点突破。互联网最核心的产品思维就是简约、极致与

单点突破。

传统工业时代的爆品和互联网时代的爆品有何本质区别？一百多年前的福特T型车和今天的苹果iPhone、小米手机，都是超级单品引发的大变化，也是两个时代两种超级产品模式。但传统工业时代的超级产品，所有创新是“以公司为中心”，成功要素是技术创新，用户在整个价值链中处于非核心位置。互联网时代的超级单品，所有创新是“以用户为中心”，成功要素不是工厂、渠道等，而是杀手级硬件体验，杀手级软件体验，让用户成为粉丝。

传统工业时代的爆品是很少的，但在互联网时代，必须拼爆品，爆品需具备三个关键因素。一是一个极致的单品。极致的单品能在互联网时代形成规模效应，打爆市场，而这在传统工业时代几乎是不可能的。二是杀手级应用。传统工业时代强调的是价格，而互联网时代则强调杀手级应用，即找到客户的应用点而不是聚集于功能点。好的应用点直击用户应用体验，这就是应用驱动。三是爆炸级口碑效应。传统时代的产品口碑是靠渠道推广、广告轰炸和价格战。互联网时代产品需依靠用户社交口碑，引发链式反应，短时间引爆市场。时代不同，从厂家到陌生人的1对N推销，变成了熟人对熟人的N对N推荐，引爆指数会以几何级数倍增。取胜的关键是产生口碑效应。

打造爆品，由易到难，有三种途径：①爆品功能，一个功能可以打爆市场。②爆品产品，把一个功能升级为产品，就是一个整体解决方案。③爆品平台，升级为平台，接入更多产品，引爆更多产品。

资料来源：金错刀. 爆品战略：39个超级爆品案例的故事、逻辑与方法［M］. 北京：北京联合出版公司，2016.

2. 互联网时代的品牌IP化趋势

IP即知识产权，是指具有长期生命力和商业价值的跨媒介的内容运营。IP的核心要素，是拥有能够引起共鸣的价值观，在此价值观上附加对真、善、美等美好事物的向往，包装成带有故事的形象，以带有文化元素及艺术风格的外形呈现在用户面前。IP与品牌间的差异在于IP本质是内容化特征和人格化属性。

《罗辑思维》创始人罗振宇说：“互联网时代，特别是移动互联网时代，品牌是基于人格魅力带来的信任与爱，是品牌的去组织化和人格化。”这就是品牌人格化，就是要把品牌当人看，有态度，有温情，有个性，有喜好，大家都愿意跟你交朋友。

品牌人格化的最终目的，是实现品牌与用户的有效沟通。与“Z世代”的有效沟通非“仰视”而在于“平等”。与此同时，多处设点，在微信、微博、官网、APP等平台上跟用户实现零距离互动，让冷冰冰的“灌输”变为有人情味的“服务”。

品牌IP化的最高境界是品牌人格化。新一代的品牌策略，即赋予品牌以人格，让你的品牌会说话，说好话，才是通往商场制胜的罗马大道。例如，三只松鼠、小猪佩奇、熊本熊、黄小芒等都是典型的IP人格化品牌。

2019年7月12日，“零食第一股”三只松鼠正式登陆A股。有意思的是，在当天上市公司挂牌敲钟环节，三只松鼠一改惯常由企业创始人、合伙人、高管或其他相关人员敲钟的形式，将这一意义非凡的仪式交给其品牌IP形象——三只松鼠人偶上台完成，首开A股无“人”敲钟先河。

资料来源：①刘官华，梁璐，艾永亮. 人货场论：新商业升级方法论［M］. 北京：机械工业出版社，2017. ②IP最高境界：品牌人格化［EB/OL］. https://www.sohu.com/a/216764097-697770. ③三只松鼠上市了！创始人身家超36亿，或成安徽新首富！［EB/OL］（2019-07-12）http://www.sohu.com/a/326448602_539588.

阅读推荐：Danny. 超级IP迪士尼为何长盛不衰——美国娱乐集团迪士尼的品牌经营之路［J］. 品质，2017(8): 25-27.

3. 产品策略中的用户参与感

产品是为解决用户需求而制造的，企业产品研发设计、生产制造、销售服务乃至广告宣传均应围绕用户的需求而升级，用户参与到企业营销各环节，自然效果更佳。在非网络时代，用户参与是肤浅的；在互联网时代，用户参与因参与成本的急剧下降而变得广泛而深入。

（1）用户需求确定产品方向。在传统时代，企业只能通过观察目标市场获取有限信息来猜测用户需求。在互联网时代，企业可以和用户直连获得全量用户信息，从而准确把控产品研发方向。

（2）用户反馈制定产品迭代。研发团队与用户直连，直接获取用户反馈，成为用户需求的翻译官，将用户的真实需求翻译为产品的功能和特性，使产品的各种功能属性在用户的持续反馈中迭代升级。

（3）用户助力产品传播。好产品会说话，其实是"好产品的用户会说话"。用户之所以愿意为产品进行传播，是因为用户在全程参与产品的研发、制造、销售的过程中，不仅付出了自己的时间和精力，更多的是融入了自己的情感，展现了自己的智慧，在一定程度上也代表了用户的价值取向。这样的过程使得用户对新产品"视如己出"，爱护有加，自然和妈妈一样爱"晒娃"。

而互联网"众创"式产品开发，则把用户参与发挥到极致。

资料来源：刘官华，梁璐，艾永亮. 人货场论：新商业升级方法论［M］. 北京：机械工业出版社，2017.

4. 产品创意的黑科技"泛在化"思维

官建文（2014）提出未来科技的五个"泛"，即"泛网络化"（无处不在的网络联结）、"泛智能化"（智能设备的普及）、"泛媒体化"（媒体泛化无处不有）、"泛数据化"（决策高度依赖数据）与"泛可视化"（可视化交流盛行）。这些思维在新产品创意中得到越来越充分的体现。

例如，联网的智能魔镜可变身贴心管家，使人们可随时查看热点新闻、路况、日程安排、天气、穿衣指数、出行注意事项等；又如智能门锁能与手机相连，识别盗贼，向物业报警等；植入芯片的鞋与智能手机或手环连网，实时进行身体健康诊断与警示；智能工业电器也能随时把工作状态数据、可能故障预警等信息与客户、服务商联结，为用户提供最优的节能方案等。综上可知，在新产品创意中，到处闪耀出人工智能、物联网、互联网、大数据等黑科技的智慧光芒，创新了核心产品、形式产品与延伸产品。

因此，黑科技思维在新产品创意中得到越广泛的体现，产品的竞争力就越高。

小米联合创始人黎万强著，雷军亲笔作序的《参与感：小米口碑营销内部手册》揭开小米4年600亿奇迹背后的理念、方法和案例。了解小米，必读这本书——迄今为止关于小米最权威、最透彻、最全面的著作。读者如果有兴趣，可以自行到http://book.iqilu.com/yjrw/whwds/2014/0815/2104356.shtml上了解、学习。

阅读推荐：

①黎万强. 参与感：小米口碑营销内部手册［M］. 北京：中信出版社，2014.

②金错刀. 爆品战略：39个超级爆品案例的故事、逻辑与方法［M］. 北京：北京联合出版公司，2016.

重点提示

产品策略是企业营销组合策略的核心和基础，现代市场营销强调企业必须从顾客需要的角度对产品进行定义和理解，这样就有了产品在满足消费者需求方面的五个层次：核心产品、形式产品、期望产品、延伸产品、潜在产品。在现实市场销售过程中，产品可以按照不同的标准进行分类。

本章的产品策略的内容主要包括以下几个方面。

（1）产品组合策略。该策略要求企业能够针对产品的市场需求、市场地位和自身资源条件，对企业的产品线、产品项目进行优化组合，以使企业资源达到充分利用。为此，企业需要对产品线、产品项目的销售及利润状况进行分析，对每个产品项目在各自领域中的竞争地位及市场发展前景进行评估，在做出科学分析的基础上再决定产品组合是扩大还是缩减等方面的决策。

（2）产品生命周期及营销策略。对任何企业来说，都要认识到产品是有生命周期的，现有的产品无论多么畅销，利润多么丰厚，都要有危机意识，都要把产品开发和创新作为企业长期发展的一项基本战略；同时，还要认识到产品在生命周期的不同阶段，企业所面临的市场环境特点是不同的，企业以产品为基础所制定的战略与策略应随产品生命周期的变化而及时调整，以保证在整个生命周期中能够获得尽可能满意的利润。

（3）新产品开发策略。顾客的需求在变、技术在变，满足顾客的产品亦要变。因此，新产品开发是产品策略的重要构成部分。企业要认识到产品开发对企业发展的意义，清楚获得新产品的途径，了解新产品开发的主要环节及每个环节要注意的事项。

（4）品牌与包装策略。品牌与商标如同一个人的姓名，包装如同人的着装打扮，优质产品配上适宜的品牌与包装对企业增强竞争、吸引客户、方便顾客选购有着越来越重要的作用。企业应掌握品牌策略、包装策略的主要选择方案及各自的适用条件。

思考题

1. 以手机为例说明产品整体概念的含义。
2. 产品组合有哪几种主要策略？
3. 产品生命周期不同阶段的市场特征及营销策略有何不同？
4. 新产品开发过程经历了几个阶段？
5. 在“互联网+”时代，企业产品开发有何新的特点？
6. 品牌策略有哪些内容？

实践题

1. 请下载央视影音或登录相关网站，仔细观看CCTV-2《创业英雄汇》2019年7月12日那期第三个创业项目“谷香净”的视频内容。
2. 请根据视频相关资料，结合市场营销学的相关理论，再进行相关扩展的调查，最后对该创业项目进行产品策略的创意设计：核心产品、形式产品、期望产品、延伸产品与潜在产品；同时，根据应用场景与目标群体设计项目的产品组合。

判断题

1. 产品组合的宽度是指企业产品线的数量。（ ）

判断题答案

2. 继续生产已处于衰退期的产品，企业不一定无利可图。(　　)
3. 当产品进入衰退期时，企业面临的竞争最为激烈。(　　)
4. 所有的生产企业都应为其生产的产品设计制作品牌。(　　)
5. 在营销学中，产品是指用于交换以满足人们需要的各种有形物品和无形服务。(　　)

单项选择题

1. 产品组合的长度是指产品组合中所有(　　)的数目。
   A. 产品项目
   B. 产品线
   C. 产品种类
   D. 产品品牌
2. 所谓产品线双向延伸，就是原定位于中档产品市场的企业掌握了市场优势后，向产品线的(　　)两个方向延伸。
   A. 前后　　B. 左右
   C. 东西　　D. 上下
3. 人们购买化妆品，并不是为了获得它的某些化学成分，而是要获得“美”，从这个角度来说，化妆品所提供的“美化”功能属于(　　)。
   A. 潜在产品层　　B. 附加产品层
   C. 形式产品层　　D. 核心产品层
4. 产品生命周期由(　　)的生命周期决定。
   A. 企业与市场　　B. 需求与技术
   C. 质量与服务　　D. 促销与价格
5. 根据消费者的购买习惯的不同，所有消费品可分为(　　)
   A. 有形产品和无形服务
   B. 耐用品、非耐用品和服务
   C. 便利品、选购品、特殊品和非渴求品
   D. 必需品和非必需品

单项选择题答案

6. 消费者购买某种产品时所追求的利益，即顾客真正要买的东西，是产品整体概念中的(　　)。
   A. 有形产品　　B. 核心产品
   C. 附加产品　　D. 扩展产品
7. 某企业生产4大类产品，其中每一大类平均有8个产品项目，则产品组合的长度是(　　)。
   A. 4　　B. 8
   C. 12　　D. 32
8. 产品生命周期中的(　　)宜用更多销售促进来取代广告。
   A. 成长期　　B. 成熟期
   C. 介绍期　　D. 衰退期
9. 在产品生命周期的投入期，消费品的促销目标主要是宣传介绍产品，刺激购买欲望的产生，因而主要应采用(　　)促销方式。
   A. 广告　　B. 人员推销
   C. 价格折扣　　D. 营销推广

案例分析：只为更好的用户体验——看华为的手机产品开发

华为公司在2003年开始为国内运营商做定制手机，直到2011年年底，华为才做自有品牌手机，聚焦中高端市场。2018年华为智能手机的全球份额达到14.7%，与第二位的苹果（14.9%）几乎并列，处在追赶首位的韩国三星电子（20.8%）的位置。华为在手机红海中快速逆袭，有何独到秘籍？请扫描二维码阅读案例。

第10章
CHAPTER10

价格策略

§ 学习目标

1. 理解价格在市场营销管理中的作用
2. 了解影响定价的因素
3. 掌握基本的定价方法和定价策略
4. 灵活运用定价策略，并对价格进行恰当的调整
5. 能够对商家的各种价格策略做出自己的分析评判

§ 引导案例　　《我不是药神》

2018年7月，《我不是药神》在中国火爆上映。影片讲述了程勇从一个交不起房租的男性保健品商贩，一跃成为印度仿制药“格列卫”（影片中化名为“格列宁”，本文为叙述方便，统一用“格列卫”）独家代理商的故事。故事原型是有中国代购抗癌仿制药第一人之称的陆勇，34岁那年被确诊为慢性粒细胞白血病，吃了两年“格列卫”，花费几十万元未愈，后来他改用印度仿制药，价格只要原来的1/20，同时还帮助其他白血病病友从印度规模性地走私“格列卫”的仿制药而被起诉“销售假药罪”，后在北京被逮捕。因上千名病友集体写信请求对陆勇从轻处罚，最后公检部门撤销起诉，陆勇被释放结束。

《我不是药神》中天价药品“格列卫”[通用学名：甲磺酸伊马替尼（imatinib）]，是20世纪90年代末人类历史上第一个研制成功的小分子“靶向药物”。进口“格列卫”价格大概为24 000元，在印度该款仿制药仅为200元。从药效上讲，目前在大部分人心理上仍然觉得进口药比国产药好，但进口药品价格昂贵。这种药品何以天价？

剧中国际制药巨头诺华中国代表面对病人的抗议和质疑，给出了“我们产品的定价是非常合理的”的话。他们强调的是，“格列卫”作为治疗慢性白血病的原研药，从研发到2001年获得美国食品药品监督管理局（FDA）上市整整耗费了50年，诺华投资超过50亿美元，这样的研发周期和投入，如果没有专利，估计就再也没有企业愿意研发了。所以，它的价格高是正常、合理的。

问题思考：根据影片《我不是药神》，思考产品的价格制定受到哪些因素的影响。

资料来源：李克强就电影《我不是药神》引热议作批示，www.gov.cn/guowuyuan/2018-07/18/content_5307223.htm，有删改。一颗药成本5美元，但是卖500美元，Chinamsr.com/2015/0313/84687.shtml，有删改。

§ 本章逻辑导图

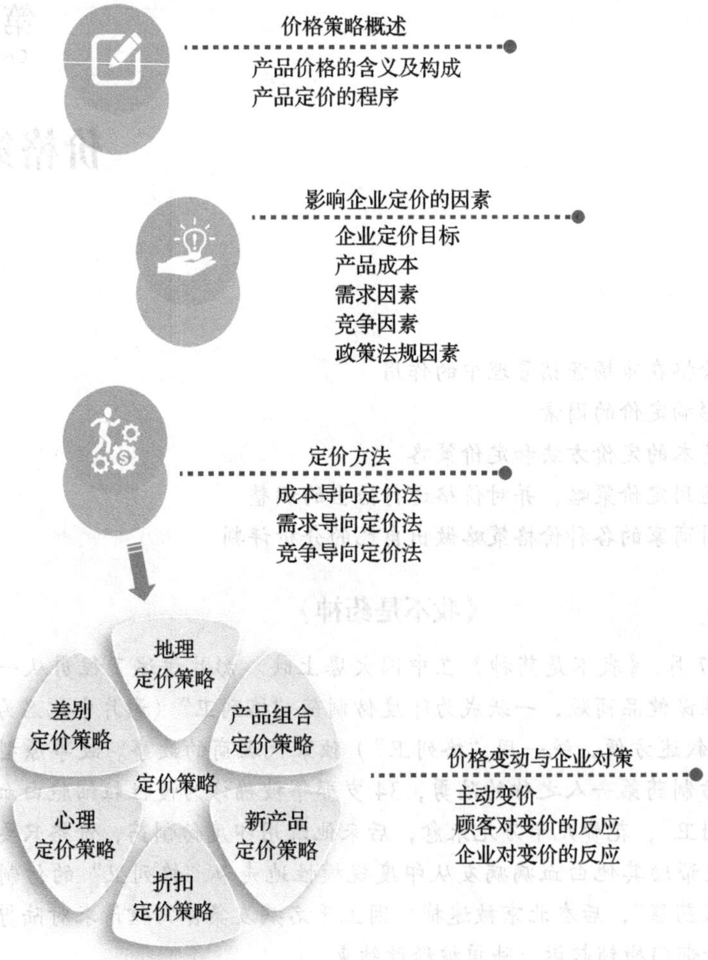

菲利普·科特勒说："如果说有效的产品开发、促销和销售为商业成功播下了种子，那么有效的定价就是收获。"

10.1 价格策略概述

价格是营销组合中最灵活的因素之一，产品价格已成为营销关注的焦点。在对价格策略进行深入探讨之前，需要了解价格的构成、影响定价的因素以及企业进行定价决策的一般程序等基础知识。

10.1.1 产品价格的含义及构成

1. 价格的含义

价格就是顾客购买一件产品或一项服务所支付的全部费用。价格是影响买家选择的主要因素，不像产品特征和渠道保障具有相对的稳定性，价格可以随时随地变化，它是市场主管面临的首要难题。

价格策略是指产品在生产和流通过程中的价格确定，包括价格形成的基础和影响价格的内外因素。也就是说，在现实经济生活中，价格还受到竞争、币值变化和国家政策等其他因素的直接制约和影响，当然，供求对价格的影响最直接、最显著。

2. 价格构成

价格构成是指构成产品价格的各个组成部分及其在产品价格中的组成情况。从成本导向与利润目标来看，产品价格构成分为四个部分：单位生产成本、中间环节成本、单位利润和税金。产品价格具体构成一般公式如下：

产品价格 = 单位生产成本 + 中间环节成本 + 单位产品利润 + 单位产品税金

公式中，单位生产成本、中间环节成本分散在研发、采购、制造、仓储运输、广告宣传等诸多环节。

【资料 10-1】 一瓶兰蔻精华肌底液售价 1080 元，包括广告和推广费用 334.8 元，经销商费用 270 元，销售、管理及行政费用 226.8 元，净利润 129.6 元，税金 54 元，原材料成本 21.6 元，研发费用 43.2 元 [生产成本（64.8 元）= 原料成本 + 研发费用]。这就是小黑瓶！

资料来源：http://money.163.com/13/0719/13/945BG1HO00254TFQ.html#from = Keyscan，有删改。

【资料 10-2】 以一瓶售价为 268 元的进口波尔多红酒价格为例，你有 38.5 元花在原料和酿造上，22.5 元花在了人工上，16 元花在运输储存上，7.5 元买了瓶子和软木塞，5.5 元为它做了市场推广，24.3 元给了代理商，19.7 元给了酒庄，还有 134 元，同学们，你用来缴纳了关税、增值税和消费税。

资料来源：http://money.163.com/13/0605/18/90KH6HUC00254TFQ.html，有删改。

10.1.2 产品定价的程序

企业营销管理活动的重点之一就是为产品进行定价，比较常见的定价决策过程有五个环节：前期市场研究→明确定价目标→选择定价方法→运用定价策略→形成最终价格。

1. 前期市场研究

在对产品进行定价之前，必须对定价的市场环境有充分的调查和研究，内容包括：

①研究目标市场。估算目标市场的需求量、购买力、对价格的敏感度，测定需求价格弹性。了解顾客心目中的预期价格，估计不同价格水平时的销售量，测算各种售

价时的市场均衡点等。②调查竞争状况，如主要竞争对手的价格策略、市场对价格竞争的反应等。③分析产品成本，如单位生产成本、中间环节成本、风险成本等。④熟悉与价格相关的法律政策，如限价政策、补贴政策等。

2. 明确定价目标

定价目标是企业经营目标、营销目标在定价环节的具体子目标，企业要根据经营目标、发展阶段与市场研究结果确定相应的定价目标。不同的定价目标决定了不同的价格水平、定价方法、定价策略与价格调整方式。

3. 选择定价方法

定价目标决定企业可采取的定价方法。在充分考虑产品要面对的主客观环境后，应选择适当的方法来确定产品的基本价格。定价方法把影响价格的各因素与企业定价目标进行量化，企业运用定价方法测算出产品的价格水平或价格范围。

4. 运用定价策略

在运用定价方法确定了价格水平和范围以后，企业还需根据具体的市场环境因素对价格进行合理的调整，这些因素包括消费者心理，分销商、经销商的反应，不同的地域、季节等。价格调整有利于企业定价与市场需求的进一步适配。

5. 确定最终价格

定价方法配合定价策略形成了产品的最终价格。最终价格需要避免引起消费者的反感、社会舆论的负面议论和竞争对手的剧烈反应，且能保证企业定价目标的实现，但最终价格并非一成不变。当价格影响因素变动时，企业要对价格进行修正，如在原材料价格上涨的情况下进行提价，或在需求减少时进行降价等。

10.2 影响企业定价的因素

互联网、公司网络、社交网络将销售者和购买者无缝连接，企业定价不仅变得越来越复杂，而且前所未有的敏感。如何科学、准确地定价是每一个企业必须关注的问题，也是企业经营的关键。定价过高，消费者未必能承受；定价太低，企业利润无法实现。影响产品定价的因素很多，企业在定价决策时需全面认真地考虑这些因素。

10.2.1 企业定价目标

价格策略是营销策略的重要构成部分，包含丰富的营销信息。因此，定价目标所传递的信息必须与营销战略定位、企业总体战略目标和经营目标高度一致，体现整合营销传播理论。

从企业的实际出发，企业所追求的目标可分为以下几类。

1. 生存导向的定价目标

当企业刚刚成立时，或者当企业面临产品销路不畅，大量积压，甚至濒临倒闭时，企业需要把维持生存作为短期定价目标，生存比利润更为重要。此时，为了维持企业正常运营所需的现金流，价格只要能够补偿成本即可。但维持生存只能作为短期目标，从长期来看，价格必须保证企业获得合理利润，否则只有选择退出。

2. 利润导向的定价目标

（1）预期利润目标。企业把某项产品或投资的预期利润水平规定为销售额或投资额的一定百分比，即销售利润率或投资利润率。预期的销售利润率或投资利润率一般要高于银行存贷款利率。以目标利润作为定价目标的企业，应具备以下两个条件：①该企业具有较强的实力，竞争力比较强，或在行业中处于领导者地位；②采用这种定价目标的多为新产品、独家产品以及优质的非标准化产品。

（2）适当利润目标。在激烈的市场竞争中，企业为了保全自己，减少市场风险，或者限于实力不足，把取得适当利润作为定价目标。适当利润目标一方面可以使企业避免不必要的竞争，另一方面，价格适中，顾客愿意接受，可使企业获得长期利润。

3. 销量导向的定价目标

增加销售量或扩大市场占有率是企业常用的定价目标。

以销量导向作为定价目标，要注意市场占有率与利润有很强的相关性。从短期看，市场占有率和利润存在矛盾，但从长期来看，较高的市场占有率有利于获得较高的利润。因为大量销售既可形成强大的声势，提高企业在市场的知名度，又可有效地降低成本。一个企业在一定时期的盈利水平高，可能是由于过去拥有较高的市场占有率的结果，如果市场占有率下降，盈利水平也会随之下降。

4. 竞争导向的定价目标

生产同类产品的企业，关注竞争对手的定价政策和价格策略是十分自然的。企业往往着眼于在竞争激烈的市场上应付和避免价格竞争，大多数企业对竞争对手的价格很敏感，在定价以前，一般要广泛搜集信息，把本企业产品的质量、特点和成本与竞争对手的产品进行权衡比较，然后再制定产品价格，以对产品价格有决定影响的竞争对手或市场领导者的价格为基准，采取高于、等于或低于竞争对手的价格出售本企业产品。

5. 维护企业形象的定价目标

企业形象是企业的无形资产，为维护企业形象，企业在定价时要考虑价格水平是否与产品在目标顾客中的形象定位相符。

10.2.2 产品成本

成本是产品价格构成的主体。在激烈的市场竞争中，成本的高低是企业能否获得生存与发展的重要条件。**产品成本通常包括三个部分：生产成本、中间环节成本与风**

险成本，生产成本由固定成本和变动成本构成。

总固定成本是指不随产量变化而变化的成本，如固定资产折旧、房屋租金、行政人员的薪水、利息等。单位固定成本等于总固定成本除以产量。虽然固定成本不随产量的增减而变动，但是单位固定成本将随着产量的增加或减少而相应地下降或上升。

总变动成本是指随产量变化而变化的成本，如原材料价格、生产工人工资等。单位变动成本等于总变动成本除以产量。变动成本随产量的增减而同向增减，但单位变动成本一般不随产量变动而变动，其数额通常保持在某一特定水平上。

单位生产成本＝单位固定成本＋单位变动成本

中间环节成本是品牌传播（如广告）、渠道分销与售后服务等中间环节产生的系列费用。

风险成本是营销中所有不确定性因素带来的损失，如汇率风险、产品尾货滞销损失等。

产品或服务的价格至少应该包括单位生产成本、中间环节成本与风险成本。

边际成本是每增减一单位产量所增加或减少的总成本，在边际成本定价法中采用边际成本作为定价基础。

10.2.3 需求因素

如果说成本为企业制定产品价格确定了下限，那么市场需求则决定了价格的上限。价格受产品供给与需求相互关系的影响，当产品的需求大于供给时，价格应高一些；当需求小于供给时，价格应低一些。反过来，价格变动也影响市场需求总量，从而影响销售量，进而影响企业目标的实现。因此，企业在制定价格时就必须了解价格变动对市场需求的影响程度。反映这种影响程度的一个指标就是产品的**需求价格弹性**。所谓需求价格弹性，是指一种产品需求量变动对其价格变动的反应程度，用需求量变动的百分比除以价格变动的百分比，也就是需求价格弹性系数来衡量。

10.2.4 竞争因素

成本因素和需求因素决定了价格的下限和上限，在上下限之间如何确定具体价格，很大程度上要考虑市场的竞争状况。一般说来，竞争越激烈，对价格的影响也越大。

为应付竞争，企业在定价前应注意搜集同类产品的质量和价格资料，与自己的产品进行比较，然后选择应付竞争的价格，具体做法有：对于力量较弱的企业，应采用与竞争者价格相同或略低于竞争者的价格；对于力量较强又想扩大市场占有率的企业，可采用低于竞争者的价格；对于资本雄厚，并拥有特殊技术的企业，可采用高于竞争者的价格，或采取阶段性低价，迫使对手退出市场或阻止对手进入市场。

10.2.5　政策法规因素

为了维护国家与顾客的利益，维护正常的市场秩序，每个国家都制定有相关的经济法规，约束企业的定价行为。这种约束反映在定价的种类、价格水平和定价的产品品种等方面。

【资料 10-3】 依照《中华人民共和国价格法》规定，现行价格管理办法大体分为以下几种类型：一是由国家规定基准价和上下浮动幅度，适用于市场供求变化快的产品等。二是最高限价，由国家规定产品买卖的最高价格，允许企业向下浮动。三是最低保护价，由国家规定产品买卖的最低价格，允许企业或购销双方向上浮动。它是保护农业生产的重要手段。四是按差价率管理的价格，由国家规定经营差价率（进销差价率、批零差价率），允许企业在进价的基础上按规定的差率制定和调整具体价格。五是按利润率管理的价格，由国家规定企业生产、经营某产品的最高利润率水平，允许企业在规定的利润水平以内自主制定和调整具体价格。

资料来源：https://zhidao.baidu.com/question/1767411864905267420.html，有删改。

阅读推荐：《中华人民共和国价格法》

2019 年的政府工作报告提出，将现行 16% 的税率降至 13%，现行 10% 的税率降至 9%，6% 一档的税率不变，但通过采取对生产、生活性服务业增加税收抵扣等配套措施，确保所有行业税负只减不增，继续推进税率三档并两档、税制简化。减税降费给普通百姓带来哪些影响？读者如果有兴趣，可以自行到 http://m.sohu.com/a/299578951_174221 上了解、学习。

影响企业定价的因素除了上述五个方面，还受到其他营销环境的影响，表 10-1 列出了具体的影响企业定价自由度的因素（庄贵军，2015）。

表 10-1　影响企业定价自由度的因素

影响定价自由度的因素	企业定价自由度	
	高	低
竞争者数量	很少	很多
需求增长状况	速度快、稳定	缓慢、不稳定
固定成本与可变成本	低	高
过剩产能	小	大
顾客地理分布	分散	集中
产品价格占消费或生产成本比例	小	大
行业进入壁垒	高	低
行业退出壁垒	低	高
顾客忠诚度	高	低
产品差异化程度	大	小
品牌强度	强	弱
政府管制强度	低	高

综上，价格的制定需要把握好三个尺度，即**价格的“三度”：①价格的最低限度**，即价格最低不能低于多少（价格的最低限度取决于产品成本，即单位生产成本 + 中间环

节成本＋风险成本)；②**价格的最高限度**，即价格最高不能高于多少（价格的最高限度取决于需求，即顾客感知价值）；③**法规的允许程度**（有关国计民生的重要产品，政府可能会限制其最高价格或最低价格）。

10.3 定价方法

产品成本、市场需求和竞争是影响定价的三类最基本因素，与此对应的定价方法有三类：成本导向定价法、需求导向定价法和竞争导向定价法。

10.3.1 成本导向定价法

成本导向定价法就是以产品成本为中心来制定价格，是按卖方意图定价的方法。其理论依据是：在定价时，首先考虑收回企业在经营中投入的全部成本，再考虑获得一定的利润。

1. 成本加成定价法

成本加成定价法是在单位产品成本的基础上，加上一定比例的预期利润作为产品的销售价格。销售价格与单位产品成本之间的差额即单位产品利润。由于单位产品利润按一定比例（或几成）确定，因此被称为成本加成定价法。

（1）制造商的加成定价。这种方法只要计算出单位产品成本，然后加成一定比例即构成最终价格。其公式为：

$$\begin{aligned}\text{产品价格} &= \text{单位产品成本} + \text{合理利润} = \text{单位产品成本} + \text{单位产品成本} \times \text{加成率}\\ &= \text{单位产品成本} \times (1 + \text{加成率})\end{aligned}$$

例：某电视机厂商计划期内的投入成本和预计销售量如下。

总固定成本：30 000 000元

单位变动成本：1 000元

预计销售量：50 000台

若该制造商要获得20%预期利润率，销售价格应定为多少？

采用成本加成定价法确定价格的过程如下：

$$\begin{aligned}\text{单位产品成本} &= \text{单位变动成本} + \text{单位固定成本}\\ &= 1\,000 + 30\,000\,000 \div 50\,000\\ &= 1\,600\text{（元）}\end{aligned}$$

$$\text{单位产品价格} = 1\,600 \times (1 + 20\%) = 1\,920\text{（元）}$$

（2）零售商的加成定价。零售商以销售价格的预计利润率为加成率来定价。

$$\begin{aligned}\text{单位产品价格} &= \text{单位产品成本} + \text{合理利润}\\ &= \text{单位产品成本} + \text{单位产品价格} \times \text{加成率}\end{aligned}$$

$$\text{单位产品价格} = \frac{\text{单位产品成本}}{1 - \text{加成率}}$$

例：某电器零售店购进一批彩电的平均进货成本为 1 600 元，该店想要赚取 20% 的利润，彩电的销售价格应定为多少？

由于零售商支付的 1 600 元 / 台是直接成本（单位变动成本），但销售环节还包括一些如供热、供电、租金与工资等运营成本，这些成本都必须在产品销售中得到补偿。因此商业企业加成定价的计算公式如下：

$$单位产品价格=\frac{1\,600}{1-20\%}=2\,000（元）$$

2. 边际成本定价法

边际成本定价法是以边际成本为基础的定价。如果单位变动成本恒定，边际成本就是单位变动成本。公式为：

单位产品的价格 = 单位变动成本（或边际成本）+ 预期利润

例：一个企业生产木质玩具，按历史经验数据每月可以售出 100 000 个，每月支付固定成本 500 000 元，单位变动成本（或边际成本）30 元。

单位固定成本 = 500 000/100 000=5（元）

单位成本 = 单位固定成本 + 单位变动成本 =5+30=35（元）

正常情况下，该企业产品销售单价应在 35 元以上，才能补偿玩具的单位成本并获得合理利润，单价若低于 35 元，企业则亏损。

假定一新客户想采购 1 000 只玩具，单价为 32 元。这个企业会接受这笔订单吗？

如果考虑一件玩具的单位产品成本为 35 元，而销售价格只有 32 元，显然这不能补偿全部成本，应该拒绝这份订单。但如果考虑到生产玩具的固定成本已经在每月 100 000 件的销售中补偿了，现在增加 1 000 件的生产只会产生每件 30 元的变动成本，则接受这份订单还可赚取每只 2 元，总计 2 000 元的利润。

边际成本定价的前提条件：①企业有剩余生产能力；②短期使用或特殊订单；③不会影响其他产品销售。

3. 盈亏平衡定价法

在销量既定的条件下，产品的价格必须达到一定的水平才能做到盈亏平衡，收支相抵。既定的销量就称为盈亏平衡点，这种制定价格的方法就称为盈亏平衡定价法。科学地预测销量和已知固定成本、变动成本是盈亏平衡定价的前提。企业产品的销售量达到既定销售量，可实现收支平衡；超过既定销售量，可获得赢利；不足既定销售量，则出现亏损。其计算公式为：

单位产品价格 = 单位固定成本 + 单位变动成本

以盈亏平衡点确定的价格只能使企业的生产耗费得以补偿，而不能得到收益。因而这种定价方法，是在企业的产品销售遇到了困难，或市场竞争激烈，为避免更大的损失，将保本经营作为定价的目标时才使用的方法。

10.3.2 需求导向定价法

需求导向定价法是以需求为中心的定价方法。它依据顾客对产品价值的理解和需求强度来制定价格，而不考虑或很少考虑产品的成本等因素来定价。

1. 感知价值定价法

感知价值定价法是以顾客对产品价值的认知和理解程度作为定价依据的定价方法。此方法要求企业应通过市场调研，分析产品在消费者心目中的价值水平，并测算出产品的初始价格与对应的销售量，根据销量规模测算企业的成本投入，再考虑企业的定价目标选定最终价格。可见，该方法与成本导向定价法在程序上正好相反（见图 10-1）。

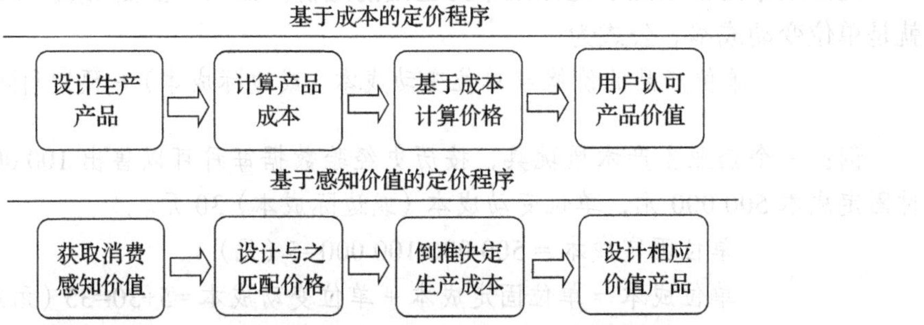

图 10-1　基于成本的定价与基于感知价值的定价

感知价值定价法的关键和难点是获得顾客对有关产品价值理解的准确信息。目前有两种方法来判断顾客感知价值：①市场测试法，即通过邀请有代表性的顾客对产品价值进行评议，得出不同类型顾客对产品价值的判断；②营销创造法，即通过有针对性的广告宣传、市场定位和营销场景设计，使顾客产生一种定向感知价值判断，从而接受相应的价格。

2. 逆向定价法

逆向定价法是企业依据市场调研资料，分析顾客能够接受的最终销售价格，并以其作为产品的零售价，逆向推算出中间商的批发价和生产企业的出厂价。具体计算方法为：

$$批发价 = 零售价 \times（1- 批零差价率）$$

$$出厂价 = 零售价 \times（1- 批零差价率）\times（1- 进销差价率）$$

逆向定价法的特点是：价格能反映市场需求情况，有利于加强与中间商的友好关系，保证中间商的正常利润，使产品迅速向市场渗透，并可根据市场供求情况及时调整，定价相对比较灵活。该方法适用于需求价格弹性大、花色品种多、产品更新快、竞争较为激烈的产品。

测定顾客可接受的最终价格的方法有：①主观评价法，企业聘请专业人员参考市场同类产品，比质比价，结合市场供求趋势，对产品市场零售价进行测评后确定最终价格；②试销评价法，以一种或几种不同的价格在相似但不同的区域市场进行试验性销售，根据销售结果判断市场可接受的零售价格水平；③顾客评估法，采用登门拜访、问卷调查、顾客座谈等形式征求消费者意见，判断市场可接受的价格水平。

10.3.3　竞争导向定价法

在竞争十分激烈的市场上，企业通过研究竞争对手的生产条件、服务状况、价格水平等因素，依据自身的竞争实力，参考成本和供求状况来制定有利于在市场竞争中获胜的产品价格。这种定价方法就是竞争导向定价法。竞争导向定价法主要包括以下几项。

1. 随行就市定价法

随行就市定价法是指企业按照行业的平均现行价格水平来定价，是同质产品惯用的定价方法。不论市场竞争结构如何，销售同质产品的各个企业，在定价时实际上没有多少选择的余地，只能按照行业的现行价格来定价。这种相近的、比较平均的价格水平往往被认为是"合理价格"，容易被消费者接受；而且这样定价避免了价格竞争风险，企业间往往能保持和平共处的状态，一般也能为企业带来长期合理、适度的盈利。

这种"随大流"的定价方法，主要适用于需求弹性比较小或供求基本平衡的同质性高的产品，如大宗农产品、原油、煤炭、钢材等。如果某企业把价格定高了，就会失去顾客；而把价格定低了，只会导致利润减少或亏损增加。所以，随行就市定价法是一种较为稳妥的定价方法。

只有在异质产品市场上，企业才有较大的自由度决定其产品的价格。产品的差异化，与众不同，使顾客对购买价格的差异表现出较大的宽容和认可。

2. 密封投标定价法

美国政府于 1809 年通过立法用密封投标的方式进行公开竞争采购，此后这一方式成为美国政府采购的基本方式。在中国，政府与企业（如中国石化、中国石油等）的大部分大型装备采购也采用投标的形式，其基本原理是：招标者（买方）首先发出招标信息，说明招标内容和具体要求。参加投标的企业（卖方）在规定期间内密封报价来参与竞争。其中，密封价格就是投标者愿意承担的价格。这个价格主要通过对竞争者的报价研究决定，而不能只看本企业的成本。在投标中，报价低于竞争者的报价，中标的概率增加，但收益会减少；报价高于竞争者的报价，预期收益增加，但中标概率降低。企业必须结合自身营销目标和资源条件，在保证中标和获得合理利润之间进行权衡。

现在国内外的许多大宗产品、成套设备和建筑工程项目的买卖和承包以及征招生产经营协作单位、出租出售小型企业等，往往采用发包人招标、承包人投标的方式来选择承包者和确定最终承包价格，即密封投标定价。

3. 拍卖定价法

拍卖定价法是卖方设定拍卖机制并提供拍卖产品信息，买方在拍卖过程中按其对拍卖产品的估价和对竞争者可能的报价判断，按照拍卖机制决定是否提出拍卖价格。传统的拍卖机制分为三种：

（1）**英式拍卖**（English auction）。英式拍卖又称增价拍卖，是最常用的一种拍卖方式。拍卖人提供货物与预定最低价格，竞买者相继叫价，竞相加价，最后出价即产品价格。在拍卖出槌前，竞买者可以撤销出价。如果竞买者的出价都低于拍卖人宣布的最低价格，或称价格极限，卖方有权撤回产品，拒绝出售。购物者彼此竞标，最后竞价者（也是出价最高者）获得物品。当前网站拍卖方式以“英式拍卖”为主，适合二手设备、汽车、不动产、艺术品和古董等产品。

（2）**荷兰式拍卖**（Dutch auction）。荷兰式拍卖又称降价式拍卖，这种方法先由拍卖人喊出最高价格，然后逐渐减低叫价，直到有某一竞买者认为已经低到可以接受的价格，表示买进为止。这种拍卖方式使得产品成交迅速，经常用于拍卖水果、蔬菜、花卉等保质期短的鲜活产品。荷兰阿姆斯特丹的鲜花市场交易所采用的便是这种交易方式。

（3）**复式拍卖**（double auction）。在这种方式中，买卖方的数量均较多。众多买方和卖方事先提交他们愿意购买或出售某项物品的价格，然后通过电脑迅速进行处理，并且就各方出价予以配对。复式拍卖的典型例子是股票市场，在该市场上，许多买方和卖方聚集在一起进行股票的买卖，价格也会随时发生变化。

【资料 10-4】在互联网时代，网络拍卖、微信拍卖应运而生，大大降低了拍卖的参与成本，日用品也逐渐登上拍卖的舞台，二手货网络拍卖十分火热，一些人将自己不需要的东西放到网上去拍卖，拍卖品的价格区间相差非常巨大，从几元到成千上万元不等，拍卖品从旅行帐篷、自创软件到艺术品、房屋不动产、大型设备等应有尽有。

资料来源：论互联网时代下传统拍卖的革新，http://www.doc88.com/p-6961535121686.html，有删改。

10.4 定价策略

10.4.1 折扣定价策略

折扣定价策略是指对基本价格做出一定的让步，直接或间接降低价格，以争取顾客，从而扩大销量的一种策略。其中，直接折扣的形式有数量折扣、现金折扣、功能折扣、季节折扣，间接折扣的形式有回扣和津贴。不同类型折扣定价策略的比较如表 10-2 所示。

表 10-2 不同类型折扣定价策略的比较

折扣定价策略类型	折扣定价策略内容	折扣定价目的
非累计数量折扣	一次购买达到一定数量或金额，则给予折扣优惠	促进顾客每次多购买
累计数量折扣	一定时间内购买达到一定数量或金额，则按其总量给予一定折扣	长期留住老顾客
现金折扣	对金额较大且一次性付现的顾客给予的折扣	及时回笼资金
功能折扣	根据中间商所承担功能、责任和风险的不同给予不同的价格折扣	鼓励中间商提供更多的销售服务
换季折扣	淡季购买产品提供折扣	处理过季积压产品，均衡供求
以旧换新	企业回收顾客旧货，冲抵购买新品一部分价格	吸引老顾客

【资料 10-5】 折扣设计范例

健康蔬果汁 1 杯 80 元，买 2 杯，第 2 杯 6 折，最终折扣是多少？

计算：蔬果汁 1 杯 80 元，同时买 2 杯，原价 = 80 + 80 = 160（元）

折价促销：80 + 48（6 折）= 128（元）

折扣后每一杯价格：128 ÷ 2 = 64（元）

折扣后每杯的实际折扣：（64 ÷ 80）× 100% = 80%，即在原价的基础上打 8 折。

不论什么产品或定价多少，买第 2 件 6 折，实际都是 8 折。

折扣定价的极端形式是“免费”，即折扣达到 100%。在互联网经济时代，“免费”商业模式比比皆是，免费邮箱、免费的杀毒软件、免费 WiFi、免费的网络游戏……数字产品具有“高沉没成本，低边际成本”的特殊成本结构，数字产品的复制、传输和销售几乎零成本。如果“价格等于边际成本”是市场规律，免费就是必然的选项。伴随 Google、Baidu 等搜索引擎长大的一代人，已经习惯于“免费”的数字化产品。

10.4.2　地理定价策略

产品在不同地域买卖的价格可能会有差异，一般在产地附近销售会比较便宜，而远离生产地销售产品，由于运费的产生，价格往往就会偏高。**地理定价策略**就是决定卖给不同地区（包括当地和外地不同地区）顾客的某种产品，是分别制定不同的价格，还是制定相同的价格，也就是说，企业要决定是否制定地区差价。运费如果由企业承担，势必导致企业利润降低；运费如果由消费者承担，意味着产品价格提升，不利于吸引消费者，顾客需求会下降。

根据运费在产品价格中的构成比例及企业在特定市场追求的目标，地理定价策略可分为原产地交货定价、统一交货定价、分区定价、基点定价、运费免收促销定价等多种形式，具体差别如表 10-3 所示。

表 10-3　不同类型地理定价策略的比较

地理定价策略类型	地理定价策略内容	定价目的与适用条件
原产地交货定价	企业制定产地交货价格，买方支付产地到销地的运费并承担风险，卖方负责装货费用	双方公平；适用于运费很高、供不应求、贸易风险大的产品
统一交货定价	不同地区顾客购买的价格（出厂价 + 平均运费）相同	吸引外地顾客；适用于运费占价格比例小的产品
分区定价	把市场分为若干价格区，同一区域内价格相同	便于价格管理和兼顾公平；适用于销售区域有明显的地域环境差异性
基点定价	选择若干城市作为基点，以基点与购买地间运费加基点价格作为交货价格	便于价格管理和兼顾公平；适用于运费占比高、销售范围广的产品
运费津贴定价	产地到销地的运费由厂家给予部分或全部补贴	对远地客户有利，利于厂家占领市场；适用于开拓新市场

10.4.3 心理定价策略

每一件产品都能满足消费者某一方面的需求，其价值与消费者的心理感受有着很大的关系。这就为心理定价策略的运用提供了基础，即企业在定价时可以利用消费者心理因素，有意识地将产品价格定高或定低，以满足消费者生理的和心理的、物质的和精神的多方面需要。其定价方法主要有整数定价、尾数定价、声望定价、招徕定价等形式。

1. **整数定价**

在移动支付尚未流行的时代，买东西找零对商家或消费者都是一件很烦琐的事情，所以商家在定价时常常采用整数定价法，例如，在饮料市场上，一瓶矿泉水、一瓶奶，都是以整数定价。对产品进行整数定价，可以使购买者轻松、快捷地付款，节省时间，方便双方的交易。这种方法，多用于购买频繁的日用产品或便利品。

2. **尾数定价**

对产品的定价保留尾数不取整，尾数给人以便宜、精确还有吉祥的感觉。

有数据显示，价值9.8元的日用品往往比标价为10元整的同等产品热销许多；在商场里，我们常常看到一些产品标价与6、8有关，甚至精确到分，给消费者带来一种价格非常精确的信号、吉祥的寓意，使消费者在心理上得到极大的满足，这其中的奥妙就是尾数定价的魅力。

当然，尾数的确定还要符合当地的风俗习惯，不同的尾数在不同国家、不同民族中的寓意不同，中国人对6、8等数字充满好感，而对4就不太喜欢，所以在中国市场上定价时务必要注意这些细节。

3. **声望定价**

声望定价往往设定高价格来突出产品的高质量与高、大、上的形象。与撇脂定价不同，这是一种长期的定价方式，也就是说这类产品在整个生命周期内一直保持高价格。

在分析和研究汽车价格与质量认知的关系时，我们发现二者是呈正相关的。人们会认为，定价较高的汽车一定有较高的质量与之匹配，产品的价格越高，所显示出的价值越大，质量越好，越名贵。提到手表，人们就会想到劳力士；提到箱包，人们就会想到LV；提到汽车，人们就会想到奔驰、宝马。

声望定价多适用于名牌产品、奢侈品，销售的目标群体大都是高收入人群。高收入人群对价格的敏感性不高，高价格本身也会刺激高收入消费者的消费，他们更愿意购买高品质、有特点的产品而不在意偏高的价格，以提升自己的品位和形象。

4. **招徕定价**

企业有意将某几个产品的价格定得较低以吸引顾客的定价策略。某些商店有意推出降价产品，每天、每时都有一两种产品廉价出售，吸引顾客经常来光顾商场，使顾客在购买廉价产品的同时也可以选购其他正常价格的产品。大型商场在节假日或者销售旺季，经常会进行"优惠大酬宾"的宣传活动，招徕定价就是其中的亮点。商家会把制造商的建议零售价或以往的卖价，与现在的热卖价标放在一起进行比较，并标明减价原因、减价幅度，暗示消费者关注其中的差价，引导消费者进行抢购，从而扩大宣传效果。

这种策略常被商场使用，同时也适用于种类多、竞争激烈、市场趋于稳定与饱和的产品的促销活动。

不同类型心理定价策略的比较如表 10-4 所示。

表 10-4 不同类型心理定价策略的比较

心理定价策略类型	心理定价策略内容	定价目的与适用条件
整数定价	低价产品取整数，快捷省时方便	方便交易；适用于购买频繁的日用品
尾数定价	利用消费者求廉心理，价格不是整数而是尾数、吉数结尾	给人以定价精确的信任感；注意与当地经济、社会文化环境吻合
声望定价	利用追求身份地位心理，定高价以体现在同类产品中高质量、高价值的形象	满足高端人群的身份差异和尊重需求；适用于高阶层人群和高价值产品
招徕定价	几种产品定低价吸引顾客购买，同时连带购买常价的产品以获得利润	牺牲个别产品利润带动整体销售；适用于经营范围广的综合性商场

10.4.4 差别定价策略

差别定价又称"价格歧视"，是企业对同一种产品或服务制定不同价格的定价策略。其价格差异与成本关系不大，主要有顾客差别定价、产品形式差别定价、时间差别定价、地点差别定价等类型。具体差异如表 10-5 所示。

表 10-5 不同类型差别定价策略的比较

差别定价策略类型	差别定价策略内容	定价目的与适用条件
顾客差别定价	对不同的消费群体制定不同的价格	适应不同顾客群体的支付能力和需求强度；条件是顾客容易区分
产品形式差别定价	为同一种产品的不同形式制定不同的价格，但与不同形式成本差异不成比例	满足不同顾客差异化需求；不同形式产品的成本差异低于价格差异
地点差别定价	同一种产品在不同地点的价格差异与在不同地点的成本差异不成比例	满足不同顾客对地点、场景的差异化需求；价格差异体现地点附加值
时间差别定价	同一种产品在不同的时间销售，其销售价格不同	均衡不同时间的顾客需求；适用于消费需求波动性大的产品或服务

案例：

飞机票：航空公司飞机票在不同月份的价格相差很大，有淡季、旺季之分，同一天在不同的时段上机票价格也有很大差异。早班飞机、红眼航班价格明显便宜很多。

旅游景点：旅游景点对于不同年龄段的人，参观门票的价格会有差异。低龄儿童与高龄老人半价，甚至免费。在公交车服务及其他公共服务上也有类似情况。

女士免费酒吧：很多城市的酒吧在一周的某个时间、一天的某个时段，对女士提供全部或部分免费酒水。

网龄长短不同，5G优惠不同：2019年6月25日，世界移动大会前夕，中国移动在上海发布了“5G+”计划：中国移动宣布首批5G终端已经实现万台交付，预计将于7月底陆续上市；5G流量单价将不会高于4G，而且用户网龄越长，享受的优惠力度就越大。

【资料10-6】近来时不时会听到网友们吐槽各自“被宰”的经历。在某网站上订酒店，老会员价格莫名比新用户高出数十元。一网友经常通过某旅行服务网站订某个特定酒店的房间，长年价格在380元到400元。偶然一次，他通过前台了解到，淡季的价格在300元上下。他用朋友的账号查询后发现，果然是300元；但用自己的账号去查，还是380元。

用某App订电影票，老用户已购买影城卡，但仍比新用户要贵。有网友一行数人去看电影，却发现了一件很“诡异”的事情：在某购票App上，同一部片子、同样的电影院和场次，几个人不同的账号却显示不同的价格。

所谓“大数据杀熟”，有人将其定义为互联网厂商利用所拥有的用户数据，对老用户实行“精准定价式”价格歧视的行为，也就是说，同一件产品或者同一项服务，互联网厂商显示给老用户的价格要高于新用户，买得越多，价格越贵。

在互联网上订票、订酒店，通过各种平台解决一些生活需要时，海量的消费信息在购物的同时被记录下来，我们的偏好和习惯在不经意间就可能被他人获知，这些数据也为某些人提供了“便利”，在被大数据分析后，我们是得到了更加精准的服务，还是被套路进一个又一个的陷阱？平台也许暂时获取了利润，但同时也透支了消费者的信任度，这样的情况又能持续多久，让人不得不担心。大数据本身没有错，但“潜规则的杀熟”着实让人心头一凉。

“最懂你的人伤你最深”，便是这个道理。

平台及其商户利用大数据分析，为什么是“宰熟”而不是“杀生”？大数据“杀熟”给我们带来哪些启示？读者有兴趣，可以自行到http://www.raincent.com/content-10-11331-1.html上了解、学习。

10.4.5 产品组合定价策略

产品组合定价策略指的是企业在处理各种产品之间价格关系的策略，企业采用该策略以寻求产品组合的总利润最大化。因为各种产品之间存在需求和成本的相互联系，而且带来不同程度的竞争，所以定价比较困难。常见的产品组合定价有：产品线定价、可选产品定价、附属产品定价、捆绑产品定价、副产品定价。

1. 产品线定价

企业往往不会生产单一产品，经常会开发一系列产品。**产品线定价**（product-line pricing）是指根据消费者对同样产品的不同档次和特色的需求差异，采取不同的定价策略和定价方法。

产品线定价时，首先确定产品大类中哪类产品作为价格领袖以吸引消费者购买产品组合中的其他产品，定价时主要考虑顾客心理和竞争者产品价格，将领袖产品价格定低；然后，确定产品大类中要获利的产品，在分析成本、需求等因素基础上，采取目标利润定价策略；最后，确定产品大类中的形象产品，采用优质高价策略。

例如，洗车店的洗车套餐定价。按照清洗项目不同建立套餐，有仅仅清洗车表面的 15 元“铜牌”套餐；也有几十元不等的包括外表清洗、抛光、保养等项目的“金牌”套餐；还有包括内外清洗、轮胎清洗、彻底除锈、表面保养，甚至空气净化等项目的几百元“钻石”套餐。

与类似规模的大公司相比，苹果公司其实只有 iPod、Apple Watch、AirPods、iPhone、Macbook 等六七个产品系列而已。2019 年 5 月，彭博社发布最新的全球最赚钱公司榜单，其中苹果公司以 572 亿美元的净利润，连续第四次蝉联冠军。苹果公司的赚钱能力，显然与它的价格策略分不开。苹果公司的定价策略有何高明之处？读者如果有兴趣，可以自行到 http://money.163.com/17/0327/09/CGHBK3M1002580SV.html 上了解、学习。

2. 可选产品定价

一些企业采用**可选产品定价**（optional-productpricing）的方式为与主体产品配套的可选产品甚至附件产品定价。例如，人们在购买电脑时，可以从让人眼花缭乱的处理器、硬盘、系统、软件以及服务计划中进行选择。购买汽车的人可能会订购导航系统或高端娱乐系统。这种定价方式有一个比较棘手的问题，就是企业必须弄清楚哪些项目包含在基本价格内，哪些价格是可选项目。

可选产品的定价有两种方式：一是将可选产品的价格定得较高，靠它来盈利；二是以低价的选择品来招徕顾客。例如，餐馆里的饭菜是主要产品，酒水是可选择品。有的餐馆将酒水价格定得高些，饭菜价格定得低些，以饭菜的收入来弥补经营费用的开支，而靠酒水赚钱。也有的餐馆反其道而行之。

3. 附属产品定价

附属产品定价（captive-product pricing）又称互补品定价，互补产品指必须配套使用的产品。有些企业生产的产品必须配合主体产品使用，比较常见的附属产品有剃须刀的刀片、视频游戏、打印机的墨盒、电子书、血糖测试纸等。企业对主体产品（剃须刀架、视频游戏机、打印机、平板电脑、血糖仪）的定价往往比较低，但对离不开的附属产品的定价比较高。

【资料 10-7】 玩咖啡，还能有和星巴克不一样的商业模式吗？有，绿山咖啡烘焙公司（Green Mountain Coffee Roasters，以下简称“绿山”）！从 2006 到 2010 年，绿山的股价狂飙了九倍，远超星巴克。它卖的一种咖啡机及“咖啡 K 杯”，能即刻煮出口感很棒的咖啡，价格却是星巴克的十分之一。绿山的咖啡机只卖 100 多美元，基本是不赚钱的，主要靠销售 K 杯赚钱，24 杯装的 K 杯通常卖 12 美元，相当于每杯 0.5 美元。更酷的是，它允许其他饮料生产商生产 K 杯，这样，不仅顾客有更多选择，自己也能获得权益金。

K 杯是一个保证咖啡香味最大化的专利设计，外表像纸杯，里面有一个小一点的纸杯状渗透装置，只能渗透液体，里面装的是咖啡或茶，上面用铝箔盖封口，以保证香味不会散发。将K杯置入专门的咖啡机，按一下按钮，加压注水管就会穿破铝箔盖进入滤杯中，注入热水。

现在K杯的品种很多，有13个品牌，200多种咖啡、茶和热可可，能满足消费者不同的需求。

合作伙伴为每个K杯包装支付6美分的许可费，目前绿山咖啡在美国家庭和企业中总的装机量已经达到了1 600万台，按照每天1杯的消耗量计算，每年K杯的消费总量约60亿杯。按照0.064美元/杯的授权许可费计算，每年授权许可费的收入约3.84亿美元。

咖啡机卖得多，就吸引其他饮料商和绿山合作，使用他们的K杯技术，其他饮料商越多，K杯产品越丰富，就会有越来越多的人买绿山的咖啡机。

资料来源：https://www.globrand.com/2009/307320.shtml.

4. 捆绑产品定价

销售人员将数种产品组合在一起以低于分别销售时支付总额的价格销售，称为**捆绑产品定价**（bundle pricing）。例如，家庭影院采用的是大屏幕电视、DVD影碟机、音响组合的捆绑定价；快餐店会把汉堡包、薯条和软饮料放在一起，并制定一个“组合”的低价格来销售；电话服务和高速网络服务捆绑在一起以较低的价格出售。捆绑定价在一定程度上可促进消费者消费。企业将两种或两种以上的相关产品打包销售，能够给企业带来更为广泛的消费者群体，有效地排挤竞争对手，圈占市场，并设置进入壁垒，使企业获得规模经济。

5. 副产品定价

企业在产品或服务的生产过程中会产生副产品，如果副产品无价值且处理成本高就会影响主体产品收益。通过**副产品定价**（by-product pricing），可为副产品寻找市场来补偿处理成本，并使主体产品更具市场竞争力。例如，家具厂在生产实木家具的过程中会产生大量的边角木料和锯末，可将这些副产品低价销售给复合地板厂家；生产橙汁的厂家将橙皮销售给下游厂家，从橙皮中提取香精油。

10.4.6 新产品定价策略

新产品刚进入市场时，其定价合理与否，不仅关系到新产品能否顺利地进入市场、占领市场、取得较好的经济效益，还关系到产品本身的命运和企业的前途。新产品定价可采用撇脂定价法和渗透定价法。

1. 撇脂定价

撇脂定价（market-skimming pricing）是指在新产品上市之初，把价格定得很高，以便在短期内获取厚利，迅速收回投资，减少经营风险。

撇脂定价的优势非常明显，在顾客求新心理较强的市场上，高价有助于开拓市场。撇脂定价主动性大，产品进入成熟期后，价格可分阶段逐步下降，有利于吸引新的购买者；价格高，限制需求量过于迅速增加，使其与生产能力相适应。撇脂定价适用于产品技术含量高，竞争者少，且顾客对价格不敏感的情况。

2. 渗透定价

与撇脂定价相反，**渗透定价**（market-penetrating pricing）是一种建立在低价基础上的新产品定价策略，即在新产品进入市场初期，把价格定得很低。其优点是产品容易为消费者所接受，有利于迅速打开销路，提高市场占有率；薄利会阻止竞争者进入，便于企业长期占领市场。其缺点是本利回收期较长，价格调整空间较小，这要求企业有较强的实力且产品有高价格弹性。

10.5　价格变动与企业对策

企业制定好价格结构和价格策略后，还要根据市场环境及企业内部因素的变化，不断对原有的价格进行调整。

10.5.1　主动变价

如果企业发现降价或提价更加有利可图，主动变价就顺理成章了。

1. 主动降价

主动降价的原因是多样的，市场竞争过于激烈或者市场出现供给大于需求时，企业为保持或扩大市场份额，会进行主动降价，手机市场、彩电市场一度大量出现这种现象；技术创新、管理创新使企业的成本费用比竞争者低时，通过降低价格，可提高市场占有率，扩大产品的生产和销售。

在质量不变的条件下，价格降低会吸引更多的顾客，但也会引起竞争者的警觉和报复，其结果就是价格战。

【资料 10-8】 2015 年开始，我国家电行业出现严重的产能过剩，其中空调库存量达到 4 000 万台。4 000 万台是何种概念？ 2014 年全国空调整体销量是 4 200 万台，这就意味着全国所有的空调厂家在 2015 年可以停产一年。

库存积压给空调厂家带来严重的生存危机，如何突围？ 2015 年夏季空调销售旺季结束，国庆黄金周开始，各大空调厂家上演了激烈的价格战。格力打响第一枪，自称是“20 年首次发起空调价格战”，美的随后跟进，刮起“30 年一遇的龙卷风”。2016 年 3 月，格力携手国美发动“创低价纪录、大牌闪购 72 小时、空调免费安装”的“空袭 72 小时”大规模促销；随后苏宁联手美的、海尔等 11 家厂商降价反击。

此次价格大战的结果出乎很多人的意料，格力、美的、海尔等巨头在价格战中不但毫发无损，且利润还有较大增长，而大量的二线品牌销量和利润都大幅下滑，大量三四线品牌被淘汰出局。

资料来源：中国家电网特别策划专题：谁来撩动空调市场的激情？，http://news.cheaa.com/2016/0331/47400/.shtml，有删改。

【资料10-9】在5G资费上，中国移动、中国联通和中国电信相关领导都曾表示，比4G便宜是一定的。全球移动通信协会高级顾问王建宙曾公开表示，对消费者而言，技术越先进，价格越便宜。2G、3G、4G时代已经证明了这一点了。5G为什么快？一是使用的频率增加了，把一些原来不用的频率用起来了；二是提高了频率的使用效率。如果按照单位成本算，5G一定会比4G便宜。

资料来源：移动、联通、电信将在9月商用5G：前期流量收费10元/GB？，http://news.cheaa.com/2019/0624/557307.shtml，有删改。

2. 主动提价

成功提价能够大幅度增加利润。诱发提价的一个主要原因是成本的上升，企业只有通过提价才能保证利润不被侵蚀；另外，产品供不应求也会促使企业提高价格。

相对于降价，提价对竞争者并不构成威胁，但会导致客户不满，所以企业应注意提价技巧。

（1）在通货膨胀时期，延缓报价。企业决定暂时不规定最后价格，等到产品制成时或交货时方规定最后价格。对于生产周期较长的产品，如大型机械设备、轮船、飞机，采用延缓报价可减少成本上涨对企业造成的不利影响。

（2）采用价格自动调整条款。企业要求顾客按当前价格付款，但在交货时可按某种价格指数调整价格，如在交货时支付通货膨胀引起的全部或部分费用。这一般适用于施工时间较长的工程，如建筑业。

（3）将免费项目独立出来收费。例如，免费送货、免费的零配件都可被重新加以定价。

（4）减少或取消价格折扣，如数量折扣、现金折扣等。

10.5.2　顾客对变价的反应

对顾客而言，通常不喜欢提价，因为购买同样的产品自己的支出会增加。但对某些奢侈品、投资品而言，提价反而会刺激顾客大量购买；同样，降价可能在短期内会增加顾客需求，但也可能给顾客带来负面效应，例如等待进一步降价，或对产品产生过时、老旧的感觉，或认为企业的经营出现困难，需要降价来改善现金流。因此，只有正确估计顾客的可能反应，预先考虑好相应的应对和善后措施，把握好主动调价的时机、方式和幅度，才能保证达到调价的效果。

10.5.3　企业对变价的反应

如果竞争者首先改变价格，企业该如何应对？当竞争对手提价时，企业可能跟进，也可能维持原有价格不变。如果企业认为提价对企业或全行业都有好处，就有可能跟进，当然也有可能维持原价（相对竞争者而言是降价）抢占对方的市场份额。关键是当竞争对手降价时，企业必须认真对待。企业一定要弄清楚竞争对手为什么降价，是长期行为还是短期甩货？企业如果不做回应，自己的市场和利润会有什么后果？如果要回应，应采取哪些策略？企业对竞争者变价的评估和应对过程如图10-2所示。

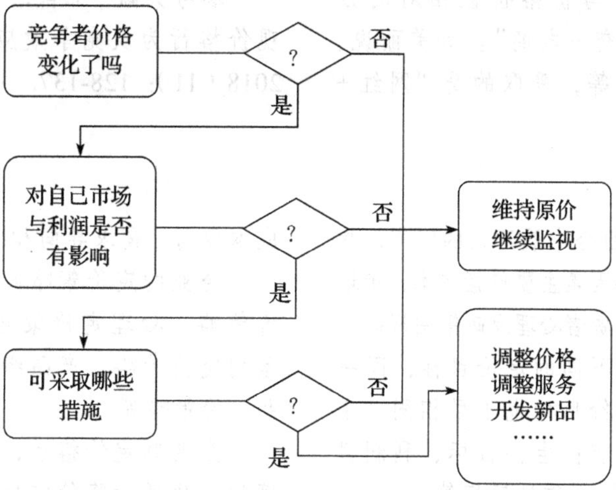

图10-2 企业对竞争者变价的评估和应对过程

价格策略领域的新思维、新观点与新探索

1. 互联网时代的价格新观点："免费是世界上最昂贵的东西"

互联网免费的实质是什么？有人认为：免费是世界上最昂贵的东西。意思是当下是免费，但之后顾客会为免费买单，价格还可能比较昂贵。互联网时代的很多平台都免费注册，如微博、微信、腾讯QQ、抖音、百度贴吧等，好像都是免费注册与使用，但以顾客信息资源作为"代价"。掌握大数据的电商平台对客户价格敏感度精准把握，采用精准营销能比较容易地让顾客多消费与多买单。"大数据杀熟"席卷互联网，如饿了么、飞猪等。

2. 互联网时代的价格新探索：比价生态化与价格锚定参考体系设计

在实体零售时代，对竞争对手隐瞒价格是一种常态。在互联网时代，价格隐瞒已不可能。比价网站，从2008年出现垂直类跨平台比价，如今已经发展成一个普遍成熟的互联网物种。如国外的yahoo shopping、google product search、shopzilla等，国内的易比网、二哥网、慢慢买、惠惠购物助手、帮5淘等，比价网站构成网络购物的一种生态环境，成为顾客购物的一种价格锚定参照。商家会主动利用比价网络生态，精心设计价格锚定参考体系。

3. 互联网时代的大促新玩法：H/L低价格刺激与KOL矩阵内容引流

电商节日促销已经成为常态化行为，如阿里巴巴、京东等的"双11""双12"与"618"等。2018年"双11"成交额达到2 135.5亿元。相关研究表明（张昊，2018），电商是采取平时高价（high）而节日低价（low）的高低交错方式（H/L）以提升促销效果。销售竞争增大了电商节日期间的降价幅度，但相应的产品在平时价格上调幅度更高。这表明，节日促销并不能给消费者带来真优惠。竞争给交错定价的价格回调带来风险。从电商来看，集中促销期间竞争要求更大的优惠让渡，非促销期间价格上调又带来新的销售损失。因此，电商造节的结果可能并没有完全达到预期。

2016年以来，与价格折让相对的另一派是“内容+社交+电商”。如美丽说、蘑菇街、聚美优品等，采取的是“网红+直播+电商”的策略，效果更加理想。

参考文献：张昊.“电商造节”中的微观价格行为及竞争效应[J].财贸经济，2018（11）：128-137。

重点提示

价格作为营销组合中最活跃的因素，受多方面的影响，这些因素主要包括成本、市场需求、竞争状况、消费者心理及政策法规等。

不同的企业有不同的定价目标，同一企业在不同时期定价目标也不尽相同。企业的定价目标一般有：生存目标、利润目标、市场占有率目标、质量目标等。

在实际工作中，公司往往侧重考虑成本因素、需求因素与竞争因素中的某一个方面，此后再参考其他方面因素的影响对制定出来的价格进行适当的调整。因此，企业的定价导向可以划分为三大基本类型：成本导向、需求导向和竞争导向。

企业的定价策略归纳起来有：折扣定价策略、心理定价策略、地理定价策略、差别定价策略、产品组合定价策略、新产品定价策略等。

企业制定价格后，还需要根据市场环境的变化适时降价或提价，以求更好地在市场上生存和发展。

面对竞争者发动的价格变更，企业需要了解竞争者的意图和价格变更可能持续的时间，竞争者的产品是同质的还是异质的，然后选择相应的策略。

思考题

1. 企业常规的定价过程分为几个阶段？
2. 企业价格制定的影响因素有哪些？
3. 理解企业不同的定价策略的内容。
4. 营销人员如何使用心理定价来传达与产品相关的信息？
5. 企业如何进行价格调整？
6. 定价策略如何与其他营销组合策略协调？

实践题

瑞幸咖啡（luckin coffee），是由神州优车集团原COO钱治亚创建的国内新兴咖啡品牌。2018年6月18日，福建省厦门市思明区与瑞幸咖啡（中国）有限公司签订项目合作协议书，瑞幸咖啡的全国总部正式落户福建厦门。瑞幸咖啡以“做每个人都喝得起、喝得到的好咖啡”为使命，致力于推动精品咖啡商业化，倡导更方便迅捷的“咖啡新零售”体验，多种咖啡形态店遍布各大城市的商圈写字楼，用户可通过移动端自由购买，自提或配送，彻底改变咖啡传统业态模式，解决消费痛点。2019年5月17日，瑞幸咖啡在美国纳斯达克交易所上市，首次公开募股共发行3 300万股美国存托股票（ADS），每股定价17美元，共募集资金5.61亿美元。所筹资金主要用于店面扩张、吸纳顾客、研发以及营销等方面。

目前关于瑞幸咖啡的快速发展，有人看好它的发展模式，有人认为它的低价（亏本销售）策略不可持续。请收集相关资料，对瑞幸咖啡的未来发展前景提出自己的看法。

判断题

1. 产品的最高价格取决于产品的质量。（　　）
2. 产品价格的决定性因素是供求关系。（　　）
3. 利用消费者求廉的心理，特意将某几种产品的价格定得较低以吸引顾客，这是招徕定价。（　　）
4. 企业在定价时，需要考虑价格对需求的影响，在市场上没有替代品和竞争者，或者消费者的购买习惯变化比较快的情况下，企业可以考虑提高价格。（　　）
5. 高档产品、耐用消费品具有正的需求收入弹性。（　　）
6. 对于同质产品市场而言，竞争对手率先降价往往会使企业会采用跟随竞争对手相应降价的策略。（　　）

判断题答案

单项选择题

1. 当企业对自己的产品销售状况没有确定的信心，又不愿意冒险与同行产生竞争摩擦，希望和平共处时，企业往往采取（　　）的定价方法。
   A. 反向　　B. 投标
   C. 诊断　　D. 随行就市
2. 在投标过程中，投标商对其价格的确定主要是依据（　　）制定的。
   A. 对竞争者的报价估计
   B. 市场需求
   C. 边际成本
   D. 企业自身的成本费用
3. 非整数定价一般适用于（　　）的产品。
   A. 价值较高
   B. 高档
   C. 价值较低
   D. 奢侈
4. 若企业只能依据市场供求关系决定的价格来买卖产品，则意味着该企业（　　）。
   A. 是价格的制定者　B. 是价格的接受者
   C. 拥有垄断地位　　D. 无法控制产量
5. 如果甲产品价格下降引起乙产品需求增加，那么（　　）。
   A. 甲和乙是互替产品
   B. 甲和乙是互补产品
   C. 甲为低档产品，乙为高档产品
   D. 甲为高档产品，乙为低档产品

单项选择题答案

案例分析：三个有趣的定价案例——从麦当劳早餐咖啡的奇怪价格说起

都说“买家没有卖家精”，这是指商家与顾客的利益是矛盾的，受伤的总是顾客。又说“商场如战场”，得用户者得市场，得人心者得天下。企业能否通过科学定价实现双方共赢、皆大欢喜呢？读者如果有兴趣，可以自行到 https://baijiahao.baidu.com/s?id=1629313099468755550&wfr=spider&for=pc 上了解、学习。

第 11 章
CHAPTER11

分销渠道策略

§学习目标

1. 理解分销渠道的含义及机构组成
2. 掌握分销渠道结构两个重要参数：长度与宽度
3. 初步掌握设计分销渠道体系的流程与内容
4. 了解渠道管理内容

§引导案例　　杜拉拉的全渠道购物体验

杜拉拉，迪卡侬长期会员，常用手机与各种社交工具，近期计划去马尔代夫度假。

一个周末，杜拉拉登录了浮潜装备迪卡侬官网，浏览了户外品类商品，并把浮潜面罩与脚蹼放入购物篮。但由于不够确定，她并没有在网上立即下单，而是决定去店内看看。网站显示附近某店有库存及相关交通信息。当进入迪卡侬商店，杜拉拉被“签到有礼”广告吸引，她用微信签到，并获得20元代金券。

店内 WiFi 感应到了杜拉拉的到来，信息通知购物车商品在 10 号架；店员也拿着显示杜拉拉档案的 iPad 来为她专门介绍。杜拉拉选择了脚蹼，但嫌面罩略贵；店员还根据信息提示推荐了一双户外鞋，杜拉拉开心接受后离开。店员推断面罩的购买激励不够，于是申请了一个 offer，并短信告知杜拉拉：“如果购买面罩，我们将免费送您浮潜耳机。”回家途中的杜拉拉心动了，确认了购买订单。迪卡侬把物品快递到她家；杜拉拉在朋友圈种了草，并获得了迪卡侬积分……很快，被种草的好友也决定到迪卡侬逛逛。

这就是专家所描述的全渠道购物体验掠影。读者如果感兴趣，可以自行到 http://www.8264.com/viewnews-96779-page-1.html?from = view 上了解、学习。

§ 本章逻辑导图

好渠道是创业项目最持久的竞争优势。对跨国公司进行调查还发现，分销策略是压力最大的营销策略。因为，在营销策略组合中的产品策略、价格策略与促销策略都是显性的，竞争对手比较容易模仿。而渠道竞争优势是一种隐性的竞争优势，难以发现和复制。

在一个针对首席执行官与其他高层管理者的调查中，被调查者把“建立销售与分销渠道”与“文化差异”视为国际化的首要难题。“文化差异”难题已经获得跨国公司的普遍重视，“国际化分销渠道建立”难题关注度也逐年上升。

沃顿商学院洛迪什教授认为，对于创业而言，分销渠道是一个重要工具，而排他性分销是撬动新市场的一个策略。对于成熟企业而言，分销渠道也是其生命之河。那么，新创企业该如何设计分销渠道？成熟企业该如何进行分销渠道的调整与改进？这是本章要回答的几个基本问题。

11.1 分销渠道策略概述

11.1.1 分销渠道的概念与组成

1. 分销渠道的概念

分销渠道是指产品和服务**分配**（distribution）与**销售**（sale）的“超级组织”。产品与服务在从生产者到消费者或最终用户转移过程中，取得这种产品和服务所有权或帮助所有权转移的所有机构按照一定的游戏规则相互联结，组成一个跨企业的“超级组织”。

分销渠道之所以称为“超级组织”，是因为这些机构可能不属于同一个所有权企业，它们是一个“命运共同体”，实质上胜似一个企业。

2. 分销渠道的组成

生产者与消费者或用户先后获得了产品和服务的所有权，分别是分销渠道的起点与终点。此外，在产品和服务转移过程中取得或帮助取得产品和服务所有权的中间机构，都称为中间商，如取得产品和服务所有权的经销商，不拥有产品和服务所有权的代理商，还有仅仅承担物流服务的仓储、运输机构等。分销渠道由生产者、中间商与消费者或用户组成。

11.1.2 分销渠道的功能

市场营销学发展早期的机构学派与职能学派，对分销渠道的功能与效率进行了详尽的研究。经过诸多学者的研究与归纳，一个完整的分销渠道有八大功能，如表 11-1 所示。

表 11-1 分销渠道的八大功能

功能	主要内容
调研或信息搜集	搜集顾客、竞争对手等信息
沟通促销	传递与供应品有关的信息，吸引顾客
洽谈	交易条件达成，实现所有权转移
融资与货款支付	融资、收付货款、提供信用等
风险承担	商品销售风险与货款收付风险的分担
物流	组织商品运输与储存，保证正常供货
分类	按相关性分类组合、分级与改变包装等
寻求	潜在顾客的搜寻

分销渠道功能分配有三个原则：①分销渠道的参与成员可以增减，或被替代；②无论渠道结构如何，渠道成员多少，分销渠道的所有功能不能增加或减少，即使在“互联网 +”时代也不变；③渠道成员增减或被替代，其承担的功能必须在渠道中前移或后转，交由其他渠道成员来承担。

尽管分销渠道的功能是相同的，但各功能由不同渠道成员执行的效率可能不同。因此，渠道任务的分配是决定渠道效率的重要因素。

11.1.3　分销渠道的流程

渠道功能具体是由流程来完成与执行的。渠道流程是渠道成员依次执行的一系列功能。如所有渠道成员接力式执行的产品运输、储存等活动就是物流流程；商品所有权在渠道成员之间转移就是商流等。分销渠道流程见表 11-2。

表 11-2　分销渠道 5 大流程

流程	主要内容
物流	产品实体通过运输与仓储在渠道成员间移动
商流	产品所有权在渠道成员间转移与交付
信息流	顾客需求信息、竞争品牌信息与销售政策信息等
资金流	顾客货款的支付或渠道成员间资金融通
促销流	促销信息的传递

在“互联网 +”时代，线上或线下分销的商流、资金流、促销流与部分数字产品都可转化成信息流，只有非数字产品物流依然不变。因此，分销渠道流程得以简化，即信息化。

11.2　渠道结构安排

11.2.1　渠道长度及安排

1. 渠道长度的含义

（1）分销渠道层级。在产品和服务从生产者向消费者或用户转移过程中，每经过一个类型中间商，称为分销渠道的一个层级，如一级批发商、二级批发商、零售商都属于渠道的层级。

（2）**分销渠道长度。在产品和服务从生产者向消费者或用户转移过程中，经过的渠道中间商层级数量的多少，称为分销渠道的长度。**

2. 分销渠道的类型

（1）长渠道。如果分销渠道的中间商层级数量在 2 级或 2 级以上，则称为长渠道。长渠道意味着产品和服务转移中经过的中间商层级数量较多。

（2）短渠道。如果分销渠道的中间商层级数量仅为 0 级或 1 级，则称为短渠道。短渠道意味着产品和服务转移中经过的中间商层级数量较少。

图 11-1 是消费品分销渠道的层级结构。其中，代理商、经销商是批发商，承担批发功能；批发商是将产品或服务销售给为了转卖或商业用途而购买的组织或个人的渠道中介机构；零售商承担零售功能，把产品或服务销售给最终顾客。

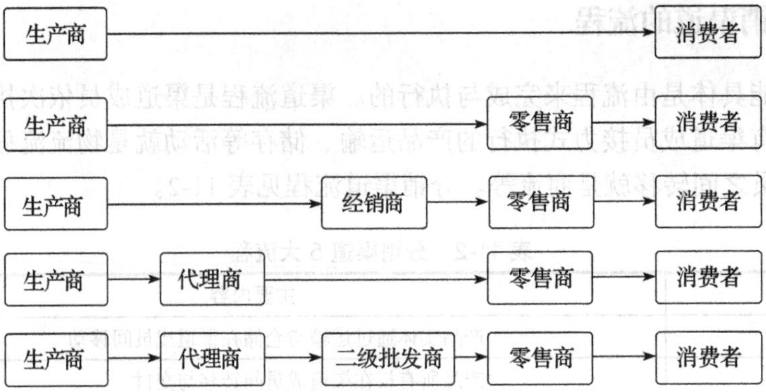

图 11-1 消费品渠道层级结构

对于消费品而言，最典型的分销渠道结构是生产商→经销商→零售商→消费者的二级分销结构，一般经过零售环节，很少企业采用直接销售，渠道较长而复杂。

但对于工业品而言，最典型的渠道是生产商—用户的直接销售模式，一般不经过零售环节。因此，工业品的分销渠道相对较短而简单。

3. 长渠道与短渠道的适应条件

长渠道与短渠道并没有绝对的优劣之分，各有相对优势与相对劣势。长渠道与短渠道的优势与劣势如表 11-3 所示。

表 11-3 长渠道与短渠道的优势与劣势

渠道类型	相对优势（strength）	相对劣势（weakness）
长渠道	产品分销范围可以很广 生产商渠道功能少，对生产商要求低	中间环节多，产品在渠道中流转时间长 层层费用累积与利润盘剥，渠道费用高 生产商对渠道的控制弱
短渠道	生产商对渠道的控制强 中间环节少，渠道反应快	生产商渠道功能多，对生产商要求高 产品的分销范围可能不广

如何发挥长渠道与短渠道的优势？如何规避两种渠道长度模式的劣势？这主要依赖于六个方面的因素：**顾客特性**（customer）、**产品特性**（product）、**中间商特性**（channel）、**企业特性**（company）、**竞争特性**（competitor）与**环境特性**（condition）等（罗森布鲁姆，2006），本书简称为 1P5C。我们将这些适应条件简要地进行总结，如表 11-4 所示。

表 11-4 长渠道与短渠道的适应条件

条件类型	长渠道的适应条件	短渠道的适应条件
顾客条件	零散顾客：地理分散，数量多，零散购买，就近购买	商务客户或大客户：数量不多或很少，地理集中，批量购买
产品条件	轻小，标准化，不易腐烂，销售服务要求少等	大而重，非标准化，技术性强，新颖、时尚，销售服务要求高等
中间商条件	中间商能力强，大部分渠道功能由各中间商承担	中间商能力弱，大部分渠道功能由生产商承担

（续）

条件类型	长渠道的适应条件	短渠道的适应条件
企业条件	企业实力弱：规模小，资金少 企业控制渠道的意愿弱 企业管理渠道的经验欠缺	企业实力强：规模大，资金多 企业控制渠道的意愿强 企业管理渠道的经验丰富
环境条件	如经济扩张	如经济萧条 新技术，如互联网与信息技术发展
竞争条件	竞争较弱，渠道成本高影响较小	竞争较强时，实行渠道扁平化

因此，在创业企业中，到底采用短渠道还是长渠道，要根据它们的优势与劣势，同时考虑它们的适应条件综合决定。

11.2.2　渠道宽度及安排

1. 渠道宽度的含义

渠道宽度是在渠道的每个层级上采用的同类型中间商数量的多少。

两个经常被混淆的概念是渠道的宽度与密度。在营销实践中，渠道宽度一般指批发层级，渠道的密度指零售层级。例如，在一个地区设置代理商层级，在一个地区设立的代理商数量就是渠道的宽度；而在一个地区设立的零售店称为网点，一个地区设立的零售网点数量就是渠道的密度。

2. 渠道宽度的类型

（1）**独家分销**。菲利普·科特勒（2012）把独家分销表述为专营性分销，而罗森布罗姆（2006）把独家分销表述为排他性分销。分销合同约定，生产商在指定地区和指定时段仅授权一家中间商独占性分销其产品或服务。这是宽度最窄的分销渠道模式，如独家代理、独家经销就是典型的独家分销模式。

（2）**选择分销**。分销合同约定，生产商在指定地区精心选择少数几家中间商来分销其产品或服务，这是宽度适中的分销渠道模式。

（3）**密集分销**。分销合同约定，生产商在指定地区可以选择尽可能多的中间商来分销其产品或服务。从中间商角度来看，允许所有想分销产品和服务的中间商都来分销，这是宽度最广的渠道模式。

3. 不同宽度渠道的特点比较

对于生产商而言，不同宽度的渠道模式既存在优势，又存在缺点。因此在创业时要根据具体情况来确定。根据分销宽度与品牌宽度理论（张闯，2006），对于渠道中间商而言，其优势与劣势可能正好相反（见表 11-5）。

表 11-5　不同渠道宽度与密度对生产商的优势与劣势

渠道宽度与密度	相对优势（strength）	相对劣势（weakness）
独家分销 网点低密度	渠道与市场秩序好 生产商对渠道的控制性好 中间商投入推广积极性高	生产商对中间商依赖性大 渠道覆盖面小

（续）

渠道宽度与密度	相对优势（strength）	相对劣势（weakness）
选择分销 网点中密度	适中	适中
密集分销 网点高密度	生产商对中间商依赖性小 渠道覆盖面大 中间商投入推广积极性相对较弱	生产商对渠道的控制性差 中间商彼此存在竞争

综上可知，特殊品、奢侈品、工业品等采用独家分销的优势明显，而便利品则采用密集分销的优势明显。对于选购品，企业一般采用选择分销模式，对于控制性要求高的品牌采用独家分销模式。

4. 宽渠道与窄渠道的适应条件

既然宽渠道与窄渠道也各有优势与劣势，如何发挥它们的优势，回避它们的劣势，也依赖于1P5C条件。宽渠道与窄渠道的适应条件如表11-6所示。

表 11-6　宽渠道与窄渠道的适应条件

条件类型	宽渠道 / 网点高密度的适应条件	窄渠道 / 网点低密度的适应条件
顾客条件	零散顾客：地理分散，数量多，零散购买，就近购买	商务客户：数量少，地理集中，大批量购买
产品条件	产品排他性弱商品，如便利品	产品排他性强商品，如特殊品、奢侈品、生产资料等
中间商条件	分销商下级网点少 分销商服务能力弱	分销商下级网点多 分销商服务能力强
企业条件	企业实力强：规模大，资金多 控制渠道的意愿弱 管理渠道的经验丰富 成熟企业	企业实力弱：规模小，资金少 控制渠道的意愿强 管理渠道的经验不够丰富 新创企业
环境条件	经济扩张时期 成熟细分市场或成熟地理区域 行业成长期与成熟期	经济萧条时期 新细分市场或新地理区域 行业导入期或衰退期
竞争条件	在实力允许的情况下，一般会采取比竞争者更宽的渠道或网点密度	

阅读推荐：刘均．新创企业该如何选择分销渠道？——沃顿商学院听课记［J］．商学院，2003（9）：48-51.

洛迪什教授建议，新创企业采用排他性分销渠道结构，可以很好地激发分销商的积极性，利用其资源战略性地开发市场。但排他性分销要注意合同期限问题。如果期限太长，就会受制于分销商，新创企业的机会成本将很大。因此，新创企业可以把适当期限的排他性协议授权代理商作为撬动市场的尝试性工具。

11.2.3 “互联网 +”背景下的渠道结构设计

1. 渠道扁平化设计

（1）渠道扁平化的含义。**渠道扁平化或网络化变革表现在两个方面：渠道长度变短但密度变大**。渠道长度从原来的 3 级、2 级以上的长渠道变成 1 级或 0 级的短渠道。同时，零售网点密度增加，销售网络覆盖更多的区域，更多的细分市场。

（2）渠道扁平化发展背景。有两个因素对渠道的结构造成冲击：一是消费的个性化、新颖时尚化与服务化等趋势，这要求商品与用户直接或尽快见面；二是信息技术的突破，“互联网 +”为渠道结构变革提供了低成本实现条件。

电子商务或线上商店为生产商与消费者或用户的直接交易提供了技术支持，缩短了分销渠道的长度，而微信、App、社群电商等移动终端丰富多彩的与用户亲密接触的零售网点，大大扩展了渠道的密度。因此，“互联网 +”为渠道扁平化提供了实现条件。

（3）渠道扁平化设计。如果说对于成熟企业而言，渠道调整的任务是渠道的扁平化，那么对于新创企业而言，则是直接的渠道扁平化设计。

短渠道设计：与全渠道模式设计相呼应，创业项目渠道的扁平设计就是尽量缩短批发的层级。在条件允许的情况下，公司直接建立销售分支机构，管理多渠道的零售终端。

宽渠道设计：充分利用互联网技术与移动通信技术，在保证实体店零售终端适当密度的同时，向电子商务零售终端与移动商务零售终端等新领域密集拓展。

渠道密度 = 实体零售终端密度 + 电子商务零售终端密度 + 移动商务零售终端密度

延伸阅读：赵能祥. 互联网 + 时代渠道变革与创新 [EB/OL]. https://wenku.baidu.com.

2. 全渠道模式设计

（1）渠道发展阶段。渠道发展经历了四个阶段：①单渠道阶段，企业只有单一分销渠道；②多渠道时代，各条渠道独立完整地进行分销；③跨渠道阶段，通过多条非完整渠道分销，每条渠道完成部分职能；④全渠道时代，渠道丰富化，各渠道信息与数据无缝对接，满足顾客随时随地购物、社交与娱乐的综合性体验需求。

（2）**全渠道模式**（omni-channel）。达雷尔·里格比（Darrell Rigby，2011）在《购物的未来》（*The Future of Shopping*）中提出数字化零售，并将零售商通过网站、实体店、服务终端、直邮与目录、呼叫中心、社交媒体、移动设备、上门服务等多种渠道与顾客互动定义为全渠道零售。

本章在汇总达雷尔·里格比（2011）、李飞（2013）与马志军（2014）等学者的观点后，把**全渠道模式定义为：企业采用尽可能多的零售渠道类型进行跨渠道的整合与组合的分销模式，以满足客户任何时间、任何地点与任何方式的购物、娱乐与社交等综合体验需求**。这些渠道包括有形的实体渠道（实体自营店、实体加盟店）与电子商务渠道（自建官方 B2C 商城、进驻电子商务平台，如淘宝店、京东店、苏宁店），还包括以信息媒体为载体的移动商务渠道（自建移动商城、自建 APP 商城、微商城、进驻移动商务平台如微淘店）等（见表 11-7 中）。

表 11-7 全渠道案例

渠道	信息提供	商品展示	订单接受	付款方式	货物交付	售后服务
苏宁云商	线上与线下所有方式 包括实体店	实体店＋网店 顾客不参与商品设计	网店＋实体店	实体店交款＋线上支付	送货上门＋顾客自提	线上＋线下
凡客诚品	线上渠道、电视、路牌等没有实体店	网店（无实体店）顾客参与商品设计	网店	线上支付＋线下收款	送货上门	线上
尚品宅配	线上与线下包括实体店	实体店＋网店 鼓励顾客参与商品设计	网店＋实体店	实体店交款＋线上支付	送货上门＋顾客自提	线上＋线下

资料来源：李飞. 全渠道营销：一种新战略［J］. 清华管理评论，2015（Z1）：32-39.

（3）全渠道模式设计。全渠道模式设计是一个全新的课题，实践与理论都处于探索阶段，还缺乏成熟系统的理论体系。有一些学者对全渠道的实践进行了案例研究。

根据有关文献（郭光宇，2016），杭州 L 品牌服饰全渠道模式设计的主要模块与流程如图 11-2 所示。

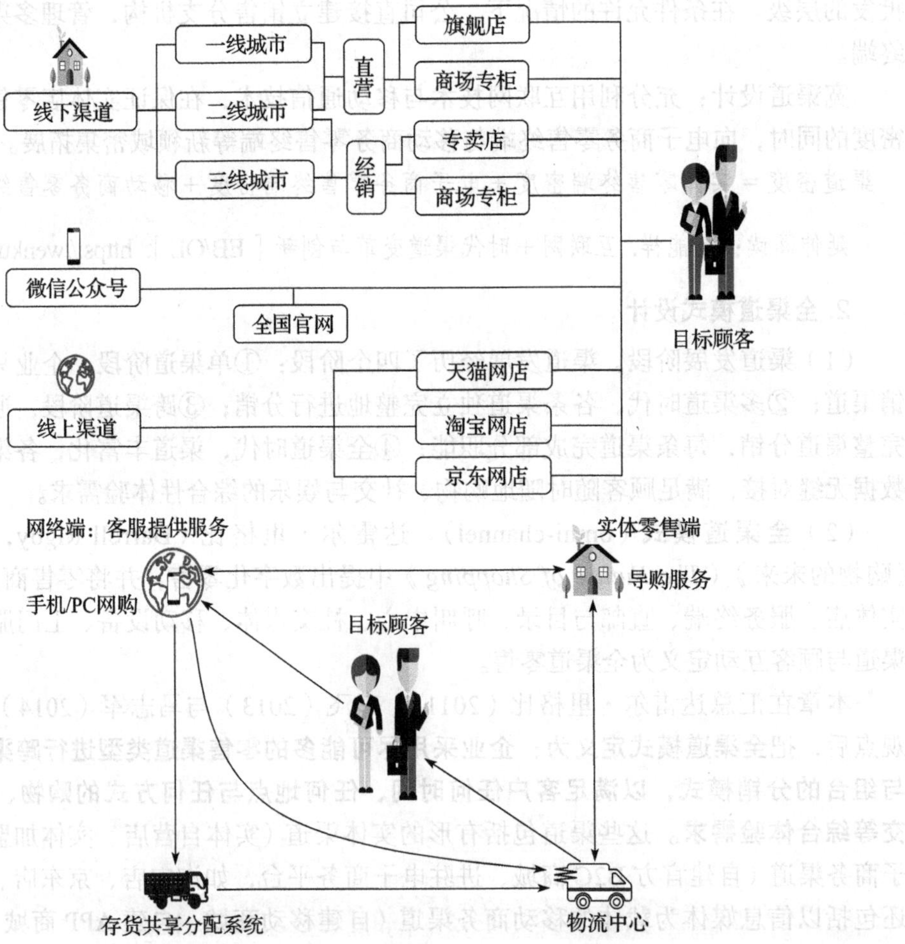

图 11-2 杭州 L 品牌服饰全渠道模式设计的主要模块与流程

全渠道设计要求如下。

1）新建跨平台多渠道，发展 360 度接触终端。平台可以新建线下实体渠道、网络商城、第三方电商平台、微信商城、积分商城等多个分销终端，发展出与用户 360 度接触终端。例如，良品铺子线上渠道就有 30 多种，能有充分的机会实现与用户的接触。

2）协调多平台同定位，强化用户一致体验。无论是实体渠道，还是电子商务渠道与移动商务渠道，品牌信息、形象定位、促销优惠、服务提供等都高度一致，不断强化与累积用户忠诚，消除了以往各条渠道相互独立、隔离或相互竞争的乱象。任意渠道的消费大数据实现了共享和多渠道幸福消费体验。

3）绘制 360 度用户画像，提供个性消费旅程。共享在不同平台获得的用户背景、浏览轨迹、卖场动线、购物篮特征、消费行为与习惯等信息，通过大数据挖掘绘制出 360 度用户画像或视图。在此基础上，对客户进行精确分群与标签化，提供个性化的产品与服务推荐，灵活定价与贴心促销。

4）全渠道价值链互动，敏捷响应消费需求。联结多渠道与公司价值链，对于任一渠道的消费与服务请求，公司价值链应即时敏捷响应，实现订单—库存—发货—快递—收货—售后—用户转荐等“一链通”。

阅读推荐：

郭光宇. 杭州女装设计师品牌全渠道营销实践研究——以 L 品牌为例［D］. 杭州：浙江理工大学，2016.

瓯海之光是位于温州市瓯海区茶山镇的一个中高端房地产项目，2017 年开始，瓯海之光四次开盘，四次清空，供不应求。洋房均价在 1.7 万元 /m^2 左右。而附近的京都府项目尽管均价为 1.3 万元 /m^2，但销售花费了 5 年时间。瓯海之光如何在众多温州房地产开发商中脱颖而出？请扫描二维码看相关调查分析。

在电商的强烈冲击下，2012 年国美陷入了严重亏损的困局。但仅仅两年时间，国美业绩就发生了翻天覆地的变化。2014 年国美营业收入达 603.6 亿元，同比增长 7%；净利润 12.8 亿元，同比增长 43.4%，连续八个季度逆势实现盈利。国美用业绩证明了电商不会击垮实体店，实体店仍然还有增长空间，关键在于全渠道转型能否成功。读者如果有兴趣，可以自行到 https://tech.sina.com.cn/i/2015-03-30/doc-ichmifpy2672183.shtml 上了解、学习。

11.2.4　国际化视野下的渠道结构设计

1. 传统外贸出口渠道

传统外贸出口渠道有两种方式：一是拥有自营进出口权的企业通过自己的出口机构把产品销售到国外市场；二是没有自营出口权的企业委托其他进出口公司为代理，

把产品销售到国外市场。

传统外贸出口渠道一般仅涉及批发环节，零售环节一般由国外进口商承担。因此，这种国际化的分销渠道其实并不彻底，在国际市场并不掌握终端与售后服务，也基本不涉及品牌形象的建立。

2. 跨境电商出口渠道

随着互联网技术的发展，“互联网 + 外贸”的跨境电商在我国迅猛发展。实质上，跨境电商就是“互联网 +”背景下的国际分销渠道。

根据相关文献的归纳（张夏恒，2017），我国跨境电商的发展经历了 4 个阶段：探索阶段（2007 年前），主要是海外留学生群体的零散个人代购；起步阶段（2007 ～ 2010 年），以淘宝网“全球购”出现的代购体系化为标志；发展阶段（2010 ～ 2013 年），以消费者直接从美国亚马逊、eBay 等购物的海淘模式出现为标志；成熟阶段（2014 年后），国家发布跨境电商政策，传统国内电商纷纷涉足跨境电商。显然，文献主要基于跨境进口渠道的视角。

跨境电商出口分销是从事商品出口的跨境电商，具体是将企业商品通过跨境电子商务平台销售到国外市场，通过电子商务平台完成商品展示、交易、支付，并通过线下的跨境物流送达商品（张夏恒，2017）。代表性的跨境电商平台包括全球速卖通（AliExpress）、大龙网（OSELL）、敦煌网（DHgate）、Wish、eBay、亚马逊、Global Sources 等。

显然，跨境电商渠道直接以企业品牌进行批发与零售，有利于终端客户的掌握，也有利于品牌形象的建立。

阅读推荐：

①国内跨境电商互联网平台比较与选择分析报告［EB/OL］. http://doc88.com.

②四大主流跨境出口电商平台的特点［EB/OL］. http://blog.sina.com.cn/wurenxiaozi1987.

③ 2016 年跨境电商行业及跨境电商模式深度研究报告［EB/OL］. www.docin.com.

④ 2015 年跨境电商行业分析研究报告［EB/OL］. www.docin.com.

11.2.5 分销渠道服务水平的设计

分销渠道服务水平的提供主要包括 4 个方面：批量大小、时空便利、产品齐全与服务支持。购买批量大小是指顾客单次购物的最小单位，如零售店比批发机构的购买批量小，更能满足零散顾客的要求。时空便利是指渠道在地理距离与待收货物时间上为顾客购买提供的方便程度，如便利店的等候时间短，高密度的分销网络更加空间便利。在互联网时代，网络渠道比实体渠道有更好的时空便利性。产品齐全是指渠道提供商品花色与品种的宽度。超市、百货等综合零售渠道有一站式购齐的优势。服务支持是指渠道提供的附加服务的多少，如销售演示、货物挑选、送货、安装、维修等。

购买批量允许越小，等候时间越短，空间距离越近，商品一站式购齐，提供服务多是渠道高服务水平的标志。但渠道服务水平高，会带来渠道成本的提升。因此，分销渠道的服务水平并非越高越好。

在进行渠道设计前，首先要调查了解目标顾客群体对这 4 个方面服务的要求，再根据顾客需求设计渠道的服务内容与服务水平。

11.2.6　分销渠道批发与零售环节的设计

1. 批发渠道的设计

分销渠道一般都经过两个环节：批发与零售。批发环节可以有 3 种方式：一是采用外部独立批发商，如经销商（拥有产品所有权）或代理商（不拥有产品所有权，仅代理销售）；二是不经过外部批发商，企业自行经营承担批发职能，如设立销售办事处与分公司；三是企业与外部批发商成立联合销售机构，共同承担批发职能。

2. 零售渠道的设计

和批发渠道类似，零售渠道也可以采取 3 种形式：采用外部独立零售商、自设零售店与联合设立零售机构。小企业较多采用外部独立零售商来销售，大企业大多自设零售系统。

零售渠道设计一个很重要的方面是零售业态的选择。根据我国零售业态的标准分类，我国零售业态包括 17 种，表 11-8 是其中 16 种零售业态及其主要特征，具体分为 12 种有店铺业态和 4 种无店铺业态。表 11-9 是网络购物零售业态。

表 11-8　零售业态

零售业态	主要特征
杂货店	以烟酒饮料休闲食品为主，贴近居民区，辐射半径 300 米左右，定位低端
便利店	24 小时营业，比超市更接近顾客，以年轻白领、单身居民等为目标群体
折扣店	销售名牌或正品，服务少，折扣大，是名牌或正品的特卖渠道
超市	开架与自助服务，低价位，逐渐替代杂货店
大型超市	6 000 坪[㊀]以上，品种多，满足一站购齐与以家庭为单位的购买，聚客能力强
仓储会员店	储销一体，批零兼营，以会员为主要目标群体，特卖渠道，定位超低端
百货店	位于商业中心，辐射范围大，定位时尚品位与“软性商品”，强调服务与高端
专业店	专门经营一个或少数几个产品线，产品特色鲜明，以专业用户为目标群体
专卖店	专门销售一个品牌，为特定品牌正品的零售渠道，品牌形象好，定位中高端
购物中心	集购物、休闲、娱乐、美食与游玩于一体，规模超大，聚客能力强，定位高端
家居建材店	以家居与装修建材为特色的专业店
厂家直销中心	位于工厂旁或交通便利处，是库存尾货处理的特卖渠道，定位超低端
邮购	通过邮寄产品目录订购来销售，在中国接受度很低，逐渐被网购替代
电视购物	通过电视购物节目宣传吸引顾客订购，近年有复兴趋势，但接受度仍不高
电话销售	以电话为沟通媒介的人员销售，常见于大客户销售渠道
自动售货机	位于学校、写字楼、交通枢纽等，便利。但有被无人便利店替代趋势

值得说明的是，网店的零售业态如今也已十分丰富，在网店几乎都可以找到实体店对应的业态。因此，网店其实是实体零售业态的一个镜像或虚拟世界。网络零售的业态并没有特别说明，但根据目前网购的发展情况，网络零售店多聚集在各种具有业

㊀ 坪，源于日本传统计量系统尺贯法的面积单位，主要用于计算房屋、建筑用地面积。1 坪≈ 3.305 7 平方米。

态性质的网络平台上，即一个网购平台就是一种零售业态的聚集，除时间与空间特征与实体店不同外，其余完全相同。本教材归纳出相关的网络零售业态平台，如表 11-9 所示。

表 11-9 网络零售业态

零售业态	国内网络零售渠道举例
专卖店集聚平台	天猫商城、淘宝商城等
奢侈品店集聚平台	珍品网、洋码头、网易考拉、聚奢网等
折扣店集聚平台	唯品会、聚划算、爱库存、今日秒杀、天天特价、蛮便宜、每日一淘、爱丽特价、9 块邮、搜狗逛逛、淘抢购、爱淘宝特卖等
精品店集聚平台	网易严选、天猫精选、聚美优品等
超市	1 号店、网超 365、为为网、E 万易网络超市、沃尔玛网上超市等
百货店	京东商城、当当网、亚马逊网等
专业店集聚平台	苏宁易购、麦包包、好衣库、淘鞋网、蜜芽、天猫女装、蘑菇街等
家居建材店	中国家居建材网、宜家家居网上商城、齐家装修网等
社群购物平台	小红书、小红唇等
团购平台	拼多多、美团等

资料来源：作者根据网络相关信息整理。

目前，网络零售具有丰富的业态及其平台，同时具有与实体店不同的特征：一是折扣店平台众多；二是独特的网络团购平台；三是独特的社群购物平台。

企业在设计渠道的零售环节时，可以根据渠道目标、1P5C 条件与服务水平要求来选择不同业态的实体零售与网络零售业态或业态组合。

11.2.7 分销渠道设计方案优劣的评估标准

完成渠道目标的设计方案可能非常多，其优劣如何，有三大评价标准。

（1）**经济性标准**。经济性标准即渠道运营带来收益的大小与成本的高低。在满足目标顾客服务水平或相同收益前提下，渠道成本越低，渠道设计方案越理想。

（2）**控制性标准**。控制性标准即企业对渠道与市场的控制程度。知名品牌产品对市场秩序要求较高，对控制性标准要求较高，可能会在一定程度上牺牲经济性标准。

（3）**适应性标准**。适应性标准即渠道方案是否有适应未来环境变化的空间。尤其在互联网、大数据与人工智能的新时代，市场环境变化加速，适应性标准变得越来越重要。

三大标准的权重大小如何？对所有企业而言，经济性标准的重要性都是第一位的。至于控制性标准与适应性标准，评价可能是权变的。对致力于品牌打造的企业而言，企业应该重视控制性标准。对处于“无常”“动荡”行业的企业渠道设计，企业要重视适应性。

11.2.8 分销渠道的设计程序

分销渠道设计的一般程序如图 11-3 所示，可以分成 5 个步骤。第一步，调查顾客对渠道服务内容与服务水平的需求。第二步，根据六大特性分析渠道设计的机会与限制，并编制机会与限制表。渠道机会是指最好利用某些渠道，渠道限制是指不能采用某些渠道。第三步，考虑渠道目标的约束，如渠道的销售量、市场占有率、覆盖率等。第四步，根据上述需求、限制与约束，设计若干渠道方案。第五步，根据三大标准进行渠道方案评估，选出最佳者作为正式渠道设计方案。

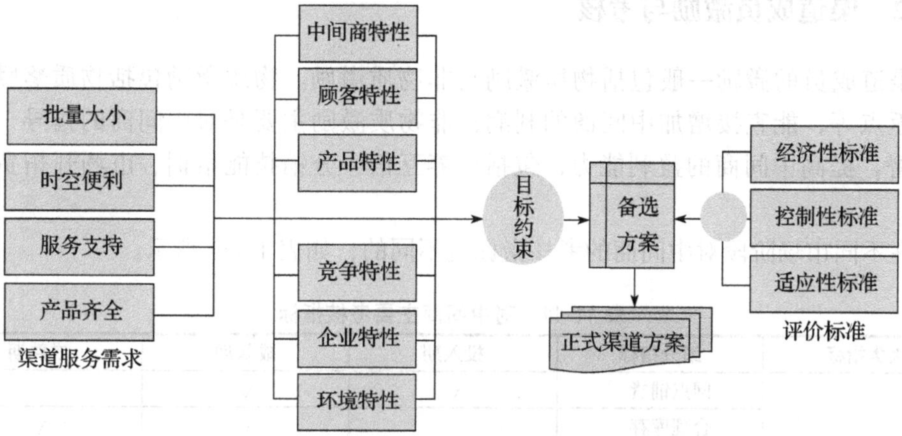

图 11-3　分销渠道设计程序

11.3　渠道成员管理

渠道成员管理的三个核心环节：一是渠道成员的招商，二是渠道成员关系的治理，三是渠道投机行为的抑制。

11.3.1　渠道成员挑选与招商

企业应根据渠道结构设计方案，选择相应层级的渠道成员，包括批发、零售、售后服务等环节的招商。选择渠道成员的条件包括硬件条件与软件条件，如表 11-10 所示。

表 11-10　对经销商的考察条件举例

大类指标	细分指标
中间商硬件	中间商地理覆盖范围
	中间商经营产品与行业范围
	中间商的地理选址
	中间商的二级网点
	中间商的仓储与运输能力
	……
中间商软件	中间商的相关产品知识
	中间商的相关管理经验与水平
	中间商的相关促销政策与技术
	中间商服务下级网点的能力
	中间商的合作态度与信誉
	……

值得说明的是，并非中间商的条件越强越好。实力优越的中间商的反控制能力较强，合作态度与意愿可能并不符合预期。因此，根据生产商自身的实力与条件，寻找互补的中间商作为渠道成员是合适的。

11.3.2 渠道成员激励与考核

渠道成员的激励一般包括物质激励与非物质激励。物质激励包括物质奖励、津贴、返点等，能直接增加中间商的利润；非物质激励主要是对中间商的指导、培训与监督，提高中间商的盈利能力，包括培养互信、分销技能培训、市场开拓费用投入等。

在不同市场阶段对中间商的考核指标是不同的，如表 11-11 所示。

表 11-11 对中间商主要考核指标

大类指标	细分指标	投入期	成长期	成熟期
过程性指标	网点铺货	√	√	
	合理库存		√	√
	终端陈列	√	√	
	专销		√	√
	政策遵守		√	√
	不窜货			√
	促销执行	√	√	√
结果性指标	市场占有率			√
	提货量		√	√
	销售量			√

对中间商进行考核的一个基本原则是：在市场投入期，结果性指标并不重要，主要考核过程性指标；而在成熟期，则主要考核结果性指标；在成长期，则两者均衡。

11.3.3 渠道投机行为处理

对渠道成员投机行为的监督与处理，是渠道管理的一个重要领域。渠道投机行为是一个渠道成员为谋私利，给其他渠道成员带来实际或隐性损失的行为，如窜货、压货、进场费等。其中，窜货是一种最普遍的投机行为。

1. 渠道投机行为的原因

（1）交易专有资产。交易专有资产是指渠道成员针对一个特定的交易伙伴或分销商品在设备、程序、培训或关系方面所进行的投入，如汽车加盟商建设的 4S 店资产投入。交易专有资产的投入对交易效率提高具有积极影响，但交易专有资产的转移成本较高。交易专有资产投入方的退出会导致较大的损失，因而形成一种锁定机制。这种锁定机制可能会引发未进行专有资产投入方的投机行为。

（2）信息不对称。渠道成员之间的关系可以视为委托代理关系。信息优势一方可能存在逆向选择与道德风险行为，而信息劣势一方无法监督，或监督成本太高而不可行。

2. 渠道投机行为的处理

（1）监督。企业可以采用市场督导等形式，对渠道成员进行检查。例如，对于渠道窜货，可以采用商品编码、外包装差异化等手段监控商品的区域流向；还可以通过互派人员等形式进行监督。

（2）选择。渠道投机行为的事前预防比事后监督更加有效，而选择合适的渠道成员就是一种事前预防。通过对渠道成员的系统考察与资格认证，可以筛选出合格的渠道成员。招商时严格的选择性机制与定期的渠道商资格认证机制能把很大比例的投机商排除。

（3）激励。激励方式包括正激励与负激励。正激励的奖励能主动促进渠道成员遵守销售政策，负激励的惩罚能增加渠道成员违反销售政策的代价。值得说明的是，轻度的激励可能难以消除渠道投机的动机，过度的惩罚可能反而招致报复性投机行为。例如，对于窜货，可以处罚窜货受益方而补偿受害方。

（4）社会化。社会化实质上是渠道成员之间目标、价值观的一致化，是渠道投机行为永久消除的长效机制。企业举办商学院，对渠道成员进行定期培训与沟通，就是一种典型的社会化机制。

11.3.4　“互联网 +”时代渠道行为管理的新问题

1. 新问题

在多渠道时代，线下实体渠道与线上虚拟渠道之间主体差异与成本差异导致的两条渠道的冲突，是“互联网 +”背景下渠道行为管理的最典型的新问题，主要表现为：

（1）用户争夺。线上渠道与线下渠道相互争夺顾客群，集中表现在线上渠道对线下渠道已有顾客群的侵蚀。特别是线上渠道与线下渠道的客户群基本重叠时，争夺尤为激烈。

（2）价格冲击。线上渠道利用成本优势，低价抢夺对体验与服务不太敏感的用户。线下渠道在价格冲击下处于下风，顾客群不断流失，陷入困境。在一份调研报告中显示，60% 的用户网购的动机是“价格实惠”。

2. 解决方案

根据现有文献的观点（科兰，2006），可以总结出以下七种解决上述问题的方案。

（1）产品区隔：线上渠道与线下渠道销售的商品不同。

（2）品牌区隔：线上渠道与线下渠道商品的品牌不同。

（3）渠道一价：线上渠道与线下渠道商品的价格一致。

（4）主体统一：线下线上渠道归属于同一主体，将线上订单转交实体渠道执行。

（5）职能区隔：线上仅承担传播与沟通职能，线下渠道承担主要销售服务职能。

（6）早期推广：线上渠道定位于市场早期的试探渠道，实体渠道定位于主渠道。

（7）特卖促销：线上渠道定位于市场晚期的特卖渠道，实体渠道定位于主渠道。

这也是互联网渠道发展早期与现期的一些解决方案探索。经验表明，产品区隔、品牌区隔、职能区隔、特卖促销等四种方案尝试效果较好，获得很多企业的认同。但渠道一价与主体统一等方案，效果并不理想，还没有得到普遍的实践印证。

其实，全渠道模式就是应解决线上线下渠道冲突而生的。实现线上线下渠道的信息、资源共享，定位的协同一致，能很好地化解上述矛盾。

11.3.5 国际化视野下渠道行为管理的新问题

渠道窜货就是未授权的跨区域销售，是一种最常见的渠道投机行为。例如，湖南代理商未经广东代理商同意与生产厂家授权，把本应只能在湖南销售的产品擅自销售到广东区域，从而对广东的代理商销售造成冲击。

在国际化视野下，渠道投机行为最典型的表现就是跨国窜货，跨国窜货是地区窜货的国际版本。例如，中国某医用仪器在越南与印度设置了独家代理商，但越南代理商在没有经过印度代理商许可，也没有中国公司授权的情况下把商品销售到印度市场。

对于跨国窜货，企业同样可以采取商品编码、包装差异等手段进行监控，并用监督、选择、激励与社会化方法处理这些投机问题。

渠道策略领域的新思维、新观点与新探索

1.“互联网+”时代一个超热门的渠道话题：传统渠道如何转型到全渠道

全渠道话题是2011年达雷尔·里格比在《哈佛商业评论》上提出的新概念，是指互联网和电子商务时代零售商通过各种渠道与顾客互动，将各种不同渠道整合成全渠道的一体化无缝式体验。零售巨头CEO认为，零售正处于SoLoMoMe［social（社交）+ local（本地化）+ mobile（移动）+ personalized（个性化）］经济时代的开端。为了应对市场的变化，零售渠道从单一向多元进化，并把所有渠道无缝对接整合，营造顾客愉悦的购物体验。

零售流发生巨变，商店流、信息流、资金流等都归结为信息流，购物过程就是信息传递过程，只有物流不是，因此，信息渠道越来越接近零售渠道。信息技术发展催生出大量的信息传递渠道，大量新零售渠道得以涌现，任何信息接触点都是渠道，渠道变得简单化、信息化与社会化了。谁拥有与顾客交流的信息接触点，谁就是渠道；哪里有信息接触点，哪里就是渠道；什么时间能与顾客信息交流，什么时间渠道就涌现。因此，由于信息可以依附于任何人、任何地点、任何时间，因此渠道也是。

全渠道构建的关键在于实体渠道、电商、社交自媒体平台与CRM会员系统进行数据打通，实现大数据共享，物联网与人工智能助力，进行以顾客体验为中心的无缝对接。

2.“大众创业”时代一个被忽视的渠道问题：新创企业如何选择分销渠道

创业企业渠道决策与成熟企业渠道决策是有差异的，但现有文献关注不多。沃顿商学院是全球一流的商学院，洛迪什教授是沃顿商学院“创业者营销”的首创者。他1997年对全球成长最快的500家企业（创业型）CEO的调查表明，“与其他战略

性资源相比，销售和营销战略是他们最大的强项”。决定创业成功或失败的关键因素“不是技术，而是营销”。他认为，“分销渠道建立和管理，是新创企业营销中的重要课题”。一个特色鲜明的观点是：“新创企业撬动市场，借力排他性分销。”

显然，对新创企业的分销渠道问题研究是薄弱的，其远远不能满足我国当今“大众创业，万众创新”形势的要求。

3. 零售渠道新业态：作为一种临时渠道的“快闪店”火爆起来

快闪店是一种不在同一地久留，俗称pop-up shop或temporary store的品牌**游击店**（guerrilla store），指在商业发达的地区设置临时性的铺位，供零售商在比较短的时间内（若干星期）推销其品牌，抓住一些季节性的消费者。

快闪店概念发源于美国，在中国的萌芽始于2012年，从2015年开始以100%的增长率爆发，闪现在发达地区的城市街头，成为一种流行趋势。

快闪店有何作用？有分析认为，快闪店是线上品牌进入线下，新品牌进入新市场的“试验田”；还有人认为，快闪店轻量、灵活，设计独特，是吸引人气的促销工具；也是测试不同新品牌客群特性与吸引力的手段，是未来招商的重要依据。

4. 渠道拓展新方向：异业跨界与联盟

“客户在哪里，企业的渠道就在哪里。”因此，只要彼此拥有相同或相似客户群，就具有渠道联盟的现实基础。如网易严选与亚朵酒店的跨界合作、江南布衣与瓦当瓦舍酒店的跨界合作、吉利汽车与杭州高铁站的汽车展示的跨界合作、五芳斋与阿里巴巴合作的无人餐厅等，都是拓展跨界渠道的成功案例。

重点提示

分销渠道的成员组成、功能与流程：渠道成员组成不同，结构就存在差异；不管结构差异如何，渠道的功能是相同的，并且这些功能交由物流、商流、信息流、资金流与促销流等完成。

渠道的结构参数有两个：长度与宽度。渠道的层级构成渠道长度，并可分成长渠道与短渠道；采用同类型中间商数量的不同构成渠道宽度，可分成独家分销、选择分销与密集分销。

渠道结构的设计是本章最核心的内容。需要考虑六个方面的因素：产品因素、顾客因素、中间商因素、竞争因素、企业因素与环境因素。

在“互联网+”时代，全渠道是一个重要的理论。

思考题

1. 分销渠道的功能有哪些？
2. 分销渠道的长度与宽度结构有哪些类型？各有什么特性？
3. 如何设计分销渠道？
4. 全渠道的基本内涵是什么？

实践题

请下载“央视影音”APP或相关网站，观看CCTV-2创业英雄汇节目2019年4月19日期的“万物共算新型计算网络”创业项目视频（视频第一个项目）。

请根据项目特征、用户特征等设计一个分销渠道。

判断题

1. 全渠道包括线上渠道与线下渠道，但主要是线下渠道。(　　)
2. 随着公司实力增强、管理经验积累，公司产品的渠道会逐渐延长。(　　)
3. 不同结构的渠道承担的职能是不同的，因此，渠道的结构设计很重要。(　　)
4. 渠道结构之所以呈现扁平化趋势，主要原因在于用户对服务要求的提高、渠道成本的增长与公司对渠道的控制性增强。(　　)
5. 解决渠道成员投机的最佳手段就是监督与惩罚。(　　)

判断题答案

单项选择题

1. 钱夫人雪梨定制服装是2016年爆发的一个网红品牌，要较好地控制销售渠道和市场，该公司服装的分销渠道结构应该(　　)。

   A. 长而宽　　B. 短而宽
   C. 长而窄　　D. 短而窄

2. 格力空调一般要求各地代理商在淡季订货，并把部分货款打入公司；公司对代理商资金或支付利息，或作为入股分红。以上信息表明，格力公司很好地利用了渠道的(　　)职能。

   A. 监督　　B. 控制
   C. 融资　　D. 促销

3. 中国社会科学出版社出版了有望获得诺贝尔奖的华人经济学家杨小凯的学术文库一套，出版社以千字文图书有限公司为经销商(拥有图书所有权)，淘宝店金玉奇缘代理网上零售。该淘宝店属于C店，不拥有图书所有权，只负责销售与代收款。该图书分销渠道的长度为(　　)。

   A. 1　　B. 2
   C. 3　　D. 0

4. 老干妈辣酱是得到广大群体喜欢的产品，老干妈辣酱应该利用每一层次都有许多中间商的(　　)模式进行分销。

   A. 长渠道　　B. 短渠道
   C. 稳定渠道　　D. 直销渠道

单项选择题答案

5. 你请咨询公司设计了6套分销体系备选方案。在公司的方案论证会上，牛经理选了渠道成本最低的方案，马经理选择了控制性最好的方案，侯经理选了未来调整灵活性最好的方案，朱经理选了与竞争对手最具差异性的方案。你认为(　　)经理的观点最不符合渠道方案的三大评价标准。

   A. 牛　　B. 马
   C. 侯　　D. 朱

6. 华为新推出了MateBook系列笔记本电脑，各地代理商纷至沓来，但华为只精选了部分代理商销售该产品，这种分销形式属于(　　)。

   A. 密集分销　　B. 选择分销
   C. 独家分销　　D. 短渠道分销

7. 牛轰轰公司经营非常广泛，下面产品中，最好选择较长的分销渠道策略的产品是。(　　)

   A. 海鲜　　B. 伽马刀
   C. 海绵　　D. 鼠标

8. 在市场开拓的初期，对渠道成员的评估考核指标主要以(　　)指标为主。

   A. 过程性
   B. 结果性
   C. 过程性与结果性并重
   D. 不要考核

9. 真功夫总部开设米饭大学召集连锁加盟商学习真功夫的经营理念，分析公司发展战略，分享各个部门的经营经验……真功夫对渠道成员的管理模式属于（　　）。
   A. 监督　　B. 激励
   C. 选择　　D. 社会化

10. 戈美其女鞋线下有实体专卖店，线上有淘宝店。由于两条渠道产品价格的不一致，导致线上渠道对线下渠道形成强烈冲突。有关专业人士对公司高管提出了以下建议，你认为下列措施中可能不太可行的是（　　）。
   A. 产品区隔：线上渠道与线下渠道的销售商品不同
   B. 品牌区隔：线上渠道与线下渠道的商品品牌不同
   C. 渠道一价：线上渠道与线下渠道的商品价格一致
   D. 定位区隔：线下渠道定位于市场晚期的特卖渠道，线上渠道定位于正品销售主渠道

案例分析：江南布衣 + 酒店的跨界渠道

什么？江南布衣开酒店啦？江南布衣 JNBY 为什么与青年旅行文化酒店 HOME 联名推出“瓦当瓦舍”JNBYHOME？JNBY-HOME 体验馆的酒店大厅，以及主题房间内的软装、用品（比如床品、浴袍、抱枕等）等，则由 JBNYHOME 设计和提供。这是一个流行跨界的时代，网易严选与亚朵的跨界产生了严选亚朵酒店，知乎与亚朵跨界出知乎亚朵酒店；这还是一个酒店 IP 化的时代，酒店的知识资产价值得到尽情彰显与挖掘。如果您想了解这种跨界渠道内在的逻辑，可自行到 https://www.meadin.com/jd/165273.html 和 https://baijiahao.baidu.com/s?id=1617725518666873268&wfr=spider&for=pc 上阅览、学习。

第12章
CHAPTER12

促销策略

§ 学习目标

1. 理解促销的本质和促销组合的内容
2. 掌握互联网+背景下的新媒体传播与社群营销策划技能
3. 熟悉销售促进、公共关系的特性与形式
4. 能够运用人员推销、广告、销售促进和公共关系等工具进行促销活动策划

§ 引导案例　品牌之间可以如此“互吹”

2018年的感恩节，杜蕾斯在官微上用十余张海报“致谢”了十余个品牌，这件事在次日刷了一天屏，可谓是一次非常成功的品牌联合营销，快捷、低成本投入，而且，效果良好。

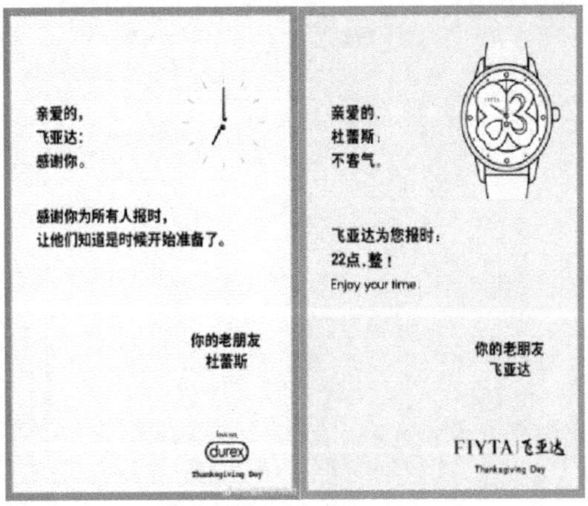

值得一提的是，杜蕾斯将“致谢”开拓出了新模式——对话式的“互谢”“互吹”，这也将品牌间的合作营销推向一个新的高峰。

“互谢”“互吹”与“自播自吹”不同，并不是抛出一个话题，再邀请众多品牌参与；而是在一个大主题下，同每一个被谢的品牌进行有针对性的对话。

资料来源：杜蕾斯这一波，教科书级别的，http://www.sohu.com/a/242014988_678395，有删改。

请思考：促销的本质是什么？读者有兴趣，可以自行到 http://www.sohu.com/a/207201462_694142 上了解、学习。

§ 本章逻辑导图

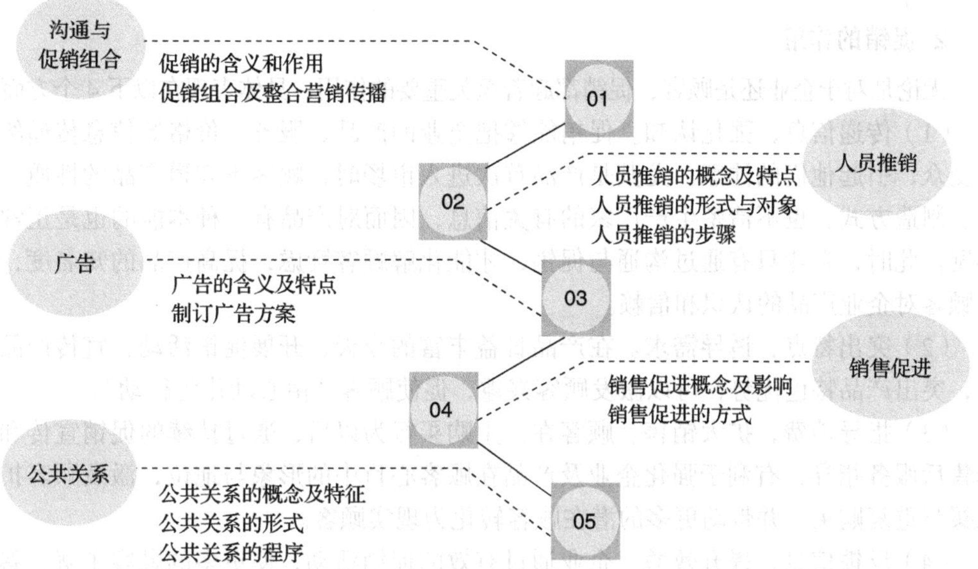

促销策略是市场营销策略组合的重要组成部分。企业的市场营销活动不仅包括研发适应消费者需求的产品或服务，创立卓越的品牌，制定合适的价格，选择顺畅的分销渠道，还包括向消费者传播其价值主张，并且不应该浪费任何一次进行传播的机会。有效的传播在吸引消费者并与消费者建立盈利性关系时同样不可或缺。

12.1　沟通与促销组合

12.1.1　促销的含义和作用

1. 促销的含义

促销是企业通过人员和非人员的方式，沟通企业与消费者之间的信息，引发、刺激消费者的购买兴趣和欲望，使其产生购买行为的活动。

促销与企业其他市场经营活动不同：企业的产品设计开发与生产制造、定价、分销等活动，主要是在企业内部进行或者在企业与市场营销伙伴之间进行的；而促销活动是在企业与潜在目标顾客之间进行的。因此，**促销的实质是一种沟通活动**。一方面，企业作为产品的生产者或供给者，需要把产品或服务的信息传递给顾客；另一方面，顾客又可以通过多种渠道把自己的需求信息、竞争产品的信息反馈给企业，使企业能及时准确地掌握市场动态，为后续的生产经营提供有益的借鉴。可见，促销就是不断循环的信息沟通的过程。一个有效的沟通模式应包括谁、说什么、用什么渠道、对谁说、要达到什么效果等要素。

促销有三层含义：①促销的核心是沟通信息；②促销的目的是引发、刺激消费者产生购买行为；③促销的方式有人员促销和非人员促销两大类。其中，非人员促销包括广告、销售促进与公共关系。

2. 促销的作用

无论是对于企业还是顾客，促销都起着至关重要的作用，具体表现在以下 4 个方面。

（1）传递信息，强化认知。促销能够把企业的产品、服务、价格等信息传递给目标受众，引起他们的注意。尤其是产品首次进入市场时，顾客不知道产品的性质、用途、制造方式，也不清楚生产厂家的有关信息，因而对产品有一种本能的也是正常的怀疑。此时，企业只有通过沟通与促销，才能化解顾客疑虑，提高产品的知名度，增强顾客对企业产品的认识和信赖。

（2）突出特点，诱导需求。在产品日益丰富的今天，开展促销活动，宣传产品特点，突出产品特色优势，可以激发顾客兴趣，促使顾客“由心动化为行动”。

（3）指导消费，扩大销售。顾客在产生购买行为以后，通过持续的促销宣传和配套售后服务指导，有利于强化企业及产品在顾客心目中的形象与地位，激发顾客扩大购买与重复购买，并带动更多的潜在顾客转化为现实顾客。

（4）反馈信息，提升效益。企业通过有效的促销活动，使更多的顾客了解、熟悉和信任本企业的产品或服务，并通过顾客对促销活动的反馈，及时调整促销决策和其他营销决策，使产品更加适销对路，扩大企业的市场份额，巩固市场地位，从而提高企业的营销绩效。

12.1.2 促销组合及整合营销传播

1. 促销组合的概念

促销组合（promotion mix），又称**营销沟通组合**（marketing communications mix），是指企业根据产品的特点和营销目标，有计划、有目的地把广告、人员推销、销售促进和公共关系等促销手段进行编配和综合运用，形成一个完整的促销策略。广告、人员推销、销售促进和公共关系等促销方式各有所长，也各有不足，在制定促销策略的过程中应根据实际情况适当选择、灵活编配。常见的促销手段如表 12-1 所示。

表 12-1 常见的促销手段

广告	人员推销	销售促进	公共关系
影视广告	上门服务	抽奖	报刊评论
广播广告	销售会议	竞赛与游戏	演讲
杂志广告	展销会	样品	研讨会

（续）

广告	人员推销	销售促进	公共关系
户外广告	激励计划	赠券	赞助
海报和传单	直邮营销	折扣	事件营销
包装广告	电话营销	展销会	年度报告
店堂陈列广告	电子邮件	返点	……
宣传册	传真	积分	
POP	定制	搭售	
抖音	微信	电视购物	
Vlog	社群	……	
网红直播	……		
微博、微信			
……			

当然，营销传播远不止表12-1列举的这些手段。产品设计、价格、包装形状和颜色以及销售的商店都在向顾客传播某些信息。因此，尽管促销组合是企业主要传播手段，但完整的营销组合（产品、价格、渠道、促销）必须协调一致才能产生最佳的传播效果。

2. 影响促销组合的因素

企业在制定促销组合策略时，应主要考虑以下几个因素。

（1）促销目标。应用各种促销手段的目的是引起顾客的注意，激发其购买动机并产生购买行为。但在特定时期、特定市场针对具体产品或服务又有具体的促销目标。例如，传递有关企业和产品（服务）信息的有效手段是广告；增加顾客对产品的兴趣，刺激购买行为的产生，优惠券、折扣等销售促进手段更有吸引力；需要面对面地宣传介绍复杂功能、使用方法的产品，人员推销最合适；公共关系与宣传报道可以改善企业在公众心目中的形象。在“互联网+”时代，每种促销手段都增加了一些新的促销方式，比如通过抖音、Vlog、网红直播间、微博与微信等平台进行广告宣传；通过公司赞助、参与一些重要事件、响应政府政策构建良好的公共关系；通过人员推销的形式更多以电话、直邮、电子邮件和传真、私人定制、私人微信与社群等方式出现。

（2）产品因素。一是产品市场类别。在消费者市场上，消费者多而分散，营销人员倾向于采用销售促进和广告的促销手段。对于生产者市场，用户较少，批量购买，企业更倾向于采用人员推销的手段。二是产品生命周期阶段。以消费者市场为例，在导入期，促销的主要目标是引起顾客注意并使其知晓，刺激购买欲望，广告宣传性价比最高；在成长期，顾客对产品日益熟悉，销量增长较快，同时竞争加剧，利润上升。除广告宣传外，还需要公共关系与销售促进等促销手段；在成熟期，销售量达到最大，竞争白热化，促销活动以增加购买兴趣为主，各种促销手段的重要性依次是销售促进、广告与公共关系；在衰退期，销量大大降低。销售促进是主要促销手段，同时应该尽量减少促销费用。

（3）顾客购买阶段。顾客购买过程包括知晓、理解、确信、购买与购后行为。促销人员要明确目标顾客所处的购买阶段，并将促使顾客进入下一个阶段作为促销的目标。在知晓阶段，广告宣传最重要；在理解阶段，广告和人员推销都很重要；在确信阶段，人员推销影响最大。购买则主要受人员推销和销售促进的影响；再次购买主要受人员推销和销售促进以及提示性广告的影响。

（4）市场条件及促销预算。一般来讲，市场地理范围大，多采用广告手段；市场地理范围小，多采用人员推销手段。此外，促销预算也会影响促销组合选择。总体上讲，费用从大到小依次为广告、人员推销、销售促进与公共关系。在满足促销目标的前提下，企业尽量做到效果好而费用省。

（5）促销的基本战略。根据促销手段的出发点与作用的不同，可分为两种促销战略：

1）**推式战略**（push strategy）。推式战略即以直接方式，运用人员推销手段，把产品推向销售渠道，其作用过程为，企业的推销员把产品或劳务推荐给批发商，再由批发商推荐给零售商，最后由零售商推荐给最终消费者，该策略适用于以下几种情况：第一，企业经营规模小，或无足够资金用以执行完善的广告计划；第二，市场较集中，分销渠道短，销售队伍大；第三，产品具有很高的单位价值，如特殊品、选购品等；第四，产品的技术含量较高，使用、维修、保养方法需要进行示范。

2）**拉式战略**（pull strategy）。拉式战略即采取间接方式，通过广告和公共宣传等措施吸引最终消费者，使消费者对企业的产品或服务产生兴趣，从而引起需求，主动去购买产品。其作用路线为，企业将消费者引向零售商，将零售商引向批发商，将批发商引向生产企业，这种策略适用于以下几种情况：第一，市场广大，产品多属便利品；第二，生产与销售有很强的时效性，必须以最快的速度将产品信息告知广大消费者；第三，市场对产品的初始需求呈现出快速上升的有利趋势；第四，产品具有独特性能，与其他产品的区别显而易见；第五，能引起消费者某种特殊情感的产品；第六，有充足的资金用于广告。

通常情况下，工业品较多采用推式战略，消费品较多采用拉式战略。然而，现实中的多数大企业采用的是两种战略的组合。

3. 整合营销传播

传统媒体一统天下、一条广告就可以将信息传遍四方的时代已经成为历史。今天，网络信息技术对营销传播领域的影响几乎超出了所有人的预料，让营销管理者既兴奋又恐惧。消费者接触信息的渠道更多，获取信息的成本更低，并且很容易和其他消费者分享信息；新媒体和社交媒体正在催生一个更有针对性、更社交化、更互动的营销传播模式，尽管传统大众媒体依然重要，但正在丧失其主导地位，越来越多的企业更倾向于选择更专门化、高度目标化的媒体以向更小的细分市场传递更个性化的互动信息，专业有线电视频道、网络视频、网上产品目录、电子邮件、博客、手机内容以及在线社交网络等新媒体正席卷市场。

多样性的媒体与沟通组合为企业的营销传播带来了更多的选择和便利，但从顾客的角度来看，来自不同媒体、不同途径的信息可能并不一致，有时甚至是相互矛盾的，这导致顾客的品牌认知模糊、企业形象混乱。

越来越多的企业开始采用**整合营销传播**，即企业要慎重整合和协调各种传播渠道以传递关于企业及产品清晰、一致、令人信服的信息。

整合营销传播要求找出顾客可能接触到企业和品牌的所有接触点，每次接触时企业都能传递一致的且正面的信息。这要求企业将所有的信息与企业形象融为一体，使电视广告、印刷广告、邮件、人员推销、公共关系活动、网站、在线社交媒体及移动营销等都传达相同的信息、形象及感受。虽然不同媒体在吸引、告知和说服顾客方面扮演不同的角色，但这些角色必须与媒体的整体传播计划协调一致。所以，整合营销传播又被称为“speak with one voice”（用一个声音说话），即营销传播的一元化策略。

为了实现整合营销传播，一些企业开始设立营销传播总监一职，由营销传播总监负责企业整体的营销传播活动，从而提高传播的一致性。

【资料 12-1】 唐 · E. 舒尔茨：整合营销传播之父

唐 · E. 舒尔茨，1934 年 1 月 20 日出生，西北大学商学院的整合营销传播教授，是世界最著名的营销大师之一，也是战略性整合营销传播理论的创始人，他的著作《整合营销传播》（*Integrated Marketing Communications*）是第一本整合营销传播方面的著述，也是该领域最具权威性的经典著作。书中提出的战略性整合营销传播理论，成为 20 世纪后期最主要的营销理论之一。

12.2　人员推销

12.2.1　人员推销的概念及特点

每个人都是推销员，不论我们从事哪种职业。最重要的是，我们首先必须将自己推销出去。虽然市场营销的目标是让“推销”成为多余，但在竞争激烈的环境里，人员推销仍然是一种古老而有效的推销方式。

1. 人员推销的概念

美国市场营销协会这样定义**人员推销**（personal selling）：人员推销是企业派出销售人员与一个或多个潜在顾客通过交谈、口头陈述，以推销产品或建立顾客关系的活动。人员推销的三个基本要素是：推销主体、推销客体和推销对象。产品的推销过程，就是推销人员运用各种推销策略，说服推销对象接受推销客体的过程。

2. 人员推销的特点

（1）人员推销的优点。一是灵活机动，针对性强。人员推销直接与顾客接触，完全可以通过顾客的反应来揣摩他们的真实想法以及心理变化，及时地变换自己的推销策略和方法，以适应顾客的需要。另外，人员推销的针对性，主要体现在两个方面：①可以通过顾客细分，有针对性地访问顾客；②可以针对不同顾客的不同问题提供不同答案，并对不同顾客制定不同营销策略。二是易建联系，培养感情。在中国，建立关系也是长久合作的前提。推销人员与顾客长期接触、沟通，可以构建一种良好的关系，使企业与顾客之间更加密切，容易使顾客对企业产品产生一种偏爱和感情。在这样的基础上推销产品，有助于建立长期的买卖协作关系，稳定地销售产品。三是搜集信息，预测市场。推销人员与顾客通过双向沟通，能够根据顾客的反应与心理变化分析产品的市场前景，为企业决策提供可靠依据。同时，推销人员可以利用广泛获取资源的有利条件，调查市场现状，并对市场做出预测，合理安排企业的生产经营，规避风险。

（2）人员推销的缺点。一是成本高。在所有促销方式中，人员推销所需费用较高（包括推销人员的工资、奖励、差旅费与保险费等），单位产品的销售费用最高。二是对推销人员的要求高。推销属于专业性强的工作，该工作要求推销员除了要有良好身体素质与勤奋刻苦的精神，还必须有产品制造与操作使用等方面的专业技术知识，既能贯彻以顾客为中心的思想理念，又能维护企业的正当利益，懂得市场机会的分析、筛选和把握，善于分析顾客的心理，而且该工作还要求在外推销人员有良好的个人品格和道德修养。一个合格的推销员可谓是德才兼备，文武双全。

（3）人员推销的适用范围。人员推销是一个优点、缺点都非常突出的促销方式，为充分发挥其优点，该手段最好用于以下情境：一是目标顾客人数较少且相对集中；这样可以较大程度降低推销费用；二是所售产品性能复杂，通过广告或其他促销手段难以将产品特点介绍清楚，只有通过销售人员的讲解、使用演示，才能化解顾客疑虑，激发兴趣；三是产品交易过程较长，交易涉及条款众多且复杂的产品，如技术含量较高的配套生产设备，需要企业的推销人员、工程技术人员、顾客的采购人员和技术人员等共同协商；四是产品项目较多，而不同顾客购买需求又有较大的差别，如保险公司提供的各类保险服务，险种很多，保费、收益率等专业指标计算复杂，需要保险推销员给顾客详细讲解。

因此，工业原材料供应企业、生产设备制造企业、标准化程度低的服务企业大多采用人员推销的方式。

阅读推荐：熊亮. 人员推销的特点与技巧研究［J］. 中国商贸，2012（062）：34-35.

12.2.2 人员推销的形式与对象

1. 传统人员推销的基本形式

（1）上门推销。这是一种积极主动的、名副其实的“正宗”推销形式。上门推销就是由推销人员携带产品样品、说明书和订单或其他产品资料走访顾客，介绍产品。这种推销形式可以针对顾客的需要提供有效的服务，所以得到顾客的广泛认可和接受。

（2）门市推销。门市推销与上门推销正好相反，是由营业员接待进入门市的顾客，推销产品。门市的营业员是广义的推销人员，适合零星小产品、贵重产品和容易损坏的产品推销。

（3）会议推销。会议推销是指利用各种会议向与会人员宣传和介绍产品，开展推销活动。会议推销可以是订货会、交易会、展览会、物资交流会等。这种推销形式接触面比较集中，可以同时向多个推销对象推销产品，成交额也较大，推销效率较高。

2.“互联网 +”时代背景下人员推销的基本形式

研究发现，一个有影响力的人所说的话平均会影响另外两个人的购买态度，而通过互联网就会影响八个人。所以在互联网时代背景下，人员推销也出现了一些新的形式。

（1）电话、直邮或电子邮件。通过电话、直邮或电子邮件形式开展推销活动，因为有个性化的陈述和反馈，可以更快捷地实现一人对多人的服务形式，使得推销更有效。

（2）私人定制。随着互联网、电子商务的发展，在线个性定制模式成为大势所趋。在线私人定制凭借其更高的品质、更低的交易成本也成为一种新型的人员推销形式。线上定制利用互联网为厂商带来高流量，通过老顾客的口碑带来病毒式的营销传播，让更多的消费者了解到定制化的服务。目前，私人定制主要用于旅游、鞋服、赛车等行业。

（3）社群营销。**社群营销**是基于相同或相似的兴趣爱好，通过某种载体聚集人气，通过产品或服务满足群体需求而产生的商业形态。社群营销的核心是“人”，企业基于用户痛点来进行内容输出以及融合线上线下双向沟通，让用户对品牌产生认同感，将用户沉淀为企业的忠实粉丝。

社群营销的模式主要有两种。一是发展社群意见领袖，包括专家型意见领袖和草根型意见领袖。专家型意见领袖可以进行品牌背书，增加公信力，争取顾客信任；草根型意见领袖天然的亲民性则可以拉近与社群成员的距离。二是建立“线上 + 线下”用户沟通机制，注重情感营销。线上微信社群、公众号可以让顾客获取官方活动信息，留言互动来形成自己的粉丝圈；线下可以不定期举办各类活动。顾客可以在这个过程结识朋友，交流心声，扩大自己的交际圈。

阅读推荐：李宝怡，冯炫淇．基于 4C 理论的大 V 店社群营销探究［J］．现代营销：经营版，2019（5）：104-160.

3. 人员推销的对象

推销对象即推销人员要说服的对象，是人员推销活动中接受推销的主体。推销对象有消费者、生产用户和中间商三类。

（1）消费者。推销人员向消费者推销产品，必须对消费者有所了解。因此，推销人员首先要掌握消费者的年龄、性别、民族、职业与宗教信仰等人口统计学特征，进而了解消费者的购买欲望、购买能力、购买特点和购买习惯等。除此之外，还要注意消费者的心理反应，对不同的消费者，采取不同的推销技巧。

（2）生产用户。将产品推向生产用户的必备条件是熟悉生产用户的有关情况，包括人员构成、生产规模、经营管理水平、产品设计、制作过程及资金情况等。此外，推销人员还要善于准确而恰当地说明自己产品的优点，并能对生产用户使用该产品后所得到的效益做简要分析，以满足其需要；同时，推销人员还应帮助生产用户解决疑难问题，以取得用户信任。

（3）中间商。与生产用户一样，中间商也对所购买的产品具有丰富的专门的知识，其购买行为属于专家型。这就需要推销人员具备相当的业务知识和较高的推销技巧。向中间商推销产品时，先要了解中间商类型、业务特点、经营规模、经济实力以及其在整个分销渠道中的地位；其次，应向中间商提供有关信息，给中间商提供帮助，建立友谊，扩大销售。

12.2.3 人员推销的步骤

人员推销一般经过以下 7 个步骤。

1. 寻找潜在顾客

潜在顾客是一个具有购买力、购买欲望和购买兴趣的人。寻找潜在顾客的方法主要有：①向现有顾客打听；②从供应商或经销商那里获取潜在顾客线索；③加入潜在顾客所在的组织；④从事能引起人们注意的演讲与写作活动；⑤查找各种资料来源（工商企业名录、互联网、社交媒体等）；⑥用电话或信件追踪线索等。

通过各种途径收集潜在顾客信息后，还需对潜在顾客资格进行鉴定，按照财务能力、业务量、特殊需求、地理位置以及发展的可能性等指标将潜在顾客进行分类。

2. 访问准备

大部分顾客对直接上门的推销人员持有戒备心理，所以推销人员应事先通过电话、短信、邮件等方式征得顾客的同意，在确定了访问对象、时间与地点后，再与顾客面谈。在此期间，推销员要做好以下准备工作：①熟悉所推销的产品，包括产品给顾客解决什么问题，产品的生产方法，产品的用途和使用方法，与竞争产品比较的优势和不足，销售状况，交易条件，售后服务等；②研究顾客，包括顾客的性别、年龄、职业、收入等个人特征，顾客需求特点等；③了解竞争产品，包括竞争产品的性能、价格、售后服务项目等；④推销场景模拟，预想顾客会提出哪些问题，顾客真正关心哪些问题，如果拒绝购买该如何应对等。

3. 接近顾客

接近顾客是能否成功推销的先决条件。接近顾客要达到三个目标：①给潜在顾客一个良好的印象；②验证在准备阶段所得到的信息；③为推销洽谈打下基础。

【资料 12-2】 什么样的举止会给人留下糟糕的第一印象呢？马德里孔普卢顿大学心理学教授玛丽亚·阿维亚指出，初次见面就讲述私人生活或个人问题、搬弄是非或批评他人、只谈论自己、过于活泼或好开玩笑、举止莽撞冒失、自己高谈阔论却不给对方说话机会、认为自己永远有理或目空一切，都会给人留下坏印象。

怎样给人留下良好的第一印象呢？阿维亚说，这需要有清楚的自我认识，能自我反省并及时改正，比如注意自己的表情是否僵硬，笑容是否令人不快；注意自身形象和个人卫生；交谈时适当保持沉默或改变说话语调；寻找自己与对方的共同话题等。此外，活跃谈话气氛的能力十分重要，因为很多人凭直觉来判断谈话对象是否值得结交。

社会心理学家艾根研究发现，在同陌生人相遇之初，按照“SOLER”模式来表现自己，可以明显增加别人对自己的接纳性，使自己在别人的心目中留下良好的第一印象。

“SOLER”模式：

S（sit）代表“坐要面对别人”；O（open）表示“姿势要自然开放”；L（lean）意思为“身体微微前倾”；E（eyes）代表“目光接触”，谈话时要正视对方的眼睛，不要躲闪；R（relax）表示“放松”。

与人交往，有意识地运用“SOLER”方法，可以有效地增加好感，让别人更好地接纳自己。

资料来源：杨扬. 魅力何来［M］. 北京：中国戏剧出版社，2009.

4. 洽谈沟通

采用“FABE”（菲比模式）可以让销售沟通变得更有说服力，具体步骤是：说明公司产品**特征**（feature），说明该特征的**优势**（advantage），阐述它给顾客的**利益**（benefit），提供相应的**证据**（evidence）。

推销人员在向潜在顾客展示和介绍产品时可采用以下五种策略：正统法——主要强调企业的使命和目标，讲解产品的“价值故事”；专门知识——讲明产品能够解决顾客的哪些问题；影响力——可逐步扩大自己与对方共有的特性、利益和心得体会；迎合——可向对方提供个人的善意表示，加强感情；树立印象——在对方心目中建立良好的形象。

5. 应付异议

顾客异议是对购买的系列疑问，异议越多，购买兴趣越浓。推销人员应随时准备应付价格、功能、服务与购买时机等方面的异议，有效地排除顾客异议是达成交易的必要条件。一个有经验的推销员面对顾客争议，既要采取不蔑视、不回避、注意倾听的态度，将异议看作获得更多信息的机会，同时，又要灵活运用有利于排除顾客异议的各种技巧，并将这些异议转化成顾客购买的理由。

6. 达成交易

达成交易是推销过程的成果和目的。在推销过程中，推销员要注意观察潜在顾客的各种变化。当发现对方有购买意愿时，要及时抓住时机，促成交易。为了达成交易，推销员可提供一些优惠条件。

7. 事后跟踪

现代推销认为，成交是推销过程的开始。推销员必须做好售后跟踪工作。如安装、退换、维修、培训及顾客访问等。对于 VIP 顾客，推销员特别要注意与之建立长期的合作关系，实行关系营销。

12.3 广告

广告活动是伴随商品经济的产生而出现的，随着市场经济的发展，广告作为企业向社会大众进行信息传播的有效手段，在产品销售中发挥着重要作用。正如西方企业界所言：现代企业如果不做广告，就如同在黑暗中向你的情人暗送秋波。

12.3.1 广告的含义及特点

1. 广告的概念

广告（advertising），就是广告主以付费的形式通过大众媒介将产品、服务或某项行动的意见和想法等有关信息传递给目标受众的活动。从营销的角度看，广告活动包括广告主体——企业，广告内容——产品或服务等的有关信息，广告对象——公众和潜在顾客，广告条件——支付费用和借助媒介，广告目的——促进产品销售。如今的广告既是一门独立的学科，也是社会的一个重要行业。发达国家的广告费用一般要占国民生产总值的 1% ～ 3%，许多产品的广告支出超过产品销售额的 30%。根据国家市场监督管理总局最新数据显示，2018 年中国广告经营额为 7 991.48 亿元，占 GDP 的 0.88%。

2. 广告的特点

（1）公众性。广告是一种高度大众化的信息传播方式。它比较适用于供大众消费的标准化产品的推广。

（2）渗透性。广告把信息通过多次重复渗透给目标受众，使目标受众加深印象并接受。

（3）表现性。广告是一种具有表现力的信息传递方式，它通过对文字、音响以及色彩的艺术化运用，使产品信息内容更具有新颖性和鼓动性。好的广告既是说服的艺术，也是传递专业产品知识、弘扬优秀道德风尚、推进健康时尚生活方式的载体。所以，一则成功的广告能给社会公众提供多方面的正能量。

（4）非人格性。广告不像人员推销那样人格化，听众、观众和读者没有义务去关注广告并对广告做出反应。广告只能独白，而不能对话交流。

12.3.2 制订广告方案

企业在制定广告方案时，营销人员必须做出以下五个方面的决策，科特勒将其提炼为 5M：

1. 要完成什么任务（mission），即设定广告目标

广告的最终目标是通过传播顾客价值帮助建立顾客关系，但企业在不同的市场、不同的时间面对的环境不同，其具体的广告任务及目标有所差异。根据企业在特定时间内要向特定目标群体完成的具体沟通任务，广告目标分为以下三类。

（1）**通知广告**（information advertising）。通知广告的目标是激发潜在顾客对产品或服务产生初步需求。广告宣传的主要任务是介绍一种新产品的上市，向顾客说明某种产品的新用途、价格、使用方法和所提供的各项服务等。通知广告一般适用于生命周期引入阶段的产品。

（2）**劝说广告**（persuasive advertising）。劝说广告的目标是劝说和诱导消费者更多地购买本企业的产品或服务。宣传的重点是突出本企业产品或服务的特色，强调本企业产品或服务在满足消费者需求方面的明显优势，使消费者形成品牌偏好。劝说广告适用于市场竞争日趋激烈、处于生命周期成长阶段的产品。

（3）**提示广告**（reminder advertising）。提示广告的目标是提醒消费者别忘记购买本企业销售的、消费者曾经购买使用的那些产品或服务，如向消费者承诺某种产品继续保持原有的高质量，提示某种产品已经到货，可在何时何地购买等。提示广告主要适用于产品处于市场生命周期的成熟阶段。

2. 要花多少钱（money），即确定广告预算

为实现广告目标，必须拟定广告预算。确定广告预算的方法有以下几种。

（1）量入为出法。根据现有的资金能力确定广告预算，资金充裕就多做广告，反之则少做或不做广告。其优点是广告费用能够控制，其缺点是广告活动没有长期计划而缺乏稳定性。

（2）销售百分比法。根据目前或预期销售额的某个百分比，或者单位产品销售价格的某个百分比来确定广告预算。其优点是计算简单，促销费用、销售价格以及单位利润之间的关系明确。其缺点是将促销作为销售的结果而不是原因，颠倒了投入与产出之间的因果关系；而且广告活动缺乏长期计划，没有考虑市场竞争等因素。

（3）竞争对等法。根据竞争对手的广告支出或行业的平均广告水平来确定自己的广告预算。该方法能够汲取行业集体智慧，且避免行业内的广告促销战。但此方法没有考虑到不同企业之间的目标、资源等诸多条件方面的差异性。

（4）目标任务法。首先确定具体的广告促销目标，其次分析要达到这些目标要完成的任务，最后估算出完成这些任务的广告支出。这些支出总和即为广告预算。该方法厘清了广告投入与销售结果之间的关系。但对具体企业来说，目标—任务—费用的分解是基于企业对市场环境的预期分析，但市场环境的变动大多都超出企业的预期，导致促销预算经常过多或不足。正如某位企业家所说："我知道我有一半的广告费是浪费掉了，但不知道是哪一半。我花了 200 万美元做广告，但不知道这笔钱是只够一半还是多花了一倍。"

3. 要传递什么信息（message），即广告信息设计

广告只有在赢得公众关注和兴趣并进行有效传播的情况下才会达到预期的促销效果。因此，创造有效广告信息的第一步是决定向消费者传播什么样的信息，即制定信息战略。有效的信息战略必须识别出顾客的利益诉求；第二步则是广告设计人员通过创意将广告信息以差异化和可记忆的方式展示出来。

随着广告费用上涨和媒体数量的快速增加，今天的消费者每天都被各种广告信息包围，通过传统媒体给消费者强制灌输千篇一律的信息只会引起公众的反感抵制。因此，广告信息内容对消费者有用、可信、有趣和有娱乐性成为现代广告设计的基本要求。

暴雪之后大雪封门，天寒地冻，很多人只能宅在家中，比萨店生意一落千丈。有什么好办法让生意红火起来？读者如果有兴趣，可以自行到 http://blog.sina.com.cn/s/blog_a37715060102xfjp.html 上了解、学习。

【资料 12-3】你可能没听过雅克·塞奎拉（Jacques Séguéla）的名字，但你一定对这个广告有印象：一群裹着尿片的可爱婴儿，在节奏强劲的音乐中跳街舞、滑旱冰、玩跑酷……在一阵闪转腾挪的高难动作后，小婴儿们定格摆了个 pose，字幕：依云矿泉水——永远年轻。

这条广告片放上网后，引起了病毒式的疯狂传播，仅在 Youtube 上的点击量就超过了 3 500 万。它的创意便来自雅克所领导的哈瓦斯集团，这位在广告界摸爬滚打了半个世纪的法国老头，人称"欧洲创意之父"。读者有兴趣，可以自行到 http://v.youku.com/v_show/id_XMTA1MjAzNDg4.html 上了解、学习。

【资料 12-4】华为在最新的 Mate 20 系列手机上，新增了 AI 卡路里识别功能，当手机镜头对准食物时，能够根据食物重量动态识别卡路里。这次在广告设计上，华为走了萌趣路线，居然请来了土拨鼠当主角。广告视频中，一只爱吃花生的土拨鼠居然开始吃青菜了，原来，土拨鼠为了逃避老鹰的追捕，只能控制体重，以方便逃入洞中时不被卡住，部分土拨鼠使用华为 Mate 20 对花生的卡路里进行扫描，得出 610 卡这一令"鼠"震惊的数值，于是只能放弃花生，委屈巴巴地吃菜叶。

而有一只土拨鼠依然毫无顾忌地吃花生，身材明显比其他土拨鼠胖了一圈。谁知老鹰突然冲了下来，这个胖家伙自然无法逃脱，不过它灵机一动，用华为 Mate 20 来给老鹰展示自己的卡路里，发现热量高达 4 000 卡 / 百克时，老鹰看了看自己的翅膀，绝望地飞走了（担心太胖飞不起来）。读者如果有兴趣，可以自行到 https://haokan.baidu.com/v?vid=7873192799550359102&pd=bjh&fr=bjhauthor&type=video 上了解、学习。

4. 要选择哪些广告媒体（media），即决定媒体组合

此阶段的任务主要包括分析不同媒体的覆盖面与影响力，根据媒体与目标受众的相关性选择主要媒体类型，在广告费用一定的条件下确定在不同媒体的广告刊播时间。要实现广告信息切实高效地传播，媒体规划人员必须了解不同媒体的影响力、时效性及成本等因素差异（见表 12-2），形成一个有效的媒体组合和完整的整合营销传播活动。

表 12-2 主要媒体比较

媒体	优点	缺点
报纸	灵活、及时，本地市场覆盖面大，可信度高，费用低	有效时间短；阅读注意度低；使用寿命短；印刷不够精致，感染力差
杂志	选择性好，表现力较强，可保存传阅	影响范围较窄；出版周期长，信息不易及时传递
广播	接受性强，选择性好，传播快，成本低	缺乏吸引力，不易记忆；听众零散

（续）

媒体	优点	缺点
影视	刺激性强，有很强的影响力；电视传播范围广，视众人数多	绝对成本高，瞬间即逝，观众选择少
户外广告	灵活，重现率高，位置选择性好，成本低	观众没有选择，缺乏创新
直邮	选择性强，灵活，可个性化定制	平均展露成本较高，易造成受众反感、拒收
互联网	高选择性，低成本，及时性，互动性	影响力较低，受众可以拒绝

在移动互联网时代，随着话语权的极度分散，传统媒体的权威性和影响力开始下降，国内媒体专家对传统媒体和新媒体做了以下对比（见图 12-1）。

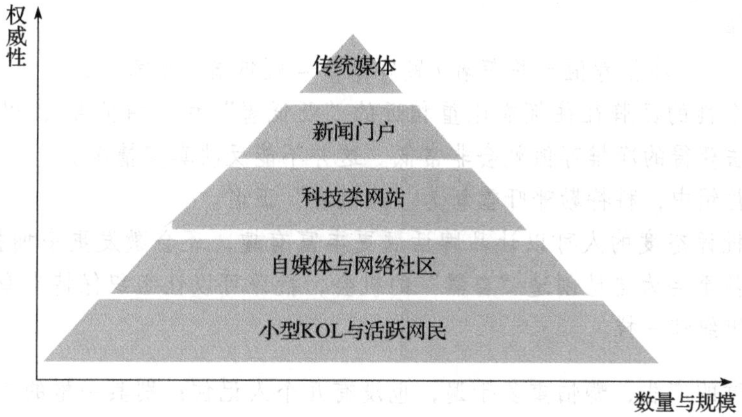

图 12-1　传统媒体与新媒体差异比较

资料来源：舒扬. 共鸣：内容运营方法论［M］. 北京：机械工业出版社，2017.

【资料 12-5】艾瑞咨询最新数据显示，2018 年，中国网络广告规模 4 914 亿元，增速保持在 30% 以上，在中国广告市场中占比超过 50%。预计到 2020 年网络广告规模将达到 8 000 亿元。受网民人数增长，数字媒体使用时长增长、网络视听业务快速增长等因素推动，未来几年，报纸、杂志、电视广告的市场规模将继续下滑，而网络广告市场还将保持较快速度增长。

网络广告在 2017 年的关键词为“智能化”与“原生化”。广告主对于网络广告的玩法更加熟悉，广告类型也随着原生广告的发展而不断进化，广告与内容之间的界限更加模糊。随着网络环境的不断改善，视频成为人们接受信息更习惯的内容形式，视频类广告也得到较快发展。同时，AI 的快速迭代也将在网络营销领域快速得到落地，智能营销成为当前最火热的名词，也为行业注入了新的机会点。

广告业新技术层出不穷，**增强现实**（augmented reality，AR）技术就是其中的一种，广告设计人员正在利用计算机生成一种逼真的视、听、力、触和动等感觉的 AR 环境，通过各种传感设备使用户“沉浸”其中，实现用户和产品、产品应用场景自然交融。读者如果有兴趣，可以自行到 https://www.cnbeta.com/articles/tech/687265.htm 和 http://iwebad.com/case/7092.html 上了解、学习。

5. 广告效果如何，即广告效果衡量（measurement）

在通过媒体组合对广告信息进行传播的同时，还需定期评估广告效果：传播效果、销售盈利效果和社会效果。传播效果的衡量可以通过单个广告刊播前后进行测试评价；衡量销售盈利效果可以通过广告前后的销售与促销费用进行比较，也可通过实验法，在不同市场采取不同的广告投入，然后衡量由此导致的销售与利润差异；广告社会效果是指广告在社会道德、文化教育等方面的影响和作用。但广告社会效果难以量化，主要从广告内容是否真实，是否符合各种法规政策规定和伦理道德标准，是否推动艺术创新并对社会文化产生积极作用等方面进行评价。

【资料 12-6】 科特勒在《营销 4.0》一书中，对衡量宣传效果的净推荐值公式做了调整和解释。

净推荐值 = 推荐者 / 顾客总数 – 贬低者 / 顾客总数

但是有个性的品牌往往拥有比重相近的“贬低者”和“拥护者”，以贬低者抵销拥护者的方法获得的净推荐值就会非常低。这并不能反映真实情况。

在社群营销中，科特勒呼吁重新为“贬低者”正名。

因为持批评态度的人可以让品牌话题更丰富有趣，还会激发更多拥护者的反弹。聪明的品牌甚至会为自己创造“自黑”的机会，批评可以让组织保持生命力。这一点其实对任何组织都一样。

没有新意的广告，哪怕重复千遍，也没有几个人记住；别具一格的广告，只出现一次就令人难忘，说不定还免费转发传播。读者如果有兴趣，可以自行到 http://www.cicn.com.cn/zggsb/2015-01/22/cms64907article.shtml 上了解、学习。

12.4 销售促进

12.4.1 销售促进概念及影响

1. 销售促进的概念

销售促进（sales promotion），又称为营业推广，是营销活动的一个重要组成部分，它是指企业运用各种短期诱因鼓励消费者购买和中间商经销（或代理）企业产品或服务的一种促销活动。

2. 销售促进的积极影响

（1）可以吸引新消费者购买。这是销售促进的首要目的，尤其是在推出新产品或吸引新顾客方面，由于销售促进的刺激比较强（如赠品、折扣等），较易吸引顾客的注意力，使顾客在了解产品的基础上采取购买行为，也可能使顾客追求某些方面的优惠而使用产品。

（2）可以奖励品牌忠诚者。因为销售促进的很多手段，譬如销售奖励、赠券等通常都附带价格上的让步，其直接受惠者大多是经常使用本品牌产品的顾客，从而使他们更乐于购买和使用本企业产品，以巩固企业的市场占有率。

（3）可以实现企业的营销目标。销售促进实际上是企业让利于购买者，它可以使广告宣传的效果得到有力的增强，降低顾客对其他企业产品的品牌忠诚度，从而达到本企业产品销售的目的。

（4）可以调整短期供求。当企业出现突发性的供求不平衡，通过生产规模的调整会造成滞后性，如置之不理或单纯的降价可能会带来更大的负面效应，企业可通过销售促进进行调整。这样，企业不仅可以解决短期内供给过剩，也可以使消费者、经销商在享受实惠的同时体会到作为一个精明购买者的满足感。

3. 销售促进的消极影响

（1）影响面较小。它只是广告和人员销售的一种辅助的促销方式。

（2）刺激强烈，但时效较短。它是企业为创造声势获取快速反应的一种短暂促销方式。

（3）顾客容易产生疑虑。过分渲染或长期频繁使用，容易使顾客对卖者产生疑虑，对产品或价格的真实性产生怀疑，也可能贬损企业品牌形象。

（4）增加企业的负担。由于实施销售促进在为消费者提供额外利益时是以企业付出额外的成本作为代价的，因此在销售促进力度比较大时，企业的促销成本会上升。

12.4.2 销售促进的方式

企业在实施销售促进时，可根据不同的营销对象选择不同的工具。

1. 面向消费者的销售促进

（1）赠送促销。赠送促销是指向消费者赠送样品或试用品，赠送样品是介绍新产品最有效的方法，其缺点是费用高。企业可以选择在商店或闹市区分发样品，或在其他产品中附送样品，也可以公开广告赠送或入户派送样品。

（2）折价券。在购买某种产品时，持券可以免付一定金额的钱。折价券可以通过广告或直邮的方式发送。

（3）包装促销。包装促销是指以较优惠的价格提供组合包装和搭配包装的产品。

（4）抽奖促销。抽奖促销是指顾客购买一定的产品之后可获得抽奖券，凭券进行抽奖获得奖品或奖金。抽奖可以有各种形式。

（5）现场演示。现场演示是指企业派促销员在销售现场演示本企业的产品，向消费者介绍产品的特点、用途和使用方法等。

（6）联合推广。联合推广是指企业与零售商联合促销，将一些能显示企业优势和特征的产品在商场集中陈列，边展边销。

（7）参与促销。参与促销是指通过消费者参与各种促销活动，如技能竞赛、知识比赛等活动，能获取企业的奖励。

（8）会议促销。会议促销是指各类展销会、博览会、业务洽谈会期间的各种现场产品介绍、推广和销售活动。

花有百样红，人与人不同。互联网时代获取顾客行为数据已是手到擒来，根据不同顾客需求提供个性化营销自然是水到渠成。读者如果有兴趣，可以自行到 http://news.hexun.com/2012-12-07/148775969.html 上了解、学习。

2. 面向中间商的销售促进

（1）批发回扣。企业为争取批发商或零售商多购进自己的产品，在某一时期内给经销本企业产品的批发商或零售商加大回扣比例。

（2）推广津贴。企业为鼓励中间商购进企业产品并帮助企业推销产品，可以支付给中间商一定的推广津贴。

（3）销售竞赛。根据各个中间商销售本企业产品的实绩，分别给优胜者以不同的奖励，如现金奖、实物奖、免费旅游、度假奖等，以起到激励的作用。

（4）零售商支持。生产商对零售商专柜的装潢予以资助，提供 POP（point of purchase）广告，强化零售网络，促使销售额增加；可派遣厂方信息员或代培销售人员。生产商这样做的目的是提高中间商推销本企业产品的积极性和能力。

3. 面向内部销售人员的销售促进

针对企业内部的销售人员，鼓励他们热情推销产品或处理某些老产品，或促使他们积极开拓新市场。一般可采用方法有：销售竞赛、免费提供人员培训、技术指导等形式。

销售促进在整个促销组合中占有重要地位。为了更好地运用销售促进，营销人员必须明确推广目标，设计好销售促进方案和执行方案，评估结果。同时，销售促进必须与整合营销传播方案中的其他促销组合协调一致。

12.5 公共关系

12.5.1 公共关系的概念及特征

1. 公共关系的概念

公共关系（public relations）是指正确处理企业与社会公众之间的关系，以树立企业和品牌的良好形象，从而促进产品销售的一系列活动。

2. 公共关系的特征

（1）注重长期效应。公共关系是企业通过公关活动树立良好的社会形象，从而创造良好的社会环境，这是一个长期的过程。良好的企业形象也能为企业的经营和发展带来长期的促进效应。

（2）注重双向沟通。在公关活动中，企业一方面要把本身的信息向公众进行传播和解释；另一方面也要把公众的信息向企业进行传播和解释，使企业和公众在双向沟通中形成和谐的关系。

（3）可信度较高。相对而言，大多数人认为公关报道比较客观，比企业的广告更加可信。

（4）具有戏剧性。经过特别策划的公关事件，容易成为公众关注的焦点，可使企业和产品戏剧化，引人入胜。

【资料 12-7】 章丘铁锅走红，订单增 6 000 倍，一时“章丘无锅”

《舌尖上的中国》(第三季)：章丘的铁锅到底有多厉害？章丘手工铁锅制造需要经过 12 道工序，7 道冷锻，5 道热锻，大大小小十几种铁锤工具，1 000 摄氏度高温冶炼，36 000 次锻打，最终才能锻造出一把合格的章丘铁锅。

章丘的铁锅经央视这么一播，一下子就火了。有很多网友第一时间到某宝去搜章丘铁锅，没货等也要买一把。价格也是一路飙升！

《舌尖上的中国》(第三季) 播出后，库存的 2 000 多口铁锅被抢购一空，几天内积压了数十万订单。如果想要王玉海师傅的锅估计得排队到一两年以后。

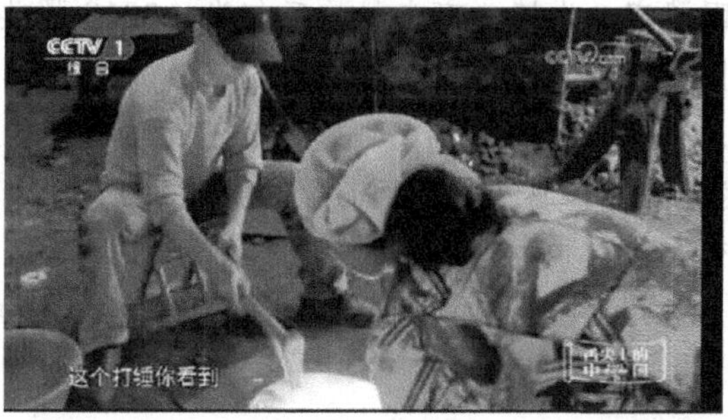

资料来源：http://news.163.com/photoview/00AP0001/2290836.html ? baike#p=DBIGAIN500AP0001NOS，有删改。

12.5.2　公共关系的形式

1. 宣传性公关

企业运用大众传播媒介和内部沟通方式开展宣传工作，树立良好企业形象的公共关系模式，分为内部宣传和外部宣传。

【资料 12-8】 东阿阿胶集团出资兴建中国阿胶博物馆

中国阿胶博物馆建于 2002 年，坐落于泰山脚下、黄河岸边的东阿县城东临，由全国最大的阿胶生产企业东阿阿胶集团出资兴建，总投资 4 000 余万元，是我国首家以阿胶发展为主题的主题性博物馆。中国阿胶博物馆共分为 11 个展厅，由古代和现代两部分组成。古代部分主要体现阿胶从古至今的发展演化过程，展厅有：久远的中医药史；中医精华，国药瑰宝；阿胶的兴盛与繁荣。现代部分主要表现的是现代阿胶人的艰辛创业和辉煌成就。展厅有阿胶的近代影响，东阿阿胶厂的创业篇、成果篇和未来篇以及留言厅。

东阿阿胶集团出资兴建阿胶博物馆，就是一种很好的外部宣传，为企业树立良好的形象添砖加瓦。

资料来源：百度百科，https://baike.baidu.com/item/%E4%B8%AD%E5%9B%BD%E9%98%BF%E8%83%B6%E5%8D%9A%E7%89%A9%E9%A6%86/6848311 ? fr=aladdin，有删改。

2. 交际性公关

通过人际交往开展公共关系的模式，目的是通过人与人的直接接触，进行感情上的联络，其方式是开展团体交际和个人交往。

【资料 12-9】“大象的聚会”——道农会

道农会始创于2009年，是中国企业家俱乐部精心打造的以企业家为主体的跨界顶级私密聚会，实名制定向邀请200席，于每年岁末年初在北京举行，中国企业家俱乐部旨在通过此平台，唤回记忆，追寻意义，让“看不见的顶层”和“看得见的格调”每年一度在这里温情现身，被誉为“大象的聚会”和“商届春晚”。道农会致力于打造中国的名士精神，成为中国精英群体社交、互助、分享和情感释放的平台。

2019年1月10日，道农会迎来第十年。“不负拾光”的晚会主题给了大家更多遐想的空间。宁高宁、田溯宁、洪崎、高晓松的三句半《2018那些事儿》，从朝韩关系、世界杯、中美贸易到民营企业家座谈会、改革开放四十周年、港珠澳大桥开通，2018年的大小事都被收录，伴随着冲鸭、锦鲤、C位等流行语的频出，台下欢笑与掌声不断。马云开唱京剧《空城计》……企业家们用自编自演的节目，带给了大家欢笑与温暖，更希望传递给所有人信心和力量。

资料来源：百度百科，https://baike.baidu.com/item/道农会/10806492?fr=aladdin，有删改。

3. 服务性公关

以提供优质服务为主要手段的公共关系活动，目的是以实际行动获得社会公众的了解和好评。这种方式最显著的特征在于实际的行动。

4. 社会性公关

经营者在真实与不损害公众利益的前提下，有计划地策划、组织、举办和利用具有新闻价值的活动，通过制造有“热点”效应的事件，吸引媒体和社会公众的注意与兴趣，以迅速提高企业品牌的知名度和美誉度，塑造企业良好形象，最终促进产品或服务销售，主要有三种方式：①以企业为中心开展活动，如周年纪念等；②以赞助社会福利事业为中心开展活动；③资助大众传播媒介举办各种活动。

【资料 12-10】 杭州借势G20峰会快速提升城市品牌形象

G20杭州峰会媲美北京奥运会开幕式的“最忆是杭州”晚会，惊艳了全世界的目光。G20杭州峰会的成功举办，除了让人们见识了杭州之美，人们也见识到了杭州的全新城市形象，了解到杭州城市的方方面面，快速提升杭州的品牌形象，而杭州也将逐渐向国际化城市转变，逐渐变成世界的一线城市，天下的杭州。

借势营销的四个关键点：①找对事：如G20峰会；②找对点：G20峰会聚焦举办城市形象；③以用户为核心：利用情感，传播能打动用户的内容，保持与用户的互动交流；④品牌战略：始终以提升品牌美誉度和忠诚度为最终目的，通过资源整合，逐步实现品牌塑造和产品销售的双重目的。

资料来源：作者根据公开资料整合而成。

5. 征询性公关

以提供信息服务为主的公关模式。如咨询业务、市场调查等。

6. 危机公关

科特勒曾对财富500强的高层人士进行了一次调查：高达80%的被访者认为，现代企业不可避免地要面临危机，就如人不可避免地要面对死亡。14%的人则承认自己曾面临严重危机的考验。危机公关是指对突发事件的预防、处理、善后、重建等环节以及整个过程的管理。危机管理的基本原则是反应迅速、坦诚相待、人道主义、信誉第一。

12.5.3 公共关系的程序

1. 开展公众调查

收集、了解目标市场公众对本企业的意见与态度，分析企业及其产品在公众中的形象和知名度，总结经验教训，发现问题。企业既可以自行设立机构从事收集信息、研究工作，也可以委托公共关系代理机构来完成。

2. 确定公共关系目标

分析公众调查的资料信息和企业的促销目标，确定企业公共关系应达到的目标。一般来讲，企业公关的目标主要有5类：①希望公众足够了解开发中的新产品、新技术；②在新市场所在地的公众中展示企业的形象；③参加社会公益活动，增加公众对组织的了解和好感；④危机公关；⑤普及同本组织有关的产品或服务的消费方式等。

3. 实施计划与沟通信息

组织通过多种形式、途径和渠道，把组织的所作所为告诉社会公众，沟通组织与社会公众之间的关系。这样既有利于扩大企业的社会声誉，又便于听取社会公众的意见，接受社会公众对企业的监督。

4. 效果评价

公共关系效果评价贯穿整个公关活动，评价的内容包括三点：一是评价公共关系程序，即对公共关系的调研过程、公共关系实施过程的合理性和效益性做出客观的评价；二是评价专项公共关系活动，包括评价企业日常公共关系活动效果、企业单项公共关系活动效果和企业年度公共关系活动效果等方面；三是评价公共关系状态，包括舆论状态和关系状态两个方面。企业需要从内部和外部两个方面来评价企业的舆论状态和关系状态。

“故宫淘宝”是北京故宫文化服务中心开设的官方销售网店，销售的产品与故宫内外的“故宫商店”基本一致，价格也是统一定，原意是希望通过电子商务形式传播故宫文化，在2010年10月1日开始上线，但销量一直不温不火。直到2013年开始涉足新媒体，招了一群创意人员之后，“故宫淘宝”才正式走入大众的视野，现在，已经拥有32.6万淘宝粉丝的“故宫淘宝”已成为金牌淘宝商家。故宫淘宝凭啥走红新媒体？读者如果有兴趣，可以自行到 https://www.meihua.info/a/65436 上了解、学习。

卫龙辣条，“90”后和“00”后的童年记忆，5角一袋，那个味道绝对是经典。这么多年来，没变包装，没改味道，赢得了所有的人喜爱，现在还走出了国门，走向了世界。卫龙，如何成为辣条界的一哥？读者如果有兴趣，可以自行到 http://www.sohu.com/a/231154173_100158080 上了解、学习。

促销策略领域的新思维、新观点与新探索

1.“产品即内容，用户即媒介”

越要花钱去推广的内容，就越不值钱；只要花了钱的，就一定难以传播，花钱越多传播难度越大。能够打动人并且引起传播的，永远是故事（舒扬，2017）。正如黎万强在《参与感》所说：“新营销的第一步，让自己的公司成为自媒体。传统思路是做好媒介渠道，现在是做好内容。以前是找媒介，现在是媒介找你，这其中，内容很关键。”

在“互联网+”时代，用户不仅购买使用产品，还会谈论传播产品。媒体资深专家舒扬认为，移动互联网时代的营销工作，更多的时候是基于内容的宏观传播与控制力，去引导可控制的每一个个体，而这种引导个体发声的体系，被称为“共鸣”。

用内容引起“共鸣”需要8个条件。前面三点，是外部的传播渠道条件，分别是：用来唤醒行为的“情绪”、注意力缺失下传播的“标签”、新媒体环境下传播的个体“角色”；引起受众传播共鸣的内容核心主要有五点：与我相关的内容“联系”、口口相传的动力弹簧“压力”、在脑海中形成的固定印象“情节”、加强用户感受的“落差”、有话题性和传播性的“发酵剂”。

所以，广告的最高境界是企业少花钱或不花钱，消费者和公众在帮你传播。

资料来源：舒扬. 共鸣：内容运营方法论［M］. 北京：机械工业出版社，2017.

典型案例有：2008年，宝洁公司创建网站 BeingGirl.com，帮助年轻女孩在青春期解决对身体变化的疑问，有效性是其他传统广告的4倍。

2015年，欧莱雅创立内容工厂，就干货视频与美妆教程，以及社交媒体上的照片进行视觉和文本内容的创造。

截至2015年年底，海尔集团以“海尔”为中心，创建了179个微博账号和286个微信公众号（新榜数据），构建了一个庞大的新媒体矩阵。

2015年从影视广告植入开始，999感冒灵逐渐进入大众视线，给消费者留下温暖、关爱的品牌诉求形象，而后冠名各大综艺节目，实现流量共享。感恩节期间推出的短视频《有人偷偷爱着你》，上线一周，全网播放量超过1.5亿，被各大微博大号、微信自媒体、营销圈疯狂转发。

2017年，微信公众号数量突破2 000万。一大批新兴品牌借助微信公众平台，依靠一系列优质内容，迅速崛起，比如，罗辑思维、年糕妈妈等等。

爱彼迎（Airbnb）上线了故事功能，除了官方拍摄的视频，还鼓励用户记录自己的故事。

2. 电商造节与时点经济

自从将普通的“11月11日”变为“莫须有”的“光棍节”，又变成了淘宝的“双11”独家秀场，电商便纷纷利用节日营销的形式，综合运用广告、公关路演、终端促销等多种手段，进行品牌或产品的热点营销。节日营销在电商的挖掘下形成了一种新的体态——网络节日营销，通过

创造出新的节日来促进销售，也就形成了当前人们所熟知的“双11”“双12”“618节”了，“造节”也就成了电商们的必修课。

北大博士姜汝祥指出，电商造节的内在本质是时点经济。传统零售依靠地理位置的优越集聚客流。但对于电商，基于位置的空间经济优势不复存在，必须寻找新的非空间优势，时间经济自然是一个突破口，因为，中国文化对节日时点的重视与敏感性注定了特定时点是具有聚流价值的。

其实，电商造节运动沿袭了实体零售的传统。由于门店地理流量的特性，人们日常可支配的购物时间相对有限。实体门店为争取用户的整块时间，需要制造一个理由刺激周边用户的消费，于是周末、节假日就成为零售商们的目标。随着实体零售的跑马圈地，相邻门店间的竞争日益激烈。传统的节日促销已经无法满足门店的销售需求，于是模拟节假日的造节运动开始兴起。比如换季上新、周年庆、重装开业等。此时零售商们的主要目的不再是争取用户整块时间，而是通过造节挤压竞争门店的销售额。

电商与线下零售最大的不同之处在于用户获取信息更快、平台迁移更加迅速。只要用户愿意，从信息获取到平台迁移可以在一分钟内完成。

这种跨越空间限制的面对面竞争，注定了电商价格战的残酷。无论是否具备先发优势，电商平台都必须在价格战中一路狂奔直到对手倒下为止。作为价格战的载体，促销造节变得顺理成章。对于电商平台来说，造节促销拉新是必修课。一个成功的造节可以形成流量聚集效应，让电商平台在知名度和销售额上获得双重收益。因此电商平台从主观意识上热衷于造节，“618”“双11”与“双12”等就是其中的典型代表。

3. 传统媒体渠道被颠覆，新媒体风口已到来

“Z世代”不热衷电视与广播，也很少接触报纸与杂志。专家预言，“传统媒体将死”。各种新媒体纷至沓来。如微信、微博、短视频、抖音、快手等新媒体，形式新颖，擅长互动，创意空间大。

传统媒体难以与社交融合，因此，社交媒体让传统媒体遭遇第一闷棍。移动智能设备良好的阅读炫酷与受众碎片化时间利用效果，冲击了传统媒体的单一与不便利，移动互联网给了传统媒体第二闷棍；移动互联与大数据的结合，产生了更加精准的新玩法，而传统媒体的盲目与费用浪费劣势凸显。因此，大数据助力给了传统媒体第三闷棍。

社交媒体、移动互联网与大数据，三者结合下的新媒体迅速发展的风口已经到来。未来的传媒，必是新媒体的天下。

重点提示

促销的本质是沟通。其基本方式有人员推销、广告、销售促进和公共关系，促销组合就是根据产品不同、消费者准备阶段不同和市场条件及促销预算的不同，而对这四种基本方式进行的组合。

“互联网+”背景下的人员推销的主要形式有电话、直邮或电子邮件、私人定制和社群营销。其中，社群营销的主要模式有两种：发展社群意见领袖和建立“线上+线下”用户沟通机制，注重情感营销。

“互联网+”背景下的广告媒体选择和广告策略设计均发生了一些变化。互联网颠覆了传统媒体，新媒体又颠覆了传统媒体与门户网站。微博、网红直播与各种社交媒体的迅速兴起，媒体呈现“去中心化”

格局；广告策略设计的二次或多次传播成为评价创意的标准，UGC对品牌传播极为重要。

公共关系的主要形式包括宣传、征询、交际、服务、赞助等。大事件营销是公共关系比较有效的手段。

思考题

1. 促销组合的内容是什么？影响因素主要有哪些？
2. 人员推销是否已经过时？为什么？
3. 企业选择广告媒体时，主要受哪些因素影响？
4. 相对其他促销手段，销售促进方式有何特点？
5. 什么是公共关系？其主要方式有哪些？危机公关的基础原则是什么？

实践题

1. 讨论交流：请回忆给自己留下深刻印象的广告，并分析这些广告使人印象深刻的原因有哪些。
2. 在节假日期间考察周边商业网点，同时浏览电子商务网站，汇总这些销售点所采用的促销手段的类型，其中对你有吸引力的促销手段有哪些？你最不感兴趣或最反感的促销手段有哪些？

判断题

1. 促销的核心是刺激消费者产生购买行为。( )
2. 广告对企业的功能主要是传播信息和降低成本。( )
3. 按广告内容分，广告可以分为商业广告和公益广告。( )
4. 赞助性活动属于服务性公关。( )
5. 广告效果的评估包括广告的传播效果、促销效果和社会效果。( )

判断题答案

单项选择题

1. 通过人际交往开展公共关系的模式，称为( )。
   A. 宣传性公关　　B. 交际性公关
   C. 社会性公关　　D. 征询性公关
2. 测定广告所引起的产品销售额及利润的变化状况，这种评估属于( )评估。
   A. 广告传播效果
   B. 广告促销效果
   C. 广告社会效果
   D. 广告设计效果
3. 不适合长期单独使用，只可以作为一种阶段性的，配合其他手段使用的促销手段是( )。
   A. 销售促进
   B. 人员推销
   C. 广告
   D. 公共关系
4. 消费者购买过程一般分为五个阶段，即知晓、理解、确信、购买、再次购买。其中，广告宣传最重要的阶段是( )。
   A. 知晓　　B. 理解

单项选择题答案

C. 确信　　D. 再次购买

5. 促销的核心是（　　）。

A. 沟通信息　　B. 刺激购买

C. 交换　　D. 满足需求

案例分析：宝洁新品请狼狗做总监

请谁做品牌代言人不重要，请谁做营销总监也不重要，重要的是要保障品牌走出困境，实现发展。宝洁在全球市场遭遇了增长停滞，创造出 Mr. Wolfdog，既担任代言人，又出任营销总监，令人耳目一新。但是，宝洁凭借此举能解决品牌营销难题吗？读者如果有兴趣，可以自行到 http://news.360xh.com/201305/15/6398.html 上了解、学习。

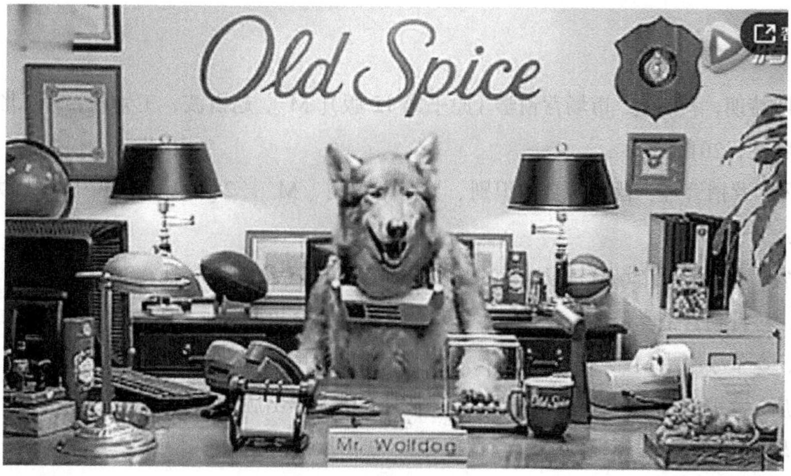

图片来源：https://v.qq.com/x/page/o01496mmkbe.html.

参考文献

[1] 阿姆斯特朗，科特勒. 市场营销学（原书第 12 版）[M]. 赵占波，王紫薇，译. 北京：机械工业出版社，2017.
[2] 庄贵军. 营销管理：营销机会的识别、界定与利用 [M]. 2 版. 北京：中国人民大学出版社，2015.
[3] 吴健安，聂元昆. 市场营销学 [M]. 6 版. 北京：高等教育出版社，2018.
[4] 陈姣. 科特勒营销学新解 [M]. 北京：中华工商联合出版社，2017.
[5] 波特. 竞争战略 [M]. 陈小悦，译. 北京：华夏出版社，2005.
[6] 郭国庆. 营销理论发展史 [M]. 北京：中国人民大学出版社，2009.
[7] 科特勒，卡塔加雅，塞蒂亚万. 营销革命 4. 0：从传统到数字 [M]. 王赛，译. 北京：机械工业出版社，2017.
[8] 科特勒，凯勒. 营销管理（原书第 15 版）[M]. 何佳讯，于洪彦，牛永革，等译. 上海：格致出版社，2016.
[9] 左哈尔. 量子领导者：商业思维和实践的革命 [M]. 杨壮，施诺，译. 北京：机械工业出版社，2016.
[10] 路江涌. 共演战略：重新定义企业生命周期 [M]. 北京：机械工业出版社，2018.
[11] 施瓦布. 第四次工业革命：转型的力量 [M]. 李菁，译. 北京：中信出版集团，2016.
[12] 于勇毅. 大数据营销：如何利用数据精准定位客户及重构商业模式 [M]. 北京：中国工信出版集团，2017.
[13] 黄铁鹰. 海底捞你学不会 [M]. 北京：中信出版社，2011.
[14] 所罗门. 消费者行为学 [M]. 杨晓燕，等译. 北京：中国人民大学出版社，2018.
[15] 卢泰宏，周懿瑾. 消费者行为学：洞察中国消费者 [M]. 3 版. 北京：中国人民大学出版社，2018.
[16] 戴鑫. 新媒体营销：网络营销新视角 [M]. 北京：机械工业出版社，2017.
[17] 田涛，殷志峰. 迈向新赛道 [M]. 北京：生活 · 读书 · 新知三联书店，2019.
[18] 金错刀. 爆品战略：39 个超级爆品案例的故事、逻辑与方法 [M]. 北京：北京联合出版公司，2016.
[19] 刘官华，梁璐，艾永亮. 人货场论：新商业升级方法论 [M]. 北京：机械工业出版社，2017.

[20] 舒扬. 共鸣：内容运营方法论 [M]. 北京：机械工业出版社，2017.
[21] 赵占波. 4D 模型：新互联时代的营销模式 [J]. 北大商业评论，2014（9）：56-65.
[22] 陈春花. 影响企业持续成功的是“顾客价值”[J]. 销售与管理，2017（10）：12-19.
[23] 雷伊，钦奇利亚，皮塔. 为什么 21 世纪需要使命管理 [EB/OL].（2018-12-06）[2019-10-29]. http://www.ebusinessreview.cn/articledetail-295141.html.
[24] 谢丹丹. 环境多变，企业苦练内功就够了吗？[J]. 中外管理，2018（6）：130-132.
[25] 宋显赫. 大数据营销势如破竹，下一个风口你准备好了吗？[J]. 成功营销，2017（24）：78-79.
[26] 丹德烈亚，张宇. 数字化时代，消费决策漏斗过时了 [J]. 商业评论，2018（7）：66-73.
[27] 白桦. 守卫“生命线”：耐克与阿迪达斯的相爱相杀 [J]. 创意世界，2019（4）：58-63.
[28] 邹全. 华为技术有限公司发展战略研究 [D]. 上海：上海交通大学，2009.
[29] Brandenburger A M，Nalebuff B J. Co-opetition [M]. Broadway Business，1997.
[30] 张劲松. 竞合理论刍议 [J]. 长春理工大学学报（社会科学版），2011（8）：33-34.
[31] 袁靖波，周志民，周南，等. 企业竞争行动的计量维度、分析框架与未来展望 [J]. 商业经济与管理，2018（11）：28-39.
[32] 吴中超，马毅. 基于战略群组的中国上市白酒企业竞争格局与策略研究——来自 15 家上市白酒企业的经验数据 [J]. 扬州大学学报（人文社会科学版），2019（1）：68-77.
[33] 张倩雯. 一带一路背景下 DJ 公司印度市场竞争战略研究 [D]. 济南：山东大学，2016.
[34] 陈娟. CWP 公司印度电力市场竞争战略研究 [D]. 成都：电子科技大学，2014.
[35] 青梅煮茶. 爆款产品如何打造？[J]. 企业研究，2017（11）：26-28.
[36] 史亚娟. 方太“不争而争”[J]. 中外管理，2017（8）：54-58.
[37] 张昊.“电商造节”中的微观价格行为及竞争效应 [J]. 财贸经济，2018（11）：128-138.
[38] 张军，汪飞鹏. 商业银行渠道交叉销售发展策略——以中国工商银行北京市分行为例 [J]. 金融论坛，2011（2）：70-73.
[39] 汪旭晖，张其林. 多渠道零售商线上线下营销协同研究——以苏宁为例 [J]. 商业经济与管理，2013（9）：37-47.
[40] 汪旭晖，赵博，刘志. 从多渠道到全渠道：互联网背景下传统零售企业转型升级路径——基于银泰百货和永辉超市的双案例研究 [J]. 北京工商大学学报（社会科学版），2018（4）：22-32.
[41] 郭金森，周永务，李昌文，等. 制造商双渠道与店中店销售模式选择策略 [J]. 系统管理学报，2018（3）：484-492.
[42] 梁喜，蒋琼. 双渠道结构下制造商最优定价策略研究——基于渠道偏好因素的考量分析 [J]. 价格理论与实践，2018（2）：155-158.
[43] 雷蕾. 纯实体零售、网络零售、多渠道零售企业效率比较研究 [J]. 北京工商大学学报（社会科学版），2018（1）：44-51.
[44] 林炳坤，吕庆华，杨敏. 多渠道零售商线上线下协同营销策略研究 [J]. 软科学，2016（12）：135-139.
[45] 代婷，温德成，陈晓 .O2O 模式下顾客购物渠道选择行为研究 [J]. 山东社会科学，2016（10）：119-125.

[46] 王勇，李文静. 全渠道营销中消费者线下购买对线上购买的影响——基于消费者购买行为过程的实证研究 [J]. 商业研究，2016（4）：118-124.
[47] 吴忠，唐敏. 全渠道视角下消费者渠道利用行为研究 [J]. 商业研究，2015（2）：152-160.
[48] 衣鹑，冯臻. 全渠道零售模式实现路径研究——基于天虹商场的案例分析 [J]. 商业经济研究，2016（23）：30-31.
[49] 张旭梅，梁晓云，陈旭，等. 生鲜电商 O2O 商业模式实现路径 [J]. 西北农林科技大学学报（社会科学版），2019（2）：99-108.
[50] 江积海，王烽权. O2O 商业模式的创新路径及其演进机理——品胜公司平台化转型案例研究 [J]. 管理评论，2017（9）：249-261.
[51] 牟宇鹏，吉峰. 微商推送信息行为对消费者接受意愿的影响 [J]. 经济与管理，2017（6）：62-69.
[52] 朱静雯，方爱华，陆朦朦. "吴晓波频道"社群运营之道及对图书社群营销的启示 [J]. 出版广角，2017（7）：6-10.
[53] 陈洋，金帅，何有世. 社群氛围能促进成员的冲动性购买吗？——不同氛围成分的作用与影响机制研究 [J]. 商业经济与管理，2018（4）：58-69.
[54] 六维生活. 营销 4. 0时代来临：如何跟上"全渠道"转型步伐？[EB/OL].（2018-09-28）[2019-11-30]. https://www. sohu. com/a/256737618_100286647.
[55] 杨眉. G公司"全渠道模式"设计方案研究 [D]. 南宁：广西大学，2016.